黒旗水滸伝——大正地獄篇／下巻目次

VII 襤褸の巷にて

第二十八回　りんれつたる寒気の中　*2*
巷談への招待／食い逃げ・身売り・かっ払い
狙撃者・難波大助／テロリズムへの傾斜

第二十九回　庶民の哀歓・活社会の情理　*22*
労農露西亜を承認せよ／カンパニアのかげに……
大杉、いずこにありや？／普通選挙法案・否決

第三十回　運否・天賦にさおさして　*42*
「内山愚童忌」に思うこと／パリ窮民街の大杉栄
水平社と東西本願寺／〃首狩族〃フレーム・アップ

VIII 歴史の薄暮に炬火をかかぐ

第三十一回　若親分、走る！　*64*
レーニン、再起不能のこと／大乱を予兆するごとく——
理想的ならざるメーデーを／後藤新平、一野人となる

第三十二回　大杉栄、パリに檄す！　*84*
北樺太、五億円なりの説／トロツキーの前途多難
匪賊列車ジャック流行る／ラ・サンテ牢獄、晩酌の味

第三十三回　有島武郎の死　*104*

見よ、愛がいかに奪ふかを／くず折れる、牡丹のように
すべてか、無か……／京太郎、窮迫のこと

Ⅸ 震災前夜

第三十四回 玻璃の片をつぎあわせ 126
再び、有島武郎をめぐって／若きテロリストの群れ
甘粕正彦という男／「満映」とは何か？

第三十五回 あだなる未来を糧にして 146
我ら、何をなすべきか？／眼を極東にむけよ！
日本人、その新旧の分裂

Ⅹ 炎と屍の街

第三十六回 被虐の系譜で語るべからず 168
文章を綴るものの思慮と責任／歴史は内から歪む
流言・蜚語の根元は？／「戒厳令」の論理

第三十七回 半・Intermission 188
残暑、お見舞い申上げます／「御用盗」、税関を襲う!!
累々たる屍の河原

第三十八回 コノ良挙ヲ失フナカレ 208
不逞鮮人ノ妄動アリタルモ／ここに、最も怪しむべきは
それは無辜の死ではなく／虐殺国家・相姦略図

XI　大杉殺し、甘粕正彦か？
第三十九回　甘粕大尉公判・聴取書　230
第一師団軍法会議／〝手口・動機〟は人格を示さず
日ごろ子供を愛撫するや？／神聖喜劇、暗転となる
第四十回　刀に血ぬることを愧じて……　250
その後の甘粕正彦／奏歌野哭『海ゆかば』
国軍の恥辱を冥府まで／田中死因鑑定書（要約）
XII　難波大助の復讐
第四十一回　大助、内心の教理問答　272
生い立ち・係累／死ぬのはまったく容易だ
前衛その最前衛を――
第四十二回　戦士、蒼穹を截る　292
「遺骨盗難事件」の謎／赤露潜入に失敗して……
大正十二年十二月二十七日
第四十三回　一個のテロリストとして　312
父親への遺言（承前）／呉鑑定書、皇恩に反す
徒党を組まぬ刺客の志
XIII　挽歌の季節
第四十四回　復興帝都の政治地図　334

〃変態内閣〃を打倒せよ！／帝国・赤化防止のために
〃護憲三派〃の圧勝／人呼んで、唐変木宰相
第四十五回　流れゆくもののうたを——　354
十三年、ひでりの夏／天変地異、再び？
風俗から風俗へ……／テロリスト群像

XIV　ギロチン社の人々

第四十六回　大杉殺戮シンドローム　376
辻潤——個我の自由／ユニホーム、名物と化す
世のなりゆきは和洋折衷／かくて、時代は黄昏る……
第四十七回　人を殺した人のまごころ　396
『猟奇歌』・私闘の論理／伊藤野枝という女
〃無明の暗黒線〃を／革命の下足番として
第四十八回　戒厳司令官を撃て！　416
和田久太郎のこと／〃ズボ久〃と呼ばれて
世の底の五月雨の底の……

エピロオグ

第四十九回　風化せぬ弾劾を新たにせよ　438
「愚童忌」、三たび……／嗚呼！　革命は遠のけり
夢とうつつを分たぬ間／公開質問状

第五十回　同じく、地獄なるべし　458
被告・難波大助の意志／大助・死刑判決の場
そして、いま白夜の時代
第五十一回　難波大助の弁護士たち　478
ＳＹＭＰＯＳＩＵＭとは／政治的デカダニズムを助長し
かの、治安維持法の下／国賊中の国賊に……
第五十二回　究極、その命は支配に対立して　498
大助、悔悟せざるのコト／〝酌量の余地〟のゆきたて
吾、ついに勝てり！／個の権力は犯罪と称される
第五十三回　大団円　518
わが闘病の記／かくて、本篇は了りぬ
では、また逢う日まで
校註　537
アナキズムの復権　太田　竜VS竹中　労　543
解説　井家上隆幸　559
実務者あとがき　569

この作品は、かわぐちかいじと覆名・夢野京太郎によって
一九七五年より八十年まで、雑誌『現代の眼』に連載された。

VII 襤褸の巷にて

第二十八回

りんれつたる寒気の中

巷談への招待

あけましてお目出度うと、早々御慶申し上げます。本篇、いよいよ〝実録関東大震災〟のクライマックス、大正十二年(一九二三)を迎えましたが、聞くならく、夢野京太郎のホラ話し、実以て信用が、できない、ありゃまともに評価すべきシロモノじゃなくって、小説・巷談のたぐいであるという悪口を、しばしば耳にいたします。

小説・巷談でどこが悪い？

あたくしまさに、〝稗史〟を書いているんで、既成の左翼文献なんぞにはハナもひっかけぬ心意気。今回はちとばかり資料を公開して、ご参考に供しましょう。

ただいま机に積み上げて、首っぴきで朱筆を入れておりまするのは、『週刊朝日』『サンデー毎日』の大正十二

大正十二年正月元旦——
天下泰平の空あけて
世は事もなく、と
申上げたいが
この年、寒気ことのほか
きびしくて
不景気風
そぞろ身にしみる
大東京の冬
武竹

年バック・ナンバー、及びこの年の一月二十五日に創刊されました本邦最初の月刊写真新聞『アサヒグラフ』。

単行本といたしましては、国文社刊『難波大助の生と死』、先ごろ参議院選挙に出馬して落選をしました、キリスト新聞社長&明治学院長、元満州国国務院弘報処長の武藤富男氏著『甘粕正彦の生涯』（西北商事株式会社）、昭和三年大同館書店発行の『日本自殺情死紀』等々であります。なるほど、およそ歴史家先生の資料とは趣きを異にしておりますが、これらのBC級文献に、かえって時代の真相は、生々と明らかなのです。

かわぐちかいじ描く、当時の日本や中国の風景、これもまた実写を模して忠実、古本屋をあさるだけで原稿料はパーになってしまう。大学や出版社の親方日の丸、学生アルバイトなど使役して、ノリとハサミとで論文をでっち上げとる先生方とは、どだい仕込みのネタがちがう、包丁のさばき味つけも

ハークッション！
朔太郎のうたえる――
新年来り
門松は白く光れり
道路みな霜に凍りて
この冬のりんれつたる
寒気の中
地球は、その周暦を
新たにするか

まるっきりちがいます。いうならば、おでん、カツ丼、ライスカレー、大衆食堂のコックとしては、いかに安直にかつ栄養たっぷり、見た目にも美味、口腹の楽しみをそそるかを心がけねばならない。

これすなわち、浅草の味。「安くて手軽で甘い」の三拍子、ちなみに大正末期、馬道の電車通りの屋台店では、カツレツ三銭、肉フライ二銭、牛めし五銭、うなぎ丼二十銭、にぎりずしが一個二銭ナリ。六区の活動街の人口、極彩色の看板おったて、若い衆が客を呼んでいた食堂横丁でも上ずし一人前二十銭、ちらし鉄火丼十五銭、しのだ（いなりずし）三個五銭、物価ざっと三千倍としても、千円札一枚にぎっていけば、カツドウ観てたらふく食ってオツリがくる。

魚松、三角、都、野田屋、七五三といった小料理屋で彼女とさしむかい、お銚子二、三本あけて一円。ちょっと

一月一一日　仏&ベルギー軍
　ルール地方に侵入占領
一四日　伊・黒シャツ義勇軍、
　国防正規軍として認可
一五日　国民党軍、広東に入城
　陳炯明追われる
『文芸春秋』創刊・28頁10銭
月刊アサヒグラフ・16頁3銭
萩原朔太郎『青猫』
麻生久『濁流に泳ぐ』
二〇日　普選即行全国記者同盟
二三日　東京地方降雪
二五日　降りやまず……
積雪、ついに一メートルに及ぶ
二六日　孫文・ヨッフェ上海会談
　ソ連、中国革命支持を表明
二七日　婦人参政権同盟、発足

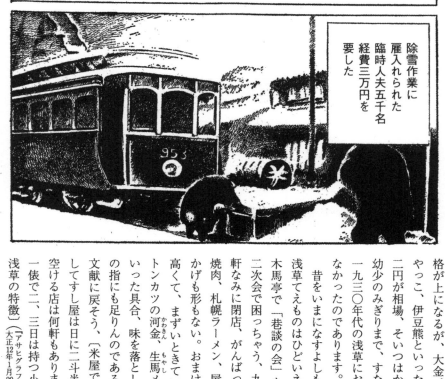

除雪作業に
雇入れられた
臨時人夫五千名
経費三万円を
要した
953

格が上になるが、大金、前川、鳥屋、やっこ、伊豆熊といった洒落た店でも二円が相場、そいつはかくいう小生が幼少のみぎりまで、すなわち大震災後一九三〇年代の浅草においても、変りなかったのであります。

昔をいまになすよしもがな、昨今の浅草てえものはひどいネ、毎月八日に木馬亭で「巷談の会」をやっとるが、二次会で困っちゃう、九時といったら軒なみに閉店、がんばっとるのは朝鮮焼肉、札幌ラーメン、屋台なんてもなかげも形もない。おまけに銀座並みに高くて、まずいときている。登利茂（とりしげ）、トンカツの河金（かわきん）、生馬（もやし）メンの来集軒といった具合、味を落としてない店五つの指にも足りんのである。脱線したな、文献に戻そう、〔米屋で聞くと、平均してすし屋は日に二斗半、一日に俵（たわら）を空ける店は何軒もありません。まず、一俵で二、三日は持つ小客が多いのが浅草の特徴〕（「アサヒグラフ」第5号 大正12年1月29日）

舞台は再び襤褸の巷
ここ、深川富川町
ドヤ街に
餓え迫る人々には
盆も正月もなく
だるま旅館
酒

さて、大正十二年冬――

けんめいに吹かせた空景気風もむなしく、富は偏在して街は不況どん底、パチンコならぬ撞球、玉突きが大いに流行したのも、つまりは中産階級まで失業が及んだためで、最暗黒の東京と呼ばれる本所・深川スラム街は、飢餓線上の巷と化した。

食い逃げ・身売り・かっ払い

以下、くだくだしければ〝引用文献〟を省略して。

〔不景気、不景気という声はどこにも聞こえることだが、とりわけこの頃、不景気風に見舞われて困っているのは深川の富川町で、一日々々と失業者が増してくる。そば屋などは、もりかけ一杯の食い逃げが多く、こ奴めと追いかけて捕えると、ふところは無一文。悪けりゃ交番へでも、どこにでも突き出してくれとフテ腐れる始末の悪さ。それもこれも不景気のせいで、寒夜に宿を追われて、霜の降る外に夜通しを

一椀のかゆに
生命をつないで
おります
難波大助・二十四歳
早稲田第一高等学院
学生
私は
無政府共産の
思想を抱いて
いた……

立ちすくむ人間がますます増えてくるばかりだ」

「……あたたかい日光も本所猿江町のトンネル長屋には照らぬ、五十坪二合五勺の建物を三十一戸に割って、男女合計百九人の人が住んでいるのだが、六箇所の便所と一箇所の流し場があるきり。雨降りのときには、路より低い家の中に泥水が流れこんでくる、畳のないむしろ敷きの家の中はドブと同じ状態になる。

　電灯のある家は一軒もない、実際は料金が支払えぬので電気会社がつけてくれないのだ。家賃は一日八銭ナリの日掛け、入口は雨戸の代わりにむしろ、夜具も借りものだが、その金が支払えないので、この寒空に着のみ着のままゴロ寝をしている家族が多い。子供の泣き叫ぶ声がするので、どうしたのかと見ると、五、六人の男の子が一人の女の子をとりまいて騒いでいる。芸者遊びをしているんだとの事、女の子が、芸者に売られる役だが、嫌だといって

理論よりは実行に
机上の革命家よりは
街頭の革命家に
濁流に泳ぐ
暴力論
ソレル
一革命家の生涯
クロポトキン
大杉栄訳
一兵卒・一戦闘分子
一個のテロリストとして
労働者の中へ！

泣いているところだった〕

〔浅草の不良少年は、家出した奉公人とか、地方からあてもなく上京をしてきたものばかりで、すりやかっ払いが殆んどだ。女性に関する罪はまったくないといってよい、一日に平均三、四人が挙げられてくるが、年頃は大てい十二、三から十七、八歳まで。彼等がそこに至る経路のつきつめた原因は、いずれも家庭の貧困に帰着する。尤も（もっと）いま挙げた数字は、浅草警察署のみであって、各署から入りこむ刑事たちが捕え去っていく犯罪者を計算に入れるなら、やはり日本一の罪の巣窟であるといってよいだろう〕

その最暗黒の東京に、雪が降った。

一月二十日、二十一日と、不気味に暖かい陽ざしが続き、あくる二十二日から崩れだした天候、雪もよいとなる。二十三日から二十五日にかけて、三尺三寸余（一メートル）の積雪を記録、〔本所・深川の日雇連中には、恵みの大雪となった……〕

富川町無料宿泊所で芋を喰う人々（アサヒグラフ第八号 大12・1・30、撮影）

階級闘争、無産者解放運動の
リーダーとなる考えなど
私にはありませんでした
今日は一食
明日は無食ですまさねばならぬ
労働者の境遇に身を置くこと
住むに家なき喪家（そうか）の犬となって
しかも、主義の燃ゆる熱血を
失わぬか否かの試練を
おのれの心身に課すことから
出立せねばならぬ
それが私の本意でありました
（難波大助・予審調書より）

日当一円八十銭、三日間にわたって五千人が、雪と泥の街にくり出され、ようやく雪害は除去された。とはいえ焼石に水、富川町の立ちん坊四千人、二十八日の晴天で求人ゼロ！〽土方殺すにゃ刃ものは入らぬ、雨の十日も降ればよい、という歌の文句とは逆のパニックに襲われる。

　無料宿泊所が仮設されて、市当局はあぶれた労働者たちに給食を行った。ここにかかげる写真、いささかボケておりまするが当時の撮影。……キャプションにいわく、〔温かい宿泊施設に納って、芋に舌づつみを打つ人々〕。とくとご覧いただきたい、労働者には白湯すら供されてはおらんのである。立ちん坊などイモでもくれてやったらよいという〝行政〟、そいつは現在の山谷・釜ケ崎でも同じことだ。

　しかも市当局は、この仮設宿泊所に一銭の補助金すら実は出していない。「大寅」「花島」「遠藤」の三親分の協力を得て、〝聖公会教会〟に運営を委

摂政宮裕仁殿下・二十二歳
麻疹にてご療養中のところ
めでたくお床払いを
仰せ出され
一月二十五日午前十時
沼津御用邸にて
御避寒のため
東京駅を御出発遊ばされる

託しているのである。市社会局は、〔深川労働者の実態調査を〕同教会に依頼したにすぎず、〔ブローカー的な野心家（つまり左翼を指す）に煽動をされて悪化していく〕ことを阻止する目的で、〔永年に渡り労働者の面倒をみてきた〕親分衆に寄金をあおいで、〔ひと肌ぬいでもらった〕という次第なのである。

この日（一月三十一日）、〔過激派政府の諒解を得て、労農ロシアを訪問した〕川上ポーランド公使帰朝、北京駐在のロシア全権ヨッフェ、翌る二月一日に横浜港上陸。〝日露会談〟展開とあいなるが、それは次章のテーマ。大日本帝国の神々は、下窮民の苦境をよそに〝宮中歌御会始〟、本年の御題「暁の三雲」、天皇陛下はご不例にて欠席、摂政宮御歌、

あかつきに駒をとどめて見渡せば
讃岐のふしに雲ぞかかる

——選歌十首の内、東京市芝区白金台町平民・常光恒雅の詠める、

日本はいま明け初めぬよろず代も
ゆるがぬ不二の雲の上より

上っ方は天下泰平、葉山の御用邸に御避寒中の皇后、二十七日午前十時半東京駅にご還啓遊ばされる。この日、久邇宮邦久王殿下に御成年の〝垂纓のかんむり〟を賜う……。

狙撃者・難波大助

やがてこの年極月、二十四歳の青年難波大助、二十二歳の摂政宮・裕仁をステッキ銃で狙撃、いわゆる「虎の門事件」がおこるのである。大助の生家（山口県熊毛郡周防村二五七）は代々勤皇派、曾祖父難波覃庵は明治天皇に拝謁をゆるされた維新の功労者、父の作之進当時五十八歳、皇室中心主義を唱えて代議士に当選していた。大助は四男坊、明治三十二年十一月七日生、官憲の調書によれば、〔兄弟中のできそこないで、精神異常に近い愚鈍〕とあるが、これは皇族の暗殺をたくらむ者すなわち狂人であるとする、当局の

来る陽春四月
には
台湾を御視察
秋にはご婚儀の
こと整って
青年皇太子は
わが世の春
千代に八千代にと

フレームアップ。

　大助の反抗心は、父の異常なまでの倹約精神、というよりも吝嗇(りんしょく)によってつちかわれた。漬物に醤油をかけたといってはぶんなぐられ、たまに二品のおかずがつくと、「ゼイタクな、罰が当る！」と母親は怒鳴りまくられる。「食事のときほど、私にとつてつらいものはありませんでした。戦々兢々として、メシが咽喉に通らないぐらいでありました」（予審調書より）

　大正六年二月、母親が心臓病で亡くなった、大助は父の専制がその原因であると考える。同年九月に出奔上京、新聞配達をしながら研数学館に通って苦学、「朝食はいつも抜き、昼は芋で済ませました」という極貧の生活を、大助は常態とする。つまりは、父親がケチン坊で、一カ月の下宿代に対して半月分しか送金せず、「倹約が人格をつくる、家貧しゅうして孝子出ず」とうそぶいていたからだが、大助はその父親の言葉を信じて疑わなかった。

庶民、寿ぎたてまつる大日本帝国万々歳……

大助の同級生
歌川克巳
二十三歳

ところが大正九年春、作之進は選挙にうって出て、ないはずの金銭を惜しみなく使って当選する。

〔……かねがね、いまにも破産をするようなことを言って、倹約一点張りであつた父が、富豪でなければできない立候補の挙に出たことは、頗る意外であり、大いなる父への反感が私の胸に芽生えたのであります〕

大正十三年二月、大助が父に宛てた遺書（要約＝欄外に「激怒せず初めから終わりまで読まれたし」とある）、カナづかい改めず、なるべく原文に即して抄略する。

〔親と云ふものの存在に呪いあれ、私は不孝者で沢山だ。親と云ふ権威者に対して憎悪を叩きつけておくことは、極悪非道者としての私の義務であると存ずる。専横と貪欲、それは私の終生通じての最も憎むべき敵だ、専横から私の反逆は生れ、貪欲（倹約の強要）から社会主義が生じた。

因襲が私に、絶対服従を強いてゐた

お話し変りまして
こちら添田唖蝉坊
山田春雄のコンビ
野郎帰ってきやがった！
チッ、
こりゃあまずい

間は、あなたは頗る安全だつた。醜い服従の「美徳」は、私の知識の一撃の下に蹂躙され、今迄の羊は代つて人間となり獅子となり、徹底的な反逆者となつた。あなたの威光を恐れた私は、曾て狂人の真似すら敢てした、此度の事件に於て——あなたの結構な陳述により——、私は再び狂人扱ひされんとしたのである。然し私は、曾て狂人でなかつたのと同様に、今も尚ほ決して狂人などではありませぬ。

　あなたは代議士に立候補した、驚くべし！　その時迄私が信じてゐた様に貧乏人ではなかつた、要するに名誉を買ふために、自分の名誉のためにか、祖先の名誉のためにかは知らず、財を売ることを辞さなかつた。一切は判然とした、あなたにとつては生きてある子孫よりも、死んで土と化した名誉の方が大切であつたのだ。世間のまぬけ共は云ふだらう、「あんな立派な家にあんな極悪非道者が出た！」と、原因なくして結果はない。

先生
おさきに
どうぞ
あいにく
身に寸鉄も
帯びていない
ヘッヘッヘ
若親分いつ
お戻りで？
ちょっと
そこまで
顔をかして
おくんない……

……一切は終つた、私が虐げられた無産者のために死を決して事をなすに至つたのは、あなたに負ふ所が多い。あなたは此の点私の恩人である、然し労働者が資本家の御陰で社会主義者となつたからと云つて、毫も資本家には感謝せざると此の私も同様であるからそのおつもりで。一切は終つた、斯くして本家は資産家であり、分家は純然たる無産者、鉄窓内の三畳間に座して死刑を持つてゐる。（註・これは父の意志によって大逆犯の息子を戸籍から分離したことを指す）

人間の世界に住んでおる様な心地がしない、「りつぱなる家」の奴共は、つひに人間たることを忘れて、死霊と云ふ無形物に支配されてゐる傀儡だ。あなたの今の態は何であるか！ 精神異常を呈する程衰弱してゐると云ふ、世間はこれを聞いて、益々感心するであらう。「あの人は良心のするどい、高潔な人だ」と。然し困るのだ、私はあなたが昔、子供等を大声立てて叱責

逃がした女をどこへやった
オトシマエをつけろって
寸法だ
啞蟬坊の先生が助っ人を
呼んできてくれる間を
ペテンでつながなくちゃ
なんない
とんだドジを踏んだもの
だぜ……
寅
寅

された元気撥溂たる状態にかへる事を要求します。

一切を解放へ――束縛から自由へ、専横と貪欲から博愛へ！　私がのぞむことは、所詮これにすぎないのです。鉄鎖も人間の魂を縛り得ない、暴圧に対する反撥力の所有！　一個の人間の力に戦慄せよ。あなたは正に私と云ふ人間の性質を、ご存知なかつたのです。私は私の意志の命ずる事をした、何人といへども、私の意志の変更を命ずる事は出来なかつた。ただ、それだけのことです、さうして私だけが人間ではない。汗水たらして労苦をして、得る所は何もない、あなたに哀訴嘆願して無慈悲にもはねつけられてゐた、あの小作人達こそ人間です。

時代は滔々として進みます、一切の不正と搾取、専横と貪欲はあなた方が軽蔑しておる人間に依り、審判されるでありませう。紳士共に作られる与論なにするものぞ！　その偏見に遠慮し恐懼するより、無産者の来らんとする

冷えるねえ
便所を借りるぜえ
いいともさ
表でやってきな
くっついて離れねえ
セッチン詰めとは
このことだい

怒りの前に戦慄せよ。まもなく一撃の下に、一切の権威は叩きこはされて、専横の紳士共の生首は、梨の実の様に諸木に吊り下げられるであらう。

……私は死を決して恐れず、従容として絞首台に昇ります。悔悟は罪人のすることです、国家権力の判決に恐れ入つてではなく、燃ゆる憎悪を抱いて死に就く覚悟であります。「けがれた骨」は引き取られる様なことはないと思ひます。万が一にもお断りして置きます。私は私の愛する東京の土となることが希望なのです〕

テロリズムへの傾斜

早稲田第一高等学院へ大正十年合格、牛込喜久井町の潜竜館という下宿から通った。大助はそのころ、ツルゲーネフを耽読している。

〔その思想においてはサンジカリズム（革命的労働組合主義）に傾倒して、ソーレル、ラガジューの理論に大いに共鳴しておりました、そしてちょっと

撞球場
こいつは逃れられねえ
と観念した
ザァアァッ
お兄さん
手を洗っ
てね

ニヒリスティックにかたむいてもおりました」（予審調書より）

大正十二年に入って、クロポトキン『一革命家の生涯』を読む。ほとんど学校には通わず、「あらゆるオーソリティーを否定すること、権力の一切を憎むこと。友人の持っていた『濁流に泳ぐ』という書物に接して、赤裸々なドン底の生活に身を投ずる決意を」、難波大助は固める。最暗黒の奈落から国家権力の頂点を撃つことを、大助はひそかに夢想しはじめる。

摂政宮暗殺、「テロリストによって流される革命の血」のターゲットを、二歳年下の裕仁に絞りこんで、計画を実行に移そうとする。彼はどのような結社にも、組織にも属さずに、おのれ一個の判断で行動した。したがって、官憲の要注意人物とはならず、警戒の埒外に置かれていた。深川の富川町に潜入したのは二月中旬であった、五月病いを得て（栄養失調による脚気）、いったん帰郷するが、八月の末に上京

はい、
おしぼり
球撞
お、
おめえ!?

して関東大震災に遭遇する。

大助はすでに、ある行動を計画していた。震災の混乱で果さず、大杉栄の虐殺を知って、〔幸徳秋水のいわゆる"大逆事件"を知った時と同じ緊張と覚悟を〕大助はおぼえる、かくて一瀉千里、摂政宮暗殺へと走るのである。

これをいわば発作的な、「思いつきの犯行」であって、革命運動とは関わりないと切り棄ててきたのが、左翼史観の定説である。

……だが、彼の行動の軌跡を克明にたどっていくと、皇族に対するテロの計画は、綿密に練り上げられていたことが判然とする。むしろ関東大震災、大杉栄虐殺、亀戸事件等々の激変によって、彼の照準は狂わされたといったほうが正しい。しばらく物語りは襤褸の街に、テロリスト難波大助を追う。

絡めて白鞘の羽左衛門・香具師ヤマハルとその一統、アナキストやくざと私娼の恋を、浅草は十二階下、パリの大杉栄、巷にくりひろげよう。

不逞鮮人朴烈、〝右翼四人幇〟の動静なども織りまぜながら、大正地獄篇は時代のたそがれ、「太陽の墓場」へとむかうのであります。

〔水滸の賦〕
生きては当に鼎食（美食）し
死しては侯に封ぜられ
男子生平の志　已に酬わる
鉄馬　夜断いて山月暁け
玄猿　秋嘯いて暮雲稠なり
須いず、出処真跡を求むるを
却って喜ぶ
忠良の話頭（語り草）と作るを
千古寥洼　玉を埋むるの地
落花啼鳥　すべて愁いに関す

いかがですか？　巷談・小説もまた捨てたものではないでしょう。

オーイ!
またぞろ、女の子が付録でして剣難女難の巻さて、いかがあいなりましょうや?

大正十二年二月一日、早朝
「労農ロシアの極東探題」
（と当時のマスコミはつたえた）
ヨッフェ子爵は東京市長・
後藤新平の招きにより
夫人メリー、子息ウラジミールを
帯同して横浜港に上陸
出迎えの憲兵二十名
制服警官五十名
私服二百数十名……

第二十九回
庶民の哀歓・活社会の情理

労農露西亜を承認せよ

朝野（ちょうや）に赤露承認の声上る、いよいよヨッフェ来日、「抑（そもそ）も露国労農政府は搾取せらるる人民の解放を目的の一として、亜細亜に於ては現在白人侵掠の支配下に呻吟する人民をして、自由と独立とを回復せしむべく、努力しつつあるのである。本来、我邦（わがくに）は亜細亜の諸国を解放する使命を帯びているのであって、日露両国その崇高なる目的を共通にする以上、直ちに提携する事が、当然である」（末広重雄京大教授法学博士『週刊朝日』大12・2・4）

……といった論調が、朝野の大勢をしめる。前に述べた大杉栄、北一輝らのように「人民の利益と関わりのない国家間の取引き」とこれを見るのは、少数異見でしかなく、世は挙げて労農ロシア承認にかたむく。それは半世紀の歳月をへだてて、「日中国交回復」

「日露権謀術策」の幕ひらく
宿舎・築地精養軒ホテルにて
両極握手の図であります

にくりかえすパターンである。やがて明らかになる、北洋漁業の権益確保、北樺太割譲の思惑等々は、国民大衆の眼から隠され、〝世論〟は操作された。

すでにして一月二十七日、米国シンクレア・ブラザーズ・カンパニーは、労農政府との交渉によって、北樺太における油田採掘利権を獲得している。〝撤兵是か非か〟などと、大日本帝国としてはのんびり構えているわけにはいかない情勢であった。

二月一日、帝国議会衆議院本会議で加藤友三郎首相は、「一日も早く樺太から撤兵を完了しなくてはならぬ」と所信を表明、内外に国策の大幅変更を政府は迫られていたのである。しかも不況は深刻であった、名古屋市の自由労働者は、二月二日から三日にかけて、大挙市役所を襲って、「職を与えよ」「メシを寄越せ」と口々に叫び、暴動寸前の情況を呈した。

また、加藤首相は同本会議で「帷幄（いあく）上奏の廃止」、すなわち枢密院（天皇

三日、伏見宮貞愛元帥殿下
脳溢血のため死去
歌舞音曲、停止
浅草六区に人気なく

側近の諮問機関）に、政治むきを逐一相談することをしないと発言、宮中の強硬論者に物議をかもす。大正天皇のご不例、脳病はこのころもはや完全な分裂症状をきたして、人前に出せない状態であった。その二月四日、皇族の首席である伏見宮貞愛元帥、わずかに二日を置いて同月の七日、有栖川董子太妃と皇族の死があいついだ。枢府・内閣の対立は、宮中の不幸で一時休戦となり、諸事喪につつまれる。

　暗い冬であった……、大正十一年末総計では、東京市職業紹介所調べで、求職者二万八千百五十一人、職を得たものは半数にみたない。年が明けるとさらに失業苦はひろがって、サラリーマン、女子事務員等は十分の一も就職希望を果たせないという、最悪の事態に至った。

　本所や深川の窮民街は、ルンペン・パニックを現出する。四日夜、私服刑事が大挙出動、材木町寄せ場で三十四人の日雇労働者を逮捕。容疑はトバク

ざっ！
六日、深川の窮民街富川町では
労働者救済の〝施米〟四千俵に人々が殺到した

現行犯だったが、その実は餓え迫る人々が群集、暴動をおこす恐れがあるという通報による。

二月六日正午より三時まで、土木請負業「大寅（だいとら）」武部由策親分らの要請で、富川町住民二千世帯に、各戸二升ずつの〝施米〟。〔来るわ来るわ、髪をボーボーとのばしたおかみさん連が赤児を背負って、その上に栄養不良と見える子供らの手をひいてやってきた。この寒空にゆかた一枚、ボロボロの綿入をかぶった爺さんもいる。桶やザルを持って電車通りまで襤褸の行列だ。こう仕事がなくっちゃ遣りきれねえ、何しろ朝鮮労働者が流れこんで、1円ぽっきりで働くんだから、こちとらの口は上ったりだ〕（「アサヒグラフ」大正12・2・7）

一方、労農ロシア経済委員会と北洋漁業問題で交渉するために、ウラジオストックに派遣されていた帝国水産の中村精一、日魯漁業の提清六の代表は急きょ帰国して、ヨッフェとの会談を求める。〝極東探題〟は、内憂外患の

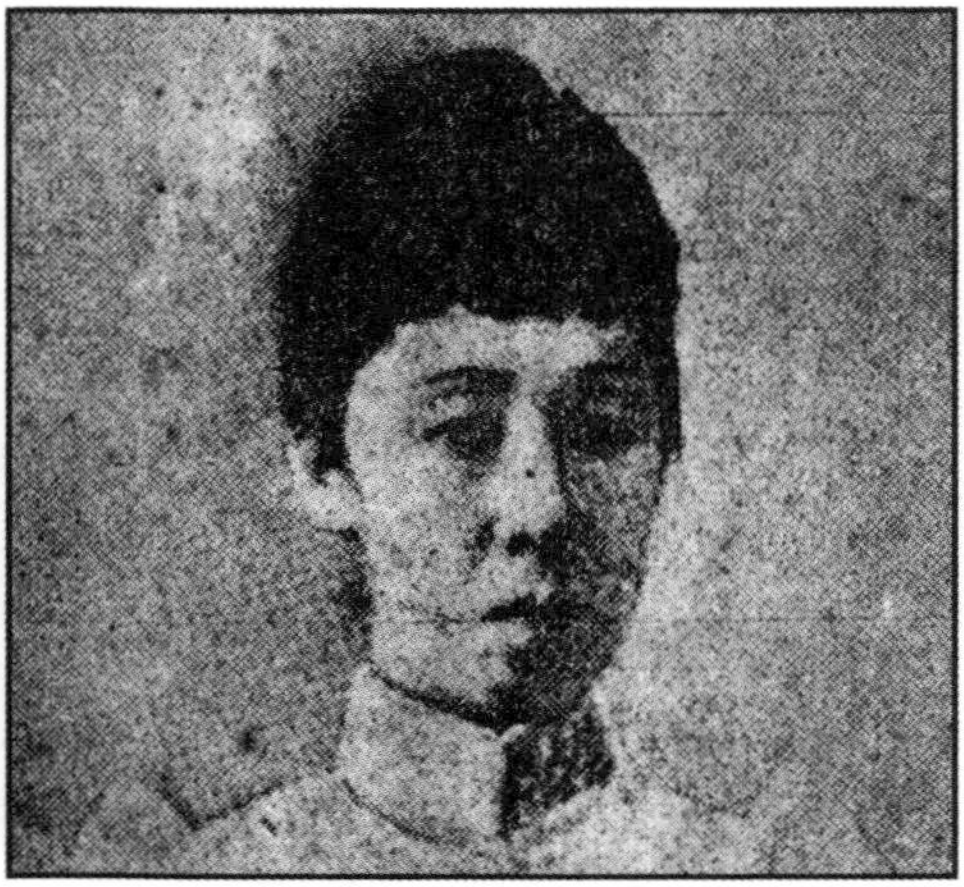

七日、有栖川宮妃董子
流行性感冒で死去
この日、早朝より雪もよい

八日、なおも
降りやまず
積雪50センチ
寒波はこの冬
さらにきびし
かった

大日本帝国を直撃、端睨すべからざる外交手腕を発揮するのである。そしてあくまでも、彼の来日は東京市長後藤新平が個人的に招待したのであって、政府は一切関知しないというタテマエであった。

カンパニアのかげに……

二月十一日紀元節、「労農ロシア承認」「過激（＊社会運動取締）・労働組合法案反対」をスローガンにかかげて、前年アナ派をしめ出した日本労働総同盟は、示威の大デモを計画。これにボル系過激派の暁民会、前衛社等が当日なだれこみ、右翼の大和民労会が迎え撃つという情報に官憲は色めき立つ。だが初日、三千人を予定した参加者は一千八百人（主催者側発表）、深川公園まで平穏無事にデモ行進は終った。

＊印註は、夢幻工房（竹中事務所）による。

むしろ同日、本所横網町被服廠跡で開催されたアナ系機械労働組合大会に三千人が結集、「我々に職とパンとを

特権貴族、
一人の死と……
餓え迫る襤褸の群れ
最暗黒の東京
下々、万民の生命と
完全失業者三万人
不況は深刻の度を
日々にくわえて
いった

与えよ」と単純明瞭なスローガンで、気勢大いに上った。さらにまた同日、上野精養軒で本年度第一回「普選各派連合懇親会」、第一、第二会場と参加一万人、大日本赤心団の壮士らが壇上に乱入して、逆に袋ダタキにあい半死半生の目にあわされる。

北九州八幡では、普選運動不参加を決議した全国官業労働大会、三千人のデモ行進に警官隊と暴漢が殴りこみ、『熔鉱炉の火は消えたり』の浅原健三ひん死の重傷を負う。

……これらのいわば、ハデなカンパニアのかげに、ひっそりといま一つの集会が持たれていた。十日正午、神田中央仏教会館「全国廃兵連合大会」、西南ノ役田原坂（たばるざか）の生き残りで七十七歳の老兵から、シベリヤ派兵戦傷者まで、集うもの八百名、ことごとく松葉杖を突き、あるいは片腕を垂れ、いざって入場をするむざんな姿であった。下級兵卒の年金二百五十円、「一銭五厘の葉書で招集されて名誉の負傷、そして

ああーッ

今度は一日七十銭で食えといわれ」、悲痛な訴えがあいついだ。しかし皇居参内の許可を得て、「二重橋を下からではなく上から見おろす光栄」に、全員感涙して散会する。

〔現下の急務は民力の休養、すなわち産業立国にある。ヨッフェ氏来朝に、我々は将来よろこぶべき因子の連鎖を認めねばならぬのだ〕（『サンデー毎日』2・4、阿部恒太郎）

赤露承認、普通選挙法、不況打開という政治プログラム、なかんずく失業窮民の救恤は目前の急務であったが、政府は無為無策に明け暮れた。北海道への出稼ぎ青森一県で四千二百二十二名、漁獲期に当っての急増だが、北洋漁業交渉はヨッフェの胸三寸にあり、いっかな軌道に乗らなかった。

猫イラズ自殺が〝流行〟、劇・毒薬取締法の例外扱いをやめるべきだと、国会で問題になる。公設質屋門前市をなし、東京市内の至る所に簡易食堂が店開きをする。〔朝・昼・晩とも十銭均一、この食堂で一番目につくのは、

アーン、アーン！
これ、とっておきたまえ
受けとってくれたまえ

この寒空に麦わら帽子、ハンテン一枚という姿が多いことである。おかずは煮豆、香のもの、〝慈養会経営〟なる表の看板でおこした不平も、山盛りのメシで納得できるという寸法〕

〔……定員七十三名、入口には自分の番を待つ人がわいわいと行列で、ぐずぐず食べてはいられない。その中で、煮豆などをつまみながら居眠りをしている、年老いた労働者がいる。「オイ起きろよ」と小突かれたりする小さな悲劇もあって、そんなぐあいに出入り毎日四千人からという、不景気東京の人生模様〕（「アサヒグラフ」2・16）

やはりこの月七日に死んだ東本願寺法主・大谷光瑩（こうえい）伯爵、二十万円という巨額を葬式に費したとあって、水平社抗議におしかける。貧富はなはだしき落差は、ようやく民衆の間にかつての〝米騒動〟と等しく、激発する怒りを醸成していく。

そのエネルギーを、労働運動・農民運動は、十全には吸収し得なかった。

九日、加藤友三郎
首相は
葉山御用邸に伺候
平田東助内大臣と
密議一時間余
上御一人の脳病は
悪化する一方
すでに廃人に等しく
大正も世も末……

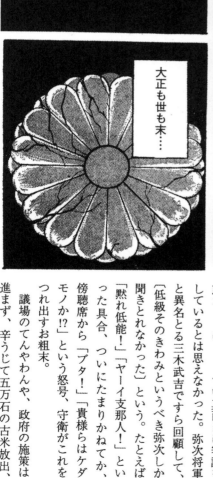

かえって民衆は、擬制の反権力闘争である参政権の要求、〝普選〟に熱中をした。全国にほうはいとしておこった普選断行の世論は、政友会打倒の手段としてこれを利用する野党の政治家に牛耳られ、ひきまわされたのである。デモクラシーの原理・原則をのみいう言論機関は、これにセンセーショナリズムを付加したのみであった。

十五日、憲政・革新の両野党、内閣不信任決議案を上程する。だが議場の態たらくは、とうてい真面目に審議をしているとは思えなかった。弥次将軍と異名とる三木武吉ですら回顧して、〔低級そのきわみというべき弥次しか聞きとれなかった〕という。たとえば「黙れ低能!」「ヤーイ支那人!」といった具合、ついにたまりかねてか、傍聴席から「ブタ!」「貴様らはケダモノか!?」という怒号、守衛がこれをつれ出すお粗末。

議場のてんやわんや、政府の施策は進まず、辛うじて五万石の古米放出、

これなるは大正三年十一月、陣軍大演習御観戦の〝ご勇姿〟右は故・伏見宮であります

文武両官の行政整理は場当りの歓心を買おうと、退職手当財源（俸給四カ月を平均とする）数千万円のねん出に苦慮する。不況の風はいっそうきびしく、『船頭小唄』の替えうた、巷々にやけくそに流行した。

〽俺はこの世の穀つぶし
おなじお前も穀つぶし
どうせ二人は、この世では
芋も食えない穀つぶし

……だが、一方では消費文化。政府キモ煎りの贅沢品非売同盟がつくられたが、有閑夫人連は意に介さず、細君天下の見栄を張る。銀ギツネの毛皮、パリモード、ダンスパーティ、そして〝女だてら〟の喫煙、モガ（モダン・ガール）のファッションは、セーラー服にベレー帽子。

バランスを失なった社会は、狂気の人々を生み出していく。十九日夕刻、失業官史M某、一面識もない通行人をいきなり槍で突き殺す。粉雪降る同日

伏見元帥宮、
国葬の儀は
二月十四日
午前十一時より
小石川豊島ヶ原
斎場にて
いとしずけくも
厳そかに
とり行われた

難波大助が
富川町のドヤ街に
一労働者として
流入したのは
翌る二月十五日
だった

深夜、ふところに〝呪いの藁人形〟をかくしもった芸者Y女、「旦那を祟り殺してやる」と徘徊中を保護される。二十日午前二時、アメリカ帰りの青年D某、新橋土橋付近で猫イラズ服毒、さらに短刀で首筋を斬って、苦悶しているのを発見、「米国より日本の方が人使いが荒く給料も安すぎる」ことを憤慨してという。医師を呼んで調べたところ発狂していると判明。

　警視庁医務課の統計によれば、二月十五日現在、精神病院収容患者は松沢病院五百名を筆頭に、王子脳病院に百八十六名等、千二百一名を算えるが、最近一カ月に入院の希望者は一千三百六十五名、警察の手をわずらわす者も毎月七十から八十名とあって、〔この勢いでゆくと例年この種の患者が多くなる春先から、木の芽時にかけて一体どうなることやら?〕(「アサヒグラフ」2・20)

　さてこれも二十日、ヨッフェ・後藤新平、余人をまじえず会談。

熱海特電、〔後藤新平子(*子爵)は、

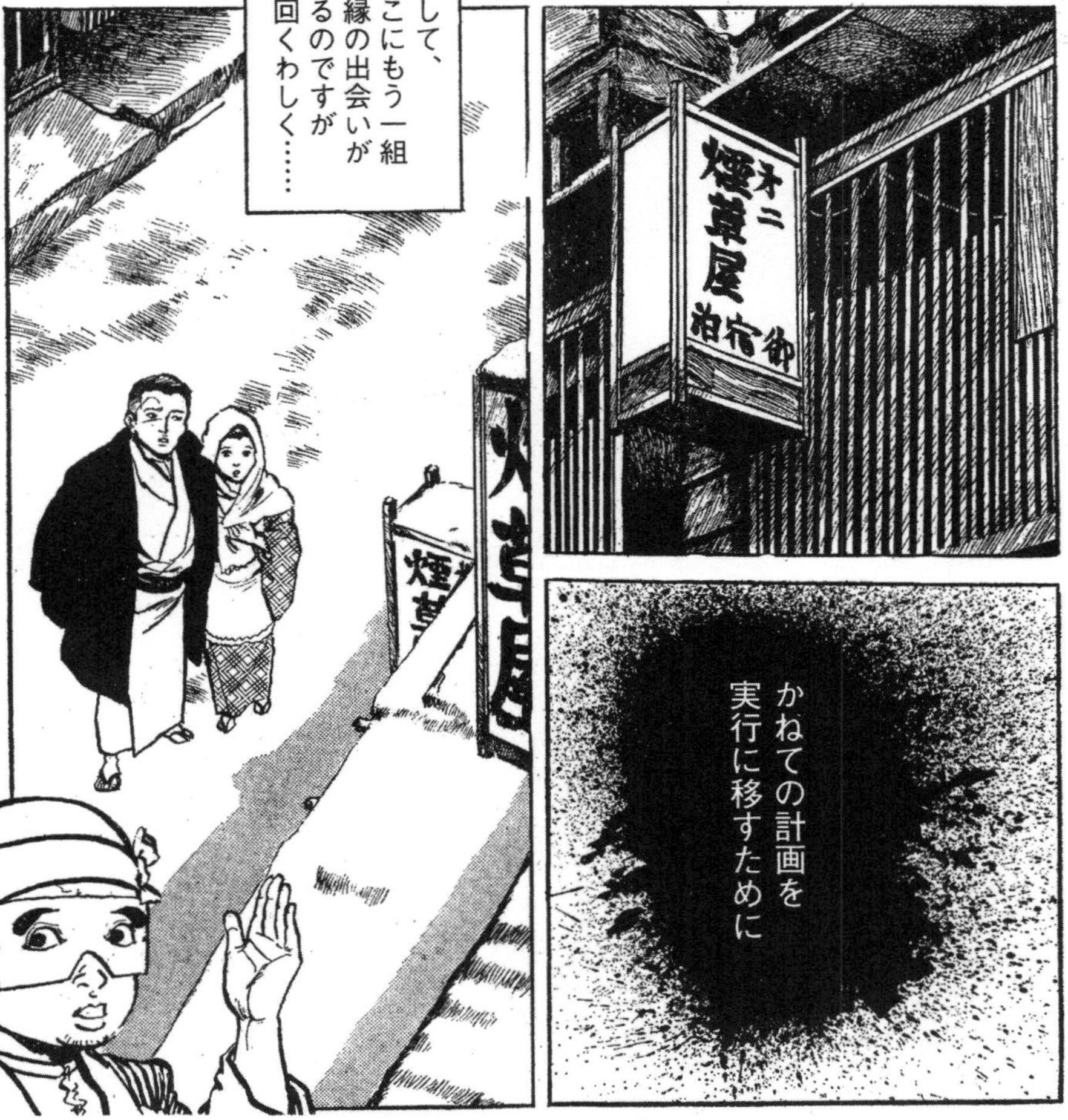
そして、ここにもう一組奇縁の出会いがあるのですが次回くわしく……
オニ
煙草屋
御宿泊
かねての計画を実行に移すために

当地ホテルに滞在中のヨッフェ氏を、午前十一時半訪問、午餐を共にし目下何事かを密議中である。後藤子は本夜熱海の別荘に一泊、二十一日に帰京の予定」（『朝日新聞』2・22）

大杉、いずこにありや？

……二十一日の午後、外務省に突如怪情報入電、「無政府主義者の頭目・大杉栄、満州四平街に現れる。」まず上海に渡って鉄路北京へ、おそらくは同地よりハルピンを通過して入露するものと推定される、云々。

実は二月十三日、マルセイユに到着している。リヨンからパリへ、大杉がむかっているころ、日本ではモスクワ行きというデマが流されていた。神出鬼没の山鹿泰治、満州から北京経由で上海への足どりを、大杉のそれと錯覚したのであろう。いずれにせよ乱世の梟雄（きょうゆう）、ヨッフェ旋風に揺れる日本で、大杉の動向はあらためて人々の耳目を集めた。〔聞くところによると、官憲

アサヒグラフ
（第三種郵便物認可）

無産者への途を急ぐ武郎氏

脚本を糧に代へる
近作は「運命論者」の飜案
◇牛込の借家へ近く移る
◇子供三人と水入らずで…

文壇の寵児 有島武郎さんが時代思潮の先驅にあつて親譲りの財産に居喰ひをするは自分一個の氣持にもそぐはずと長い心の爭鬪を超え昨年來北海道狩太にある宏大な農園を先づ無償で小作人に分ち與へたが更に近く五十萬圓の私有財産を全部投げ出した上麹町の邸宅を去つて牛込原町一の七十三のさゝやかな借家へ時なき行光（十二）敏行（十一）行三（十）といふ三人のまだちひさな年子の兄弟を連れて引き移り……

有島武郎氏

尾上菊五郎

二十日、有島武郎
麴町の私邸を売り払って
牛込の借家に移転
一個の無産者となることを宣言
私財のすべてを
すでに解放した北海道狩太
〝共生農団〟の建設資金として
惜しげもなく投入
右は長男の行光・十二歳
すなわち後年の森雅之である

としては大杉氏の入露には干渉せず、ただしいったん潜行した以上は、再び日本への帰国をゆるさない方針であるという」（『毎日新聞』2・10）

伊藤野枝談、〔もし、大杉が日本に帰ってくることができないなら、私も日本を去る決意です〕（『アサヒグラフ』2・25）

そのころ、〝右翼四人幇〟のひとり岩田富美夫はシベリアに密入国して、スパイの疑いで逮捕され、チタ監獄に繋がれていた。その岩田が七カ月後、虐殺された大杉栄の骨を、葬儀の祭壇から奪うのだが、当時の右翼はまさに〝左右ヲ弁別スベカラザル〟、階級的革命志向を有していた。

……後年、『天皇とプロレタリア』という著作をあらわして、天皇制下における社会主義体制への移行を論じた里見岸雄らはこの年一月十五日、田中智学をいただき、日蓮宗を根幹とする国家主義の行動結社「天業青年団」を糾合している。最近、右翼思想研究が論壇の流行であるようだが、〝国体と

時、あたかも普選断行
過激法案反対の
運動激化して

全国各地に、
騒擾ひろがる！

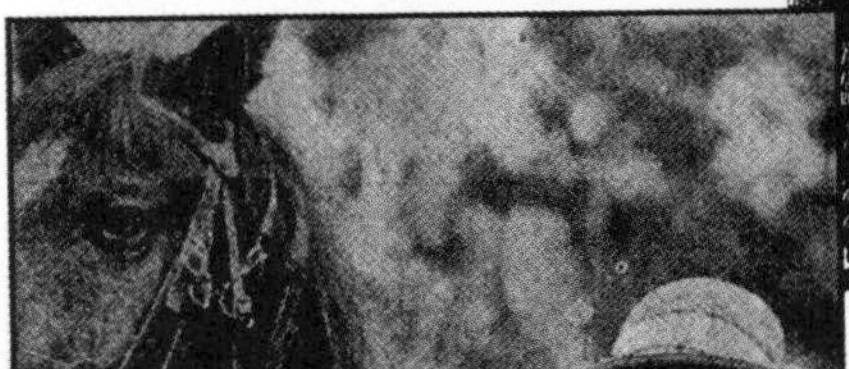
＊栗原わか子嬢

しての天皇制〟を護持しながら一方、〝政体としての資本主義〟を革命してプロレタリア的君主国家、つまり君民一如・赤子平等の社会主義体制を実現しようとする里見岸雄らの思想は、佐野学・鍋山貞親らボルシェヴィキの〝総転向〟、水平社の前衛分子と橋本欣五郎＊のむすびつきなど、左翼の国家社会主義への傾斜をとくキー・ボードとして、とりわけて注目されねばならないのである。

　チタの監獄から、岩田富美夫を〝救出〟したのは、荒畑寒村だった。二月四日、日本共産党秘密大会に上海から帰国した（＊二十六回参照）寒村は参加する。この大会で、堺利彦が委員長に選出された、こえて三月十五日、臨時党大会の決議により寒村はモスクワに派遣される。満州を経由し入露、その途中ロシア官憲に要請されて岩田を首実験、同じ日本人として身許を保証、岩田富美夫は無罪放免となった。

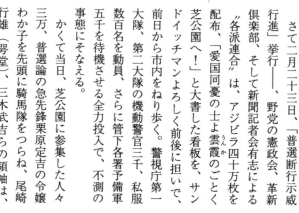

二月二十三日、東京芝公園
〝普選〟を絶叫する群衆三万
大門前より、新橋・尾張町
をすぎて
皇居馬場先門に至り
両陛下の万歳を
三唱して解散、この日
警官隊との衝突なく
人々はただ、
『普選の唄』を合唱して
大いに気勢を挙げた

普通選挙法案・否決

さて二月二十三日、「普選断行示威行進」挙行——、野党の憲政会、革新倶楽部、そして新聞記者会有志による〝各派連合〟は、アジビラ四十万枚を配布、「愛国同憂の士よ雲霞のごとく芝公園へ！」と大書した看板を、サンドイッチマンよろしく前後に担いで、前日から市内をねり歩く。警視庁第一大隊、第二大隊の機動警官三千、私服数百名を動員、さらに管下各署予備軍五千を待機させる全力投入で、不測の事態にそなえる。

かくて当日、芝公園に参集した人々三万、普選論の急先鋒栗原定吉の令嬢わか子を先頭に騎馬隊をつらね、尾崎行雄（咢堂）、三木武吉らの領袖は、熱弁をふるって士気を鼓舞し、大示威行進が展開される。マスコミいささか弥次馬的に報道するところによれば、〝立憲労働党〟と称する入墨・竹槍の一団、九州からはせ参じた大親分吉田

嗚呼、国民は目覚めたり
第二維新の基なる
参政権の平等に
普通選挙の実行に
おそれ多くも先帝の
降し賜いし御誓文
現内閣は忘れしか
政友会は忘れしか
イザ打破れイザ打破れ
普選を阻止する内閣を

磯吉配下の荒くれども、あるいは東海普選連盟の赤ダスキ隊etc、物騒な連中もまじえて、警官隊と小競合いを演じつつ宮城前広場にむかう。

　巷間の流説では、赤シャツの〝神州義団〟が決死隊三千人を駆り集めて、普通選挙法案を流そうとする政友会に殴り込むとか、これに対抗して〝大正赤心団〟〝大日本救世団〟〝国粋会〟三派連合軍が、〔富川町辺の浮浪者を動員して〕（「アサヒグラフ」2・24）、デモ行進を阻止する等々、右翼陣営も分裂抗争、殺気立って当日を迎えたのだが、二十三日には官憲や反対派との流血の衝突はなかった。

　二十四日午後一時……、国家は普通選挙法案上程をめぐって討論を開始、政友会代表の戸水寛人法学博士、だらだらと長広舌、「牛のションベンか」「夜明けのアンドンだ」と野党の弥次しきり。知らぬ顔の半兵衛で、「普選要求はそもそも下等社会からおこったもの」と故意の失言。たちまち野党は

これに対抗して、
御用暴力団
手配師たちは
労働者を赤飯弁当と
大日本救世団
1円の日当で
買収しようと
したが……

いきり立って、「無礼者、失言をとり消せッ！」

革新倶楽部の中野寅吉議員、議席に仁王立ちとなり烈火のごとく怒るが、「ありゃ法学博士ではなくバカセだ」という半畳で満場失笑。ローマ法から西洋史に長広舌が及ぶに至り、議場はまったくダレ気分、〔真剣に普選法を審議する意志なしと与、野党共に疑われる〕雰囲気の裡に討論打ちきり動機（与党提出）を、賛成二一五票、反対一三〇票で強行可決。〔国民の輿論は汚され、民衆の要望は踏み躙られた〕（『週刊朝日』3・4）

この日、早朝からまたも雪。寒風に襟を立て議会のなりゆきを待機する、院外の群衆七千名、六時二十分普選法討議が流された報告を聞くや、黒山がくずれるごとく、国会議事堂へと押し寄せる。桜田本郷町市電交叉点付近で警官隊と衝突、これを圧倒してなおも突進しようとするところへ、憲兵隊が完全武装で出動した。渋谷分隊長甘粕

選挙権を手に入れることで
社会革命が出来るなどと
信じこむほど、労働者たちは
お人好しではありませぬ
また、反対勢力にも組しませぬ
〃普選〃の騒動など
一場の茶番劇でしかあるまいと
私には思えました
（難波大助・予審調書より）

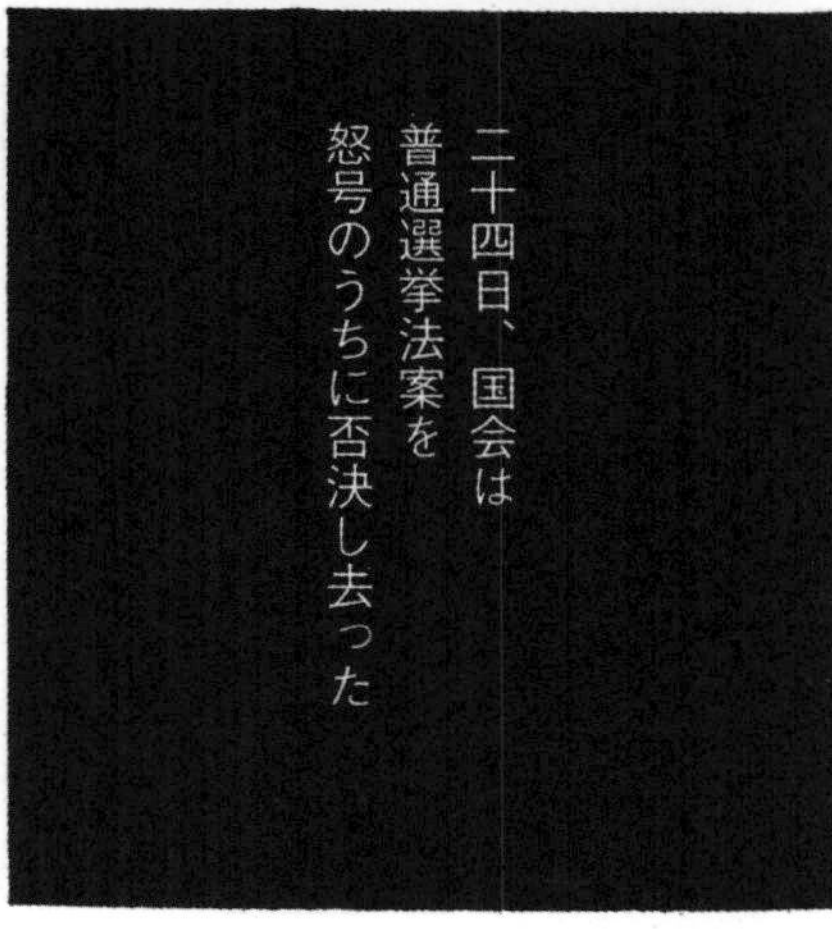
二十四日、国会は
普通選挙法案を
怒号のうちに否決し去った

弥次将軍・三木武吉

正彦は、指揮官の一人としてこの群衆制圧に参加している。

〔考科表〕甘粕正彦
性格率直ニシテ、責任観念厚シ。
……骨格矮小ナルモ容姿端麗、器械体操ニ因リ右脚膝関節ノ捻挫ノ痕跡ヲ存スルモ目下全癒シ壮健、総テノ術科率先シテ之ニ当リ元気頗ル旺盛ナリ。家族ノ状況、今尚独身ニシテ実母、及ビ両名一弟ト共ニ円満ナル家庭ヲ愛シ、質素応分ノ生計ヲ営ミツツアリ。学術技能、練習所卒業成績八名中第二位、学技共ニ優秀ナリ。大正九年、内務省開催セル社会政策ニ関スル諸課目ヲ講習セル外、常ニ読書ヲ怠ラザルニヨリ、憲兵ニ必要ナル知識、逐日向上シツツアリ。外国語ハ仏国語ニシテ、日常ノ会話及ビ簡単ナル翻訳ヲ為スヲ得。将来ノ見込ミ、最モ有望。
大正十一年九月十九日
東京憲兵隊長　小山　介蔵

ノータリン
馬鹿野郎！
政友会、
横暴ッ！
ついに憲兵隊出動
流血の裡にすべて
は終った

国軍のエリート甘粕正彦と、大杉栄生死一期（しょうじいちご）の出会いは、もの語りのなお後段に属する。今回は、史料に即して、大正十二年厳冬における、国内情況を概括してみた。

中国では二月二十一日孫文が広東に再入城、白熱的歓迎をうけて、大元帥総統職務執行に復帰。

〔山東回収に味を占めた支那は今度は旅順、大連の返還に血眼で、右租借は本年を以て終りを告げたと主張をしておる。支那の内部が湧きかえり、ゴテ付くほど、日本に反響があるとは思えない。昨今の議会を見ても判る通り、支那を差別する反動勢力が両院にみなぎっている有様だから、日本の側から自発的に満州問題を解決する事は期待できない〕（週刊朝日 3・4）

日中の間に、微妙な違和感ただよう冬だった。ヨッフェ来日は孫文の謀略という説もあって、「大正地獄篇」の風雲まさに急、次回は再び稗史ふうに夢野京太郎政治巷談の一席——

ヨッフェは、神経痛療養と
称して熱海にあり
朝野の策士これを訪れて
赤露極東探題の腹中をさぐる
大正十二年二月の末つ方
春はもう間近であった……

ROUGE
ROUGE

第三十回

運否・天賦にさおさして

「内山愚童忌」に思うこと

昭和五十三年（一九七八）一月二十四日、箱根大平台・林泉寺で、大逆事件処刑者のひとり内山愚童の六十七回忌が、古河三樹松（処刑者・古河力作の実弟）、神崎清、白井新平、瀬戸内寂聴ら有縁無縁の人々四十余名を集めて、盛大に行われた。

盛大にというのは、しめやかにではなく談論風発、にぎやかな会だったというほどの意味であり、規模人員とは関わらない。「内山愚童を偲ぶ会」というのが正式な名称であるが、これは明治四十四年、彼が処刑になってからはじめての挙である。

京太郎、これまで度々林泉寺の内山愚童の墓に詣でてきた。碑名唯一字も刻まれていない小さな自然石の墓は、卒塔婆がなければそれとは見分けられ

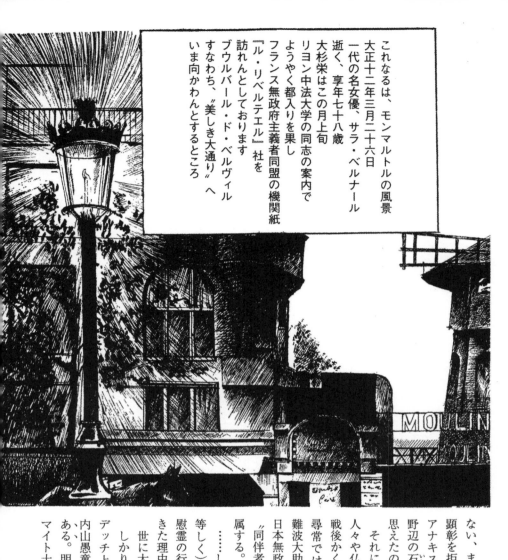

これなるは、モンマルトルの風景
大正十二年三月二十六日
一代の名女優、サラ・ベルナール
逝く、享年七十八歳
大杉栄はこの月上旬
リヨン中法大学の同志の案内で
ようやく都入りを果し
フランス無政府主義者同盟の機関紙
『ル・リベルテエル』社を
訪れんとしております
ブウルバール・ド・ベルヴィル
すなわち、〝美しき大通り〟へ
いま向かわんとするところ
MOULIN

ない、まさに無名無告の態様で俗世の顕彰を拒みつづけてきた。この仏教者アナキスト、生死を解脱した人には、野辺の石塊の姿こそむしろふさわしく思えたのである。

　それにしても、アナキストを名乗る人々や仏教者の間で、戦前はともかく戦後かくも長き追悼の不在、まことに尋常ではないのだ。「埒外の狙撃者」難波大助の場合と異なり、内山愚童は、日本無政府主義運動史上、幸徳秋水の〝同伴者〟として、云うならば正統に属する。

　……しかも彼・愚童が（難波大助と等しく）建碑・法要等々のいわゆる慰霊の行事から、今日まで疎外されてきた理由は、奈辺にあるのか？

　世に大逆事件は無実なり、という。

　しかり、それは〝天皇の裁判所〟がデッチ上げた、無何有の事件である。内山愚童はしかも二十六番目の被告である。明治四十二年五月、彼はダイナマイト十二個を、林泉寺本堂の須弥壇

非道いものだ
浅草万年町の
貧民窟通りに
そっくりじゃ
ないか！
人々の風態
も……
野良猫まで
同じ貌をして
いる

（＊蓮座＝本尊の下）に隠していたのを発見され、他にも不穏文書出版配布容疑で逮捕されている。翌る四十三年七月に七年の刑が確定して、すでに下獄していた。大逆事件連累は愚童が獄中にあった間に、天皇暗殺・爆裂弾製造の容疑で、宮下太吉、菅野スガ、古河力作らが拘引され、首魁ともくされた幸徳秋水以下、二十五名が芋ヅル式に検挙されたことから、思いもかけず惹起された。

すなわち、愚童が作成した『無政府共産』なるパンフレット（この文書で彼は起訴されたのではない・為念）に影響を受けて、宮下太吉が天皇暗殺を発意したと当局は断定する。そして、愚童自身も前記ダイナマイトを用いて皇太子殺害を企てようとした、というフレームアップが行われたのである。かくて七年の有期徒刑は、一転して大逆転、死罪となる。

客観的にこれを見るとき、明らかに無罪・冤罪である。だが内山愚童は、

案のじょう
ここも……
屋根裏並みと
いうべきか
これがヨーロッパ
無政府主義運動の
総本山か!?
「労働運動社」の
ほうが
よほど清潔だ

確信犯として絞首台に上がった。なぜなら彼自身、そのパンフレットの中で「天子なき自由国」を宣伝し、皇族の抹殺を示唆していたからなのである。愚童において、筆にしまたは口にした以上、その行為は未遂であっても免罪とされてはならなかった。

その主観において、愚童は無実ではなかった。むしろ実行に移せなかった逸機(いっき)を自嘲しつつ、死に就いたのではあるまいか？

死刑執行の直前、教誨師から念珠をかけることをすすめられたとき、彼・愚童が（仏教者としての信仰をなおもいだきながら）「よしておきます、どうせ浮かばれぬのですから」と拒絶した心境に、京太郎は理会する。

幸徳秋水は知らず、宮下太吉・古河力作・菅野スガらの魂魄(こんぱく)は、〝顕彰の墓碑銘〟にやすらかに眠ることなく、怨念の中有(ちゅうう)をさまよい、六十七年間を呪いつづけている。

彼らをして革命伝説、墓碑銘の人に

おお、エイ・オオシュギ！
よく来られましたね。

同志・コロメルの話では
無政府主義者大会の開催をめぐって、
さまざまな障害がある、ということであった
ともかく宿舎をきめねばならない
近所のホテルを案内してもらったが――

してはならない。なぜならば、彼らが倒そうとした〝制度〟は、今日もなお存続して、差別と迷妄の根幹をなしているからである。

　太平台・林泉寺に、内山愚童の墓が無名のままに、今日まで放置をされていたことにかえって、革命家・テロリストの滅すべからざる志を見る。予審判事をして、「上下数千年、小冊子ニセヨ、斯クノ如キ大悪ノ著述ヲナシ、配布ヲナシタルハ、オソラク愚童一人デアラウ」と驚嘆せしめた、徹底したそのアナキズム。無政府共産の思想のゆえに、内山愚童は死してなお荒野に独り棲むのである。

　〝愚童忌〟異議を唱えるいわれはもとよりない、我らは彼を深く想い、深く偲ぶべきである。が、墓はいまの姿に、尺余の自然石のままにとどめるべきであろう。

　本篇をさかのぼって、いわゆる大逆事件についての論を展開したい誘惑に駆られるが、大正十二年三月に時計の

一カ月の家賃百フラン
邦貨にして
十二円五十銭である
日本の木賃宿に
くらべても
よほど安い、
それはよいのだが

針をすすめよう。パリ潜入の大杉は、しばらく窮民街に身をひそめて、国際無政府主義者大会の開催を、花の都に待つのである。

三月下旬、パリはまだ冬だった。

鉛色の雲は低く垂れこめ、昏い靄（もや）が街をつつんでと、『日本脱出記』の中で大杉は書いている。

パリ窮民街の大杉栄

『ル・リベルテエル』社のあるベルヴィル通りは、パリの貧民窟だった。下層労働者と娼婦の街、なにせ通りのまん中にテント張りの市場があって、〔汚い風態の男女が、うじゃうじゃと通っている〕。大杉が仮の宿に定めたのはグランドホテルと、豪勢な看板をかけていたがいわゆる木賃宿で、周囲には淫売婦が辻々にたむろしていた。

彼が到着するすこし前に、女無政府党員ジェルメン・ベルトンが王党派の一首領を暗殺する事件がおきて、パスポートは偽造、身元証明書（カルト・ディダンティテ）も持たない

便所のすさまじいこと！
ココ、ココ
（坊や！）
五フランの女たち……

大杉栄は、パリの底辺に潜伏せざるを得なかったのである。

三フラン五十サンチームの「靴底を噛むような定食」、けったいな女共に夜な夜な追いまわされながら、大杉は持前の旺盛な好奇心と、市井の感覚でここに棲む人々の生活と心象を、そのメモに残している。

ミディネットとは、女店員、お針子などを指す俗称であるが、彼女たちの賃金、日々の小遣いの支出明細等を、大杉はしさいに検討して、年間およそ千～二千フランの赤字を一体どうして彼女たちが埋めていくかを、〝転落の詩集〟風の感傷をまじえて書き誌している。そこには、彼の革命家の魂が、つねに差別と搾取の最底辺に、愛情を以て関わっていることの証明がある。だがその窮民の街でも、身辺に危険は迫ってきた。

いっぽう、国際無政府主義者大会は当初予定された四月一日は愚か、八月まで延期しても開催を危ぶまれるあり

AC
人呼んで花の
都の裏街に

大杉は、窮民の苦惨を見た
そのころパリでは
ミディネット、八千人のお針子
縫製女工たちが同盟罷工を
四週間もつづけていた
彼女らの生活状態を、大杉は
克明にメモしている
労働者の街に滞留すること月余
「国際無政府主義者大会」は
その幕をいっかな
ひらこうとしなかった

さまで、ドイツからスイスへと会場は変更される。ハンガリーの同志はパスポート不所持で逮捕追放、ロシアから亡命をしてきたアナキストのアジトを大杉はたずねた。「いよいよ来たな！」、覚悟をしていたと、真っ青な顔であらわれる。いずれは自分も、彼らと同じ運命をたどるものと、観念の臍(ほぞ)を固めねばならなかった。

　アナキストの画家、林倭衛(はやししずえ)と連絡がとれたのはパリに潜入して半月後、林はモンマルトルに宿舎を移すことをすすめる。大杉はようやく、「パリは自由の都」であることを納得できた。そのころ、モンマルトルには日本人はひとりも居住していなかった。バル・タバランという小さな劇場の隣にあるつれこみ旅館、ヴィクトル・マッセに大杉と林は居を定める。（このホテルは現存するという、お立ち会い）

　＊一九八七年、竹中労はパリを取材した。

　女将すこしも疑わず、パスポートや身元証明書を見せろともいわないで、

宿泊者の定
〈一〉日々前払い三十銭、滞りなるときは即刻立退くベシ
〈二〉火ノ不始末ある間敷事、
〈三〉貸ブトン敷掛一枚八銭、同宿は三名までとす、
〈四〉性名等、不正直を申間敷事、
〈五〉同宿隣室の者に不審ありたる、場合は帳場に届出の事、
〈六〉盗難喧嘩責任持ちませぬ、
〈七〉飲酒賭博厳禁、

宿帳に記した大杉の名を、ただうたうようにタンチー（唐維）・タンチーとくりかえして、「可愛らしい名前！」といっただけであった。

　そこで大杉は、まずボヘミアン風に身なりをかえて再び美髯をたくわえ、「まるで、地廻り（ジゴロ）のように」モンマルトル界隈を徘徊する。バル・タバラン劇場の踊子ドリイとの恋があり、街はやっと春をむかえて、マロニエやプラタナスが芽ぶきはじめる。

　そして、大杉栄モスクワ入りという情報にふりまわされていた日本政府・外務省は、ヨーロッパ潜入の足どりを三月末に確認するのである。リヨンへ再び舞い戻って、大杉はドイツ潜入、官憲の裏をかいて赤露入りを企てるのだが、フランス当局もまた怪支那人・唐維に疑惑の眼をむける。大杉はこのころ、ヨーロッパの無政府主義運動にあきたらぬ思いをいだく。「むしろ、日本に帰るべし」と、みずから送還の〝大芝居〟を演出するのだが、それは

舞台変りまして、大ニッポン低国
深川は富川町のドヤ街
ヤマッパルこと若親分・山田春雄は
「大寅」の撞球場から
ついてきちまった娘っ子と
奇しくも難波大助の止宿している
「第二煙草屋」に潜伏
ほとぼりをさましておりまするが
若き男女のことでございます
いつしか割りなき仲となりまして
若親分としては悶々と
情理の矛盾に悩んでいるという
古いお話……

まだ先のお話——

　舞台をひとまずパリから、ニッポン窮民街にうつそう。寒波は日本列島をおおって、いっかな春はおとずれず、台湾の山地にも猛吹雪が襲う、異常な天候がつづいた。

　ようやく水ぬるんだ十一日、富士山雪解けの洪水が襲い、天の底がぬけたようなキチガイ豪雨となる。富川町をはじめドヤ街は降りこめられて、またしてもアブレ、餓え迫る空がようやく太陽をのぞかせたのは、三月も下旬の二十一日であった。

水平社と東西本願寺

　三月二日、三日と水平社第二回全国大会が京都市岡崎公会堂で開催され、代議員三百余名が参集する。もっとも注目を浴びたのは、東西両本願寺への部落民募財の拒否である。「我死なば川に流して、魚（いお）に喰わすべし」と祖師親鸞はみずからを最下層の民と同列に置き、紙衣（かみこ）一枚で通した。

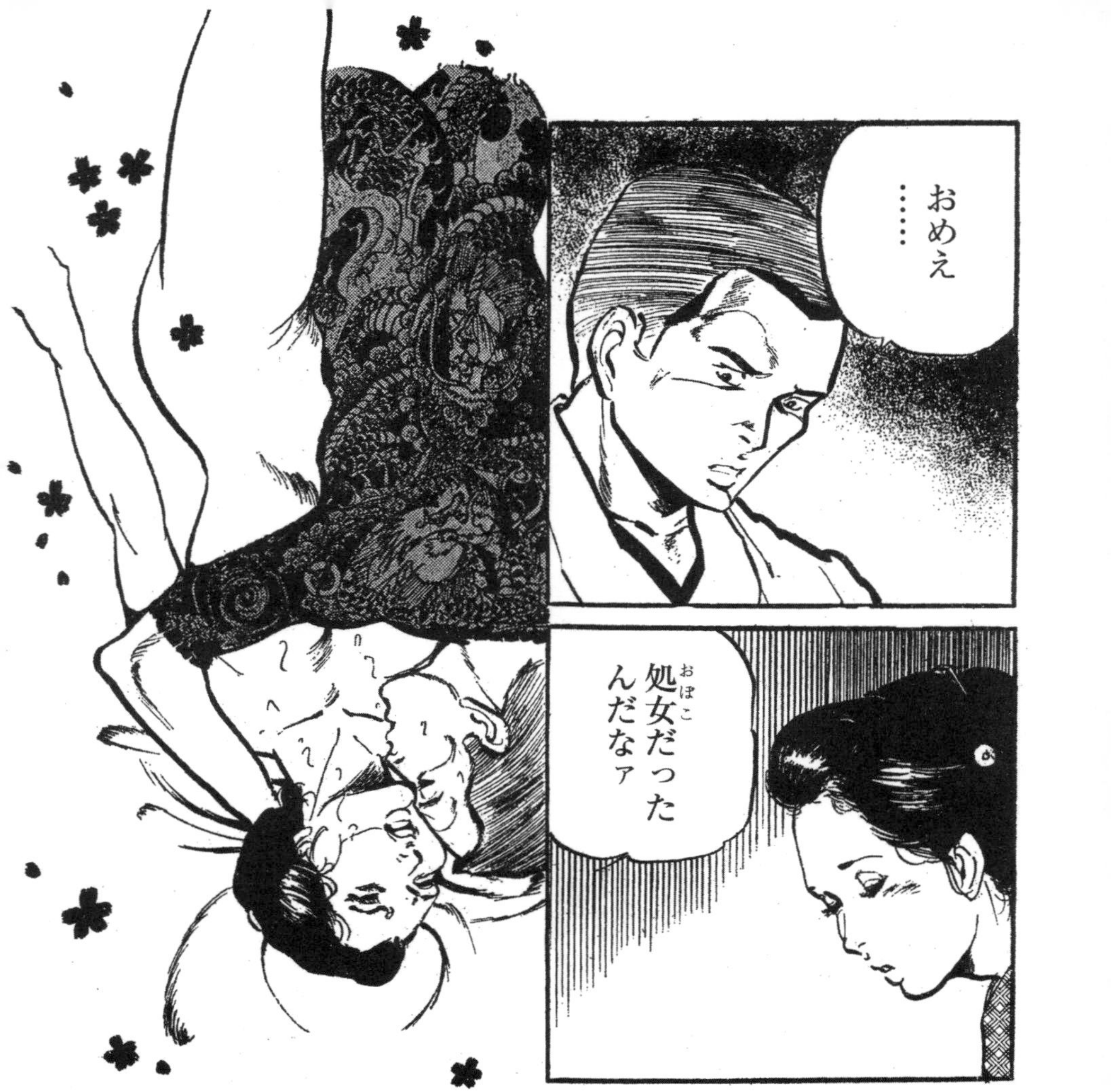
おめえ……
処女(おぼこ)だったんだなァ

いわく、「寺を建てるな」「念仏の声は場所をえらばぬ」。しかるに宗門堕落して、華麗なる仏寺堂塔を構え、僧は色衣をまとっている。弱僧の黒衣(こくえ)同盟を水平は断乎支持して、ここに三百万部落民・門信徒は本願寺よりの離反を宣言する。

そしてさらに一つ、画期的な決議が行われる。内務当局計上による〝部落改善費〟の返上、これすなわち侮蔑的恩恵的の慈善政策であり、人間平等の理念と背反する。我らは一際の改善、同情、融和等の言辞を拒否する。千年伝統の差別に対して、踏みにじられた当然の権利を奮還するべく、部落民は部落民自身の行動で貧困を打破しなくてはならない。

この討論は二時間に及び、保留案を否決して、予算の返上とあわせ政府当局に抗議することをきめた。今日、「部落解放同盟」のいわゆる同和対策ものとり主義と、大正十二年の水平社全国大会決議とを対比するとき、単に

来やがったな
!
よォ、ご両人!

隔世の感というより、差別徹廃闘争の根本的な変質を見なくてはなるまい。第二回大会は等しく、〝普選運動〟も否決し去り、いわゆる一般社会運動と共闘することも否決、ただ農民組合の設立と小作争議への積極的参加を可決している。

水平社のこのラジカルな姿勢、治安警察法徹廃、部落民侮蔑処刑特別刑法設置の二案すらも、国家権力制度下、一顧の価値なしと提案即座に否決した原動力はとうぜん、西光万吉以下アナキストの指導にあった。だが、〔民族闘争の意識と、これを脱皮せよという協同戦線の階級的意識と〕(『週刊朝日』大12・3・11号)のいずれが部落民大衆の素朴な心情に訴えたかは、明々白々であった。

僧侶出身の西光万吉は、東西本願寺に叛旗をひるがえして、三百万部落民に宗門からの背反を煽動した。それは〔(東西本願寺にとって)一大創痍(そうい)であり、末寺が引く黒衣同盟の弓と共にいうならば宗教革命であると、肯定を

南京米食って　南京虫に喰われ
ブタ小屋みたよなドヤに住み
選挙権さえ持たないくせに
日本人はエライと威張ってる
ア、ノンキだね

しなくてはなるまい」（同誌）

十八日、奈良県川西村にて水平社員六百名と国粋会大和支部四百名とが、雨中に大乱闘を演じて重軽傷者多数を出す。内山愚童の思想でいえば〝大衆路線〟を、水平社の西光万吉に京太郎見るのであるが、その論はさておき、日本窮民社会に流入する部落民、及び〝新たな被差別民〟朝鮮労働者たちは大正末期に激増する。

「……朝鮮労働者の内地渡来者がメッキリと増えた。旧ろう朝鮮旅券を徹廃してから、今日まで僅か三カ月間に、渡来鮮人は十万人を越えて、関釜連絡船では増便差繰(さしく)りをするという騒ぎ。九州で炭坑夫になる者、関西まで足を延ばして土工になり、さらには東京に流入して富川町あたりで働く者とそれぞれであるが、日給は一円ないし一円五十銭、悪辣なブローカーが暗躍してアブク銭を儲けている例も少くない」（『週刊朝日』3・25号）

あれは
俺の歌だよ
今晩は
……
お疲れ
さんです

その一方では、大阪天王寺公会堂の失業者大会に二千人が参集、降景気は深刻の度をくわえる。朝鮮人労働者に職場を奪われるという恐慌が、人夫・土工社会にひろがって、差別の意識は憎悪にエスカレートしていく。

眼を朝鮮本国にうつせば、京城では日本人警官が殺され、ひそかに爆弾を密輸入する独立運動過激派もあって、三月十三日に金翰外ほか七名殺人罪で起訴。あくる十四日夜、朝満国境にて義烈団員某々を逮捕、爆弾十個を押収する。さらに翌々十五日の未明、京城府内で同じく義烈団員五名を検挙して爆弾十数個、拳銃などを摘発といったニュースが流されて、朝鮮人即過激派の印象を国民に植えつけていく。今回は画面の進行と、下段解説やや不同であるが平にご容赦を……。

ここで南方に、筆を飛躍させておかねばならぬのであります。上つ方はと見れば華頂宮ご婚約の他に事もなく、こえて四月一日、パリ郊外にて自動車

なに、同じ宿にいる学生さんです変ったお人で本ばかり読んでいなさる
ほう……
山春も和田久太郎も
その男と、運命の出会いがやがて訪れようとは夢にも思わなかった

事故により北白川宮成久親王、即死。五日、摂政裕仁はお召艦金剛にて台湾視察の旅に上る。

『サンデー毎日』四月一日発行・一周年記念号に、〔三月中旬先駆して、台湾を北から南へと縦に突っ走った〕（笹川憲次郎記者）とレポート。

〝首狩族〟フレーム・アップ

常夏の国！ すべては熱帯の植民地気分と、笹川記者は摂政宮の日程を、うきうきと紹介していく。〔殿下には九日に基隆（キールン）に御上陸遊ばされ〕

ただちに鉄路十八哩（マイル）の彼方、台北市総督府官邸に行啓。〔生蕃（せいばん）とマラリアとが台湾を代表すると心得た〕多くの日本人は、想像だに及ばぬ文明都市である。アスファルトの大道路、美しき街路樹に彩られ、〔就中（なかんずく）、私の羨望に堪えぬのは若き本島婦人の軽快な服装である。上衣は、支那式の胸をおおった釦（ボタン）がけの服で、裾はスカートのようにみじかい袴（はかま）に靴穿きである〕

その夜
山春と娘は
ドヤ街から消えた
また、
馬鹿な女が……
体を張って
一芝居

内地婦人のように長袖に帯で、歩く度に脛も露わな、ダラシない姿と比較して、格段の相違がある。

〔プロレタリアにとって、実に有難く感ずるのは公設質屋が月一分五厘で、公正簡易に金融をはかっている一事である〕と、あらぬ方向にルポはそれていってしまう。大あわてで、〔殿下は行啓中、一万羽のアヒルの分列式をご覧になると承っている〕

アヒルはどうでもよろしい、問題は「蕃社へ」というくだり、この『サンデー毎日』特派記者は、いわゆる生蕃おしなべて〝首狩族〟という記事を、本気で信じて書いている。

以下、なるべく原文に即して抄略。

〔台湾という言葉そのものから、連想される生蕃は、全島七種族十三万人、何れも都会地から数十里を隔てる深山峡谷の間に割拠生存、決してその姿を平地に見出すことはできない。殿下はご滞在中、各蕃社から四十五名の頭目たちを召されて、総督府で特にご謁見

お話し
またまた変って
そのころ
京都では
都落ちした
かの獏与太平
雄心勃々、
やみ難く……

遊ばされる〕
　そのときもし首をとられたら、どうするのでしょか?
　さて、記者はトロッコで、〔苦力に押されながら、角板山蕃社に入ったのである〕。警官が鉄砲を担いで護衛に当ったのだが、〔むしろ獰猛な彼らに愛すべき半面があるのを見た。刺青の入った物凄い容貌に、半裸体で抜身の蕃刀を腰に、鋭い眼でギロリッと睨まれた時には、今にも喰いつかれそうに恐ろしく思ったが〕（傍点京太郎）
〔……こんな話がある、帰順したある蕃社に内地人の巡査が駐在して、なにくれと蛮人の世話を焼いておったが、ある夜突じょ凶蕃が押し寄せた。そのとき、荘者（＊村人）の一団は円陣をつくって敵の毒矢を防ぎ、その巡査を庇護したという、ここらは可愛らしい〕
　これは、犬に対する感覚である。
　記者は平然とこう書く、〔いまでも彼等は首を欲しがる。どんなに帰順をしておっても、発作的に欲しくなると

なあトム
俺はマキノを
やめるぞ
大杉は日本に
帰らない
いや……
もう帰って
こられまい
という話だ！
内田吐夢・二十五歳
俺は
東京へ行く
お前は
どうする？

見えて、時々その危害がある。フッと前をゆく首筋を見て、とっさに蛮刀を抜いてスパリと斬りおとしてしまう。この間に何の怨恨もなく、ただなんとなく首が欲しくなるのである」

珍無類の文章と笑う勿れ、教養知識ある（？）ジャーナリストまで、このような迷妄を、差別を通りこした偏見を常識としていた。

そのよってきたるゆえんは、〝台湾征伐〟にある。日露戦争・下関条約によって（明治二十八年四月十七日）、台湾及び澎湖諸島割譲、これを不服とした清国台湾巡撫（総督）唐景崧は、フランス海軍の後盾によって、〝台湾民主国〟を建国する。

北白川宮能久親王率いる近衛師団に討伐の命令は下り、かいらい唐総督は逃げ去ったが、各地にゲリラ部隊蜂起して、日本軍を迎え撃った。マラリアなどの悪疫により戦病者二万六千名、戦没者は四千七百八十八名を算える。そしてゲリラの中で、最も剽悍に

「まあ、ね」
吐夢は答えた
吾輩も京都には
住み飽きた、と
浅草に
帰りたい……
革命はどうでもいい
俺はもう一度
十二階が見たいのさ

闘ったのが、いわゆる生蕃＝山地原住民であった。北白川宮は陣中で病没したと発表されているが、実は夜陰に乗じて襲った山地原住民ゲリラ部隊に、文字通り寝首をかかれて、首を斬り落され惨殺されたというのが真相である。

　こうして、〝首狩族〟と彼らは恐れられ、人外に差別される。すなわち、天皇一族を殺したことによって、生蕃と呼ばれる宿命を、山地原住民は負うこととなった。昭和五年の霧社（むしゃ）反乱、木材運びの酷使と賃金ピンハネ、村の娘を犯した内地人への怒りから発した酋長モーナルダオの蜂起も、戦前長く〝首狩族〟の血に狂った凶行と、ニッポンは信じこんできた。

　部落・朝鮮人、そして南方植民地に差別は重層していく。首狩りより恐るべき人間狩り、琉球人を含めた被差別労働者群を内地に流入させて〝天皇制資本主義〟は、最暗黒・最下層の窮民エンクロージャーを形成する。

かくて、人みな
関東大震災、逢魔ケ刻の東京へ……

Ⅷ 歴史の薄暮に炬火をかかぐ

大正十二年四月十二日
同月一日、北白川宮
成久親王パリにて
自動車事故急逝の事あり
摂政宮裕仁殿下に
おかせられては
出発を当初予定から
一週間繰延べ
お召艦金剛にて
台湾行啓に鹿島立ち
この日、春の嵐
ニッポン列島を吹き荒れて
翌十三日に至るも熄まず

第三十一回

若親分、走る！

レーニン、再起不能のこと

大正十二年四月、摂政宮裕仁・台湾行啓の春（外務省が情報を摑んだのは正確にいえば三月二十九日）、赤露の指導者レーニンは再度発作に襲われ、「再起不能である」というニュースがもたらされた。

すでに一九二二年（大11）、十二月五日付の遺言状で、「書記長となった同志スターリンは過大な権力を手中にしたが、私は彼が充分な注意をもってこの権力を行使するよう常に心掛けているか否かを疑う」とレーニンは警告している。一月四日これに追記して、「スターリンはあまりに粗暴であるといわねばならない。この欠陥は、単に共産党員としては問題にならずとも、書記長という職責には許し難い欠陥である。ゆえに、私は彼をこの地位から

日本帝國海軍

はずして、すべての点でスターリンに
秀れた同志を、即ちより辛抱づよく、
より誠実で礼儀をわきまえた、同志に
対して謙譲であり、ムラ気のない等の
性質をそなえた他の誰かをこの地位に
つけるよう提議する〕

と述べていることは、〝ロシア革命
運動史〟を学んだ者の常識であるが、
さらに一月二十五日、レーニンは党の
機関紙プラウダの紙上に、次の趣旨の
論文を寄せている。

〔私は忌憚なくいう、（スターリンの
指導している）労農観察人民委員部は
あらゆる威信の外にある。何一つ期待
することはできず、この事実も誰もが
知っている〕

スターリンの専制・恐喝政治をこの
時点で早くも、レーニンは洞察をして
いた。かくて大正十二年春、赤露権力
闘争はようやく深刻であったのだが、
ニッポン低国伝統の外交音痴はかかる
情況を把握し得なかった。

三月五日、レーニンはその最後通牒

烈風は九州より
北上し
京都東本願寺では
大屋根落ちて
善男善女負傷多数
新潟大火災
鳥取海岸及び
朝鮮迎日湾に海嘯
難波船数百を数え
死者三六
行方不明四七〇
お召艦甲板員
三等水兵松尾与作
激浪にさらわれて
溺死――

というべき覚書を口述、〔スターリンとの一切の個人的同志関係を絶つ〕といいきり、トロツキーに当てた書簡を同じく秘書に口述している。

〔厳密、親展のこと……
愛と尊敬とを、同志トロツキーへ。
私は君が党の中央委員会で、ジョルジアの同志達を擁護することを心から希望する。というのは、スターリンとジェルジンスキーとによって、彼らは〝告発〟されているが、私は告発者の公平無私を信頼することができない。事実はまさに正反対だ！　もし、君がジョルジアの同志達の擁護を承諾してくれるなら、私は安息に寝ていることができるだろう。何らかの理由によって、君が私のこの提案に同意することができないとしたら、書類は全て返却されることを。それを私は、君の不同意のしるしと認めよう〕

ジョルジア問題*とは大正十二年三月当時、同地の共産党・ソヴィエト政府の指導部に民族主義的偏向ありとして、

この慶き日、今秋十一月に東宮ご結婚と
宮内庁より発表される
十六日、台北総督啓御と同時に恩赦発令
匪徒五三五名を釈放
皇恩あまねき、辺境蛮族に及ぶ
下々民草にも
春はめぐり……

粛清の準備がすすめられていたことを指す。

一九二一年（大10）、スターリンは赤露第二軍の指揮者であるオルジョニキーゼ、政治委員キーロフに命じて、みずからの故里であり、かつての恩師ノア・ジョルダニアを指導者とする、民主的社会主義独立国家ジョルジア（＊グルジア）を征服させた（この征服軍幹部の一人にミコヤンがいる）。

こうして、マハラーゼを首班とする共産党政府が樹立されたのだが、スターリンはさらに、コーカサスの共産主義運動を指導してきた老幹部たちを抹殺するのである。マハラーゼの後継者・ムジヴァニはこれに抵抗、専制弾圧をほしいままにする、オルジョニキーゼを「ジョルジアの獄吏」と呼んで、レーニンに更迭を直訴する。

三月六日、レーニンはジョルジアの党幹部に書簡を送る。〔親愛なる同志諸君、私はこの問題に関しては精根のすべてをかたむけて諸君に味方する。

ここは、吉原日本堤
例によってしつっこい連中が
野郎、しけこみやしたぜ

私はもはや、オルジョニキーゼの粗暴と、これを黙認するスターリン並びにジェルジンスキーの態度に、耐えられない怒りを抱いている。諸君のために私はいま、第十二回大会のための演説草稿を用意している」

だが二日後の三月八日、発作は再び襲って、レーニンはスターリンを標的とすることができなかった。かくて、ジョルジアにはかのベリヤ*が首斬人として送りこまれ、粛清の嵐が荒れ狂うこととなる。

ジェルジンスキーはポーランド人で大地主の息子、初代チェカ（後のゲーペーウー＝GPU、内務人民委員部）長官として辣腕をふるった。すなわち軍・公安の〝暴力装置〟を背景に、スターリンの支配は確立されたのであります。

……え？　何やらお隣り華国鋒政権成立のいきさつ風だなですって。さいです、似たようなもんです。あたしゃ四人幇（スーレンバン）支持のヒト、夏之炎（かしえん）さんの小説『林彪事件』なんざ底が浅い。ロシア

いやあ、大寅組の諸君
れッまた手前っちか！
大寅組
多勢に無勢だなあ
消えるんだねえ諸君

とチャイナを問わず、共産党ってもな大陰謀集団。ニッポンまだいいのよ、袴田（＊里見、スパイ査問殺害事件の発覚で一九七七年副委員長失脚）のオッチャン程度の器量で、和製ベリヤだもんね。

さよう、天はレーニンを見放した。スターリン奪権かっちけねえと、ジノヴィエフ、カーメネフとの三頭支配を組み、トロツキーを追い落す。熱海のヨッフェ、故国ロシアの風雲を知るや知らずや桜咲く国で、日露交渉長期戦とある。

閑話休題——、いや反スタ俗流巷談面白い、もちっと続けろって？　ではご希望に応じまして、上段の絵柄とは前回同様ちぐはぐになっちまうけど、時計の針をすすめて翌大正十三年一月二十一日巨星堕つ、レーニン大往生の巻とござい。

後程お目にかけますするスターリンのご尊面、これは逝ける偉大なる指導者をば凝視する同年一月二十六日撮影。この日、レーニンの棺をかついだのは

い、行っちまいますぜえ兄貴ィ！
馬鹿野郎あっちは縄張りでえ
逃げおおせるもんかよ

労働組合中央評議会議長トムスキー、ソ連大統領カリーニン、『プラウダ』編集長ブハーリン、首相ルイコフら、革命の元勲たちであったが、これことごとく後年粛清、または暗殺の憂目を見るのでござりまする。

　同年十一月、スターリンは労働組合中央評議会の席上、〔レーニン主義の全体は虚構の上に成立ち、それ自体がいまや崩壊の種子を包蔵している〕という論文を、十二年前にトロツキーが書いていることを暴露する。

　トロちゃん攻撃の集中砲火！　その翌一九二五年（大14）、トロツキーは陸軍人民委員の職務を解かれ、さらに党を追放除名となる、チョーン。

大乱を予兆するごとく――

　眼を国内に転ずれば、政変のうわさしきり。首相は湯河原に逃避行、前章詳述した如く朝鮮人労働者流入は日を追って激増、〔渡来者の数が余りにも多く、折角出かけてきても仕事の口が

クルリパタン
またもや
お家の芸——
逃げおおせるのだベシ

ない有様で、釜山・下関両港に高札が立った。いわく、「目的も行先もなく内地に渡来するなかれ」（『週刊朝日』大正12年4月22日号）

政府の無為無策で、不況は深刻化の一途をたどる。労働争議頻発、銀行倒産、深川富川町の難波大助より二月二十四日付・父親への手紙——

〔三十円の金を送金して下さい。どうでもよいにあらず、歎願です。空腹と寒さでボンヤリした頭では、書くべきことが少しも書けません。この手紙は頗る卑屈の調子で書いてある様に思われるでしょうが、それは私の本意ではありません。御送金にならなくても、少しもビクつきはしませぬ、だが然し実際の所、本当に困っているのです〕

このころ大助は、築地の海軍造兵廠手伝い人夫として働いている。日給は一円五銭、〝鮮人並みの賃銀〟でありしかも三日に一度はアブレ、〔食ふに食はれず、住むに家なき喪家の犬〕のむざんな明け暮れであった。

予審調書にいう、〔慣れない労働の

信ずるものは、誰も皆ァ
サァ！サァ！
子の年は丑年で
ソラ買った、ホラ買ーわんかい
バナチャンの因縁
聞かそうかい
生まれはタイワン台北で
台湾土人に育てられ
金波銀波の海越えて
ついた所が門司港、
とくらァ

苦しさ、就職困難の不平、不安にして落着きなき無産労働者生活の実験は、主義への信念を骨の髄までしみ通らせました〕

三月末、東京ガス会社人夫となる。日給一円六十銭〜九十銭也、ようやく餓えはしのげた。が、〔親方の貪欲、監督の専横、人夫達は牛馬の如く酷使されるのであります〕という状態で、悪性の脚気（かっけ）に悩まされながら、大助は大都会の底辺をはいずりまわって生きのびる。彼・難波大助の怨念、持てるもの奢れるものへの怒りは、まさしく都市窮民の生活感情と一致していた。アナとボルとを分ける境界は、そこにあるのではないか？

たとえば野坂鉄（参三）は、以下のような文章を『週刊朝日』の大正十二年四月二十九日号に寄稿している。

理想的ならざるメーデーを

〔労働祭――抄略、かな使い原文のママ

端午の節句は、軍国主義を謳歌する

抜けば玉散る
氷の刃～
一枚が二枚
二枚が四枚～
ハイハイ
ガセネタは
ないよー

ための年中行事である。だが、近代的資本主義の発達は国民大多数を急迫のドン底に投げこむと同時に、頑是(がんぜ)ない少年たちをも工場に駆り立てて、彼等から端午を祝ふ金と時との余裕すらも奪ひ去つた。

ところが、三年前から日本の労働者には端午にかはるべき新しい五月祭が出来て、彼等は業を休んで心からこの日を祝ふやうになつた。それは、即ちメーデーである。

一九二二年は労働者が無惨な敗北を遂げてゐる時、メーデーが行はれた。そして本年の労働祭は、労働者が漸く創痍を癒やして、乱れかけた足並みを揃えやうとする時に行はれる。

自分は一九二〇年と、二一年のメーデーはロンドンで、昨年のメーデーは東京で見た。そのうち自分にとつて、最も印象が深かつたのは、一昨年ロンドンで見た示威運動であつた。当時、英国は不景気のドン底で、百五十万人もの労働者が失職、八十万人の炭坑夫

皆ア、救われエん！

たちがロック・アウトされてゐたのである。さて、その日は実にうららかな五月日和で、見物人は黒山のやうだ。やがて、楽隊の音と共にハイドパーク公園入口に行列がさしかかる。先づ、購売組合の荷馬車で美しく装飾をした山車（だし）が十数台、その上では〝社会日曜学校〟の少年少女が赤旗を振り、革命歌を高唱してゐる。次は労働組合員で組織した楽隊を先頭に、六畳敷きもありさうな美しい組合旗を押し立てて、本隊が徐々に進む。

行列は二哩（マイル）以上も続き、それが通過するのには一時間半もかかつた。女もゐる、子供もゐる、腕を組み行進する若い男女、ロシア人もゐれば印度人もゐる。『インターナショナル』『赤旗』を声をかぎりに歌ふ、ラッパを合図に一斉に各演壇で決議文の朗読である、それは、ロシア革命を謳歌するものばかりであつた。

……昨年のメーデーを東京で見た。英国の理想的メーデーを見てきた目に

求めよ
さらば
ズンタッタ
叩けよ、さらば
おさらばさらば
ドンチャヤッチャ

は、日本のそれは実に凄愴の感がある。制私服警官隊が頑張つてゐて、入場者を一々身体検査する。さうして危険な人物は、片つ端から捕縛検束して、自動車で警察まで運搬していく。幸ひに入場が出来ても少しも油断はならぬ、会場の出口でかならず警官隊の襲撃に合ふ。殴る、蹴る、格闘がはじまる、目星しい者を行列から引き抜く。

日本のメーデーは、官憲と労働者の小競合で終始一貫される。しかし、物々しい警戒がなく、警官の挑発さえなかつたら、英国のメーデーのやうに平穏に、また警視庁が望むやうに理想的に行はれるにちがいないことを、痛感するのである。（後略、傍点京太郎）

官憲の異状を非難するために、この文章が書かれたことは判る。しかし、野坂のいうイギリス式の理想的なメーデーとは、すなわちこんにちの日本で例年見られる風景（ロシア革命の謳歌ウンヌンを別として）、そのままでは

この年三月八日
レーニン脳溢血の
発作に再び襲われ
死に至るまで
身体の自由を失う
後継者には
当然、ナンバー2
トロツキーが
擬せられていた
だが彼もまた
宿痾（しゅくあ）に倒れ
グルジアの野心家
スターリンが
政争の檜舞台に
登場する——

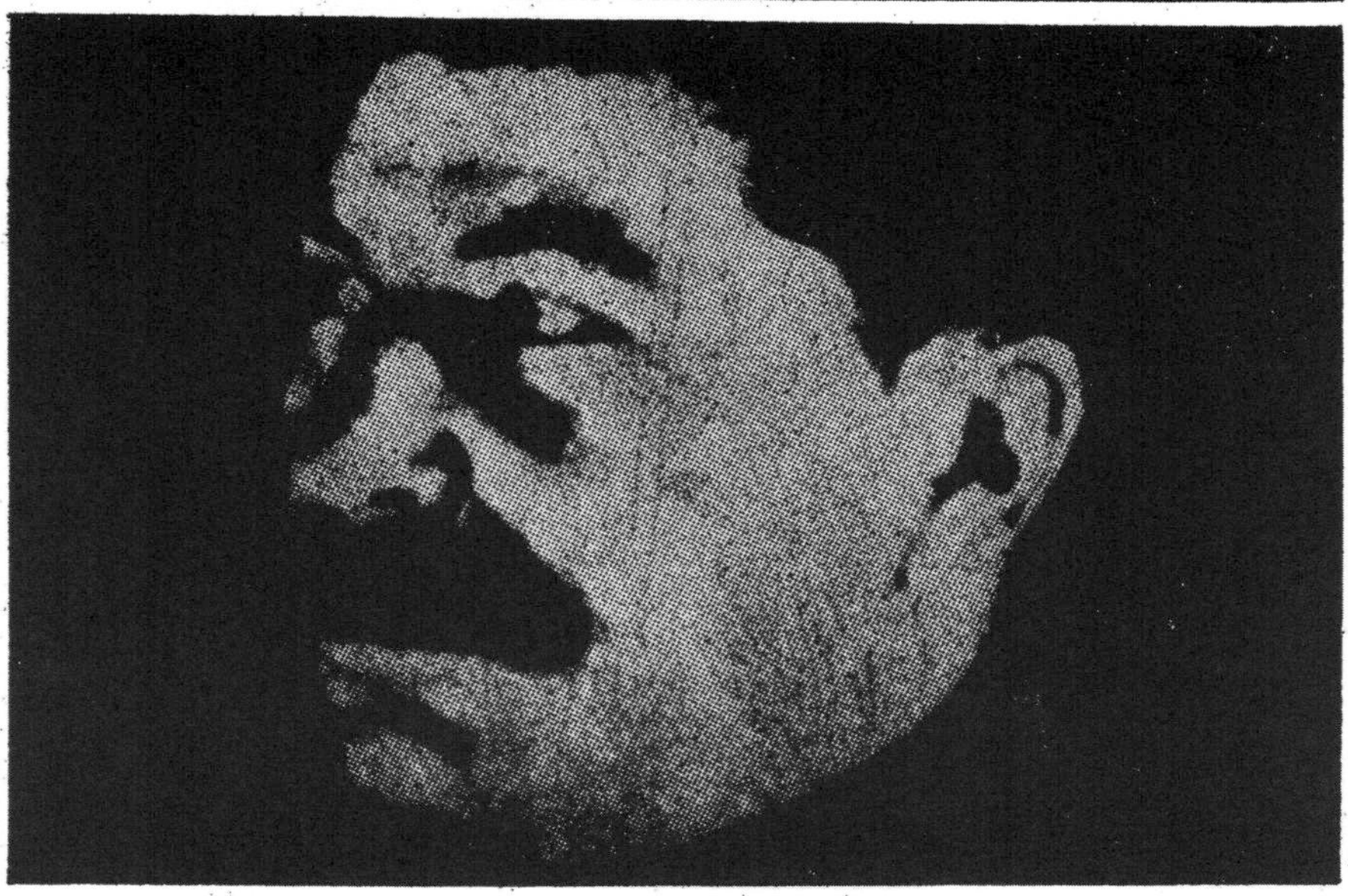

ないか。ボルの理想とは、ようするに労働者の示威が整然と堂々と行われることであって、官憲との衝突など本来望むところではないのである。

　え、また何かおっしゃりたい？

　そいつも六〇年安保から、三里塚に至る日共の一貫した姿勢じゃないか。そのようであります、血のメーデーでコリちゃった、〝大衆の自然発生的な暴動〟はお呼びじゃない。そいつは、戦前と戦後を一貫しとるので、スパイ殺しの嫌疑などブルブル滅相もない、宮本顕治さんが何に脅えているのかは実に明瞭なのです。

　言葉を換えるなら、「革命の祖国」ベリカヤ・ルスキ（偉大なロシア）、そしてコミンテルンという、強え味方がボルにはござんした。アナはてえと、これは前回述べたごとくで国際大会も開けぬお寒き状態。無理もないんで、そもそも階級なんて大雑把な共通項で人民をひっ括っちゃう論理に、人間・愛情・芸術を基盤に革命をとやさしい

雪はロシアで降ればよい
春四月、若き男女に
赤露のお家騒動なんざ
関わりのないこと
沖縄には
仲宗根源和
という
同志がいる
労働運動社の
賄をやっていた
泉夫妻も
いることだし

ことを言っていて、どうして太刀打ちできましょう。アナって馬鹿ね、ハイさいです、だから惚れている。

野坂参三流にいえば理想的ならざる日本のメーデーで、難波大助いかなる体験をするか。はたまた花の都パリの大杉栄、かの地でどのような騒ぎをばまきおこすかは次回のお楽しみ。ともあれ大正十二年春四月、内外に大乱の予兆あり――

後藤新平、一野人となる

ところで四月二十六日、後藤新平は突じょ東京市長の職を辞した。「総理大臣なんぞは、職業的政治家に委して置け。一国文化の進展降昇からいえばだな諸君、首都の親玉のほうがなんぼ意義のある仕事かわからん」と気焰を挙げて座った東京市長の椅子を、日露交渉、ヨッフェ会談に専念するためにという理由で、あっさりと投げ出してしまったのである。

「この事は、帝国の前途に関わる重大

心配することはないのよ
でもあっしのような者に
なぜこんなに親切にと山春は訊いた
村木源次郎が答えた
なに、私たちもやくざなのさ
君たちの世界でいうだろう
一宿一飯
出会いの仁義ってやつだよ

問題であるからして、東京市長の激職と相兼ねることは不可能だといわねばならん」、というのが記者団に対する説明であった。

匿名氏の政治批評にいわく、「子の外貌は最もよく子の性格をモノ語る。太い紐の鼻眼鏡と、手入れの行届いた山羊髯とに面接するものは、いかにも身嗜みよき一個の老紳士を発見するであらう。然り、子は生れしままのその相貌を如実に暴露せず、可成の注意を以て洗練し、修飾する人である。闊達稚気を粧ふその皮下を流れる針の如き神経、大口開いたあの豪傑笑ひの蔭にほのめく狐の如き細心。

――何処まで行つても、子は装飾を忘れる能わざる人だ。子ほど天真流露らしく振舞いながらその実は、子ほど天真を撓める人はなからう」(『週刊朝日』5・6号後藤新平論)

辛ラツではあるが、まさに的を射た評言といわねばなるまい。京太郎この連載で、荒畑寒村氏などカリスマ視を

山田春雄は
琉球にむかった
半年後、彼は
その出会いの
仁義を果すべく
再び東京に戻っ
てくるのだが
大正十二年四月二十六日
東京市長後藤新平
その職を辞す
いわく、日露交渉
促進のため——

されている人を斬ってきた。いささか不遠慮すぎるというご批判も間々あるようだが真平ご容赦、後藤新平また例外に非ず。そもそもこの人は、ハッタリと大風呂敷専門店で、ゆえに名政治家と呼ばれた。卒爾ながら頭の中味はカラッポだった、とむきつけに申上げて置く。

辞任に先立つ二十四日、ヨッフェは熱海から病軀（?）を東京に運んで、後藤と二時間にわたる直談判を行っている。ここで、露領海域における北洋漁業資本の出漁が解禁されるのだが、公表されない強硬な申入れがその裏にあったことは容易に推測できる。後藤新平にしてみれば、政府筋との了解の上でヨッフェを招いたにかかわらず、〔忠臣蔵の芝居を打っとる時、弁慶が出てきては困る〕（『サンデー毎日』5・8号 記者インタビューに答えて）という約束を破られて、やむを得ざるドンデン返しの大芝居を打ったのが、すなわち東京市長辞職である。尾籠な表現を用いるなら、これぞ新平十八番

さて、これまた久方ぶりに
右翼のドン勢揃いとございます
軍服姿の新顔は東条英機中佐
かの甘粕正彦が心服しておりまする
陸軍きってのキレ者
北一輝はこの年三月も末つ方
「猶存社」の解散を決意
標札をはずして
おのれの姓名を大書
大川周明との対立が始まります
ヨッフェ来日をめぐって
両者の間には
急速に亀裂が深まり
右翼陣営内部に
ヘゲモニー争いが
火花を散らすのでありますが
本日の会合はいわばその序幕（プロローグ）――

イタチの最後ッ屁であった。
「俺はここで一番、政府を相手どつてこの難問題を解決するべく、真ッ裸の後藤となってやらうと考へたのだよ。東京市長をやつてゐたのでは、何かと支障もあらう、サァ来いとその弁慶と取組むために市長を辞めた、愚図々々ぬかせば、全てのいきさつを一野人となつてブチ撒けてやる」（同）

弁慶とは、ヨッフェ来朝を阻止するべく暗躍鳴動した、第一に外務省筋、第二には水野錬太郎内務大臣である。その背後には〝対露強硬策〟を主張する軍部、右翼大陸浪人の蠢動がある、と後藤は判断していた。当らずといえども遠からず、国益をめぐる意見の対立、相剋は日帝支配権力内部にも深刻激烈であった。なるほど、後藤新平は〝開明保守〟の政治家であったといえよう。しかし、たとえば娘ムコ鶴見祐輔によって潤色されたごとき、「百年の展望を持つ」偉大な経世家であったとは、とうてい考えられない。

もし、透徹した国際的視野を有する人物で彼があったなら、大正十二年の四～五月という時点において、性急に赤露と和親を結ぶことをしなかったにちがいない。″日本の運命″は、ヨッフェ・後藤新平によって狂わされたといってもよいのである。少なくとも、大杉栄、あるいは北一輝の言葉に耳をかたむけていたなら（両者と後藤とは面識があった）、ヨッフェの強談判のよってきたる所以(ゆえん)を見ぬくのは容易であったはずだ。

トロツキーの側近である″極東探題″は、本国の政治情勢を把握して、日露交渉の詰めに入った。『忠臣蔵』役者後藤新平、まんまとその筋書きに乗せられての大見得、東京市長辞職の一幕、デデンデンデン。

こら京太郎、手前こそ勝手な「木偶(でく)まわし」、日本国の歴史を歪めるのもたいがいにしておけと、お叱りは百も承知・二百も合点。あたくし予言して置くけど、後世名宰相と謳われるのは

後藤新平ごときに国家の大事を聾断されてよろしいものだろうか
軍部はどう思われる？
辰川君、刀を寄越したまえ！

吉田茂でもなく、佐藤栄作でもなく、中華人民共和国と手をつないだ、かの目白の下駄オヤジ（＊田中角栄）であるぞ。

さてまた話題を移して、といっても紙数すでに尽きんとしているのだが、北一輝・大川周明が共同主宰していた「猶存社」の血盟がヒビ割れたのは、ヨッフェの来日をめぐって、ロシアをむしろ利用するべきであると満鉄調査課長としての大川が考えていたことに起因する。

その対立は、右翼の陣営内に二つの底流をつくり出して、ないまざりつつまた分乱しながら昭和史へと、回路を繋いでいく。大正の末期においては、ボルも右翼もまた、アナキストたちの短かくも烈しく燃えつきるもの語りの傍役にすぎず、時代の黄昏に黒い虹を架け渡す右からのテロリズムは、西暦一九三〇年代以降に属する。

『ヨッフェ君に与うる書』の
北一輝に（二十回参照）
内田良平は決起をうながした
だが、ロシアに岩田富美夫を
擒にされて、北は動けず
春の嵐はただ一枝の
花を散らしたのみであった

買うとしたら
北樺太の価、そも何程？
……などという記事が
当時のマスコミをにぎわせて
〝日露交渉〟いよいよ大詰
極東探題ヨッフェ、
後藤新平の肚芸は
さて、いかなる展開
をみせるか……
朝
鮮
京城
北京
天津
済南
黄河
揚子江
南京
上海
福州
南昌
長沙
常徳
宜昌

第三十二回

大杉栄、パリに檄す！

北樺太、五億円なりの説

コミンテルンの〝密使〟のかの吉原太郎が上海でヨッフェに提起した、北樺太の割譲は、前に述べた通り決してホラ話ではなかったことが、荒畑寒村「赤露潜入」の間に証明される。大正九年度における南樺太の森林伐採価格百六十三万二千円、水産物収穫四百八十五万五千円、農産物百六万円を算する。低湿不毛と称される北樺太だが、森林資源はエゾ松・トド松の巨木が不鍬の大原生林を形成していた。

南部にもまして有望なのは林業のみならず水産であって、黒龍江の河口に鮭、鱈、鰊、タラバガニの無尽蔵ともいえる漁場がひろがり、さらに瀝青炭推定埋蔵量およそ二十億トン、当時の相場はトン当たり一円也、開発に要する投資をかなり大幅に見積っても、資

大正十二年五月一日
東京・芝公園
「労働祭」の示威熾(さか)ん
この日、曇後晴
正午すぎには
一万人が参会
朝日夕刊の見出しに
いわく、
団結

堂々練り出す
参加団体四十
盛大なけふの
メーデー
警官包囲裡に
殺気横溢す！
団結

源利用七、八十億円を下らないという論議が、俄かに朝野に沸騰する。

　今日の貨幣価値で換算するなら、約二十兆円の膨大な額に上る。ヨッフェとしても内心その意向を持っていて、ひそかに後藤新平に割譲案を打診しているという情報が、ジャーナリズムの報ずるところとなり、真に迫ったのである。

　大正十二年四月二十九日、後藤新平東京市長辞職後、〝日露交渉〟が急な進展を見た裏面の真因は、これも前回記述した通り、レーニン不治の病いに倒れ、クレムリンに権力抗争の陰謀が激化したことにあるのだが、国内では漁獲最盛期を迎えんとする水産資本の利害が、一日も早いソヴィエト・ロシアとの和解を要求していた。

　いま、南樺太の漁獲高四八五万円と統計を示したのだが、いうまでもなくそれは地場の水揚げであって、実際は本土・大小資本二百、従業員三万人が北洋にひしめき、年間約三千万円もの

午後零時、朝鮮人労働者の演説を
きっかけに検束が始まり
会場は乱闘の渦と化します
ようやく示威行進に移った参加者を
警官隊は片端から両手をねじ上げ
蹴り立てて連行
たちまちおこる〝革命歌〟
と申しますのは
「ああ、カクメイは……」の歌詞
この年に禁止となりまして

魚を獲ってきたのであるから、北樺太買収は愚か、カムチャツカ半島も買収したらどうだという景気のよい論議がおこるのも当然であった。

　アラスカを米国に売った前例もあることだ、話しは次第に現実味を帯びてきて、ヨッフェの言い値は十億円だと巷間に伝えられ、ならばここは半額に値切って五億円の買物だなと、人々はきめこんだ。

　れいによって正史は、かくも明白な事実を認めない。が、ヨッフェvs後藤新平のかけひきには、北樺太買収案が最も大きな比重を占めていたことは、疑いをいれない。そして、レーニンの革命を、モルガン財閥に資金を得て、杉山茂丸が援助したいきさつは周知であり、パイプはとうぜん左右の回路に通底をしていた。したがって、北樺太割譲を、「黒龍会の委任をうけて」と太郎がヨッフェに語ったのには確実な根拠がある。

結団
結団
認承
打倒
革命
万歳!!
進めエ！

京太郎いささか執念深く、荒畑寒村『自伝』を疑うのは、こうした容易に推理できる歴史の内幕を単に右翼の大風呂敷と笑殺してしまう、戦後的発想のゆえにである。

Y・P体制下における左翼は、自己正当化の手段として、戦前の〝左右を弁別すべからざる状況〟を歪曲する。吉原太郎についても、彼は左翼ゴロであり、コミンテルンの指令を詐称していたがその実、「黒龍会」のスパイであった、と。

ならば借問する、そのような人物の手引きで、ヨッフェに渡りをつけ運動資金の提供をあおいだ夫子自身、日本共産党とはそも何であるのか？　卒爾ながら、彼・吉原太郎の破廉恥を言い立てることは、みずから労農ロシアに媚び、〝粗製乱造の党〟をいい加減な手続きでデッチ上げた事実を、語るに落ちはしないか？

人はその過去を、十全に美化し得るものではない。とりわけ他者に責任を

ああ、革命は近づけり
立てよ、白屋襤褸の子
覚めよ、市井の貧窮児
労働者の団結を!!

転嫁して、おのれを高しとする卑小な精神においてや。

　さて、五月十三日、ヨッフェは後藤新平に向って、露領沿岸の出漁問題に関してモスクワ政府回訓を提示する。すなわち、赤露官憲を日本国に派遣、出漁査証を発行することとし、一件を落着したのである。

　十四日、後藤新平は日露協会で記者会見を行って、去月来の交渉全経過を書類にまとめて政府に引渡すと発表、かくて日露交渉はようやく、国家間の本舞台に乗せられる。

　二十二日、首相・後藤会談。

　二十五日、書類引渡し、「すべての目的を吾輩は果した」と後藤は声明、〔かくてさっさと交渉圏外に立退いてしまった〕（『週刊朝日』大正12・6・3）

　この日、後任東京市長に永田秀次郎就任、内田外相は日露交渉に臨む政府基本方針を閣議で具申する。

　六月五日、ヨッフェを全権と見なす予備交渉会談開始を閣議決定。

自分は三度検束
されかかって
労働者に助け
られました
見ず知らずの
仲間たちに……
労働者の自覚
ということについて
あらためて
考えるところが
多くありました
願わくば、おのが血を
万人のためにと
一個のテロリスト
として起つ決意は
自分の胸中に
ますます烈しく炎と
燃えました

紆余曲折あれど略して、〝日露予備交渉〟は同月二十八日より東京築地の精養軒三一号室で、日本側・川上勝彦ポーランド前公使を代表に任じ開幕。その劈頭、果せるかなニコラエフスク＝尼港事件（＊二十五回参照）の責任追及と併行して、北樺太買収案を日本側は正式の議題として提案したのである。

巷間の推量と符節をあわせて、ヨッフェは十億円を要求、ところが日本側提示額はわずかに一億五千万円、赤露極東探題は怒りを発して、卓をたたくことしきりであった。

トロッキーの前途多難

『シカゴ・デイリー・ニュース』（五月二十日付）、モスクワ駐在記者・フレデリック・マッケンジーによる通信、「レーニン、もし死なば？」の報ずるところによれば――

〔レーニン死期必せり、莫斯科（モスクワ）要路は今や現状維持に汲々として居る。窃（ひそか）に王政復古を画策する反動の勢力一部に

所かわれば何とやらでこれは、パリのメーデー風景屋外集会は禁止とありまして元気がございません
そこで、大杉栄が飛び入りでブチ上げておりますしばらくご傾聴のほどを
Front Coopératif des Ouvriers!!
Contre l'Occupation de ra Ruhr!!

あるも、これは問題にする価値なく、鬼胎を孕みつつあるは労農政権内部の抗争である。衆目の一致するところ、レーニンの後継者はトロツキーを措いてなく、実際に彼は共産主義者の大多数に神格視される存在である。最も華やかな行動・強胆であり組織経営の才に長け、経済にも精通して、しかも軍事全般を統帥して居る〕

〔然し、トロツキーは強引かつ率直な性格からして、多くの仇敵を有する。事情通は彼を目して、ナポレオン風の人物なりという。恐らくは最後には、セント・ヘレナの末期を免がれまいというのである。即ち、槿花一朝の夢と終る、悲劇の英雄であると。惟うに、労農政権の難関は、トロツキーとその反対派の内部相剋にある。主義の許に存立するが故に、主義を以て分裂する可能性なしとせぬのである〕

　トロツキーの腹心であるヨッフェの身近にも、暗雲が漂いはじめた。日露交渉延引の責めを問うて、ヨッフェを

日本のメーデーの
歴史は浅い
だが、労働者たちは
この日の何たるかを
知っている
それは、
革命の前哨戦として
かならず屋外で
流血の示威として
行われるのである
諸君!!
街頭へ出たまえ
FREE SACCO & VANZETTI!!
Front Coopératif des Ouvriers!!

召換することをモスクワ政府は決め、後任として外務次官のカラハン露都を出発、極東へむかう。

匪賊列車ジャック流行る

中国の情勢に目を転ずれば、山東省臨城県において五月六日、津浦鉄道急行列車が襲われ、外国人二十七を含む乗客三百名余が人質に取られた。黄河流域に土匪およそ十万、『水滸伝』の世界が現存していたのでありまして、大陸の治安は乱れ放題、ハイジャック日常茶飯とございます。

この大列車強盗団は、豹子谷という岩山に蟠踞(ばんきょ)する約一千人のゲリラで、「あばたの張」と異名をとる張国治の元子分ども。というのはこれも水滸の時代がそのまま生きていて、張サンとしては呉佩孚(ごはいふ)将軍の招撫をうけ正規軍連隊長に昇格したのである。しかも、その経過は、やはり外国人を生捕って政府を恐喝した結果、「罪を問わず」ということになったのであったから、

我々が何者であるかを示すのは百の言葉よりも一つの行動である！
セエサ！（その通りよ）
街頭へ！
街頭へ！

土匪社会にはたちまち外人ジャックが流行した。

豹子谷ゲリラは身代金として、邦貨百万円相当を要求（現在の貨幣価値でおよそ三十億円！）、さらに旧親分の張国治と等しく国軍への編入を条件として、中国政府アメリカ人顧問のロイ・アンダーソンと交渉、ついに目的を果すに至る。一方に排日気運は高まり、物情騒然の初夏、孫文は広東でなお戦火を継続中とあります。

諺（ことわざ）にいう、〔男子三十にして業成らざれば、即ち落草せん〕

落草とは匪徒になること、東三省に馬賊、四川に棒客、甘粛に刀匪……、中国は秘密結社の国であって、これら〝匪賊〟と俗称されるゲリラは斬盗り強盗の類に非ず。さかのぼれば漢代、赤眉銅馬（せきびどうま）の乱を討伐するべく会盟決起した、劉備・関羽・張飛『三国誌』、義兄弟の契りより発する。これをホエ（会党＝秘密結社）という。

直隷・山東省におけるホエは、義和

〔五月二日、フィガロ紙〕
サン・ドニ労働会館のメーデー会場で
激烈な革命演説を行った
中国々籍の一闘士の逮捕の結果
はげしい乱闘が惹起された

〔五月四日、エクセシオール紙〕
演説をした際に捕えられたのは
日本人記者、ソカエ・オスギと判明
オスギは自称トゥン・シェン・タン
無政府主義運動調査のために
ヨーロッパに来ており
旅券を偽造して
中国人を詐称していたもの
同氏は国外追放の対象となるであろう

五月、パリは雨
大杉は
ラ・サンテの
監獄に送られて
禁錮三週間の
刑に服した

団事件の挙匪（白蓮教徒）、刀匪の一派そして響馬と称される山塞のゲリラがある。五月六日の事件がおこった臨城駅頭から西北へ四十マイル、広漠たる平野の中に兀然としてそびえる山は、これすなわち〝梁山〟。さよう、実録『水滸伝』、宋江以下百八人の好漢が立てこもったところ。

　山をめぐって部落が点在し、会匪の前哨線である黒店、居酒屋がそこここに置かれている。見てきたようなですって？　いや本当のお話、豹子谷はまさに梁山泊として実在しておった。彼らは土豪劣紳から綁票、人質をとり金品を強請する。座火車という火責めを加え、水牢や糞牢にブチこむなどして、財産家に恐れられる反面、「貧しきからは盗まず」民衆の支持を得ていたのだ。

　〝梁山泊〟とはなにか、それは落層して叛徒となった窮民が形成する解放区、過渡の国家である。

　黄河流域の会匪に対して、揚子江の

ニッポンも雨
飛行船、
横浜・大阪間を往復
早稲田大学では
「軍事研究会」に反対する
浅沼稲次郎ら
学生の騒動がひろがり
話題の多い夏の始め

沿岸には紅幇・青幇。縄張りを碼頭と呼び、大頭目（親分）の中には七十に及ぶ部隊を有して、子分三万人を統率する者もいた。これらホエ、緑林の徒たち、山賊や馬賊をぬきにして中国の革命は語れない。男子三十にして落草せんとは、すなわち反権力武闘に身を投ずることをいう。大陸至るところに梁山あり、毛沢東はこの年に三十歳、やがて彼は湖南農民暴動から井崗山を目指す、デンデン。

　ゲリラから正規軍へ、異端落草から体制権力へ——、『西廂記』の賊将・孫飛虎は帝国軍人から落草して匪徒となり、美姫・鶯鶯に魂をうばわれる。毛沢東&江青、延安の恋も本質的にはそれと変らぬのである。やや無責任に放言すれば、中共の革命成らざれば、詩人と女優の恋ものがたりは、さらに一篇の『西廂記』を、中国文学史上に遺したであろうものを。

　閑話休題、ロマンチックなる贅言はさて措くとして、難波大助が学業放棄

ここにも
いま一つ
過激な
ドラマが……
波多野秋子・二十九歳
有島武郎・四十五歳
波多野秋子と云ふのは
くづ折れる牡丹のやうな
妖艶な美女と
人は言って居りました
（『日本自殺情死紀』より）

した早稲田大学では五月十日、「軍事研究団」反対の狼火上る。

　この日、「軍事研究団」の発会式が早大講堂で行われ、陸軍省・白川義則次官（後に陸軍大臣、昭和七年上海で爆殺された）が祝辞を述べようとしたところ、「勲章から同胞の血が垂れているぞ」「一将功成って万骨枯る」と学生たちから弥次が飛び、〽都の西北大合唱となった。こえて十二日、軍研反対学生大会で乱闘、リーダーの浅沼稲次郎、稲村隆一が負傷する。

　……ゼンガクレンの元祖、全国学生連合会が前年の末に、日本最初の左翼学生組織として結成されていた。この事件を捜査した当局は、早大教授佐野学・猪俣（いのまた）津南雄（つなお）の研究室から、コミンテルンの秘密文書を摘発したと称し、〝第一次日本共産党〟の検挙へと発展するのだが、難波大助は学園における組織的運動の圏外にいた。

　メーデーの以後、彼の脚気は労働に耐えられぬ重病となり、むくんだ足を

彼女が有島武郎氏に
接近して行ったのは
婦人公論の記者
という職業上の事で
ありましたが
氏の人格を敬慕し
その作品を
渇仰してゐたので
人妻の身であり乍ら
思ひは次第に
恋愛の園へと深く
分け入ったので
ありませう

*

ひきずり、東京駅にあらわれるはずの兄にメシ代を借りにいった。だが兄は姿を見せず、疲れ果てて江戸川公園のベンチに横たわっているところを、大塚警察署に拘引された。

　身元照会の結果釈放となり、故郷に送りかえされた大助は、初めての留置体験をこう語っている。〔いざとなれば自分には社会的に身分のある親、兄、あるいは友人がおりますが、真に孤立無援なる無産者は、かうした場合に、一体どうなるのでありませう。病気の時の無産者の悲痛、いはれなく官憲の迫害を受けた際の惨苦を骨身に沁みて覚りました。病めば死ぬるより他なき労働、無産者のために、自分の一身を投ずる決意は、このことでますます固くなつたのであります」（予審調書より）

ラ・サンテ牢獄、晩酌の味

　そのころ大杉栄は、秩序紊乱・官吏抗拒・旅券規則違反の罪名で、パリのラ・サンテ監獄に拘禁されていた。

五月某日、有島氏は鳥取地方の講演から帰京して
不倫の恋を清算するべく…
死の渕へと歩み入ったのです

「のん気な牢屋だ、一日ベッドの上に横になつて煙草の輪を吹き、葡萄酒とビイルならちびりちびりやつてゐてもいい。窓の外は春だ、高い煉瓦の塀を越えてマロニエの若葉が匂う」

　そのたびになつかしからん
　晩酌の味を覚えし　パリの牢屋

酒が飲めなかった大杉は、なすこともない獄中で、白葡萄酒を甜めるように噛むことを覚えた。

「ただ春の心、本当に長閑だ。たつた一人きりの牢やの生活ほど、のうのうするところはない」（『牢屋の歌』）

　Vin Blanc（ヴィエン ブラン）
　ちびりちびり　歌よみたはむる
　春の日　春の心

——いずれは、何処かの牢屋を見物することになるだろうと、腹をきめていたのである。監獄での三週間は彼にとって、いえば一種の保養であった。もっとも所持金が底をついて、黒パンと菜っ葉スープ、靴の裏のような肉が一片だけ入っているオカユといった、

〔いずこも同じ牢屋の御馳走〕が差入弁当、葡萄酒にとって変る。〔煙草も買えず、読む本もなし、毎日ベッドでただ寝て暮した。よくもあんなに睡ることができたものだ〕

五月二十四日、大杉栄釈放。

〔いろんな奴に会つて見たが、理論家として偉いのは一人もいない〕（近藤憲二宛、パリからの絵葉書）

〔……共産党のバルビユス、共産党を除名されたアナトル・フランス、先ず無政府主義者ロメン・ロランの三人に会つて比較評論を書いてみたい〕（林倭衛宛リヨンからの便り）

パリでの大杉の心境の変化、〔大衆と共にやるか、純然たるアナキストの運動で行くかは僕も、実はまだ迷つてゐる。純然たるアナキスト運動と云ふ其の事に僕は疑ひを持つてゐるのだ〕（伊藤野枝宛3・28）

大正九年十二月、日本社会主義同盟以降における、大杉栄の思想と行動の軌跡を、本篇は追ってきた。おそらく

二十七日、我等の姫（アワ・プリンセス）なる良子（ながこ）女王
大阪毎日新聞本社を御見学
早朝七時四十分より駅前は人ばらい
新聞記者氏の表現によれば
「おうつくしく、お若く、お優しい」
この日、女王は薄水色の洋装に
フレンチヒールの御靴
「その姿を何にたとへよう。
すらりとしたお身体
お顔は心持ち前にかたむけさせ給ひ
すいすいと歩を続けられる。
地上の者はかかる歩きやうはしない
ああ、おみ足は地に触れず
初夏の空をうつす山中の湖水に
風吹きて立つ漣（さざなみ）のクレストのやうに
軽ろやかにも、軽ろやかに」
（『サンデー毎日』6月3日号）

アナ・ボル双方から異議があるだろう大杉像を、京太郎・かいじのコンビは劇画の世界に創作した。

　アナキスト大杉栄は、単純にボルに対立した思想家・革命家として捉えることなら、まことに容易い。が、彼はなぜ、ロシア革命に共鳴しながらボルシェヴィキを批判したのか？　日本の運命について、ナショナリズムとすら思われるほどの愛国的な発言を行っていること、ヨッフェ来日をめぐる右翼との共通点（とりわけ北一輝との）、いわゆる大アジア主義的傾向、一方にコミンテルンとの接触（アナ&ボルの共同戦線）、等々の多面性をもし一つに括ることができるとすれば、それは「日本における革命の現実の可能性」の追及であった。

　そして現代風にいえば、彼・大杉の思想を一貫したのは、革命運動の自主自立、社会主義先進国の権威的指導の排除という命題であった。すなわち、コミンテルンの覇権主義反対である。

その頃、難波大助は
栄養失調と重労働の
疲労で脚気を再発し
ゆきだおれ同然に
公園のベンチに
身を横たえる
ありさまだった
オイ、こら
ちょっと来い
浮浪罪で
拘引する！

悪しきインターナショナリズム、画一専制的〝プロレタリア独裁〟、〔共産党が権力をぬすみ取って、いわゆる独裁者の無産階段を新たな奴隷に陥入れてしまう〕（日本脱出記）ことを、大杉は明確に見ぬいていた。

その反面、革命過程において共闘すべき諸勢力との敵前の分裂を、いかに回避するべきかに、心を砕いていたのである。〔資本家制度とたたかう時、労使協調主義者から個人主義的無政府主義に至る、あらゆるものとの協同を敢えて辞さない〕。

本篇で実に度々引用した大杉のこの言葉を、いまいちどここに掲げる。

〔ただその間に、留保して置かねばならないのは僕の批評の自由である〕

〔ボルシエヴィキに対する批評、僕はそれを随分長い間遠慮していた。だが労農政府自身に、革命の進行を妨げる最有力な反革命的要素があることすら分つた〕

大杉は喝破する、〔ロシアの革命は

外国でのブタ箱暮らしも
オツなものだと
大杉はのんびり構えていた
ちょうど一文無しにも
なっていたので
〃国外追放〃を理由に
大使館から五千フラン借用
こえて六月三日、
箱根丸に乗船して
日本に帰ることとなる……

助ける。が、そんなボルシエヴィキの政府を誰が助けるものか!」

アナからボルに転向、大杉に論争をいどんだ高尾平兵衛(次回の劇中で殺される)に対して、レーニンはこう語ったという。

「ロシアでは無産階級の独裁的革命はやむを得ざる手段だったが、日本では無産者と、政界の革新分子と、進歩的インテリゲンチャとが一つになって、共同戦線で革命をやることが必要ではないのか? 君たちは空想を抱くな、ロシアと事情が違う日本で、無産階級独裁の夢を見ても駄目である」(松尾尊兊『忘れられた革命家 高尾平兵衛』)

——この見解は、むしろ大杉の立場と一致する。「共産党の党利の上からの共同戦線など、日本の本当の自覚した労働者はまっぴらだ」と留保を付してだが、原理・原則としての共通の敵に対する諸勢力の連帯と協力を批評の自由を付して大杉は唱えつづけたのである。そのいわば最後の試みが、大正

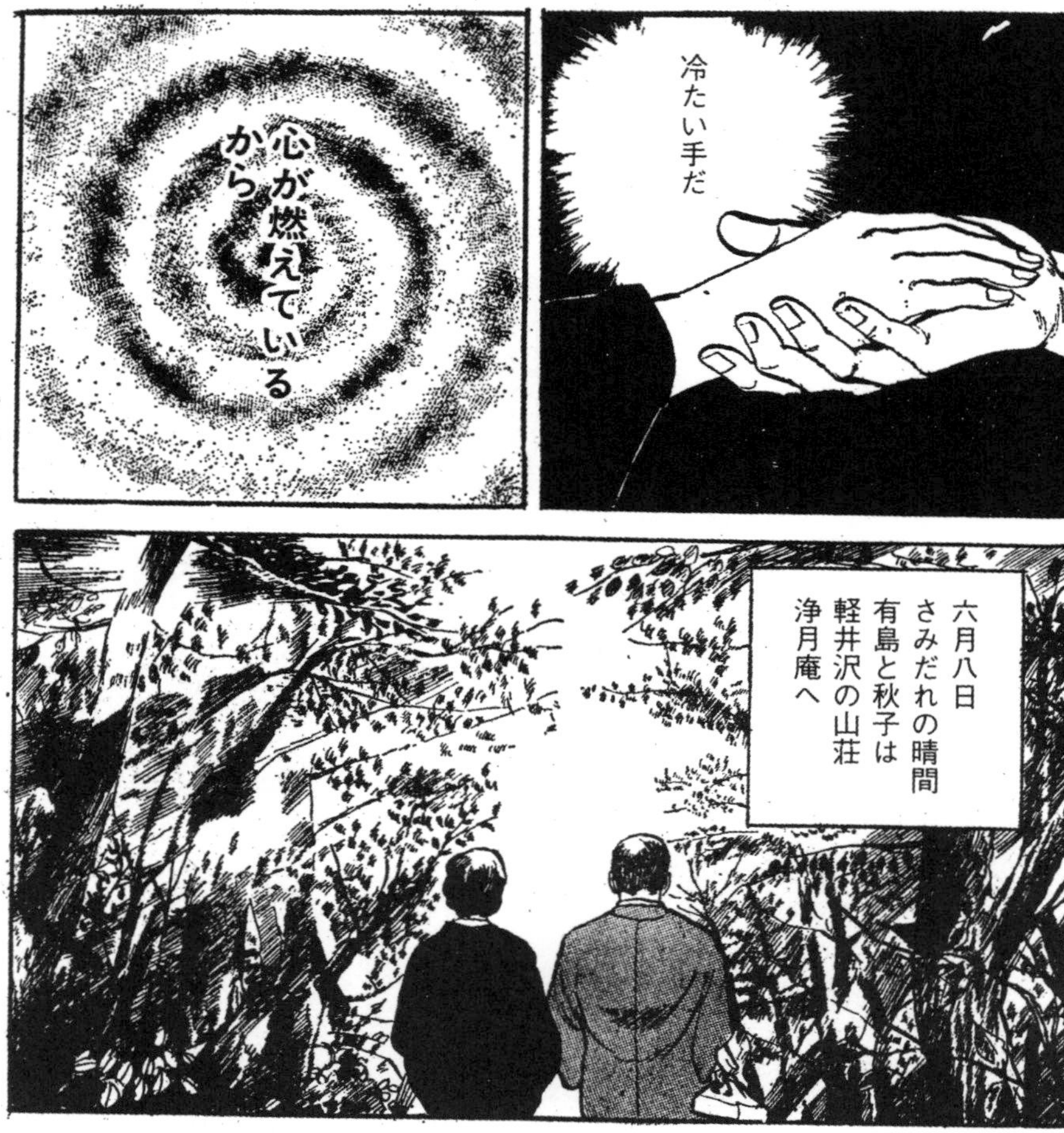
冷たい手だ
心が燃えているから
六月八日
さみだれの晴間
有島と秋子は
軽井沢の山荘
浄月庵へ

十一年秋の全国労働組合総連合結成であったのだが、ボル派の陰謀によって〝労働戦線統一〟が成功を見なかったことは、第二十四章で述べた。かくて大杉はパリへ旅立ち、翌十二年夏まで日本に戻らなかった。

　パリの監獄で、あるいは強制送還の船中、彼は帰国後の計画をいろいろとめぐらしたであろう。物語りのクライマックスで、そのことについて詳しく触れようと思うが、大杉栄の胸中には新たな文芸運動の構想があった。とうぜん、一人の作家がそこに登場しなくてはならなかった。だが、運命は彼を黄泉へと攫っていったのである。有島武郎その人、有夫の女・波多野秋子と軽井沢山荘に情死。

　「大正地獄篇」は、ようやく凄惨の色を加えて、カタストローフへと突きすすむ。関東大震災まであと三カ月、すべてを一挙に業火に押し包み、葬り去る逢魔ケ時の襲来を、人は知る由もなかった――。

六月二日、三日と東京地方強雷
八日、午後にわかに豪雨
天変地異の前触れは
ニッポン列島を徐々に脅かして
カタストローフへと
人々をいざなうのであります

第三十三回

有島武郎の死

見よ、愛がいかに奪ふかを

京太郎、本篇で有島武郎その文学と思想を評するごとき、紋切型はあえてしない。いわく、〔見よ、愛がいかに奪ふかを！　愛は個性の飽満と、自由とを成就することにのみ全力を尽してゐるのだ。愛は嘗て義務を知らない、犠牲をも知らない、献身をもまた愛は知らぬのだ。愛はただ奪ふ〕（「惜しみなく愛は奪ふ」）

世の常のわが恋ならばかくばかり
苦しき火には身をば焼くべき

……毎度、〝B級〟の資料でご批判あるやも知れぬが、山名正太郎『日本自殺情死紀』からのぬき読み、有夫の女・波多野秋子と心中行の一席。

以下引用は、『関西婦人画報』大正十二年九月号掲載分より抄出。原文のママとしたかったが、やや冗長であり、文章の表現が古風にすぎるので、仮名

大正十二年六月上旬某日
おそらく、八日と推定されますが
有島武郎は軽井沢の別荘で
婦人記者・波多野秋子と
合意の情死を遂げました
「浄月庵」と名づけた
瀟洒な建物は
北海道の農場を小作人に
東京・麹町の邸宅を
貧民階級に解放した
氏がゆい一、私有財産として
所有していたものですが
事件の後
故人の遺志にしたがって
焼き払われてしまいました

づかいをあらため、ダイジェストすることとした。

＊本稿改訂にあたって、『女性自身』元記者・竹中労の加筆部分に台括弧を付す。

思想家として、創作家として文壇に重きをなしていた有島武郎氏の死は、混沌たる現下の知識社会に、さらなる一大波紋を投ずる、最近の大事件なりといわなくてはなりません。

氏はその生活態度において、著作の面において、最も真面目で謹厳だったことで世に知られ、多くの人々ことに婦人達の讚仰の対象でありました。

こうした有島氏が、サロメのように蠱惑的な人妻との恋から、情死にまで転じていったことは、女性読者のみなさんに、甚大な衝撃を与えたにちがいないのでありますが、記者は氏の死をめぐる批判はここに避けることとし、前後の真相を詳細に記述して、諸嬢に各々の判断を求めようと思います。

（注・大正のむかしから、女性雑誌のこれが常套である）

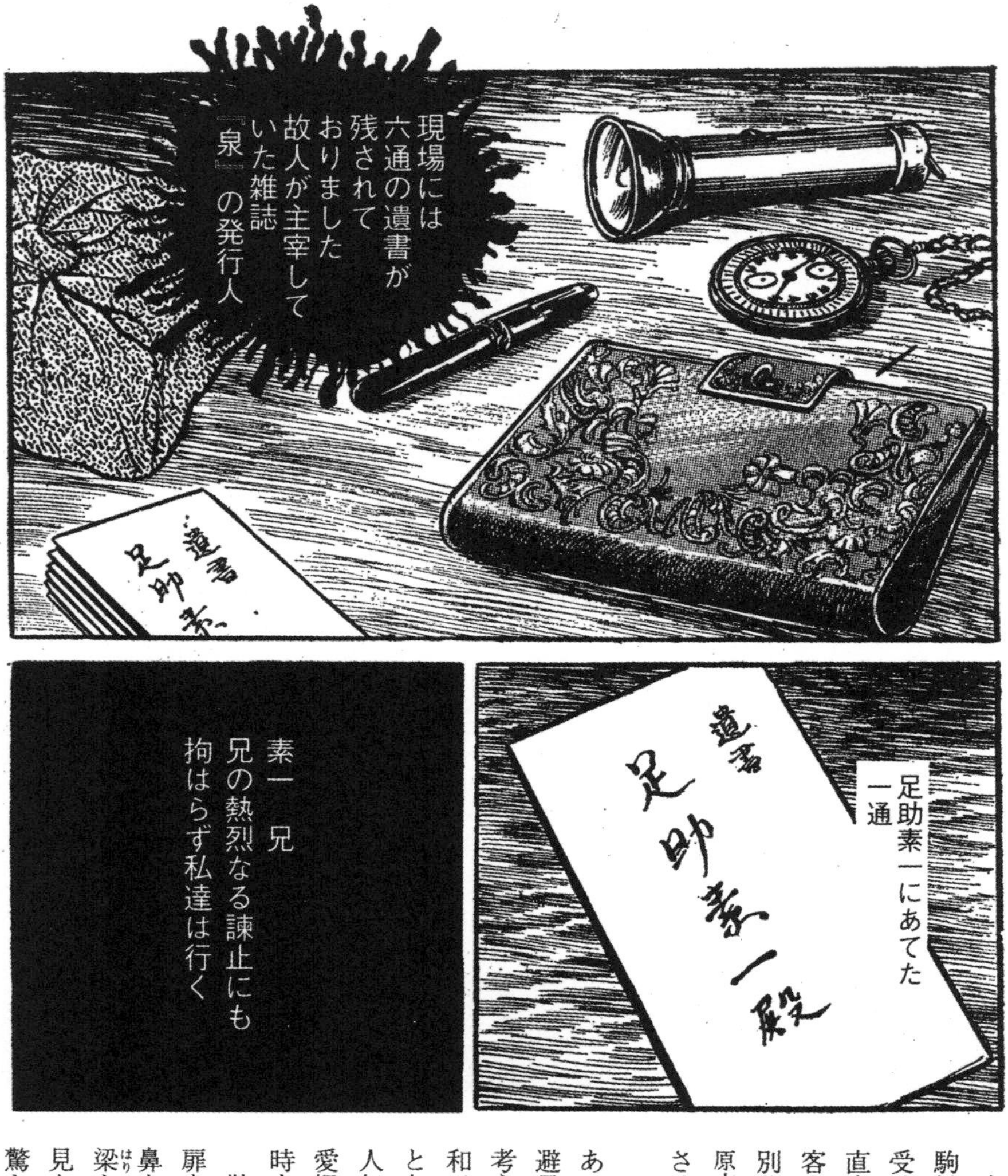
現場には六通の遺書が残されておりました故人が主宰していた雑誌『泉』の発行人
遺書
足助素
足助素一にあてた一通
遺書
足助素一殿
素一兄
兄の熱烈なる諫止にも拘はらず私達は行く

——さて、軽井沢三笠ホテル支配人駒村勝太郎氏は、別荘の管理の依頼を受けておりました日本郵船重役の山本直良氏から、この七月八日に二、三人客を迎えるという通知を受けたので、別荘番の駒林敬吉に命じて（敬称略は原文のママ）、山本氏所有の別荘を掃除させたのであります。

これを終えた別荘番は、序のことであるので、隣にある有島氏の持家をも避暑の準備をして置こうと、殊勝なる考えをおこしました。有島氏の別荘は和洋折衷の瀟洒な洋館で、「浄月庵」と名づけております。平常はまったく人気がなく、盛夏になると氏は三人の愛児をつれてこの山荘に、水入らずの時を過すのが習慣でありました。

敬吉が表玄関から入って、何気なく扉を開けてみたところ、異様な臭気が鼻をつくので、応接間を覗きこむと、梁からブラ下っている人間らしい姿を見たので、彼は腰をぬかさんばかりに驚き、愴惶として（＊あわてて）三笠

僕はこの挙を
少しも悔いず
唯十全の満足の
中にある
あき子も亦同様だ
私達を悲しまないで
くれ給へ

ホテルに報告に駈け戻りました。

支配人・ボーイらと共に再び別荘にやってきてよくよく見れば、まさしくそれは、男女の縊死体でありました。男は女の市松模様の伊達巻、女の方は桃色の扱帯で首をくくっております。服装はといいますと、男は縞の単衣に角帯を結び、女は縮面のこれもやはり単衣に藤色の裾に花模様のある羽織を重ね塩瀬の茶の帯を締め、上流階級の人らしく見えました。

日数が経過している故に、顔は既に腐爛して人相もしかとは判らず、そのうえ室内は天井といわず壁といわず、床も一面に蛆がはいまわり、ほとんど近づくこともできぬほどすさまじく、死体の悪臭が立ちこめていたのであります。「惨たるその有様には、誰一人として面をそむけ、吐気をもよおさずにいられませんでした。

警察官の手で、ようやく現場を検証したところ」卓の上に二人の遺留品があり、遺書が残されていたので身許は

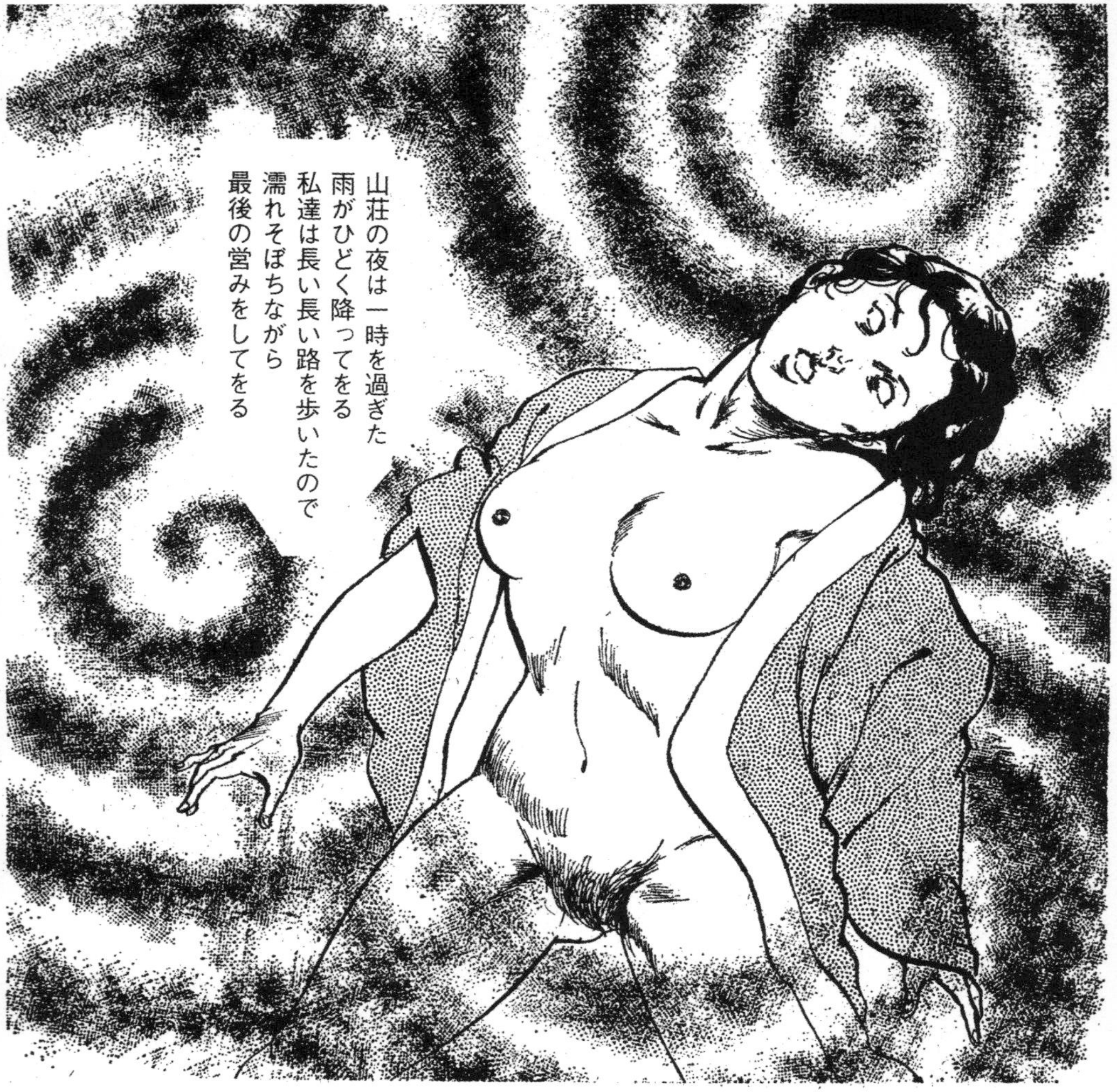
山荘の夜は一時を過ぎた
雨がひどく降ってをる
私達は長い長い路を歩いたので
濡れそぼちながら
最後の営みをしてをる

ただちに判明しました。縊死の男は、捜索願いが当局に出されていた当家の主人・有島武郎氏で、女は共に失踪をしていた『婦人公論』の記者、波多野秋子さんでありました。

くず折れる、牡丹のように

有島武郎氏は、明治十一年三月東京小石川区に、「大蔵省の高官の子として」生まれ、学習院を経て札幌農学校卒、さらに米国のハーバード大学に史学と社会学を研究、さらに西欧諸国を遊学して帰国、明治四十一年から大正三年まで、母校である札幌農科大学予科で教鞭をとっておりました。文芸に身を委ねる決心をなし、雑誌『白樺』の同人となって、大正六年十月『死』、十二月『宣言』を発表、人道主義作家として名声を挙げたのであります。

爾来、年毎に作品を世に送り、特に若い女性の熟読を得て、たちまち大家となりましたが、『生れ出づる悩』の出版以降、友人の足助素一氏（叢文閣

気象台調べでは、六月八日午後一時半
軽井沢地方では雨が降りやみ
月明の夜となっている
有島武郎の遺書は、〝最後のいとなみ〟の
前に書かれたものであろう

主人）を扶けるため、同店に出版権の全てを任せることとしました。『生れ出づる悩』は五十版以上を上梓して、洛陽の紙価を高めたのです。その間に三人の愛児を残して、夫人が先立つという不幸に見舞われた氏は、人知れぬ寂しさの裡にあり、［しかも潔癖に身を侍してきたのでありました］。

　階級文学の提唱を文壇に投げ、逐に北海道の広大なる農園を小作人に解放したこと、麹町の豪邸を捨てたこと、［これら無産の一平民たらんとした氏の行為を解く鍵は、人間としての欲望をなべて抑止された生活の故であったと考えられます。

　氏はこのようにして、執筆の場をも個人雑誌に限定してしまい、叢文閣の発行による月刊雑誌『泉』以外には、文章を発表しないという、思い切った手段をとりました。］しかし毎号、一万二千を算える熱烈な読者は、氏を支持してやまなかったのであります。

　また、氏は同志社でこの数年、イプ

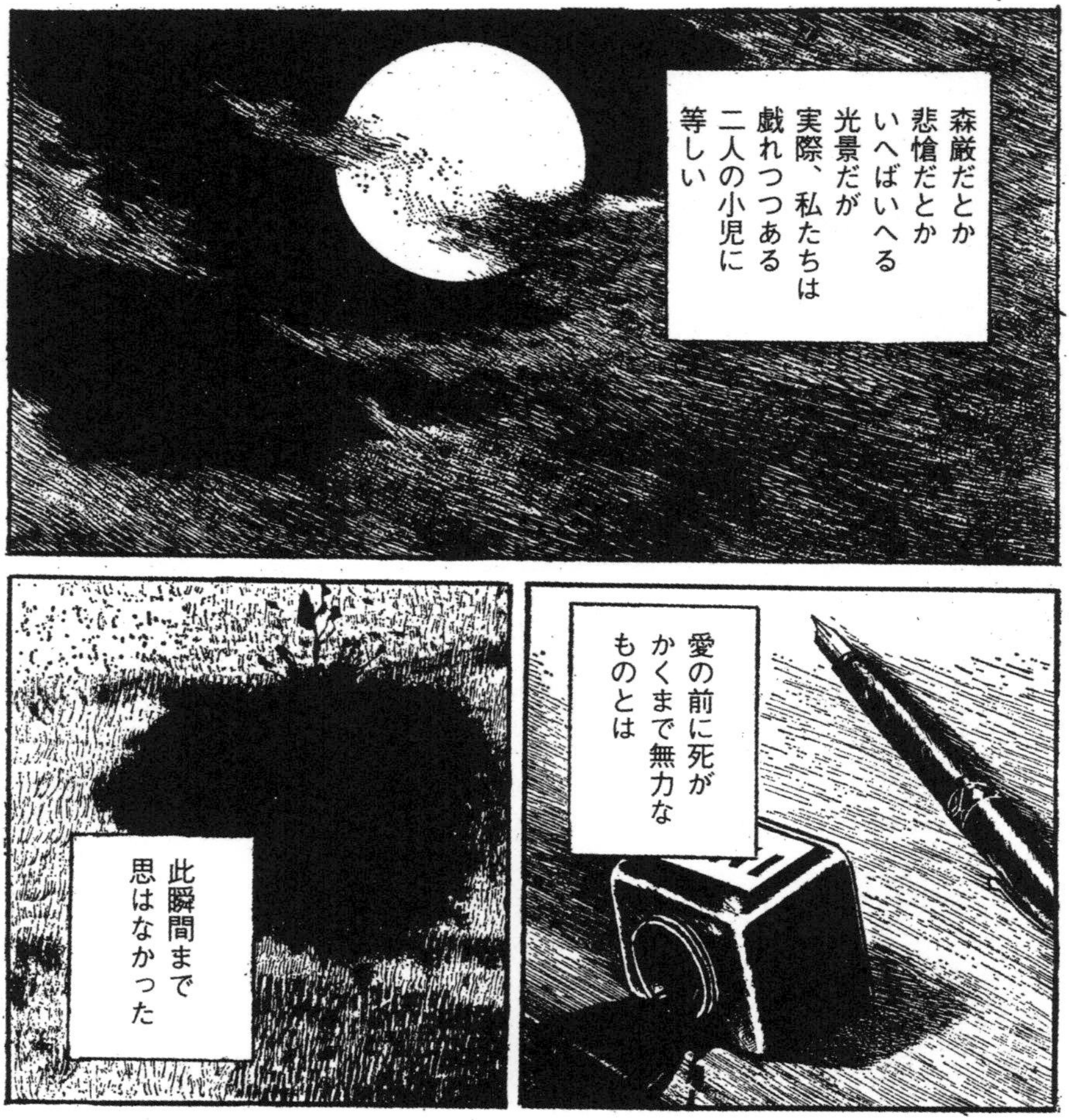
森厳だとか
悲愴だとか
いへばいへる
光景だが
実際、私たちは
戯れつつある
二人の小児に
等しい
愛の前に死が
かくまで無力な
ものとは
此瞬間まで
思はなかった

センに関する講義を行い、［部落問題の権威である］森厚吉博士らと関西方面に遊説すること度々でした。［文壇周知の事実として、氏は個人的無政府主義を捧じ、嘗て欧州各国歴訪のさいにも、他の著名士と会うことを故意に避けたにもかかわらず、クロポトキン翁には三顧の礼を以て見え、深くその思想に影響されるところがありました。］

　家族は八十になる老母と、前述した三人の令息でありまして、令弟に有島生馬・里見弴と、画壇文壇に三兄弟と聞こえた方々があります。

　いっぽう、波多野秋子という女性に就いて陳べれば、「くず折れる牡丹のように妖艶な美女」であると、彼女を知る人々は申します。［夫君は日本海上火災保険会・書記長の］波多野春房氏、秋子さんは以前から同氏の許に英語の個人教授を受けに通っていましたが、恋愛関係が芽生えて、実践女学校卒業と同時に、親族知人の反対を

恐らく、私達の死骸は
腐爛して発見される
だろう
武郎

却けて、敢然と十三歳も年上の春房氏と結婚をしました。

　その後、春房氏は彼女を女子学院の専門科に入学させ、さらに英語専門の青山女学院に進学をさせて、大正七年『婦人公論』の記者として就職をすすめる等、夫であると同時に秋子さんの師でもあり、［理解者でもあり、彼女の希望をすべてかなえる、寛大な父親のごとき存在であったのです。

　むしろ、その寛大な心が彼女をして奔放に走らせた、ともいえましょう。夫婦生活の機微をうかがい知ることはできませぬが、女盛りのしかも社交の前線にある秋子さんには、もの足りぬ夫と思えもしたのでありましょうか。『婦人公論』から得た月給は、すべて着物に換えてしまい、蛇を象る装身具などを好んで身につける彼女に、人はサロメのような女よと、やがてはみずからの情熱に崩壊をする運命を身辺に感じとっていたのでした。］

　昨年の暮ごろから、有島氏は親しい友人に、「ある婦人記者にボクはいま誘引されている、逢うのが恐しい」とひそかに洩らしておりました。本年の五月ごろ、ほぼ半年の間に恋愛は急転直下進行したものと思われ、悩ましく暗い顔をした氏が、友人をおとずれて抜差しのならない告白に及んだのは、鳥取地方の講演旅行から帰った五月も末のことでした。

　秋子さんが、職業上の必要から有島武郎という作家に接近したことはもちろんでありますが、彼女は以前から、作品を通じて氏の人格を敬慕し、渇仰していました。『婦人公論』の義務の余暇を、『泉』の校正や原稿の浄書に献身する彼女に、有島氏は次第に強く惹かれていったのであります。

　こうして、人妻との不倫の恋に絡めとられ、彼女のよき夫君への罪悪感に責めさいなまれる心境を、「氏は友人の足助素一氏に再三告白しております。世間にはいくらもあること、その

さみだれの合間に
なぜか、真夏のようにむし暑い
異常天候がつづきまして、
大正十二年六月
一日、長沙にて排日中国人暴動
二日未明、東京地方に強震
十数回にわたって三日まで
揺り戻し揺り返します
五日、第一次共産党手入れ
佐野学、山本懸蔵らは逃走して
ソビエト・ロシアに亡命
何やら不気味な情勢をはらんで
初夏にむかう季節と裏腹に
再びかの「大逆事件」
冬の時代の到来を思わせます

場を糊塗することはできたろうにと、人は思うやも知れません。」

だが、有島武郎氏はその著作からも覗えるように、すべてのもの事を徹底して考え、「おのれの思操に行為もまた忠実でなくてはならぬとする、一個の人格者でありました。何事についてもよい加減に、妥協して生きるのを潔しとしない氏の性格は、〝姦通〟という罪に対しても、おのずから世間の習俗とは異った律し方を、みずからに要求せざるを得なかったのです。」

すべてか、無か……

六月四日、船橋の旅館に二人は投宿して、すべてを許しあいました。「プラトニックな関係で、それまであったということを信ずる理由が記者にはあります。「すべてか、無か――」という死の条理より推し量って、そのことが死への決定的な跳橋になったとしか、その後の行動を考えることができないからであります。

大杉は無事に出獄して日本にむかっている
彼が帰ってくる前に
総同盟のダラ幹共に制裁をくわえておかねばと山鹿泰治はいった

世間のいうごとくに、氏は死を讃美していたと思えぬ節があります。殊に最近の作品や講演には、無政府主義の到来を暗示するごとき強い調子がこめられて、かえって希望に輝いているとすら感じられました。北海道の農園の解放をはじめ、私有財産の放棄という実践にも、きたるべき死を予定しての身のまわりの整理であるとは信じられない、積極的で肯定的な意志が働いているものと見えたのです。

私見を許していただくならば、死を強く希い、惜しみなく愛は奪うものと魂を昂ぶらせていたのは、秋子さんのほうではなかったのでしょうか。その懇願によって、有島氏は死の淵にひきずられていったのだと、記者は思えてなりません。

心やさしきゆえに、あまりに純粋な誠実な作家であったがゆえに――」

思いあぐねて、慶大病院に入院していた足助素一氏を訪問したのは、家出二日前の六月六日のこと。「八日の朝

!?
ボクはやめておくよ
なぜだ吐夢？
なぜでも、さ

までは、牛込南寺町の借家にいます、私にはもう考えがないので、君によい策があったら速達でも知らせてください……」といって、有島氏は病室を去りました。

　翌朝、足助氏は病を押して南寺町の家に行ってみると、秋子さんと二人で「常の眼の色ではなく室内にただ黙ってむかいあっているので、これは危険だと覚りました。言葉を尽して諫止し、夫君の波多野春房氏との間にも入ろうじゃないか、世の常の醜聞への対処も自分が買って出ようと」、懸命に説得して、なおかつ気がかりなので病院に戻るとすぐに速達便を出しましたが、手紙が届いたのは「六月八日の午後四時三十分、二人が軽井沢にむかった僅か」半刻の後でありました。

　八日の正午すぎ、秋子さんは夫君の春房氏を丸の内の保険会にたずね、『婦人公論』の特別号の校正の仕事があると話して、平生と少しも変らない態度であったといいます。また、その

虚しいことだと内田吐夢は想ったどうして、何が虚しいのかよくはわからなかったが……
無性に孤独になりたかった都会のどこかで自由に放浪してみたい

足で日ごろ親交のある石本恵吉男爵の事務所へ行き、静枝夫人（後に男爵と離婚して社会主義者加藤勘十と結婚、話題の人となる）に、「これから有島さんと長い旅に出ます」と別れを告げたのです。

それが死出の旅であることを、静枝夫人は察しましたが、「秋子さんの貌があまりにも幸福そうであったことと、ここに至った事情を知る故に、」暗涙を呑んで見送る他にありませんでした。こうして午後四時、風呂敷包一つだけ持って外出した有島氏と、「上野駅で落ちあって、二人は軽井沢へ情死行にむかったのでありました。

夕刻から土砂降りの雨、「浄月庵」までの道を、誰にも見とがめられず、二人は登ったものと思われます。盛夏避暑の季節にはまだ早く、したがってまさかここを、死場所にえらぼうとは何人も思いもよりませんでした。六月九日「新橋の東洋軒で認めた（ここは氏と秋子さんの最初の出会いの場所で

肩を怒らして
革命をやりに
いく友達を
目の端で
追いながら
黙って、
「さよなら」を
言った
古海卓二には、なぜかが
わかっていた
あいつは
大杉に会ったことが
ないからなのだ

ありました）端書が、母堂宛に届いております。「しばらく旅をします」とだけ、簡単に記されておりましたが、有島家と波多野家の人々は、ふたりが一緒だろうと覚り、両家相談のうえで捜索願いを警察に届出ました。だが、家人の願いもむなしく、一カ月を経た七月八日、軽井沢の山荘で情死という悲報は伝えられました。

……以上、多少の付加・文章表現の修正を行ったが、『日本自殺情死紀』記述に大略はしたがった。この書物は昭和三年六月七日、東京神田表神保町七番地、大同館書店発行、定価二円と奥付けがある。

山名正太郎（冬骨）は、大阪朝日新聞の記者で、『政談演説の仕方と聴き方』といった著書があり、通俗的社会評論（いまでいうならルポライターの仕事ですな）で、かなり名の通った人物である。大同館書店は、宇野哲人の東洋哲学研究書、ベルクソン、カント、

杉よ！
眼の男よ！

＊

オイケンの翻訳叢書、並びに少年向け国史辞典、英雄伝シリーズ等で戦前は大手の出版社であった。

本書にも権威づけのためか、「思潮文献」と肩書きがついているのだが、内容は実に興味本位である。前書きにいわく――〔これは自殺紀であって、自殺人名辞書ではない。したがって情死者・自殺者の全記録をつくるのが目的ではない。それは、寧ろ不可能のことだと云わねばなるまい〕

京太郎、窮迫のこと

続けていわく、〔史の文字を標題に使ったが、命題に囚はれずに書いた。自由にしかも興味あるやうに。本書にもし、充実といふ意味において足らぬところがあるとすれば、すなはちその罪であらう〕

〔本書の成るに際し、大詩人ホーマーより労農詩人エセーニンに至るまで、云ふ心は世の自殺および心中者の霊を恭しく弔し、謹んで捧げたい〕

日本へむけての
長い航海は
始まったばかり
だった
何が、そこで起こっているのか？
知るに由もなく

目次から拾えば……

㈠ 自殺概史
㈡ 自殺心中三千年史
1 上代の自殺
2 殉死、及び切腹
3 心中ものがたり
4 旧幕時代の悲劇
5 幕末開国の犠牲
㈢ 自殺心中世相史
4 藤村操の自殺前後
6 丙午の迷信による自殺、心中
8 少年の受験自殺
9 全家族心中の勃発
10 普通選挙と自殺
㈣ 遺書、絶筆集
㈤ 自殺家印象録

……とあって、「北村透谷の短かき一生」をはじめとする、芥川龍之介、川上眉山、乃木大将、松井須磨子から天理教の教誨師、放火魔の僧侶、汚職官吏、自由民権党員、老スポーツ選手といった風に、社会各層の自殺、情死記録がおさめられている。

総同盟関東鉄工組合本部
スト破り！裏切り者！このウジ虫どもめ！

さらに、㈥自殺心中風土記、㈦「自殺論」集とあって、〝踏切り地獄〟〝魔の連絡船〟〝降下自殺名所〟、ショペンハウエル『自殺論』（死に至る病い）まで、三八六ページにわたって研究の成果が展開されるのである。

まことに珍書、本篇参考文献として白眉といわねばならない。最近、事情あって京太郎窮迫、蔵書を処分したところ、古い本棚からいろいろ奇天烈な書物が出現をした。涙を呑んで大半はたたき売ってしまったのだが、『黒旗水滸伝』の執筆に役立つべきものは、何はともあれ確保したので、ご安心をねがいたい。

貧乏の理由はいわずもがな、人生の半ばをこえて、「書きたいもの」しか書かないからである。本篇にしても、取材に淫して一回に十日余りも執筆の準備を要しておる。相当な額の稿料を貰っとるが、〝原価〟にとうていひきあわないのであります。

……おまけにもう一つ、、、、、どうしても

六月二十五日
アナ系自由連合派は
総同盟本所支部に
大挙して殴りこみをかけた
器物破壊で告発されたが
リーダーの山鹿をはじめ
見覚えのない顔ぶればかりで
ついに犯人不明
一瞬にしてボル派の拠点は
徹底的に粉砕された
同月二十六日
ボル派に転向した
高尾平兵衛
「赤化防止団」に
射殺さる

完成しなくてはならない仕事に、この三年間をかかりきりなのだ。『チャンバラ大画報』全七巻、三万数千点にも及ぶ時代劇映画の史料（スティール・スクラップ・文献）と、山にこもって取りくんでおる。阪東妻三郎やら月形龍之介やら、足の踏み場もなく、うず高く、所狭きまで積み上げられた紙屑（としか関心のない人には思えないであろう）を、分類し複写して整理していく。電話帳の厚さほどのスクラップブックがようやくただいま十巻、完成したときには、おそらく戦前篇だけで三十巻以上になるであろう。

　はた目には、実に馬鹿々々しい徒労の行為でしかあるまいが、日本映画史をそれが書き直す作業であると、当人は信じてやまない。京太郎にとっては、〝アナキズム大正史〟のいわば演習である本篇と等しく、不当に差別されて「正史」に名をとどめぬ、もろもろの剣優・侠花の復権こそライフワークでなければならぬのである。

心中死体は
七月八日まで
発見されなかった
腐敗は確実に
進行して……

とつじょ妙なことをいうが、読者のみなさん、諸君はカラオケの大流行で職場を追われる流しの演歌師たちを、三里塚農民と同じ水準に置いて考えたことがありますか？

〝京太郎史観〟は、すなわち彼らの窮状に連帯して、みずからも窮迫することを、思操の根幹とするのである。左翼史観のいたずらなる純化は、有島武郎をすら同伴者以下、単に〝悩める知識人〟＝良心的プチブル・インテリゲンチャと切りすててしまう。まして街の流し、無名無告の芸能者においておや、そんなものは人間スクラップ、制度の屑でしかない、と。革命前線で闘う者、しかも認知された党派にのみ革命をいう権利はあり、正義はあるという考え方が、歴史を否めてきたのであります。

と、文章を括ったところへ、一冊の書物が届きました。次回はその読後の印象から——

Ⅸ 震災前夜

おれの船のへさきが
打ち砕き打ち起していく
波のゆくへは
おれにも誰にも
末の末までは分らない
……………
砕かれた波の　起された波の
波のゆくへに
控へはない
波は波みずからの運命を
辿っていく　拓いていく
（大杉栄『道徳非一論』、一九一七）

第三十四回
玻璃の片をつぎあわせ
再び、有島武郎をめぐって

前号末尾に、「一冊の書物の読後の印象から」と予告したが、事情あってくりのべる。というのは武郎&秋子の情死の経過をめぐって、真相と称する一文を、匿名で送付してきた人がいるからである。

再々、この人は手紙を寄越して筆者京太郎をホラ吹き、勉強不足と罵り、アナキズム運動史を歪めるものであると攻撃してきた。まとめて火にくべ、これからは一読することなく廃棄してしまうので、以降は何をいってきても徒労とご承知置きいただきたい。

今回の手紙は、有島は秋子の夫から一万円の慰謝料を請求されて、情死に追いこまれた。「貴君のいうごとく、二人の仲は精神的なものでなく、巷間よくある邪恋の清算だった。文学的に

大正十二年七月十一日
フランスを追放された大杉栄を乗せた
貨客船・箱根丸は神戸港外に到着
内務省は訓令を発して
兵庫県警察部に洋上でこれを迎え
ひそかに彼の身柄を拉致
〝日本脱出〟以降、詳細の事情を
聴取することを命じました
当時の新聞報道には
「大杉氏、凱旋将軍のごとく帰国」
とございますが
大阪市外林田警察署において
五時間にわたる取調べを行った上
いかにも箱根丸から下船したごとく
入港直前に釈放したのであります。

淫するのも程々にしたらどうか、夢野京太郎とはユメを食って反吐をはく、貘のたぐいと見つけたり、呵々」という内容である。

——そんなことは百も承知、二百も合点で、本篇はいわゆる巷説を取捨し選択しておる。おそらく手紙の主は、立野信之『黒い花・続』の次の件り（くだ）を読んで、鬼の首でも取ったようにはしゃいでいるのであろう。

〔……日本では連日、（共産党の）大検挙の後報で、新聞が賑わっていた。逃亡した佐野学の行方を、懸賞つきでさがしている、とも報道された〕

〔つづいて新聞は、ロシア帰りの無政府主義者高尾平兵衛が、赤化防止団長米村弁護士に射殺されたのをセンセイショナルに報じた（中略）〕

〔それにつづいて、新聞は有島武郎の〝情死事件〟を報道し、世間の耳目をそばだてさせた。有島の情死の相手は波多野秋子という美貌の有夫の女で、婦人公論の記者だった。二人の死体は

上なる記念写真は
十二日夜
東京駅に到着せる
大杉栄氏
娘・魔子嬢を抱き
かたわらには
妻・野枝さんを擁して
満悦の表情
（朝日新聞社、撮影）

二カ月後に天地鳴動
大東京は一瞬にして
廃墟と化し
命、旦夕に迫れるを
知る由もなく……

有島の軽井沢の別荘で腐爛して、発見された。二人は邪恋を、死をもって清算したのである」（同八章、傍点京太郎）

〔有島の遺書には、外部からの圧迫は少しもないとあったが、しかし足助（素一・叢文閣主人）の話によると、秋子の夫に一万円よこせと脅迫された事実がある様子だった」（九章）

　そこで、足助素一は大杉栄に、こう話したと立野は書いている。

「ああいう気の弱い、きれい事で済したい男だからね、秋子と手もきれず、そんなこんなで厭世的になって自殺を選んだわけだが」

　大杉は答えて、「それにしても何も死ななくてもよさそうなものだが」……何か割り切れない気持ちだった云々とある。『黒い花』がようするに二流の小説であるゆえんは、こういうゴシップ並みの、しかもゆき届かない描写にある。

　巷間よくある醜聞を、〝きれい事で済したい〟から、腐れ果てた屍で発見

アナキスト、ダダイスト
ニヒリストの梁山泊
銀座にその名も高き
パウリスタで
帰国歓迎の宴が
催されましたが
同志・友人あい集う中に
なぜか和田久太郎の姿が
見当りませんでした

されるのを覚悟の上で、首吊り心中をする人間がどこの世界にいるか。私有財産のほとんどを放棄した、とはいえ著書は版を重ねて、金に不自由をしていたとは考えられない。大杉栄ですらその死後、出版社に合計一万五千円の前借りをしていたのである。まして、有島が金策に窮して（もしくは窮迫におそれおののいて）、死を思いつめたなど、あり得ないことである。

『黒い花』は、大杉が帰国してから有島の死を聞いたと、読者が錯覚する記述をしている。以下に武郎の弟有島生馬の文章をかかげて、匿名氏の蒙を啓くことにしよう。

×

大杉君に最後に会つたのは外国から帰つて、パウリスタで歓迎会のあつた時だ。勿論そんな席だつたから、ゆつくり話す機会もなく、近日中に鎌倉の方へどうせ行くからその時と云つて、別れたきりになつて終つた。大杉君は兄の死を、上海を出て間もない船中で

夏、ま昼
悪しき病ひにくづれゆく
ミ〜〜ン
ミ〜〜ン
日蔭の花と
死ぬまでの恋

無線電報で知つたと云つて、軽井沢に向けて弔電を打つてくれたのである。パウリスタでは、「兄さんの事を話したり、聞いたりするのが君にとつては一番嫌だらうねえ」と云つて呉れた。全くそれに相違なかつた。この言葉は簡単ではあつたが、君の心の優しさを思はせた。

それだのに、食卓で私が亡兄の事に就いて、酒と女がどうのかうの云つた等と新聞記者が事実無根を、もつともらしく書いて、翌朝写真と共に掲げていたが、この記者は馬鹿か悪漢としか思へない……

若きテロリストの群れ

大杉は日本に帰ってから、わずかに二カ月で、生命を奪われてしまった。有島の死に関して、したがって文章を残していないのであるが、〝新たなる文芸運動〟を構想していた彼は、かならずやいつか、そのことを書かずにはいなかったであろう。

堀口直江の肉体は
スピロヘーターに
蝕ばまれて
回復の望みは
なかった
国賊と呼ばれる男と
淫売と呼ばれる女は
その毒を汚し
あうことで
捨鉢な　そして
真剣な愛を
たしかめあっていた

京太郎かつて本篇で、大杉栄を語るとき、有島武郎と北一輝とから、彼を照射しなくてはならないと記述した。

その論を、後段の「ギロチン社」のくだりで展開する心算だったが、この号ですこし触れておく。秋山清『ニヒルとテロル』（一九七七年、川島書店刊）には、この作家と若きテロリストたちとのふれあいが、彼らの遺した文章の断片から、壊れた玻璃の器をつぎあわせるように描かれている。

ご案内でないむきに、まずは「ギロチン社」から解説をしよう。それは、大杉栄虐殺の復讐のために組織されたテロリスト集団である、と一般に誤解されているが、出発は大正十一年で、〔大杉らのアナルコ・サンジカリズムと一線を画した〕非合法の秘密結社であった。（引用は『ニヒルとテロル』から、以下同）

中浜哲（富岡誓）、倉地啓司、古田大次郎、河合康左右（こうぞう）ら「ギロチン社」幹部の多くは、革命を志して窮民街に

煮えくりかえるような
油照りの日々
五月の突風、六月の豪雨
あけて七月
異常な猛暑に人々は焦立ち
チフス、コレラが蔓延するとか
支那で戦争がおこるとか
不穏な流言がささやかれた
そんなある日——
本郷神明町
山鹿泰治のアジトに
「不逞社」の朝鮮人アナキスト
朴烈がやってきた

身を投じ、肉体労働に従事した体験を共有している。その点で、難波大助の彼らは分身であり、「テロルの標的」として大逆を企図した点でも、まさに同志であった。

　詳しくはこの物語りの大団円に近く述べるが、彼らの破滅への意志とでもいうべき無頼な生きざま、恐喝強盗を日常の手段としたデーモニッシュを、〝戦後左翼〟は一つの頽廃としか規定し得ないでいる。わずかに、高見順の『いやな感じ』だけが、テロリストの気分らしきものをつたえてはいるが、これも有島武郎の理解には、とうてい及ばないのである。

　江口渙によれば——、〔私は中浜にたのまれて、有島武郎に依頼の手紙をかいた。中浜はその手紙をもって東京に帰っていったのだ。やがて、河合康左右と二人で麹町六番地の有島武郎の家をたずねて二千円もらった。それがちょうど、有島武郎が美人の婦人記者波多野秋子と軽井沢の別荘で心中する

コレとコレが上海で
入手できぬかと
身ぶりでの相談であった
つまり、拳銃と爆弾が
ほしいというのである
「容易ではない」と
山鹿は答えた
何を企んで
いるのか
おおよその
見当は
ついたが……

ために家を出る、その前の日の出来事だった」（『続・わが文学半生記』、一九五八年刊）

この文章には誤まりがある、有島を訪問したのは、中浜と河合ではなく、「ギロチン社」を後に離れた小田栄と河合で、二人は〝ある目的〟（それが大逆であったと想定できる）の資金を得ようとしていた。

『ニヒルとテロル』から、小田栄の回想をひけば、有島は週一回と定めた面会日でなかったにもかかわらず、突然おとずれた若者たちを二時間あまりもひきとめて、熱心に語りあった。そのとき、有島がすでに死を決意していたことはいうまでもないが、訪問の二人はむろんそれを知らない。

「ニヒリズムに立てば、テロリズムは当為の帰結である」という小田栄に、有島は反論している。「ニヒリズムを自分は認める、しかし愛の思想のない革命手段、テロリズムに自分は組することはできない」

「愛のためには死も辞さないが、私は

憎しみのために人は殺さない」
そして、「自分は旅行に出るようになるかも知れないので」と、三日後に希望の金額を家人に託して置くと約束して、それを果した。

小田栄は、（弱い人だと思っていた有島の思想の方が、（自分たちより）強いんじゃないかと感じた）といっている。「ギロチン社」を彼が脱退した動機の大きな部分を、有島との会見の印象は占めているのである。秋山清はいう、（一片の口約束（として終ってしまっても差支えのない資金援助）を死をみつめながら果したということによって、小田栄に愛の思想のつよさを思い知らせたこと、そこに（みずからアナキズムの信奉者であることを自認していた有島の）知行合一の精神力を見るべきだと私はひそかに思う）

なぜ、ひそかになのか？　公々然と堂々と思うべきであり、声を大にしていうべきである。有島武郎とは、実にこのような人であった。一万円を恐喝

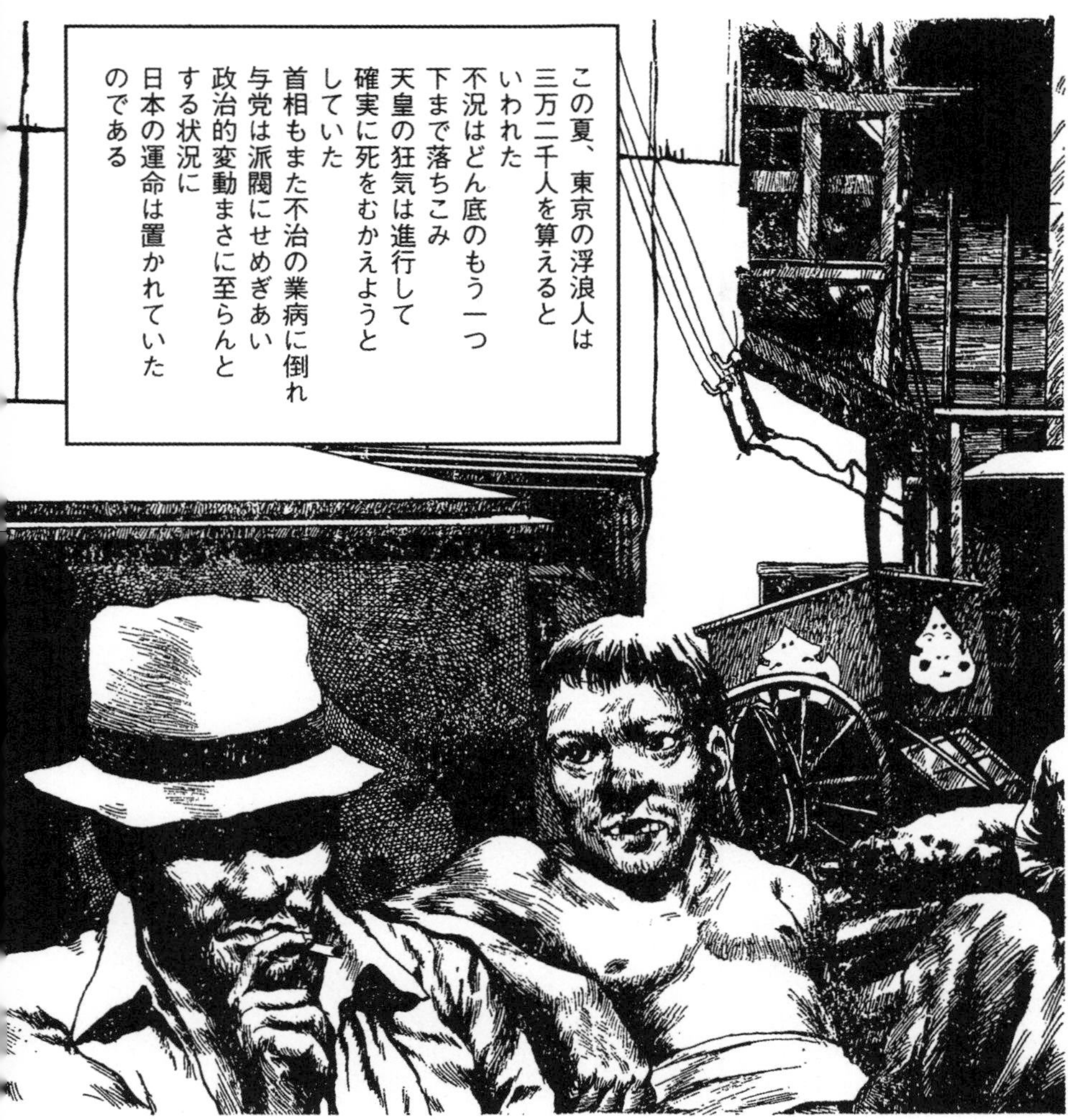
この夏、東京の浮浪人は
三万二千人を算えると
いわれた
不況はどん底のもう一つ
下まで落ちこみ
天皇の狂気は進行して
確実に死をむかえようと
していた
首相もまた不治の業病に倒れ
与党は派閥にせめぎあい
政治的変動まさに至らんと
する状況に
日本の運命は置かれていた
のである

されて、有夫の女と首を吊ったとか、〃邪恋の清算〃などとおとしめられるごとき、卑小な人格ではなかったと。すくなくとも、テロリストたちにおびやかされ、強請されて有島はカンパに応じたのではない。

〃無頼の若者〃たちは、彼の真情を疑わず、率直に有島を賛美している。〔有島氏は、私財を投げうって、社会運動を助けた。——自分が彼の位置にあったら果してそう出来たろうか？ 有島氏のように愛のために、喜こんで自ら死ぬことが、どうして自分などに出来ようか〕

と、死刑囚・古田大次郎は、『死の懺悔』の中で書いている。有島武郎に誠実があれば、若きテロリストたちの心情にもまたそれにこたえる、真摯な感動があったのである。

京太郎、やや心気昂進していう。

アナキズムに対する誤解は、無政府主義者の実践を、すべてテロリズムに故意に短絡させるボルシェヴィキ流の

田中勇之進、十九歳
ギロチン社員
東京逓信局を馘首され
「憎悪に支えられて」
生きるテロリストの
道をえらび
難波大助と等しく
窮民の街に沈倫して
決起の時を待つ

同志・中浜哲
古田大次郎らは六月
有島武郎より資金を得て
大挙西下した
彼らの計画、あるいは
朴烈が何事を企図したのか
正確な記録は残されていない
ともあれ大正十二年夏
若きアナキストたちは
組織の回路をつなぐことなく
それぞれの殺意に
連動していた

悪意から発する。さらにいうならば、心やさしきゆえにテロリストとなった若ものたち、その人を殺す人の赤心に理会しようとしない、怯者のヒューマニズムから発する。そして、そうした〝人道主義者〟たちが、たとえば宮本顕治のように人を殺す*のである。

甘粕正彦という男

さて、右に目を移そう——。

〝大杉虐殺犯人〟と目される、甘粕正彦とはどのような人物だったのか。武藤富雄『甘粕正彦の生涯』によれば、明治二十四年一月二十六日、米沢藩士甘粕丈助の三男、春吉（宮城県警察部警部）を父として誕生。母・しげ子は伊達藩の祐筆（＊文官）内藤与三郎の娘である。春吉は後に宇治山田市で、伊勢神宮の警備を担う同署長に昇進。という経歴からして、天皇制国家への忠誠を金科玉条とする人であった。

明治三十八年、甘粕は名古屋の陸軍幼年学校に入学している。ちなみに、

救世軍
世軍
信ずる者は
たれもみな
みな救われん
食
救世軍深川
券
伊藤
慈善というには
あまりに
ささやかな
……

大杉が学友と決闘して幼年学校を退校させられたのは明治三十四年秋、甘粕とは同窓の間柄である。外国語学校に転じて卒業したのは三十八年、「陸軍大学の教官となって、幼年学校時代の同窓のしかもその秀才共に、教官殿と呼ばせて、鼻を明かしてやろうと云う考へもないではなかった」(自叙伝)と称して、大杉は本気で陸大への就職運動をやっている。ところが、翌年の三月十五日、いわゆる電車焼打ち事件(日本社会党主催の示威運動)で投獄され、革命運動に左旋回した。

甘粕の陸士入学は四十三年、当時の修養班長は東条英機、彼の知遇を得て〝出世コース〟を驀進する。大正四年九月、陸軍戸山学校に研修中(軍閥のエリートへの階級を着実に昇っていたわけである)、落馬して膝関節炎症に犯され、これが一生の転機となった。退役を願い出たが、東条に慰留されて憲兵となる。

大正七年八月、朝鮮京畿道楊州憲兵

朴烈と同棲生活に
入ってからも
金子ふみ子は
救世軍で奉仕活動を
つづけていた

分隊長を命ぜられて赴任、翌年三月に「三・一独立運動」に遭遇する。このとき楊州平穏、治安の功を認められて朝鮮憲兵司令官石光真臣中将の副官に抜擢され、さらに朝鮮総督府から警視登用の誘いがあったが、甘粕は即座に断わって帰国、大正十年に大尉に昇進して、千葉県市川憲兵分隊長。本篇で述べたごとく、野田醤油の争議調停に当ってこれに成功する。かくて十一年一月、渋谷分隊長に栄転した。

――予断を去って、甘粕の人となり教養を資料から調べていくと、むしろ軍人臭のただよわぬ、自由主義者風のプロフィルが浮び上ってくる。趣味は音楽、それもクラシックではなくて、ジョセフィン・ベーカーであり、邦楽ならば端唄、浄るりである。余暇には釣りを楽しみ、映画館に出かけ、とりわけて洋画を好んで見る。フランス語会話にたんのうで、当時としてはごくまれな社交ダンスの名手であり、酒はウィスキーをたしなんだ。

お待ちどおさま
ごっつぉさまです
これ、お礼をいわねえかよ

このような人物に、真の惨心は宿るともいえようが、ともあれ軍人精神にこり固まり、陛下の命とあらば赤児の肉でも啖おうという、単ゲバ・低能のイメエジからはなはだ遠いのである。京太郎、甘粕が大杉栄殺しの下手人であるとする定説を疑う。その理由は、もの語りの展開にしたがって、次第に明らかにしていこう。

　大正十二年七月、甘粕は朝鮮平壌の憲兵隊司令部付き転任の内示を受け、東条英機に懇請して内地勤務に止まるように運動している。その結果、八月二十七日付けで麹町憲兵分隊長代理を兼務することとなり、六日後に震災が偶発する。人となり教養からも、その履歴からしても、〔右犯行の動機は、甘粕大尉が平素より、社会主義者らの行動を、国家に有害なりと思惟しありたるおりから今回の大震災に際して、無政府主義者の巨頭たる大杉が、秩序未だ整わざるに乗じ、如何なる不逞の行為に出づるやも計り難きを憂へて、

イヤでぇ！おいら乞食じゃねえやい
ガチャーン

自ら国家の害毒を艾除せんとしたるにあるものの如し」（第一師団軍法会議検察官の公式談話／9・24）、という単純な論理では、大杉栄殺害の真相は割りきれない。

この事件には、「宮中某重大事件」「軍縮」「日露交渉」と、国内外に尾をひき、からみあう政治的思惑が投影をしているのであって、暗殺者は奈辺にあるかを、塗りこめられた権力の眼の壁のむこうに透視することは、むしろ容易なのである。京太郎、本篇演習を終ってから、ライフ・ワークとしての『小説・大杉栄』に取組もうと考えているのだが、日本の運命の分岐点は、じつに関東大震災にあったといわねばならない。

しかしてその揺動、亀裂を象徴する〝事件〟は、いわゆる甘粕憲兵大尉の大杉殺しである。半世紀を僅かに数年出たのみで、この国の歴史は不透明な伝説と化してしまっている。諸説ふんぷんとして、というのならまだしも、説の立てようもないほど史料を欠いて

ひもじいだろうに意地を張って駆け去っていく子供にふみ子は自分の貧しく悲惨だった幼年時代を重ねあわせていた

いるのである。

けっきょく虚構でしか、事実を語ることはできない、でき得る限りの調査取材の上に、推理を構築するより他に真相に迫るすべはないのだ。甘粕正彦という人物についても、ポツダム左翼史観は遠近法を無視した単色で、毒々しく塗りつぶしてしまった。

「満映」とは何か？

たとえば——、彼が大陸に経営した「満映」満州映画協会。かつて左翼傾向映画の旗手だった木村荘十二（そとじ）、内田吐夢、鈴木重吉、脚本家の八木保太郎、小川正、異木草二郎、大杉栄の盟友であった根岸寛一と、それにつながるマキノ光雄、*江守清樹郎、プロキノの委員長岩崎昶やアカハタ編集長三村亮一、さらに大森銀行ギャング事件の大塚有章、これらアナ・ボルの残党に働き場所を与えたという事実は、いったい何を意味しているのか？

昭和二十年八月十五日、ＹＰ体制の

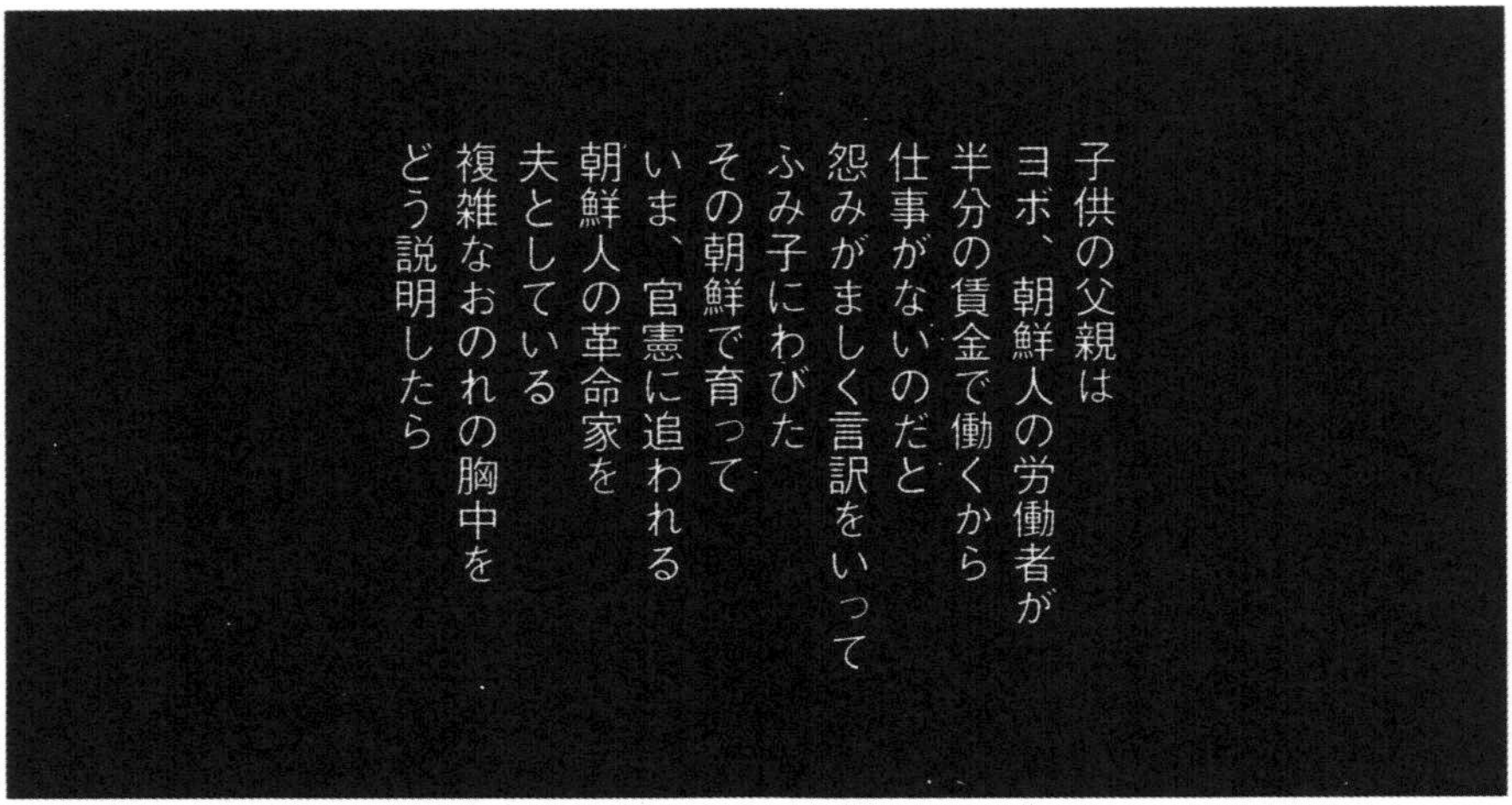
子供の父親は
ヨボ、朝鮮人の労働者が
半分の賃金で働くから
仕事がないのだと
怨みがましく言訳をいって
ふみ子にわびた
その朝鮮で育って
いま、官憲に追われる
朝鮮人の革命家を
夫としている
複雑なおのれの胸中を
どう説明したら

この人に
わかって
もらえるのか

一線は、「左右を弁別すべからざる」戦中・戦前の混沌を画して、この国の歴史を截断した。日本の知識階級は、それが欺罔であると知りつつ、〝親方星条旗〟の民主化に協力することで、すなわち戦中・戦前を偽証することによって、青い眼の権力者・支配者から保身をかち得た。それはパン屑拾いであり、浅間しい命乞いであった。一億総転向の音頭を取ったのは、こうした怯懦なインテリだった。

　彼らが戦時中何をしていたのかといえば、将校待遇軍属などと称して、サーベルを吊って威張りかえっていたのである。甘粕の大杉殺しを（もしそれが事実だったとしても）、この手合いに責める権利はない。ましてや、有島武郎の志操をゴシップ・レベルにおとしめ、大逆に若い命をかけたテロリストの群れを、〝暴走族〟と等しなみにくくり棄てるなど、思い上りもはなはだしいといわねばならぬのである。

　冒頭に述べた手紙の主は、「貴君は

右翼か、極右民族派のイヌか?」と、太田竜の口真似で、京太郎をヤユしているが(つもりであろうが)、ものの本に書かれた歴史を、すこしは疑ってみることだ。田中純一郎の『日本映画発達史』2巻を見たまえ、「満映」に関する章はわずかに三ページ、劇映画七十五本、記録映画百七十本余を製作したこの会社の業績は、まるで何一つ誌されていない。

ようするに、「満映」に深く触れることは、戦後のタブーなのだ。なぜかといわずもがな、そのことはポツダム左翼、〝再転向〟の恥部を暴くことに他ならぬからである。とうぜん、甘粕正彦について、協働した人々には別の人間像があってしかるべきだが、そのへんは見ざる言わざる、緘黙するのが賢明であると、これらの人々は心得ているのにちがいない。

戦後の日本はこのようにして、ウソツキと卑怯者、まやかしの民主主義の〝穢土〟となり果てた。半世紀の昔、

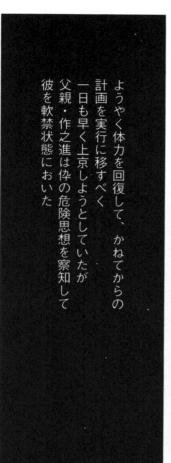

山口県の実家に帰っていた
難波大助は

ようやく体力を回復して、かねてからの
計画を実行に移すべく
一日も早く上京しようとしていたが
父親・作之進は伜の危険思想を察知して
彼を軟禁状態においた

この国は暴力に支配されながら、なお正義と自由を失わず、人には操というものがあった。この絵物語りで、京太郎がいわんとするところは、この一事を措いてないのである。

　前の回で述べたごとく、傾日を窮迫していた作者は、思いがけず〝左右を弁別せざる〟友情によって救われた。箱根の茅屋に桜は散り、深山つつじの花盛り、この秋のけんらんを約束するようにもみじの若葉さゆらぎ、おとこへし叢生（そうせい）して、こればっかりは天下の豪奢と自慢できる山裾つづきの庭に、山鳥が来て遊んでおる。今しばらくは四季の風情を目の宝楽として、恣意の筆を舞わすことができよう。名などを挙げてはかえって非礼、と勝手にわきまえて、〝その人〟に心からなる感謝をとどけ記す。

（一九七八・五・二〇）

さて、脈絡もなき縁(えにし)の糸は奇しき運命にあやつられてないまざって参ります

大正十二年八月、炎暑すさまじく
全国各地に動物の異変続出
東京中央郵便局では
鼠の大群出現して小包を喰い荒らし
大阪市中に狂犬横行、十九名を咬む
猫もまた、突如発狂状態となり
名古屋では赤ん坊をひっ掻いて殺し
夜な夜な屋根で奇声を発し
「猫じゃ、猫じゃ」と乱舞するなど
何やら妖気漂う夏でありました

第三十五回

あだなる未来を糧にして
我ら、何をなすべきか?

フランスから帰った大杉栄が、大正十二年(一九二三)の夏、どのような展望を胸中に秘めていたかということは、彼自身が書き残すことなく、非業の死を遂げてしまったので、人々の意見はかなりの振幅をもって分れる。

七月十一日、神戸に大杉を出迎えた安谷寛一によれば——

〔(大杉は)メーデーで演説をすれば日本に帰れる、と云う予想の下にアジ演説をやったのだ〕という。すなわち〔フランスのアナーキストの無気力に失望して、帰国する心算の予定の行動だった〕(「大杉栄を思う」アルス版大杉全集・別巻、以下同)

須磨月見山の旅館「松月」で、新聞記者会見の後、野枝・弟進らと夕食を共にした大杉のみやげ話は、もっぱら無政府将軍ネストル・マフノの果敢な

朝鮮全羅北道に
川蟹、異常発生
水稲の根を切り枯死させ
釜山市に狼あらわれて
婦女子を殺傷
群馬県館林では
雷獣を捕獲したと
新聞は報じております

戦闘であり、ヨーロッパのアナキズム運動については、ほとんど何一つ語らなかった。

〔……翌朝、私は生来の癖で四時ごろから目をさましたが、宿は森閑としている。何もする事はないし、やり切れなくなって台所から酒を持ち出して、静かにやっていた。すると存外早々、大杉が起き出して来て、妙に改まって話し出した。

「東京に帰ったら、労働運動社を解散しようと思う」

ファブル、ルクリュ、ダーウィンの翻訳をやるのだと、彼は目を輝かし、文芸雑誌をやりたいとも云った。荒畑(寒村)と共に創めた、最初の『近代思想』に帰って出直そうとするのかも知れない、と私は思った〕

安谷寛一は大杉の口ぶりから、彼が〔アナルコ・サンジカリストの運動に見きりをつけていた〕〔フランスから帰った日の大杉は、もはやアナルコ・サンジカリストではなかった〕と断言

する。

〔絶望的なフランスの運動を見て寒心した彼、マフノ熱だけでどうにもなるものではない。東京に帰った大杉が、和田久太郎を呼び寄せたり近藤憲二を九州に走らせたといって、労運復活を考えたと断ずるのは早合点〕

〔どっちにしたって、大杉のアナーキズムに変改ありとは思われぬが、十年あと戻りして（『近代思想』的な文芸運動から）出直したら、大杉にどれ程プラスするところがあったか。この朝（七月十二日）、私は大杉を神戸駅に見送った。車窓に見る彼ら夫婦の顔は晴れやかであった、とくに野枝さんは昨日までの苦悩が消えたように明るい表情であった。そして、それが彼らと私の最後の別れだった〕（原文のカナ使いを直し、抄略――為念）

と見るのに反して、大杉帰還を労働運動社で待ち構えていた近藤憲二は、逆のうけとり方をしている。〔八月に入って間もないある日、大杉が私に、

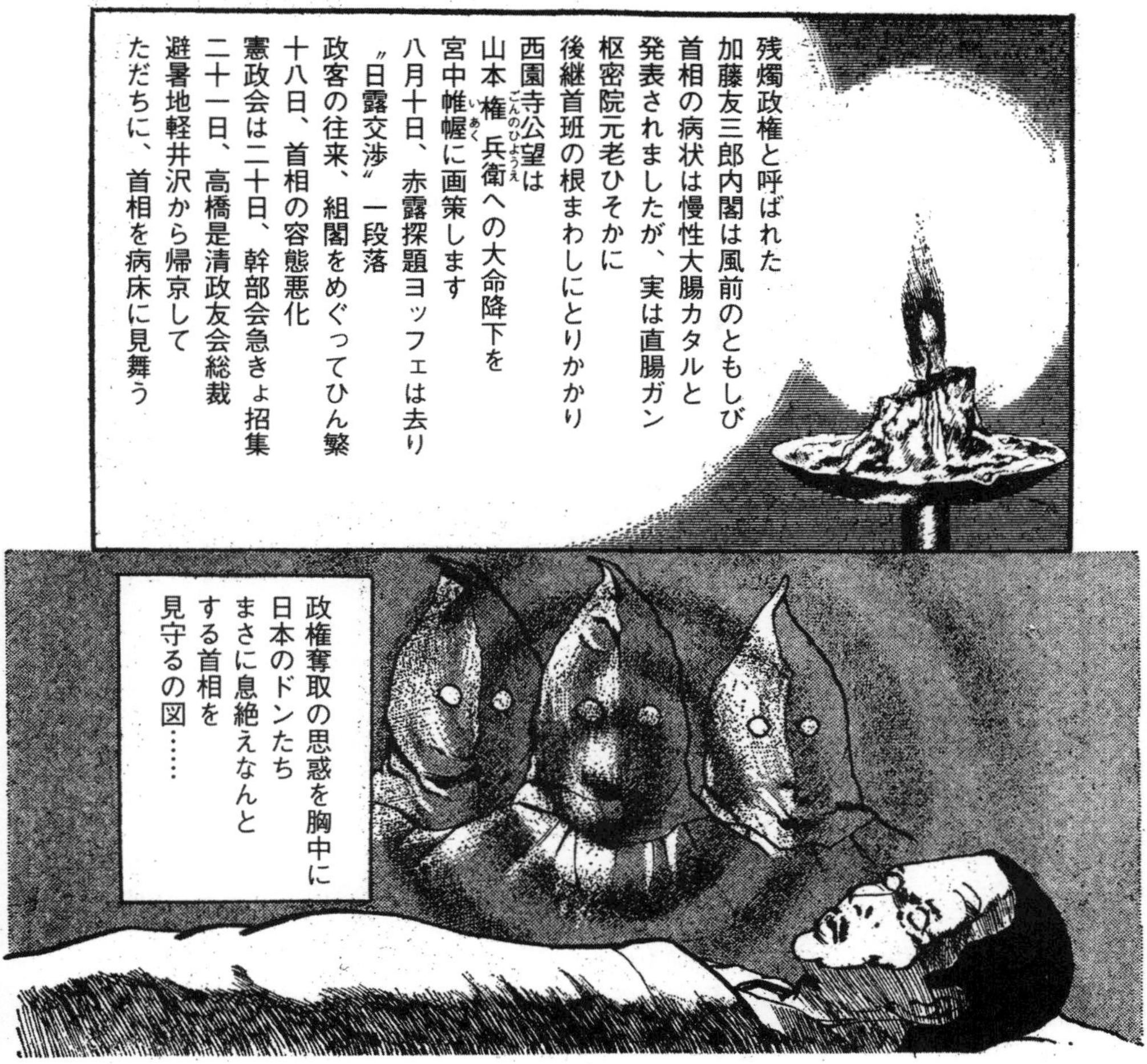
残燭政権と呼ばれた
加藤友三郎内閣は風前のともしび
首相の病状は慢性大腸カタルと
発表されましたが、実は直腸ガン
枢密院元老ひそかに
後継首班の根まわしにとりかかり
西園寺公望は
山本権兵衛への大命降下を
宮中帷幄に画策します
八月十日、赤露探題ヨッフェは去り
〝日露交渉〟一段落
政客の往来、組閣をめぐってひん繁
十八日、首相の容態悪化
憲政会は二十日、幹部会急きょ招集
二十一日、高橋是清政友会総裁
避暑地軽井沢から帰京して
ただちに、首相を病床に見舞う
政権奪取の思惑を胸中に
日本のドンたち
まさに息絶えなんと
する首相を
見守るの図……

「東京には人もいることだし、運動は何とかなる。これから重要なのは、北九州だ。君ひとつ行って様子を見たり足場を考えてはどうか」というので」（「フランスから帰ってからの大杉」全集月報6、以下同）、近藤は九州へ旅立ち、浅原健三ら八幡製鉄労友会のメンバーと連絡する。

当時、浅原のアジトであった〔折尾から乗りかえ、直方の先の金田駅から十五丁ばかりの農家の離れ〕に、本篇作者の父親に当る竹中英太郎は同宿、玄関番兼ボディガードとして、身辺警衛にあたっていた。

その年に結成された、熊本水平社の創立委員であり、無産者同盟の書記をつとめていた英太郎は、五高社会主義研究会の林房雄、南部僑一郎*と交流があり、アナルコ・サンジカリスト浅原健三のもとにはせ参じて、北九州炭坑労働者同盟のオルグに、文字通り地下深く潜行することになるのであるが、本篇では割愛する。ともあれ、近藤のいうごとく大杉の指示で、アナキズム

お話し変りまして
こちら、「労働運動社」の一統
臨月の野枝のために新居を求めて
八月五日
府下柏木に移転
大杉寓

労働運動の全国的な規模での展開が、この時期に試みられたことは、紛れもない事実なのである。

〔九州に分れを告げての帰路、広島に立ちよってみると、目ぼしい仲間達は東京に行ったというので不在、岡山の諸君も同様であった〕〔東京に帰ってみると、大杉は労働運動社から柏木に引越しているし、自由連合派の連中の一つの団結をつくろうという集まりがあって、そのために各地の諸君が上京していた〕

　会合は八月末、上野池之端の某所でひらかれた。ところが九月一日、〔大震災で、この自連派の団結は不成功に終ったのだが……〕

〔大杉がフランスから帰って、何かを計画していたことは、否定のできない事実であり、（そのことが）帰国後の彼の思想を知る一つのポイントであるともいえる〕

　近藤は右のように、大杉がいわゆる実際運動の計画を持っていたことを、

やあ、安成の奥さん！お世話になります
大杉が最後に住んだ家は私の家から三丁足らずの近くであった
いいえ、こちらこそ

強調してやまない。安谷寛一の印象と大きく食いちがう所以は、それぞれの思想的・実践的な立場が異なるからであるのだろうが、それにしても両者の記述はひどく矛盾している。

また、内田魯庵・安成二郎など新宿柏木の大杉近隣に住んだ人々は、彼が震災の前後、産後の肥立ちの悪い妻にかわって子供らの面倒を見、乳母車を押して歩く日常であったことを、口をそろえて証言する。〔彼があの震災を機に、過激な陰謀を廻らしていたとは到底考えられない〕（内田魯庵『思い出す人々』最後の大杉）

新たな文芸運動を志向して、いえば「一歩後退二歩前進」を企図していたという大杉と、〝自連派〟大同団結を和田久・近憲などに指示していた大杉と、そして小市民的な家庭の幸福に埋没をしていたかに見える大杉と、まさしく三者三様の像は、京太郎おもうにそれぞれ偽らぬ真姿であったのだろう。すなわち彼は、我ら何をなすべきかを多面に模索している途上に、換言

柏木に移ってから僅か四十日で大杉は死んでしまったがその四十日ばかりは彼の生涯でもっとも静かな落着いた日々であった
大杉君散歩の時間だよ
安成二郎・三十五歳『近代思想』同人
うむ、出かけるとしようか

するならば、その人生の奏でた革命歌曲が、一つの休止符を置いたときに、不意に斃れたのである。

眼を極東にむけよ！

安谷寛一のいうように、ヨーロッパ無政府主義運動に、大杉が絶望をしていたことは疑いをいれない。帰国したその日の記者会見で、彼はこう語っている。〔一体にフランスは世界大戦を承認した団体は、白色・赤色・黒色の別なくつぶれてしまった。（クロポトキン、エルゼ、ルクリュらの）タン・ヌウボオのような古い無政府主義団体すら、潰滅してしまったのだ〕

ヨーロッパ先進国の現状、たのむにたらずという感想から、大杉栄がアナルコ・サンジカリズムを放棄した、と断定してしまうのは、いささか短絡にすぎよう。だが、すくなくとも、国際無政府主義者大会の挫折は、彼にこれまでの運動のあり方、西欧諸国からの直輸入の革命戦略に、大いなる疑心を

子煩悩な大杉君は、エマちゃんと
ルイズちゃんを乳母車に乗せて
夕方になるとそこらを散歩していた
長男のネストル君が生まれたのは
八月九日のことであった

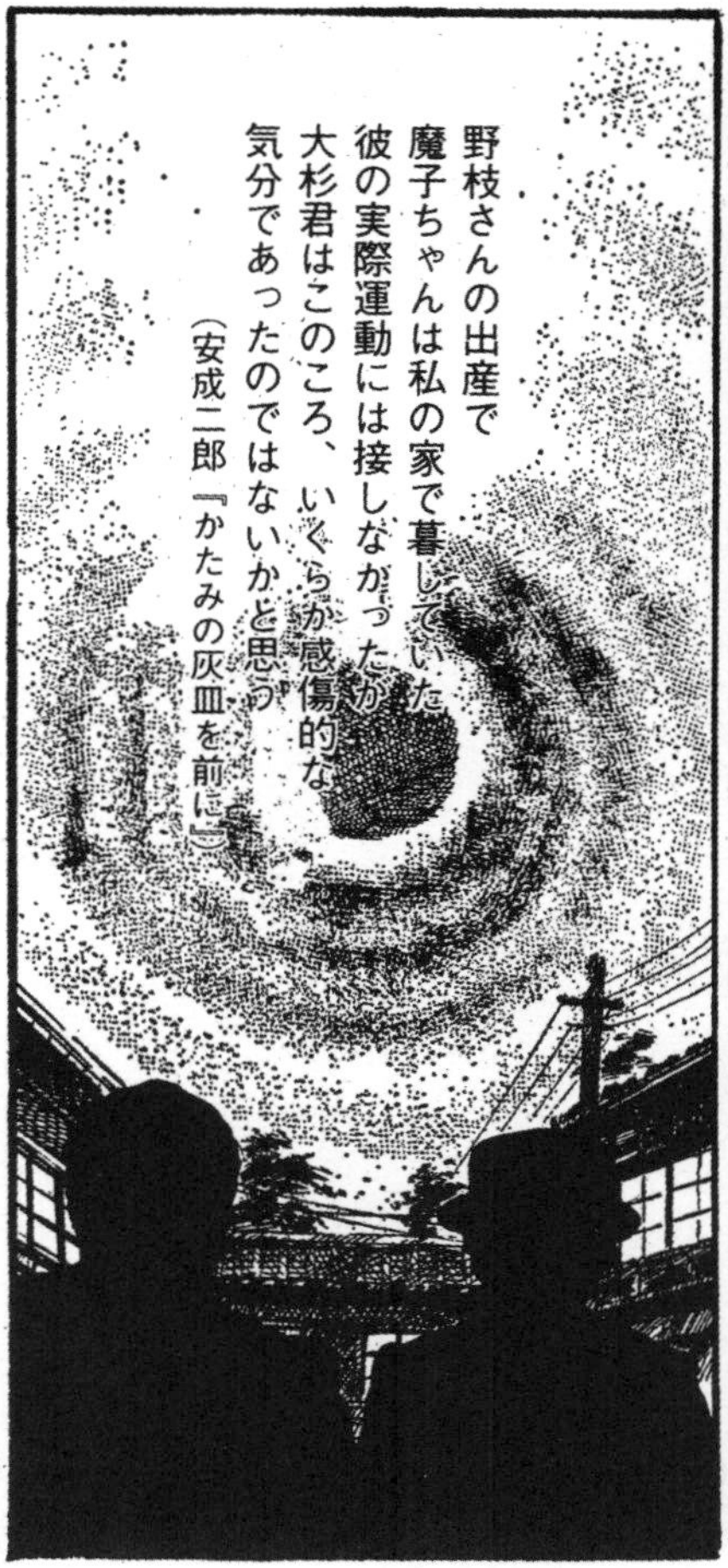
野枝さんの出産で
魔子ちゃんは私の家で暮していた
彼の実際運動には接しなかったが
大杉君はこのころ、いくらか感傷的な
気分であったのではないかと思う
（安成二郎『かたみの灰皿を前に』）

生ぜしめた。その意味で、〔フランスから帰った日の大杉は（昔日の）アナルコ・サンジカリストでは〕、もはやなかったのである。

むしろ、〝世界革命〟への道を彼は極東の天地に、求めていたのではあるまいか？　大杉栄研究、あるいは日本無政府主義運動史の叙述から、大きく欠落しているのは、中国&朝鮮アナキズム運動との関わりである。

林倭衛（しずえ）著『フランスに於ける大杉栄の生活』（全集別巻収録）には、リヨン中法大学の留学生アナキストたちと、大杉が同志として深く交流をしていた事実が、具体的に誌されている。J、U、L、C等々と頭文字で登場する中国人同志は、一九一二年設立された「留法倹学会」（法はフランス）からパリに送りこまれた。

李石曾、張静江、呉稚暉、褚民誼ら『新世紀』の発行同人、後年国民党の大立物となる張継、汪精衛などが、倹学会設立の発起人であった。さらに

一九一五年、中国思想界の元老である蔡元培を会長とする「華法教育会」が設立され、いわゆる工読運動（労働しつつ学ぶ）が展開される。かくて中国各地から、千六百人の若ものたちが、こぞって渡仏するのである。ちなみに毛沢東は一九一八年、この運動のあっせん役を、北京でやっている。

留学生たちは、アナ・ボルの二派に分裂して、大杉がパリに潜入した大正十二年初頭には、社会主義青年団系の周恩来、李立三らと、呉稚暉らアナキストの間に、ヘゲモニー争いが熾烈に展開されていたのである。

ヨーロッパ諸国の無政府主義運動に失望する一方で、大杉栄は彼ら中国人アナキストの志操と生きざまに、強く影響されるところがあった。〔支那の無政府主義者と云うのは人道主義者と云った方がいい位なんだよ。たとえば彼らの仲間は贅沢は一切禁物なんだ。酒を呑むことは無論、うまい物を喰うこと、煙草を吸うことすら怪しからん

ここは北九州八幡市
「熔鉱炉の火は消えたり」の製鉄所
威容をほこる光景であります
悠々自適をよそおいつつ
大杉は近藤憲二を八幡製鉄所労友会
浅原健三のもとへ走らせ
十二階下に沈倫する和田久太郎を
叱咤激励して大阪・岡山へ派遣
自由連合派の大同団結を実現するべく
同志に上京を呼びかけます
いっぽう、宮嶋資夫・加藤一夫らと
〝新文芸運動〟をおこす計画も
着々と軌道に乗り
八月下旬には東京池の端に
思想・労働団体、各地の有志が参集
まさに風は堂に満ちて
雨を呼ばんとする、そのとき——

という次第なんだ」

「……もっとも、それを他人に強制は決してしないのだが、少なくとも彼自身はそれを守っているのだ」

と、大杉は林に語っている。「日蔭茶屋事件」など、享楽主義者と世間にみられていた大杉であるが、中国青年アナキスト・グループの潔癖な、ストイックな生活態度に、共感をしめしている。彼にはおのれの性向で、他者を律する感覚がなかった。

　思想に自由あれ
　行為に自由あれ
　更にまた動機にも自由あれ

　中国の無政府主義者が、みずからに禁欲を課している最大の理由は、穷人（チョンレン＝窮民）とおなじ水準に、革命家としての日常を置く同生共死の倫理想、人道主義に発するのである。言葉をかえていうならば、それは欲望を充足させていく方向とはあべこべに、唯物的な快楽を棄て去っていく彼岸にこそ、〝万物斉同〟のユトピアは

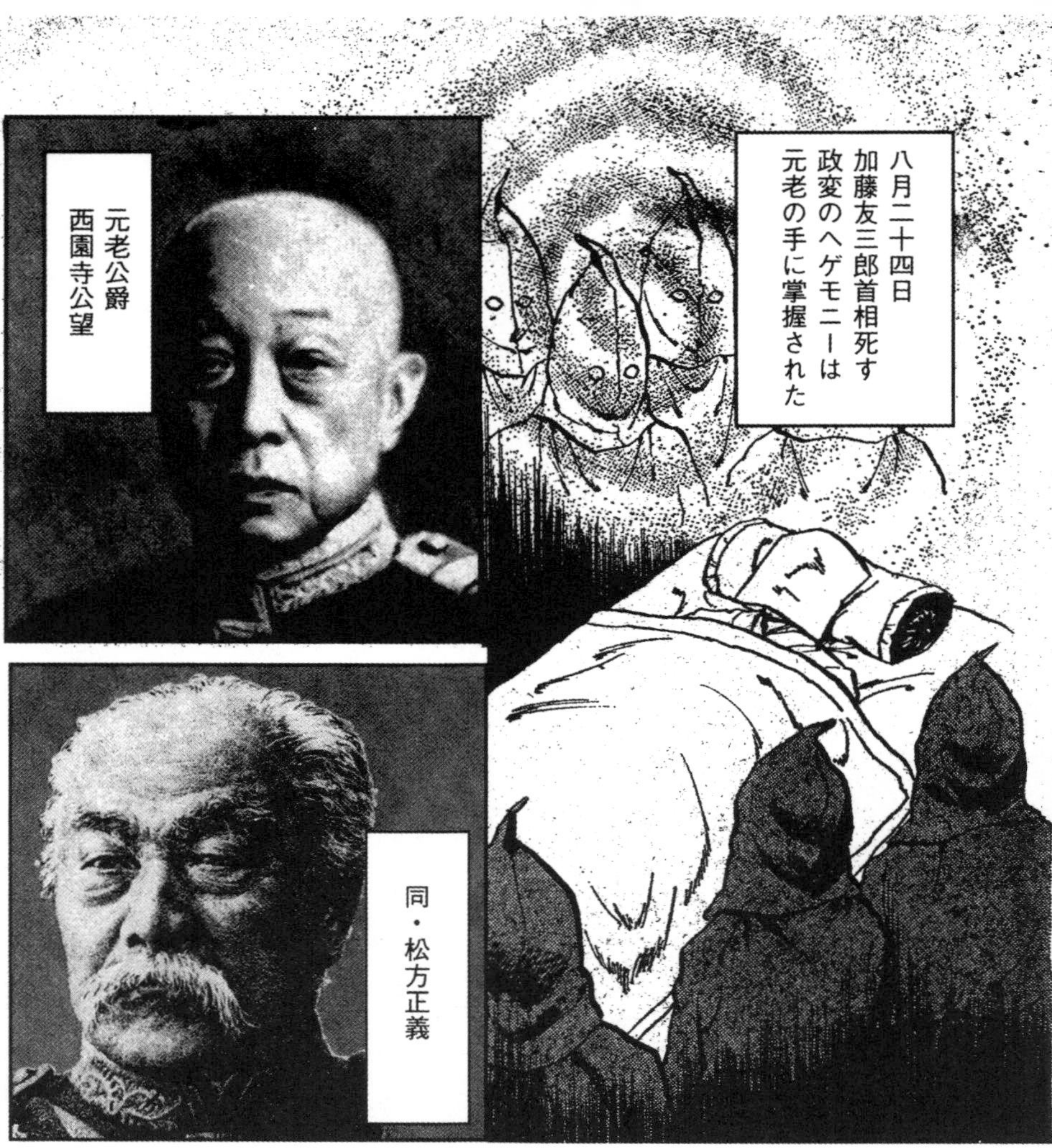
八月二十四日
加藤友三郎首相死す
政変のヘゲモニーは
元老の手に掌握された
元老公爵
西園寺公望
同・松方正義

*

あるという思想なのだ。

　凋落するヨーロッパ先進国の無政府主義運動に、いたく失望した大杉は、在仏の中国人アナキストたちに希望をつなぎ、将来期するところがあった。本篇ですでに述べたごとく、上海には中国共産党に先立って結成をされた、李東輝らの高麗共産党があり、コミンテルンの統制に従わぬという理由で、粛清の悲運に遭っていた。また、日本帝国主義をテロリズムの標的とする、義烈団の本拠も上海に在り、〝左右を弁別せざる〟視野を以てすれば、ボルシェヴィキ赤露の脅威に、対抗すべき〝協同戦線〟を結成する条件は極東にととのっていた。

　大杉はおそらく、これも本篇に度々引用をした、渡仏以前の論文『日本の運命』をさらに深化させて、汎アジア革命戦線を領導する、具体的なプログラムを胸中にたたんでいたのである。京太郎の妄想にあらず、毛沢東の中国共産党が以降半世紀にたどった道程を

畏れ多くも大元帥陛下には、廃人同様におわしまして……

みれば、「革命の祖国」ソヴィエト・ロシアへの造反は、すなわちアジアの運命であった。大杉栄は半世紀前に、その当為の歴史の転回を、早くも洞察していたのだ。このような思想家を、かつて日本の左翼は持たず、理解することもしたがってできなかった。

中国では李石曾、張継らが国民党に投じ、日本では浅原健三、西光万吉が少壮将校と結んで、軍国体制下の維新を実現しようとしたことを、左翼・ポツダム史観は「転向」と切り棄てる。しかし、根底的に問い直すなら、一九二〇年代においてすでに、アナキストと右翼民族派は、アジアの運命を共にするべく、位置づけられていたのだ。中間的な総括にかえて、大杉『日本の運命』のほぼ全文を左記にかかげる。れいによって、読みやすいように仮名使い、文章表現の一部をあらためる、原文に即したいむきは、アルス版全集第二巻を参照されたい。

国民に対する皇室の威信は、日々ゆらぎ低落していた

日本人、その新旧の分裂

日本はいまシベリアから、朝鮮から支那から刻一刻、〝分裂〟を迫られている。彼らはもう、ぼんやりしている事はできない。いつでも、起つ準備がなければならない。週刊『労働運動』（大正10＝一九二一年一月創刊）は、此の準備のために生まれる。

――此のはがきを受けとった、読者諸君の多くは、必ず其の文句の余りに唐突なのに驚いたにちがいない。けれども実際に、日本の運命は、もう眼の前に迫っているのだ。

先ず、ロシアを見るがいい。

イギリスは手をひいた、フランスも手をひいた。

かくて、ロシアはそのいわゆる魔の手を、ほとんど自由に、東洋にのばすことができるようになった。そして、ただ一人とり残された日本は、シベリアのいわゆる赤化に対して何の力もなくなった。

枢密院元老としては
このさい
摂政宮・島津良子妃の
婚儀を盛大に挙行して
皇室のイメエジを
一挙に回復することを
図らねばならず
そのために
島津・薩摩藩閥から
後継首班を推挙して
「ご成婚内閣」を
組閣しようと考えた
いささか時代錯誤では
あっても、その思惑に
まさしくうってつけの
人物がいたのである

つづいて来るのは、ますます激しくなる、朝鮮の独立運動である。当然、この結果、日本とロシアは衝突をひきおこすだろう。もう一つは、新支那の勃興だ、広東政府（孫文政府）はもし順序よくゆけば、この半年位の間に、揚子江の南に聯省自治の一大共和国を形づくるにちがいない。

日本は例によって、北方（軍閥）を助ける。その時、南方政府とロシアの間に同盟が結ばれる。

かくして、日本は、ロシアと朝鮮と支那を敵として戦わねばならぬ。

此の戦いが来るとき、そしてそれは恐らくは、ここ一ケ年以内に現実問題として迫って来るだろうが、「其時」日本の運命は決まる。

多くの日本人は、いま目ざめようとしている、資本主義と軍国主義の行きづまりに気づきつつある。殊に注意をしなければならぬのは、もしこのままゆけば亡国の外ないと云う考えから、旧い日本を根本的に変革して、新しい

すなわち、山本権兵衛
日本海軍創世の功労者で
あり薩州閥の大立物
八月二十七日、
組閣の内命を受け
かぎつけてやってきた
新聞記者を
「さがりおろう!」と大喝
カブキの活歴を地でいく
時代離れのした怪傑で
あった

日本を建設せんとする一つの思想が、有力な愛国者の間からおこりつつあることである。

新日本人と旧日本人の分裂は、先に云った行き詰りの結晶であるところの「其時」に画然としてくる、日本そのものに分裂がくるのだ。

日本のこの分裂、労働運動や社会主義運動の進行如何に拘らず、必ずやってくる。ここ一年、もしくは二年後に、其の絶頂に達するだろう。

僕らはもう、ぼんやりしていられぬというのはそこだ。僕ら労働運動者、社会主義運動者はこの分裂に、どんな態度をとるべきだろうか?

……僕らは僕らで僕らだけの欲する分裂に、まっしぐらに進むべきか? それとも多少は好ましくない、しかし眼の前に迫っているこの分裂に与かるべきであろうか?

態度は、「其時」になって決めてもよい。けれども、今から心がけていなければならないのは、前にも云った、

奇しくも同月同日、甘粕正彦・三十二歳
麹町憲兵分隊長
兼務を命ぜられる
大杉殺しの
下手人と
目されるこの男
国家という機構の歯車の
小さな一つでしかない
おのれの立場を自覚しながら
冥府魔道へと歩み入る

いつでも起つ準備がなくてはならぬということだ。

労働者は、一切の社会的な出来事に対して、自身の判断、自身の常識を、養わねばならぬ。そして、その判断と常識を具体化する威力を得んが為の、充分なる団体組織を持て！　労働者の将来は、ただ労働者自身のその力量に係わるのである。

（一九二一・二）

まさに、「其時」はやってきた。

ただひとつ、大杉の透徹した展望の中に、関東大震災という序幕だけは、想定されていなかった。だが、予言の通り、一拍を置いて日本は戦争に突入していくのである。

大正＝昭和期における、日本の革命運動は、〝米騒動〟窮民の叛乱から、その幕を開く。こえて、朝鮮植民地の〝万歳事件〟（三・一独立運動）、内外連動した体制の危機は、とりも直さず革命の好機だった。大杉はアナ・ボル

いま一人、本篇の主人公難波大助もこの日父親のもとを脱走して上京かねての計画をいよいよ実行に移すべく
ドヤ街に潜行して
大逆決行の機会を狙う

統一戦線（日本社会主義同盟）から、さらに広汎な新・旧の分裂、〃有力な愛国者〃との共闘を、「其時」に措定した。北一輝との接点は、そこに求められるのである。ボルシェヴィキとの抗争、社会主義者同盟の崩壊、そして労働戦線の分裂、大杉はとうぜん次の局面を構想していたであろう。それはけっして、アナキズム運動の純化ではなかったはずである。

近藤憲二はいう、〔大杉はフランスから帰って、何かを計画していた〕。いわゆる文芸運動も、池之端の会合もその布石であったと解釈できる。彼の胸中には、全情勢が一局の棋のごとくあったにちがいない、「重点をえらび段取りを整える」半ばに、震災は襲い大杉は死んだ。

安谷寛一に対して、「労働運動社を解散する」と告げた真意を、彼自身の口からきくことはもはやできないが、物語りは次回から、虚を構えて真相に迫る。大杉を殺したのはだれか、どの

わずか
五日後に
この世の地獄が訪
れるとも知らず……

ような闇の力が、その背後に蠢いていたのか？

加藤友三郎内閣の崩壊に、きびすを接しておこった震災は、政治的な真空状態をもたらして、戒厳令下に首都は置かれた。大杉栄・伊藤野枝・橘宗一少年の虐殺は、その異常事態において行われた、ドサクサまぎれの犠牲だとこれまでいわれてきた。だが、真相はまったく別なのではないか、京太郎は彼の殺害を、巧妙に仕組まれた権力の完全犯罪であったと見る。

この陰惨なドラマの演出者は、とうぜん政治的な思惑から、いっけん軽挙妄動とも受けとられる兇行を、あえてしたのである。戒厳令、朝鮮人殺し、朴烈・金子ふみ子夫妻の逮捕と大逆のデッチ上げ。大杉の虐殺はその総括であり、「虎の門事件」難波大助の摂政暗殺未遂は、権力の意志を衝くエクストラ・インニングスであった。

さて、次回から本篇は
時間の進行に即さず
カタストロフへ迷走をいたします
関東大震災の地獄図絵を
たっぷりとお目にかけまする
のは当然
大杉栄虐殺の〝真犯人〟を
上は宮中から下は窮民街の
天地をかけめぐって
割り出してご覧に入れます
京太郎&かいじ、もはや
登場をせず
構成・絵柄をがらりと
変えての長講一席
修羅場の読切り、とざい東西ィ

X　炎と屍の街

大正十二年九月一日
低気圧が関東南部を横切り
午前中は豪雨
昼近くなって晴天となった
風速十メートル
洋食
黒船亭
洋食 黒船亭
岡本眼科

第三十六回

被虐の系譜で語るべからず

文章を綴るものの思慮と責任

黒旗水滸伝・第一部「大正地獄篇」ようやく三周目を終って、本篇最大の山場である、関東大震災とアナキスト大杉栄の虐殺にさしかかります。これまで展開して参りました、さまざまな事件と人脈は、いわば前奏曲であり、伏線でありまして、講談で申そうなら修羅場のクライマックスは、いよいよ今回から。

——と、改めてお断わりしなくてはならぬ理由は、るる述べて参りましたごとく、日本革命運動史から大きく、アナキストたちの果した役割と、志操（思想のみならず）とが、故意に欠落させられてきたからであります。とりわけ、大杉虐殺をめぐる前後の事情は混沌として、ほとんど解明されておりませぬ。そも何者が大杉・伊藤野枝・

ですぺら先生、辻潤は
『自我経』が大いに売れて
老母と、先妻・野枝との間に生まれた
息子の一（まこと）を引きとり
川崎市砂子一八七、通称桐の木横丁に
〝新家庭〟をかまえました
というのは、例のフクレタリア
うわばみのお清さんが
大きなおなかをかかえて
押しかけ女房にやってきたからで

辻潤

お出かけですか 先生は？
お風呂 なんです よう

橘宗一少年を殺したのかすら、暗黒の裡に葬られて、甘粕正彦憲兵大尉他の「国家の害毒を芟除（せんじょ）せんとした」（軍法会議検察官の談話）、個人的犯行と称する、当局の発表がそのまま定説となっています。

　したがって、同志和田久太郎、村木源次郎などによる、戒厳司令官の狙撃事件もまた、個人的な情宜（じょうぎ）に出た報復としか理解されず、いわゆる〝虎の門事件〟、難波大助の摂政宮（昭和天皇）暗殺未遂に至っては、大杉の死に触発されて精神の平衡をうしなった、一種驕激な若者のハネあがりと、くくり捨てられてきました。

　さらには、朝鮮人アナキスト朴烈とその妻・金子ふみ（文子）の場合も、彼らの大逆の心とはうらはらに、そのデッチ上げの側面だけが、ことさらに強調されて、瀬戸内晴美（寂聴）氏の作家的な洞察を除いては、〝受難の革命伝説〟ふうに語られるのみ。なべては、冬の時代の残酷な挿話として、坊主の

若い女と同棲して、××××の結果
やりすぎ
朝と昼と晩のケジメも
ぼくはつかなくなってしまった
ウワーッ!!

戒名と等しく、紋切型の墓碑銘を刻まれているのであります。

死者たちの遠い声を、人々はかくて聞くことができず、今日の民主主義の体制の下では、けっして起こり得べからざる出来事であったのだと、過去形で納得してしまう。裏返していえば、この国において革命の説話は、まさに反革命であります。夢野京太郎&かわぐちかいじは、三年前に本篇の連載をはじめるに当って、そのような逆説を主題としました。

片々たる劇画といえども——、いやだからこそ、自在に虚実をないまぜ、仮想の翼をひろげて、〝正史〟を描きあらためることができるのです。この物語りを、恣意と無智の所産であり、いたずらに異論を唱えて、ガマの油的巷舌に淫するものであるという、紳士淑女のご批判は先刻承知、弁解無用。これより出でて、ますます奇々怪々のパタンクルリ覗きからくり、せいぜい眉をおひそめ下さいと、尻をまくって

紙芝居屋の口上、へでも糞でも垂れてごらんに入れましょう。

さて、大正十二年九月一日。

——未曾有の大震災は、関東一円をおそって、東京は焼野原となります。その混乱の中で、多数の朝鮮人・社会主義者が惨殺された、彼らは無差別・無抵抗の犠牲であったという。京太郎まず疑うのは、〝左翼〟によって強調されるその事実であります。もし然りとするならば、日本の革命家たちは、まさしく驚天動地の混乱の裡に、ただ度を失って、なすこともなく手をこまねいているほどの存在でしかなかったということになる。

すくなくとも、国家権力が動揺その極に達し、収拾の策を持たぬ状況を、「革命の好機」と見るのが、主義者として当然の心理ではないのか？ 難波大助の場合、一個のテロリストとして胸に秘めていた計画（明らかにそれは大逆を企図していた）を、思いがけぬ

ゴオオオ

天地異変によってむしろ中断されたのですが、帰郷の途中立ち寄った京都の友人にこう語っています。

〔震災の直後、軍隊はみな宮城の方に集中していたし、東京と地方との交通機関や連絡機関が杜絶していたから、社会主義者が組織的に団結していれば内乱を起すことはできた〕（京都府立医大予科三年・岡陽造の検事調査）。しかし、肝心の社会主義者たちは分裂をしていたので、むざむざ好機を逸することになったのだ……

だから自分は、やはり一個のテロリストとして立たねばならぬ。〔国民の尊崇（そんすう）の御方に危害を加えれば、幾分は国民思想が動揺して、皆が目覚めるであろう〕

尊崇の御方という言葉づかいは、岡陽造もしくは担当検事の修飾で、おそらく大助は摂政宮と、はっきり断言したに相違ないのであります。当時、彼のみならず、革命を志す若者の大多数は、いまこのときに起たねばという、熱い思いを抱いたはずです。

正午一分十六秒前
震度七・九、最大震幅およそ
一八〇ミリ
東京全市に火災発生して
焼失四〇万七九九二戸
すなわち、
総世帯の六割四分を灼く
死者九万一千余人
被災人口は百九十万人に
及んだ
ゴゴゴ

「（震災の）三日か四日目、『東京に革命おこる』という号外が出た——『社会主義者の指揮する朝鮮人の大群』『江東における暴動』ｅｔｃ、まことしやかなその報道は、若い僕の空想を極度に刺激した。ロシア革命やパリ・コンミューンの絵巻物を、まざまざと東京市に再現してしまったのだ。

　その瞬間の僕は大真面目だった、（号外の見出しの）特号活字のかなたに硝煙の臭いと血潮の色を、傷つき倒れ、起きあがっては前進するバリケードの英雄たちを、忍苦に満ちた壮烈な姿を僕は見たのである。そして、その顔の一つ一つが、東京に残っている、あるいは幸いに九月一日に間にあって上京した同志の顔に見えたのだ。

　僕はみじめな気持ちだった、不覚にも一人残されたという、あの少年の悲壮感の中でしょげこんだのである。天井の低い二階に寝ころんで、号外を睨んでは快々として楽しまなかった」

（『鉄窓の花』抄略、昭和5＝一九三〇年）

情報・交通は途絶して
人々はただ恐怖と混乱の中に
置かれた

歴史は内から歪む

先に掲げたのは、東京帝大新人会の学生活動家だった林房雄の文章、彼は震災当時、郷里に帰っていたのです。日共にいわせれば、その手のウルトラ分子が、〝右翼〟に転向していった、と片づけられてしまう。だが、京太郎思うに、この林房雄のごとき感想が、むしろ当然であった。そして、権力の側もまた、〝過激派〟一斉蜂起を想定して、緊急の予防措置を講ずることは当然だったのです。

すなわち、「戒厳令」の公布であります。たしかに、難波大助が指摘している通り、日本の社会主義者たちには内乱を生起する力量はなく、戦略すらなく、隊伍もととのっていなかった。とはいえ無抵抗に、国家権力の暴圧に草の葉がひれふすごとく、慴伏をしてしまったなど、それこそあり得べからざること。革命家の名誉を思うなら「無辜の犠牲」という言葉を、彼らに

浅草は瓦礫の
街と化して……

とりわけて、下町の犠牲は大きかった
本所、深川の人々は争って、両国横綱町の
陸軍被服廠跡地に避難したが
とつじょ、つむじ風が炎をまいて襲い
三万八千人を一挙に焼き殺した
この数は、東京全市死亡者の四割に当る

冠してはなりません。

ポツダム左翼史観は、大杉栄の死についても、〝亀戸事件〟の川合義虎、平沢計七らの惨殺についても、「何の不穏な挙動もなかった」にかかわらず拘引され、「殺されるときにも抵抗をせず」と述べています。あたかもそのことが、権力の理不尽な暴虐の証でもあるかのごとく……。だが、かえってそれは、革命の過程にたおれた死者をおとしめる、あやまった記述であるといわなくてはならない。

彼らはまさに挙動不穏であり、国家権力に敵対して、抵抗をしたからこそ（物理的な暴力をふるったという意味だけではない、為念）、殺されたのであります。章を追って次第に明らかにしていきますが、一九七六年に発見をされた大杉栄の死因鑑定書によれば、〔胸部右側第四肋骨、左側第四・第五肋骨完全骨折〕とあります。死ぬ前にすさまじい暴行を受けた証拠は歴然、大杉自身もまた烈しく抵抗したことが

吉原では逃場を失った娼妓たちが
公園の池にとびこんで
死んでいった
中には、
逃亡をおそれた抱え主が
土蔵に鍵をかけて閉じこめ
むし焼きにされた者もいたのである
この物語りを綾なしてきた
人々の運命は
炎と屍の街に位相を変え
さらなる修羅へと奔騰していく

うかがわれるのです。

川合義虎、平沢計七らもまた、正力(しょうりき)松太郎警視庁官房主事談話のように〔足踏みをして革命歌を高唱し、狂暴いたらざるなきありさま〕を恐れて、亀戸署長が軍隊に制止方を依頼したというのが真相であると、京太郎信じてやみません。

さよう、屠所の羊のごとく無抵抗にひき出されて、片端から殴り殺されていく、そんな革命家の姿など、想像もしたくないのです。戦後YP体制下の平和革命家ならいざ知らず、ボル系で最強の戦闘性をほこった南葛(なんかつ)労働会の若者たちは、たとえ手足を縛られて、身体の自由はきかなくても、体当りで相手の喉笛を嚙み破ってやろうとするほどの抵抗を、必ずや試みたにちがいないのであります。

そのように果敢な、不退転の革命的熱情に燃えた、主義者の存在があり、これを導火線として爆発するであろう民衆、とくに被差別朝鮮人の蜂起を、

治安当局者は恐怖して、緊急・違法の戒厳令を公布、武力行使を軍の精鋭にあおいだ。関東大震災における朝鮮人無差別殺リクは、自然発生的な流言、いわゆる蜚語によって生じた、不幸なマス・ヒステリアだったとする説を、多くの歴史学者は採りますが、それは皮相の見解です。流言は官製であり、〝不逞朝鮮人〟パニックは、治安当局（内務官僚）によって演出された、と見なくてはなりません。彼らにとって戒厳令の論理とは、どのようなものであったのか、時の経過をさかのぼって根元（ルーツ）をさぐり出せば――

　大正二年（一九一三）、阿部守太郎外務省政務局長、日本に亡命しようとした国民党の黄興に対して入国拒否を訓令、大陸浪人筋の怒りを買って九月五日暗殺さる。七日、対支同志連合会主催の国民大会がひらかれ、参集した群衆三万、このとき内務大臣・原敬（はらたかし）は東北地方を視察旅行中、治安の実際に当ったのは次官・水野錬太郎だった。

このとき、社会主義者が内乱を
起すことは容易であると思いました
しかし、私は逆に前から抱いていた
テロリズムの計画を意外の天災の故に
放擲しなくてはならず
念頭にあるのは
ただ……
鎌倉の兄夫婦の
安否だけで
ありました

水野は東京帝大英法科卒の典型的内務官僚で、薩・長いずれの閥にも属さぬ秋田県出身でありました。このとき、原敬に対して、何通も帰京を懇請する電報を水野は打っているが、「ほっておけば鎮まる」と、太っ腹の原は意に介さず旅行をつづけております。ようするに、頭脳は明晰だが小心な人で、とりわけ数を恃んでのデモに、恐怖に近い嫌悪を抱き、ために暴民取締りは徹底かつ冷酷をきわめた。

　大正七年、寺内正毅内閣の内務大臣となる。社会不安が増大して、前任者後藤新平は五千三百人の警視庁巡査を三千名増員、弾圧政策をとったが七月ついに〝米騒動〟。百万人を突破した民衆蜂起に、厳罰方針で臨んでこれを圧殺したのが水野錬太郎、検挙人員は実に二万五千余、騒擾罪を適用して、七十一人を懲役十年以上、二名に死刑宣告。いっぽう、事件に関する一切の新聞記事さしとめという、問答無用の強権をふるった。その輩下に、のちに

震源地に最も近い
神奈川県では
横浜全市大火災
死者二万三千余
小田原、横須賀、鎌倉と
倒潰家屋は総戸数の
九割に達した
特例を以て
囚徒千二百を
解放
二十四時間内に帰獄する
ことを条件としたが
三百四名はそのまま脱走

警視総監に登用をされた赤池濃(あかいけあつし)、警保局長の後藤文夫がおります。

流言・蜚語の根元(ルーツ)は?

　こえて八年、朝鮮総督府政務総監となり、三・一叛乱の事後処理に当る。総督斎藤実着任の九月二日、老テロリスト・姜宇奎の投じた爆弾によって、京城南大門駅頭で軽傷を負う。いらい朝鮮人に対する偏見、憎悪は骨がらみとなって、大震災をむかえるのです。赤池&後藤はこのときも、水野直系の高級官僚として、朝鮮に赴任しております。大正十二年九月一日、関東一円火の海と化したときに、治安に任じていたのは、実にこうした人物であり、その腹心の部下でありました。ここでもう一つ、大杉栄虐殺にからんでくる人脈を、指摘しておきます。

　三・一叛乱の〝暴徒〟を、苛責なる流血で鎮圧した、朝鮮憲兵隊の当時の司令官は石光真臣中将、すなわち関東大震災のさいの東京衛戍(えいじゅ)司令官・第一

午後一時、警視庁炎上
総監・赤池濃は
衛戍司令官に
出兵要請
「戒厳令」の施行を
上奏するべく
官房主事
正力松太郎らを帯同
宮中へ参内した
内務大臣
水野錬太郎
時あたかも政変
組閣のまっ最中
とあって

師団長であり、福田雅太郎大将が関東戒厳司令官に就任するまで、わずかに一日ではあったが（その一日に重大な意味があります・後段詳述）、武力による治安の最高責任者でありました。そして、朝鮮憲兵司令部における石光中将の副官は、誰あろうかの甘粕正彦憲兵大尉だったのです。

　往時は茫々として、いまや闇の中に事件の真相は沈んでおりますが、水野錬太郎をトップとする内務高級官僚と軍部を繋ぐ糸は、なべて朝鮮をカナメとして結ばれるのであります。流言・蜚語の出所には、人脈が通底しているということ。状況証拠として、〝不逞朝鮮人〟パニック製造元はこの回路のほかになく、何章かおいて全面展開をすることになる大杉殺しでも、両者の利害は一致するのです。

　大局に目を転ずれば、陸軍部内には軍縮に反対するタカ派がなお根強く、シベリア出兵以来の悪評を、震災治安出動によって回復しようとする思惑が

対策を協議すべき意図、
元老を国家権力は欠いていた
山本権兵衛内閣が成立して
後藤新平が内相に就任した
のは翌々三月のことである

ございます。赤露極東探題・ヨッフェ来日をめぐって、後藤新平東京市長と水野内務大臣との間に、烈しい対立があったことは、三十一章で述べました。犬猿ただならぬ反目の背景には、軍備の縮少を推しすすめようとする海軍と、なしくずしにこれを喰いとめんとする陸軍との相克があります。

いうならば、後藤のバックには加藤友三郎前首相をはじめとする、海軍がひかえている。ヨッフェの来日阻止に奔走をした水野の裏では、陸軍が糸をひいていたわけで、果せるかな震災の七日前に急逝した加藤の後をおそって首班となった海軍閥の山本権兵衛は、内務官僚トップの椅子に坐りつづける水野を更迭して、後藤新平と交替させます。陰湿ヘビのごとき水野が、このことを深く恨みとしたのは、まことに当然でありました。

だが、震災の九月一日、組閣はまだ完了しておらず、前内閣の外務大臣である内田康哉を臨時首相とする旧内閣

緊急事態に対処する実権は
内務官僚の手中にあった
水野・赤池のコンビは
米騒動弾圧に当り、
朝鮮総督斎藤実赴任にさいし
爆弾テロルをうけたときも
治安を担当した経歴を有する

メンバーによって、政務は運営されていたのです。その間隙に、震災は突発して、戒厳令は公布されました。山本〝首相〟は、この決定にはあずかっておらず、ほんらいならば枢密院の議を経るべき手続きも、（旧）内閣責任において無視されたのです。赤池濃警視総監によれば、〔帝都を挙げて、一大混乱裡に陥らんことを恐れ、この際は警察のみならず、国家の全力を挙げて治安を維持し、応急の処置を為さざるべからざるを思い、衛戍司令官あてに出兵を要求すると同時に（傍点は筆者京太郎）、後藤警保局長に切言して、内務大臣に戒厳令の発布を建言したのである。それは、多分（一日の）午後二時ごろであったと思う……〕（雑誌『自警』大12年11月号／大震災当時における所感）

「戒厳令」の論理

かくて、第一師団出兵の既定事実を踏まえた上で、戒厳令は〝超法規〟の発令をみたのであります。摂政裁可を

屍の街を流言・蜚語は走った……

しかも、社会主義者・朝鮮人による暴動の危険ありという情報は
官憲筋によって、戒厳令の施工前にすでに流されていた。

得て、正式に公布されたのは翌二日の午後六時、そのときすでに朝鮮人大量虐殺の火ブタは切られていた。問うに落ちず語るにオチル、水野錬太郎かく語りき（東京市政調査会編『帝都復興秘録』より）——

〔翌朝（二日）になると、人心きょうきょうたる裡に、どこからともなく、あらぬ朝鮮人騒ぎまでおこった。大木鉄道大臣のごときも、朝鮮人攻め来るとの報を、盛んに多摩川辺で噂して、騒いでいるとの報告をもたらしたのである。早速、警視総監を呼んで聞いてみると、そういう流言蜚語がどこからともなしに行われているということであった。そんな風では、どう処置をすべきかを種々考えてみたが、戒厳令を施行するの外はあるまいということに決した〕

いわゆる流言蜚語が、奈辺に発したかを、水野の談話はつまびらかにしておりません。「どこからともなしに」流れてきた噂にもとづいて、戒厳令は

公布された⁉　しかも法的な手続きを無視して、強引にであります。水野はウソをついています、朝鮮人の暴動が（流言にもせよ）先にあって、戒厳令公布の理由になったのではない。前出赤池総監のメモワールとも、明らかに矛盾しております。

〔（二日）帰庁せるは午後九時、そのとき鮮人二千名、二子の橋を通過し、また市内にて諸処暴動をなせるという報を聞いた。余はその瞬間、一部不逞鮮人は必ず不穏計画や、暴動を行うであろうが……〕と、赤池は述べております。戒厳令がすでに発令された後で、鮮人暴動の報を聞いたという。

水野のいう事前打合せ、警視総監を呼びつけて云々の談話と喰いちがっている。ウソのつき方としては、赤池のほうが上手なのですが、水野はつまりぬけぬけとソラとぼけているのであります。これをようするに、流言蜚語を夫子みずからデッチ上げて、戒厳令をひき出し、これを武器にして朝鮮人・

夕刻、摂政宮は赤坂離宮へ
石光真臣中将麾下の
東京衛戍軍
近衛師団出動
宮城・官公庁・停車場等々、
要所に部隊が配置された
国家権力は
民衆の救護よりも
騒擾を惧れて、
武力による治安維持を
優先したのである
だが、
人々は焼土に餓え渇いていた
炎の恐怖が走った後に
待ちかまえていたのは
水を求め食料をあさる人々の
パニックであった

社会主義者を弾圧するという、マッチポンプの常套手段、満州事変しかり、日中戦争もまたしかりで、この手口は国家権力の完全犯罪のいえばパターンなのです。

〝革命の好機〟は、こうして権力に先取りをされ、かえってホコを逆さにした、治安当局〝弾圧の好機〟に転化されてしまいました。タテマエがどうあろうと、一朝有事にさいして法規を超える行動を、国家が追認することは当然なのであります。ちかごろ、栗栖(くるす)統幕議長が「超法規発言」*で首切られましたが、この人は単にリアリズムをいったにすぎません。

冒頭にかえしていえば、民主主義の体制下では、関東大震災と同じ事態はおこり得ないと考えている人は、実にオメデタイのであります。天変地異にきびすを接して、人災は焼土の窮民を襲い、さらなる地獄絵図が展開され、多くの生命が失われたのは、わずかに半世紀と十年を出でぬこの国の現実で

わが陋屋は、表現派のごとく
キュビズムの化物のごとく
桐の木にもたれて
へしゃげていた
なぜか久しぶりに
クラシック・サンチマンに
ぼくは襲われて
なす事もなく立ちつくした
!?

あります。将来、そのような残酷が、無何有であるという保証は、どこにもございません。人間は容易に理性から解放され、集団としての狂気に暴走をする属性を有します。卑近に例をとるなら、プロレスの実況アナウンサーがあられもなく愛国的であり、ザ・ブッチャーのように憂愁すらたたえた真の戦士を、なぜか悪玉呼ばわりして昂憤している醜態にも、関東大震災の影を見ることができましょう。

流言・蜚語に煽動されて、朝鮮人や社会主義者を殺した大衆狂乱を、無智モーマイと嗤うのは、ひさしく太平になれて、極限状況の修羅を見ていないオプティミズムであって、それは社会主義者たちが無辜の犠牲だったとする感覚と、根底で通いあうのです。今回から画面・解説ともトーンを変えて、本篇は総括に入って参ります。作者の意のあるところを、お汲みとり下さいまして、巷談全篇の読切りまで宜敷くご愛読のほどを――、東西。

九月一日午後三時
本庁にて偵察聞知せるところによれば
社会主義者、鮮人の放火多く
不逞の徒の来襲あるべし、と。
同・二日午後二時
鮮人等約三千名、横浜より多摩川を渡り
漸次、東京方面に向いつつあり
（警視庁資料）

哀号!!
アイゴオーッ!

第三十七回
半・Intermission
残暑、お見舞い申上げます

酷暑のみぎり、なぜか日本低国には夏休みというものがあって、もの書き商売に泣きをみせる。たとえば、本稿〆切りは八月十日とあって、例月より二週間もくり上がってくるのである。これは、低国労働者階級がいっせいにバカンスとやらに入るためで、印刷工諸君も例外ではなく、その権利を行使して、中小&零細の出版企業に異例の入稿を督促する。

京太郎の記憶によれば、この傾向は一九六〇年代の後半から顕著になり、当初は盆・暮せいぜい三日、ないしは五日ほど早目にという常識的な要求であったが、次第に一週間、十日とエスカレートして、今日の暴状に及んだ。当然、しわよせは最終的に中小&零細出版企業の編集者と、我らもの書きに

流言・蜚語とこれを称する
不逞鮮人来襲の〝風聞〟
どこからともなく至って
未曾有の大殺戮は惹起された、と
往時は茫々として
真相を確かめるスベもないと
歴史家はいう……
だが、出所不明の情報として
九月一日午後三時、すなわち
震災が発生すると間もなく
「社会主義者、鮮人の放火多し」
と警視庁資料にあるのは
何を意味するのか!?

集中する。

　とりわけて、連載を書いている者の迷惑は、言語に絶するのである。つい先月の入稿を終って、息をつくひまもなく、友人知己との義理を欠き、集会講演等の依頼はことごとく辞退して、クソ暑い暑中を、理不尽な〝債稿〟に追われねばならぬのだ。季節感は狂い（八月上旬に十月号を書く）、「秋のナントヤラ」などというテーマを与えられて、形ばかり爽涼の気を漂わせた文章を書いておると、頭のてっぺんが煮え立ってくる。

　作家・評論家諸先生がヒステリーをおこして、編集者に当り散らし、時に暴力をふるったり、酒乱になったり、インポになったりするのは、おおむねこの季節である。かくいう京太郎も、沖縄への旅をひかえて、連日の徹夜がつづいている。本篇解説でもたびたび触れてきたのだが、資料の整理・点検だけでも数日を要するこの仕事には、さらにもう一つ、〝絵コンテ〟という

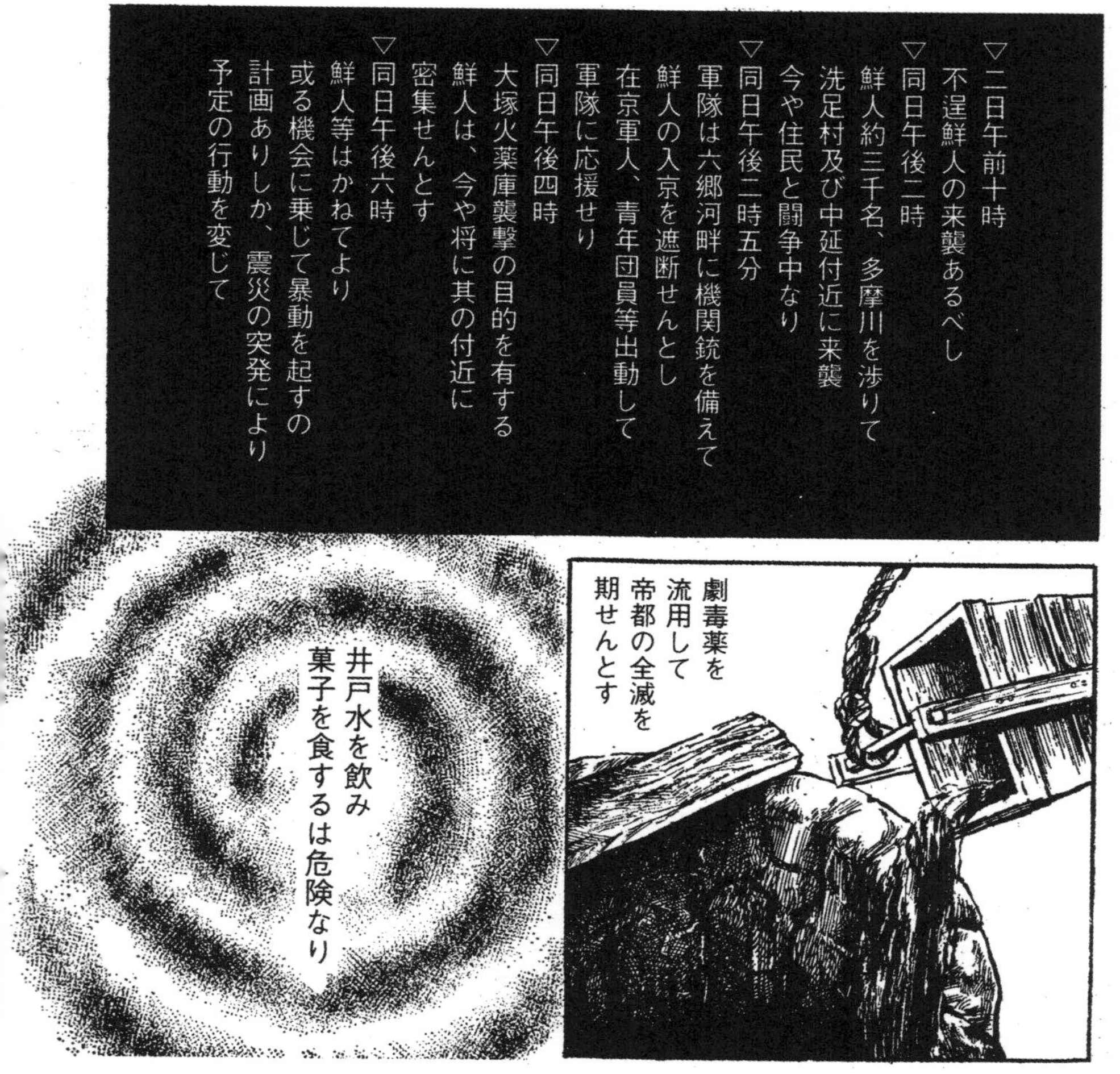
▽二日午前十時
不逞鮮人の来襲あるべし
▽同日午後二時
鮮人約三千名、多摩川を渉りて
洗足村及び中延付近に来襲
今や住民と闘争中なり
▽同日午後二時五分
軍隊は六郷河畔に機関銃を備えて
鮮人の入京を遮断せんとし
在京軍人、青年団員等出動して
軍隊に応援せり
▽同日午後四時
大塚火薬庫襲撃の目的を有する
鮮人は、今や将に其の付近に
密集せんとす
▽同日午後六時
鮮人等はかねてより
或る機会に乗じて暴動を起すの
計画ありしか、震災の突発により
予定の行動を変じて
劇毒薬を流用して帝都の全滅を期せんとす
井戸水を飲み菓子を食するは危険なり

作業が付帯するのである。

おそらく読者の大多数は、かわぐちかいじが上段の絵を、京太郎が下段の解説をと、分業の体制が整っているとお考えであろうが、いささか楽屋裏の事情は異なる。本篇には、活字にこそならぬが、映画と等しくれっきとしたシナリオがあるのだ。今回は、趣向をかえて、「暑中お見舞い」かたがた、楽屋裏をのぞいていただこう。変則の入稿に迫られた苦肉の策、とご笑覧のほどを――

① タイトル・バック　**平沢計七？　の惨殺死体**（資料イを参照）

――写真は横位置であるが、縦に構図をとり、はねられた首を画面の右・下方になまなましく。

トーン薄目に（前号と同様）。

〔M・T〕

黒旗水滸伝（メイン・タイトル）　第三十七回

第一部　大正地獄篇　㉟

惨禍の巷に、
人々は餓え
渇いていた……

炎と屍の街 Ⅱ
作 夢野京太郎
画 かわぐちかいじ

② 見開き・たちきり一枚絵
③ **多摩川土堤の惨劇**（前号のラストシーンを切りかえす）
――対岸に軍隊、一斉射撃・機銃掃射をまじえて、群衆をナギ倒す。虚空を摑んでのけぞる者、逃げようとして背中を射抜かれる者etc、アビ叫喚のありさまを、可能ならば〝連動〟モーションで描く（くふうして下さい）。
　これらの人々は、朝鮮人である。
〔Ｅ・Ｔ（イフエクト）〕
バリバリバリーッ、ダ・ダ・ダッ
〔Ｓ・Ｔ（スポークン）〕
哀号!! アイゴオーッ！
〔Ｔ〕 炸裂するかこみの中に
流言・蜚語とこれを称する
不逞鮮人来襲の〝風聞〟
どこからともなく至って

〝暴徒〟は存在した
立憲労働党総理
山口正憲は
輩下三百名を武装させて
横浜税関倉庫を襲い
米百二十俵、豚十七頭
等を掠奪、罹災者に
分け与えたことが発覚
横浜刑務署に収監された
（『週刊朝日』11・4）
立憲労働党
立憲労働
立憲労働

未曾有の大殺戮は惹起された、と
往時は茫々として
真相を確かめるスベもないと
歴史家はいう……
だが、出所不明の情報として
九月一日午後三時、すなわち
震災が発生すると間もなく
「社会主義者、鮮人の放火多し」
と警視庁資料にあるのは
何を意味するのか⁉
（活字大きくせず・カッチリと）

④　コマ割り
(1)　黒字幕／上段2分の1
〔T〕
▽二日午前十時
不逞鮮人の来襲あるべし
▽同日午後二時
鮮人約三千名、多摩川を渉りて
洗足村及び中延付近に来襲
今や住民と闘争中なり
▽同日午後二時五分
軍隊は六郷河畔に機関銃を備えて
鮮人の入京を遮断せんとし

警視庁、あるいは農商務省御用と偽わってトラックを乗りつけ
白夜堂々、御用盗をはたらく連中など
お定まりの火事場泥棒が炎と屍の街に横行した
治安当局としては、これらをすべて
社会主義者・朝鮮人の計画的な犯行にデッチ上げて……
混乱する群衆の
恐怖を煽り立てた
戒厳令の告示は
その恐怖を
裏打ちして——

在郷軍人、青年団員等出動して
軍隊に応援せり
▽同日午後四時
大塚火薬庫襲撃の目的を有する
鮮人は、今や将に其の付近に
密集せんとす
▽同日午後六時
鮮人等はかねてより
或る機会に乗じて暴動を起すの
計画ありしが、震災の突発により
予定の行動を変じて

(2) 井戸です、釣瓶オケからどす黒い
水がこぼれ落ちて……

〔T〕
劇毒薬を流用して
帝都の全滅を期せんとす

(3) 渦巻き（枠はずし）

〔T〕
井戸水を飲み
菓子を食するは危険なり

⑤ コマ割り
(1) 斜め枠はずし・縦2分の1
（大俯瞰）

こらァ どこから 来たのか！
貴様、日本人か？

——**食糧に密集する群衆**（資料ロ参照／この光景を上から見おろした構図である）

〔T〕

惨禍の巷に、人々は餓え渇いていた……

(3)(2) 写真版（資料ロ・中央部分）
上下に截断して、タイトルぬき。

※ 上下一枚、区切りを入れる

⑥ 枠はずし・一枚絵

「御用盗」、税関を襲う!!

——〝立憲労働党〟と大ノボリをひらめかし、鉢巻きに抜刀、村田銃などをかざした一団、横浜税関の倉庫を襲撃。

バッサリとけさがけ、血を吹いて倒れる税関吏。

アゴヒゲの党首・山口正憲。

米俵をかつぎ出すやつ、上方からは火の粉が降って……

〔T〕

焼け残った街々には、在郷軍人
消防団、青年団を中心に
「自警団」がつくられ
罹災者・通行人を片端から捉えて
朝鮮人狩りがはじまった――
言語・容貌・風態あやしきものは
その場で虐殺され
誤認による日本人・中国人
沖縄人等々をふくめて
犠牲者は六千人といい
あるいは二万人の多きを算えた
ともいわれる
テンノーヘイカバンザイと言ってみろ！

〝暴徒〟は存在した
立憲労働党総理、山口正憲は
輩下三百名を武装させて
横浜税関倉庫を襲い
米百二十俵、豚十七頭等を掠奪
罹災者に分け与えたことが発覚
横浜刑務所に収監された
（『週刊朝日』、11・4）

⑦　コマ割り
(1)　縦通し3分の1・黒字幕
〔T〕　5行に割って
警視庁、あるいは農商務省御用と
偽わってトラックを乗りつけ
白昼堂々、御用盗をはたらく連中
など、お定まりの火事場泥棒が炎と
屍の街に横行した。治安当局として
は、これらをすべて社会主義者・朝
鮮人の計画的な犯行にデッチ上げ
て……
(2)　上下、二段箱づみ（枠がこみ）
汽車にむらがり乗らんとする人々
（資料ハ・上）
〔T〕

テ、テ、
テイノー
ヘイカ

バンジャ
ーイ！

混乱する群衆の恐怖を
煽り立てた

(3)　戒厳令の告示を、板戸に書く警官
（資料ニ・下）

〔T〕
戒厳令の告示は
その恐怖を裏打ちして――

⑧

⑨　見開き・たちきり一枚絵
朝鮮人狩り（ホ・ヘ・ト・チなど
一連の資料写真を以下参照）
――日本刀を腰にぶっこみ、犬を
したがえ、竹槍をかまえ、あるいは
在郷軍人の制服、火事場装束に身を
固めて、通行人を誰何する自警団の
連中であります。

※　震災直後であることに、留意
をすること。前号の辻潤のよう
に焼跡にキチンとゆかた姿で、
出てきては困る。

〔S・T〕　自警団A
こらァ、どこから来たのか！
〔S・T〕　同じくB

バンジャイ、バンジャイゆうて
どんどん殺されたんだよ
天皇陛下の命令がやっと出てな
朝鮮人殺しちゃならんと
でもそのときは遅かったんだよ
支那の人もな、琉球の人も……
警察だって殺したんだからな
――夢野京太郎小説集のうち
『金東烈（キムトレス）／哀愁出船』より

貴様、日本人か？
〔S・T〕　同じくC
テンノーヘイカバンザイと言ってみろ！
〔T〕　天辺、渦巻きの中に
焼け残った街々には、在郷軍人
消防団、青年団を中心に
「自警団」がつくられ
罹災者・通行人を片端から捉えて
朝鮮人狩りがはじまった――
言語・容貌・風態あやしきものは
その場で虐殺され
誤認による日本人・中国人
沖縄人等々をふくめて
犠牲者は六千人といい
あるいは二万人の多きを算えた
ともいわれる
⑩　コマ割り
右、二段箱づみ（枠がこみ）
(1)　恐怖にひきつる、通行人の顔
これは、あきらかに沖縄人（資料
リ・ハブカクジャー／『人類館』の
プログラムより）

保護検束と称して
治安当局は主義者
朝鮮人のいわゆる
要注意人物を
九月三日早朝から
次々に拘引
アナキスト朴烈も
また……
かしこくも、
御真影を毀損し
大逆を図った
という疑いで
官憲に追われた

〔S・T〕
テ、テ、テイノーヘイカ

(2) 首が飛び、血潮がしぶくのです。

〔S・T〕
バンジャーイ!

(3) 縦2分の1・写真版（資料ヌ）
大正天皇御真影（かしこくも低能ヅラにおわしまする……）

⑪ たちきり・一枚絵
河中の虐殺死体（資料ル）
——吾妻橋、写真ではハッキリとしないが、後手にロープで括られ、片腕を斬り落とされ、あるいは首なしなど、数体。
　油紋を照りかえして、ハイキーの地獄図絵です。

〔T〕
バンジャイ、バンジャイゆうて
どんどん殺されたんだよ
天皇陛下の命令がやっと出てな
朝鮮人殺しちゃならんと
でも、そのときは遅かったんだよ
支那の人もな、琉球の人も……

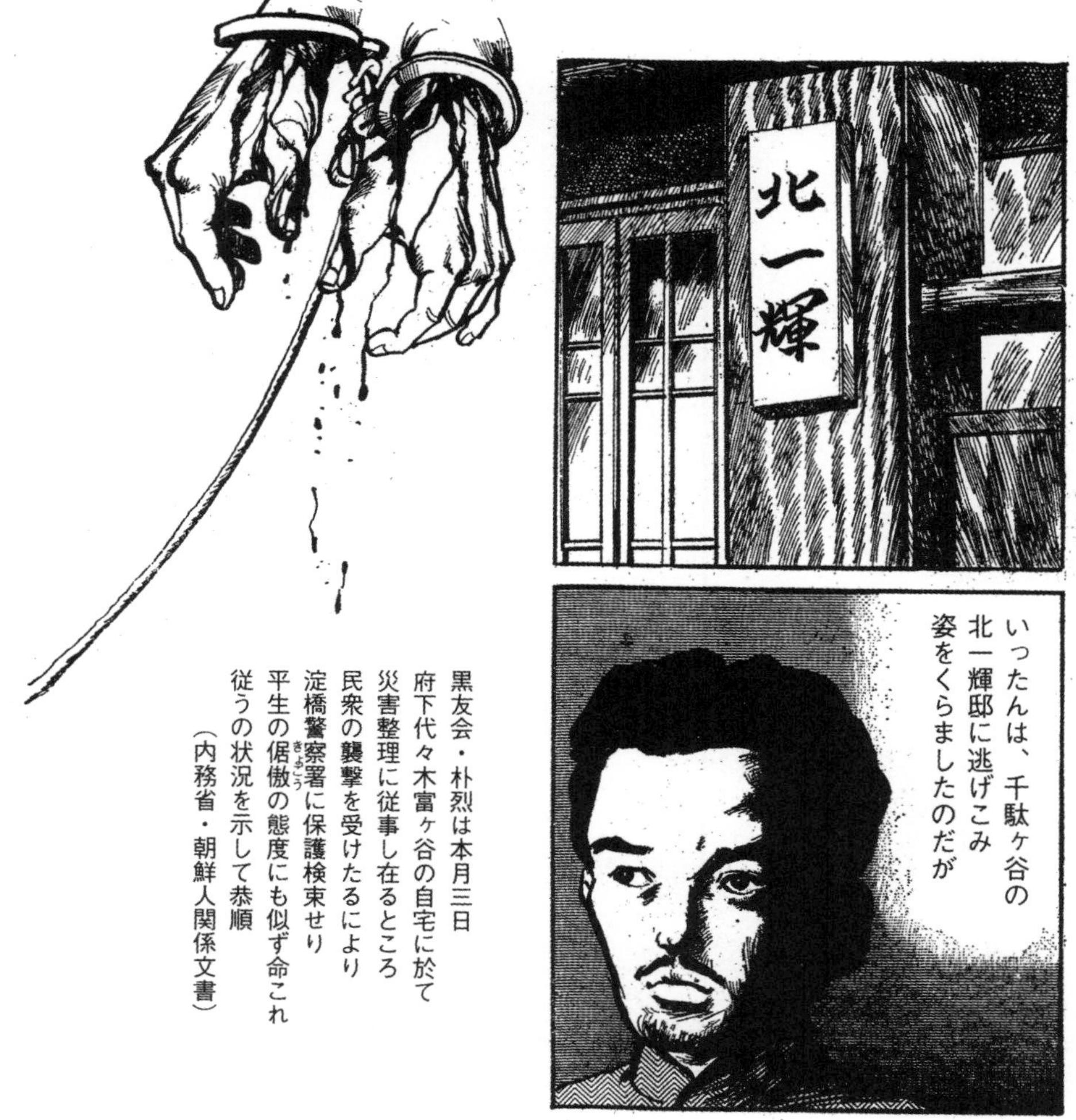
北一輝
いったんは、千駄ヶ谷の
北一輝邸に逃げこみ
姿をくらましたのだが
黒友会・朴烈は本月三日
府下代々木富ヶ谷の自宅に於て
災害整理に従事し在るところ
民衆の襲撃を受けたるにより
淀橋警察署に保護検束せり
平生の倨傲（きょごう）の態度にも似ず命これ
従うの状況を示して恭順
（内務省・朝鮮人関係文書）

警察だって殺したんだからな
——夢野京太郎小説集のうち『金（キム）東烈（トレス）／哀愁出船』より

⑫
(1) コマ割り
上段2分の1、刑事に連行される
朴烈です。
頭から血を流し、襟をはだけて、
〔T〕
保護検束と称して
治安当局は主義者・朝鮮人の
いわゆる要注意人物を
九月三日早朝から、次々に拘引
アナキスト朴烈もまた……

(2) 大正天皇の写真に、突き刺さった
果物ナイフ
〔T〕
かしこくも、御真影を毀損し

(3) 血だまりの中に
〔T〕
大逆を図ったという疑いで
官憲に追われた

⑬
(1) コマ割り
右2分の1、二段箱づみ

同胞よ！　二万の兄弟姉妹は
倭奴(イエノム)の銃と剣とに殺されたり
同胞らよ！　腹を抉(えぐ)られ首を斬られ
殺されたる彼らの最後の哀号は
ただ、「あいご母上(オモニ)よ！」
「あいご父上(アボジ)よ！」のみなりき
同胞らよ！　兄弟二万の血肉は
倭地関東の肥料となり畢(おわ)れり
（不穏文書、『虐殺』より）

〝北一輝〟と表札をかかげた門柱
（上段）
(2)　そして、北一輝バスト（下段）
〔T〕　適当に削って
いったんは、千駄ケ谷の
北一輝邸に逃げこみ
姿をくらましたのだが
(3)　縦2分の1・枠はずし
捕縄をかけられた手首を、カット
風に上方から、血潮したたる。
〔T〕　活字やや小さく、下方に
黒友会・朴烈は本月三日
府下代々木富ケ谷の自宅に於て
災害整理に従事し在るところ
民衆の襲撃を受けたるにより
淀橋警察署に保護検束せり
平生の倨傲の態度にも似ず命これ
従うの状況を示して恭順
（内務省・朝鮮人関係文書）
⑭
⑮　見開き・たちきり一枚絵

累々たる屍の河原

(②③の虐殺が終ったシーン)

——斜陽を浴びて横たわる、老爺あり、うら若き娘あり、虫の息きれぎれに救いを求め、棒切れにすがりよろめき立ち上らんとする。

河は鮮血を流し、むつきの嬰児があおむけに、ママー人形のごとく、虚ろに瞳をひらいて浮いていくのである。(軍隊は出さずに……)

※ アングルを変えるが、人物は②③と同じ、為念。

〔T〕 太く、大きく

同胞よ！ 二万の兄弟姉妹は
倭奴(イエノム)の銃と剣とに殺されたり
同胞らよ！ 腹を抉(えぐ)られ首を斬られ
殺されたる彼らの最後の哀号は
ただ、「あいご母上(オモニ)よ！」
「あいご父上(アボジ)よ！」のみなりき
同胞らよ！ 兄弟二万の血肉は
倭地関東の肥料となり畢(おわ)れり
(不穏文書、『虐殺』より)

二日夕刻
山本権兵衛内閣成立
あくる三日ようやく
最初の閣議が
ひらかれた
すでに緊急勅令によって
超法規に実施されていた戒厳令を
山本内閣は追認した上、
東京府下、神奈川、埼玉、千葉と
一府三県に拡大する
新内閣は、不逞鮮人の来襲という
〝流言・蜚語〟を禁じて
「民衆自ら濫りに鮮人に迫害を
加うるがごときことを」
固く慎むようにと告諭した
だが、いっぽうでは
治安維持のためと称して
朝鮮人問題に関する一切の報道を
圧殺したのである
したがって、タテマエの告諭は
何の効力も持たなかった
民衆の狂乱は野放しに進行して
さらなる惨劇がくりひろげられ
警察・軍隊もまた
主義者・朝鮮人狩りをやめなかった

⑯　コマ割り

(1)　上段2分の1、枠をはずして。
首相官邸の庭前、山本権兵衛内閣
初閣議の図とある（資料ヲ）

〔T〕
二日夕刻、山本権兵衛内閣成立
あくる三日ようやく
最初の閣議がひらかれた

(2)　黒字幕・下段2分の1

〔T〕
すでに緊急勅令によって
超法規に実施されていた戒厳令を
山本内閣は追認した上
東京府下、神奈川、埼玉、千葉と
一府三県に拡大する
新内閣は、不逞鮮人の来襲という
〝流言・蜚語〟を禁じて
「民衆自ら濫りに鮮人に迫害を
加うるがごときことを」
固く慎しむようにと告諭した
だが、いっぽうでは
治安維持のためと称して
朝鮮人問題に関する一切の報道を

戒厳司令官大将
福田雅太郎
同参謀長少将
阿部信行
三日、宇都宮第十四
師団をはじめ
各地方師団続々と
帝都へ結集
あくる四日、
総兵力五万に達する
ザッ
ザッ
ザッ

圧殺したのである
したがって、タテマエの告諭は
何の効力も持たなかった
民衆の狂乱は野放しに進行して
さらなる惨劇がくりひろげられ
警察・軍隊もまた
主義者・朝鮮人狩りをやめなかった

⑰　コマ割り

(1)

(2)　右、二段箱づみ（資料ワ）

〔T〕
戒厳指令官大将・福田雅太郎

〔T〕
同参謀長少将・阿部信行

(3)　縦2分の1・枠かこみ（俯瞰）
行進してくる軍隊

〔E・T〕
ザッ、ザッ、ザッ、ザッ

〔T〕
三日、宇都宮第十四師団をはじめ
各地方師団続々と帝都へ結集
あくる四日、総兵力五万に達する

⑱　コマ割り

四日、騎兵第十三連隊より
戒厳司令官宛の報告
「午後八時、亀戸ニ於テ凶漢四名
警官ニ抵抗シ、本聯隊ハコレヲ
刺殺、内鮮人ノ区別ヲ調査中」
とあるが殺されたのは
右翼・大和民労会の明石某だった
憤激した江東地区の支部員は
数十名を糾合して
亀戸署にデモをかけ、焼討だぞと
気勢を挙げた
古森繁高署長は小心の人であり
これに脅えて軍隊出動を要請する
いわゆる亀戸事件の惨劇は
かくて惹起されたのが真相である
このとき、同署に検束されていた
主義者・朝鮮人七百七十余名
大和民労会
アウ、ウワーッ!!

(1) 白字幕

〔T〕

四日、騎兵第十三連隊より
戒厳司令官宛の報告
「午後八時、亀戸ニ於テ凶漢四名
警官ニ抵抗シ、本聯隊ハコレヲ
刺殺、内鮮人ノ区別ヲ調査中」
とあるが殺されたのは
右翼・大和民労会の明石某だった
憤激した江東地区の支部員は
数十名を糾合して
亀戸署にデモをかけ、焼討だぞと
気勢を挙げた
古森繁高署長は小心の人であり
これに脅えて軍隊出動を要請する
いわゆる亀戸事件の惨劇は
かくて惹起されたのが真相である
このとき、同署に検束されていた
主義者・朝鮮人七七〇余名

(2) 枠はずし・下段2分の1

刺殺される壮漢、これは民労会の明石某である。(鉢巻き)
銃剣、背中まで突き通って……

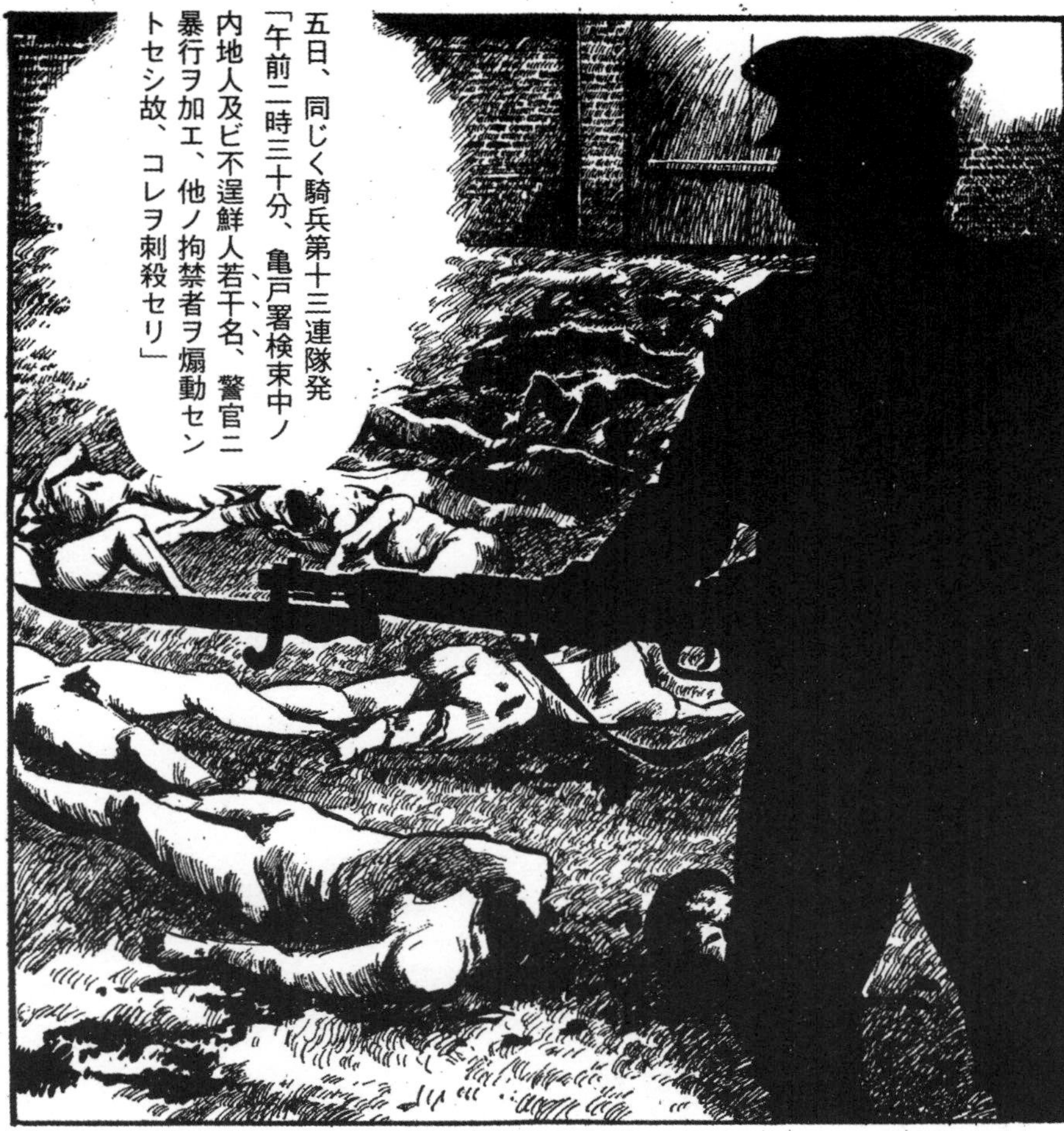
五日、同じく騎兵第十三連隊発
「午前二時三十分、亀戸署検束中ノ
内地人及ビ不逞鮮人若干名、警官ニ
暴行ヲ加エ、他ノ拘禁者ヲ煽動セン
トセシ故、コレヲ刺殺セリ」

〔S・T〕
アウ、ウワーッ!!
⑲　枠がこみ・一枚絵
亀戸署中庭・大量虐殺現場（タイトル・バックと照応して）
——シルエットで、銃剣を構えた兵士が立つ。その黒い姿をなめて、平沢計七の屍を手前に、数えきれぬほどの死体、河岸のマグロのように重なり、転がっている。
〔T〕
五日、同じく騎兵第十三連隊発
「午前二時三十分、亀戸署検束中ノ
内地人及ビ不逞鮮人若干名、警官ニ
暴行ヲ加エ、他ノ拘禁者ヲ煽動セン
トセシ故、コレヲ刺殺セリ」
⑳　コマ割り
(1)　右、斜め縦2分の1・枠がこみ
死体数個、朝鮮人である（死顔を並べてクローズ・アップ）
〔T〕　やや大きく
彼等ハ最後マデ
革命万歳ヲ叫ビ居タリ

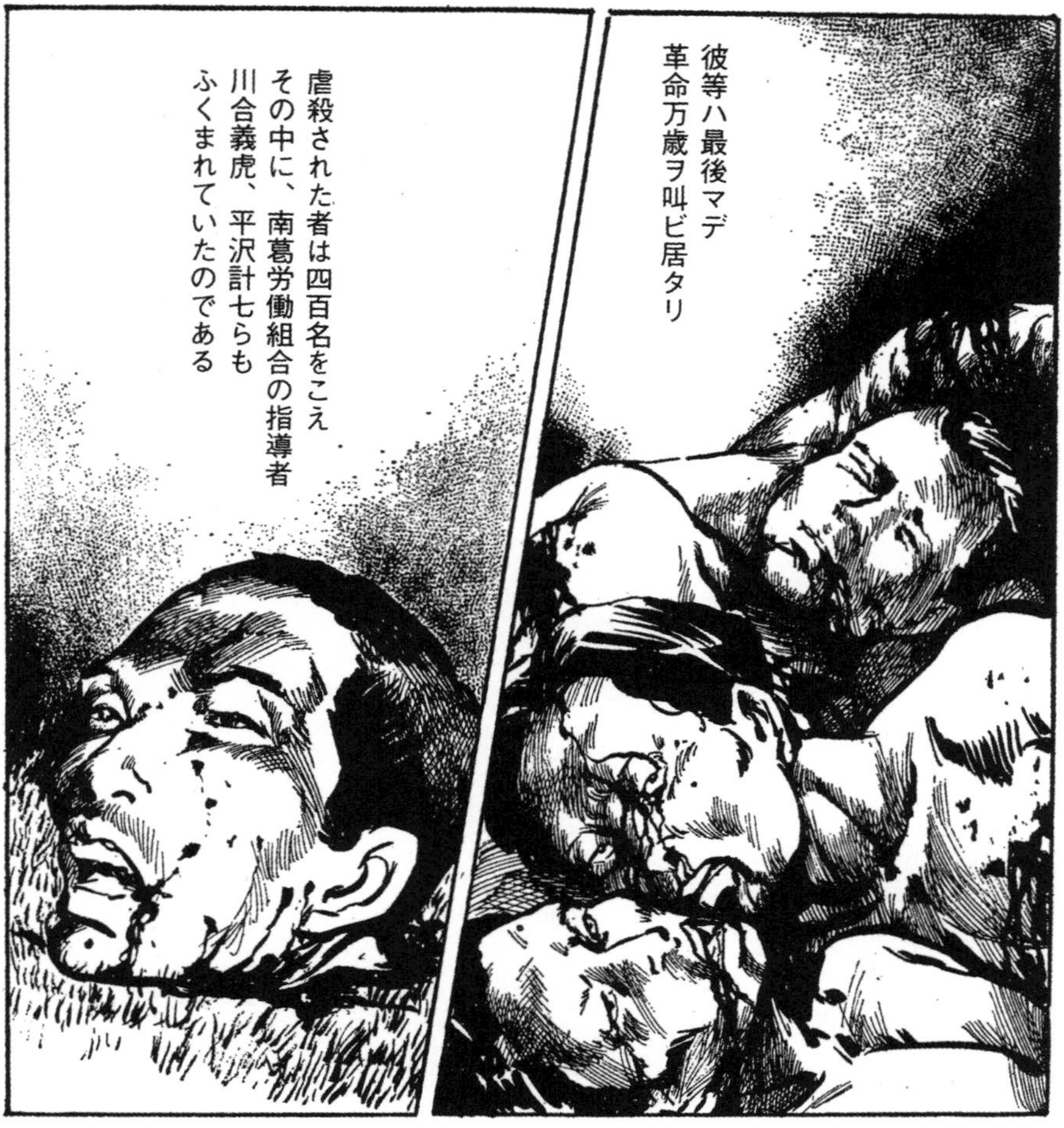
彼等ハ最後マデ
革命万歳ヲ叫ビ居タリ
虐殺された者は四百名をこえ
その中に、南葛労働組合の指導者
川合義虎、平沢計七らも
ふくまれていたのである

(2)　同じく左

平沢計七の首、下方に出して。

〔T〕　やや小さく

虐殺された者は四百名をこえ
その中に、南葛労働組合の指導者
川合義虎、平沢計七らも
ふくまれていたのである

㉑　ラスト・シーン

焼土に立つ大杉栄、高台から瓦礫と化した街を見下ろしている。

（横顔を大きく出して＝⑲の兵士と遠方向に、左側が可と思う。風景を遠景にしてもよい）

〔T〕

大杉は、平然と炎の街を
毎日のように見て歩いていた
彼の胸中に
何が渦巻いていたのかを
いまとなっては、窺い知る由も
ないが――

（内田魯庵「最後の大杉」）

上段タイトルと、下段コンテの文章が重複、お見苦しき点は平にご容赦。

大杉は、平然と炎と屍の街を
毎日のように見て歩いていた
彼の胸中に
何が渦巻いていたのかを
いまとなっては、窺い知る由も
ないが――
（内田魯庵「最後の大杉」）

第三十八回

コノ良挙ヲ失フナカレ
不逞鮮人ノ妄動アリタルモ

九月三日、警視庁は朝鮮人に対する迫害を禁止する旨を、東京及び近県の民衆に公告した。

いわく、〔昨日来、一部不逞鮮人ノ妄動アリタルモ、今ヤ厳密ナル警戒ニ依リ、其ノ跡ヲ絶チ、鮮人ノ大部分ハ順良ニシテ何等兇行ヲ演ズル者無之ニ付キ、濫リ之ヲ迫害シ暴行ヲ加フル等無之様、注意セラレ度シ。又不穏ノ点アリト認レル場合ハ、速ヤカニ軍隊カ警察官ニ通知セラレ度シ〕

——このような公告に、何の効果もなかったことは、前号で述べた通り。ここで注目するべきは、京太郎傍点のごとく、〝一部不逞鮮人ノ妄動アリ〟と当局が認めている点である。黒龍会主幹・内田良平は、当局の明答を求むと長文の前書きを枕にふって、『震災

五九五七三人の死者を出し
三一一九六二戸を全焼して
大震災は熄んだ
炎と屍の街は、ようやく静かであった
七日、市電運転開始
八日、水道復旧、吾妻橋、業平橋など
　修理工事に着手
十日、焼跡で露店商売はじまる
　東京府公設市場をひらく
　吉原、洲崎遊廓バラック営業許可
「戒厳令」の超法規施行で
帝都の治安を回復することができたと
政府当局は自画自讃したが……

善後の経綸に就て』と題する調査書を提起している。みすず書房刊『現代史史料』第六巻「関東大震災と朝鮮人」解説によれば、〔所謂流言事実を肯定せんとして〕起草された怪文書だが、〔理由はともあれ、虐殺事件をかくも系統的に記録したものは他にない〕。すでにご案内のむきにはご退屈様かと思うが、さわりの部分をダイジェストして参考に供したい。

（前略）

湯浅警視総監が、「未曾有ノ惨状ニ対シ罹災民ノ狼狽スル事ハ然リ乍ラ、事実ノ拠ルトコロナキ鮮人暴行ノ風声鶴唳ニ驚キ殆ンド常軌ヲ逸シタ行動ニ出ズル者ノアツタコトハ、遺憾千万デアル」と云って鮮人の暴行を否認し、さらに一歩を進めて「浮説ニ惑ワサレ暴行ヲ鮮人ニ加ヘタコトハ、我ガ朝鮮統治上憂フベキ事ハ申スマデモ無イ」と云ひ、また山本権兵衛首相が「多数罹災民ハ概ネ危急ヲ冒シ恨苦ニ耐ヘ、

住むに家なき窮民への
対策はなおざりにされて
民心はなお不安と
動揺の中にあった

沈着ノ態度ヲ失ワザリシモ、此ノ間ニ多少ノ常軌ヲ逸シタル者アルヲマヌガレズ」と云って居るのは、我が国民が不逞鮮人の暴行に対して自警団を組織して自衛手段に出で、時に或は鮮人を殴殺した事実を指摘したもののごとくなれども、吾人は此の言に対して看過する能わざるものである。

抑も、我が国民が自警団を組織した所以のものは（略）、しかも警察官のごときは公安保護の能力を欠き大道を疾駆して、「鮮人ノ暴行ニ対シテハ、之ヲ殴殺スルモ亦タ已ムヲ得ヌ」等と声言して廻り、或は之を告示した事は全市に公然たる事実である。

若し、警察官にして公安保護の任を竭すことが出来たならば、国民は何を苦しんでか自警団を組織し、警察官を鮮人防禦の挙に出んや。畢竟、国民が自ら進んで自警団を組織するに至った所以のものは、警察の無能力の結果に他ならぬのである。故に、警視総監のいはゆる風声鶴唳に驚き常軌を逸した

直江さん、こう一面に
焼けてぺちゃんこんに
なった東京を眺めて
わしは哀れというより
ざまを見ろという気が
する。だが、演歌は
もうおしまいだよ
あざけり嗤うネタと
いうものがなくなって
しまった

添田唖蟬坊のいうように
浅草を根城にしていた演歌師たちは
震災後、地方に四散していった
浅草オペラと共に
街頭の演歌は滅んだのである
『篭の鳥』『月は無情』、そして
野口雨情&中山晋平のコンビによる
『枯すすき』の虚無的なメロディが
すさみ疲れた人心に投じて
瓦礫の巷に流行する
そう、一つの時代は終った。

行動に出た者は、我が国民に非ずして寧ろ警察官ではないの乎。

然るに、戒厳令が実施され、軍隊に由りて秩序と安寧が回復せらるるや、当局者が恰も掌を反すがごとく、社会主義者や鮮人の暴行の事実を掩蔽（＊おおい隠す）し、責任を国民に転嫁するごときは、吾人其の理由を知るに、苦しまざるを得ぬのである。

試みに思へ、政府当局は何がために戒厳令を布いたのである乎。戒厳令を布くと云ふことは、外敵襲来の恐れがあるか、然らざれば国内の秩序を乱す暴徒があるかの場合に限るのである。所が不逞鮮人も無く、暴徒も無いのに拘わらず、戒厳令を布いたりすれば、政府当局は国民を敵視する挙に出たと看做されるも、何の辞がある乎。（略）

当局者が区々たる小刀細工を弄して主義者と鮮人の罪悪を掩蔽し、警察官が鮮人を殺害せる事実、軍隊が鮮人を銃殺したる事実をも又掩蔽し、中外の耳目を欺瞞し、以て一時を糊塗せんと

辻潤先生は東京を脱出して
広島の小島清の実家へ――

するごときは、吾人断じて与する能はざる所にして、其の結果は必ずや近き将来、国際的な困難の襲来を予期せねばならぬのである……。

〈首章〉総論

(一) 事実調査の理由（略）

(二) 社会主義者及び不逞鮮人、兇行の原因

2 傾日、ヨッフェ滞京の際に、専ら日本の社会主義者を懐柔したるが、彼が帰国に臨み、携帯金百五十万円中の約百万円は、如何に使用せられたか頗る疑問とされて居る。

（他の項・略）

(三) 震災以前に設ける「破壊活動」の前兆

1 皇太子殿下九州御巡遊の際、福岡各地に於て爆弾を携帯乃至秘蔵せる日本人、及び鮮人の逮捕せられたる者、少からざりし事実。

6 湯浅警視総監が鮮人爆弾説を打ち消し、林檎を誤り伝へたるに過ぎずと新聞記事中にありたるが、果して

母ちゃん
オシッコ
したいよう
窓からやれ
窓から！
難波大助も、
京都の友人の
家へ――
東京を去っていくもの
そして、同志の無事を祈って
急ぎ立ち戻ってくるもの

然らば、是れ馬を指して鹿と為すの類では無い乎。又然らざれば、すなはち警視庁の無能を示すに過ぎざるべし。

(四) 徴章と付号（略）

(五) 準備計画

是より先、社会主義者の間に今秋皇太子殿下御大婚に際し、何らかの陰謀を企てんとする一派あるの風説伝へられしが、今回の実行計画は、実に九月二日を期して東京を主とし漸次各都市に及ぼし、同時に我国の国防上に損害をあたへんと図りたるもののごとく――

(六) 運動費の出処（略）

ここに、最も怪しむべきは

(七) 警察当局の狼狽と矛盾的行動

――以上の順序により、準備既に成りたる社会主義者及び鮮人等は、偶々（たまたま）大震災の起るに会し、其機逸すべからずと為し、行動を此の災禍に執るに至らしめたるもののごとし。

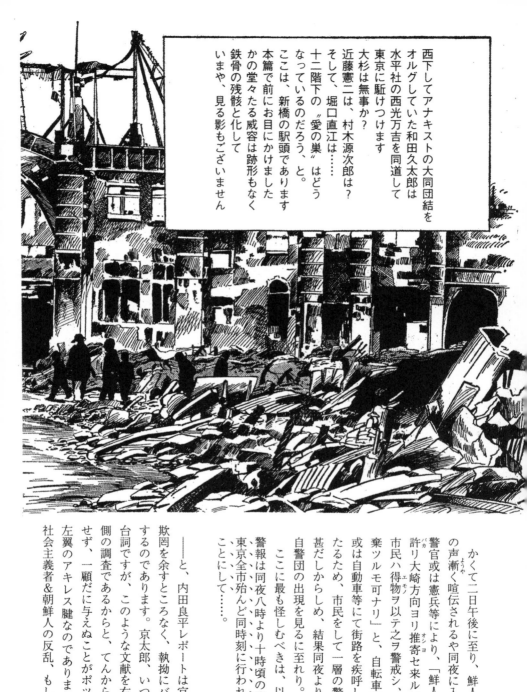

西下してアナキストの大同団結を
オルグしていた和田久太郎は
水平社の西光万吉を同道して
東京に駈けつけます
大杉は無事か？
近藤憲二は、村木源次郎は？
そして、堀口直江は……
十二階下の〝愛の巣〟はどう
なっているのだろう、と。
ここは、新橋の駅頭であります
本篇で前にお目にかけました
かの堂々たる威容は跡形もなく
鉄骨の残骸と化して
いまや、見る影もございません

かくて二日午後に至り、鮮人警戒の声漸く喧伝されるや同夜に入って警官或は憲兵等により、「鮮人二千許リ大崎方向ヨリ推寄セ来ルベシ、市民ハ得物ヲ以テ之ヲ警戒シ、斬リ棄ツルモ可ナリ」と、自転車徒歩、或は自動車等にて街路を疾呼し去りたるため、市民をして一層の驚慌を甚だしからしめ、結果同夜より所謂自警団の出現を見るに至れり。

ここに最も怪しむべきは、以上の警報は同夜八時より十時頃の間に、東京全市殆んど同時刻に行われたることにして……。

——と、内田良平レポートは官憲の欺罔を余すところなく、執拗にバクロするのであります。京太郎、いつもの台詞ですが、このような文献を右翼の側の調査であるからと、てんから信用せず、一顧だに与えぬことがポツダム左翼のアキレス腱なのでありまして、社会主義者&朝鮮人の反乱、もしくは

〝反乱の恐れ〟が現実にあったのだと措定するとき、関東大震災のいわゆる「惨劇」のよってきたる所以は、実に明らかなのです。

超法規の戒厳令実施、警察・軍隊による流血の弾圧、それはまさしく内田良平の指摘するごとく、けっして風声鶴唳の流言蜚語に脅えたのではなく、国家権力の当為の自衛手段であったと理解しなくてはなりません。朝鮮人&社会主義者の虐殺を、〝無辜の犠牲〟と眺める、やわな視点をしか持たない戦後左翼は、たとえていえば立花隆の「日共リンチ事件」をめぐってのデマゴギー*に対抗できないのであります。社会主義者・朝鮮人は、殺されるべくして殺されたのだという真の理解に、我々は立たねばなりません。内田良平ふうにいうなら、ようはヘゲモニーの問題であり、関東大震災の〝好機〟を革命と反革命のいずれが掌握し得るかということなのです。

朝鮮総督府警務局が入手した、北京

やあお帰りなさい！
オ、大杉は…みんな無事なのか!?
大杉も野枝も元気でいる
大半の同志は検束でパクられたが
生命に別状はないだろう
村木は他の同志たちの消息を
確かめるために
危険を冒して飛び歩いていると
近藤憲二は告げた
やっと愁眉をひらいた和田久に
「彼女が待っているよ」
大杉に会うよりも、まっすぐに…

大学で配布された〝不穏文書〟には、〔日本ノ這ノ凶悪政府ニシテ一日死セザレバ、スナハチ日本ノ平民ノ災厄、一日マスマス甚シ（略）、凶悪政府ガマサニ残欠不全、元気喪失ノコノ際ニ当リ、スミヤカニ日本平民ヲ援助シ、直チニ革命ヲ実行セシムベシ。日本ノ平民ハ憤気胸ニ填チ、痛哭哀鳴ノ時ニアリ、コノ良挙ヲ失フ勿レ！〕

また高麗共産党は檄を発して、極東革命の将来は〔日本労働階級ノ突進ニ係ルナリ〕と、大震災の混乱を反乱に転化せしめよと訴えています。〝不逞鮮人〟を殺した民衆は、等しく街頭に〝凶悪政府〟打倒の革命を生起し得る民衆でもあった、と考えなくてはなりません。戸坂潤の言葉を借りるなら、〔究極は支配の対立物〕である民衆を信頼しなくて、どのような革命もあり得ないのであります。

九月三日、まさに警視庁告示が通達されたその時点で、世田谷署は朴烈・金子文子を、摂政宮暗殺未遂の犯人に

直江さんのところに行ってやり給え

仕立て上げるべく逮捕しております。これを、天皇制国家権力は鮮人朴烈を上御一人に対する弑逆者にフレーム・アップすることで、関東大震災の大量虐殺を正当化するスケープ・ゴートの役割りを負わせたのだと、単純に割りきってよいものか？　京太郎思うに、もし彼ら朝鮮人&社会主義者が、闘うことなく（あるいに闘う意志すら持たないで）むざむざ無抵抗の死を与えられたのだとする解釈は、あの時代に革命を、大逆を志した人々への冒瀆といわなければなりますまい。

それは無辜の死でなく

下根岸の伊勢辰立退所が震災直後に出版した、『帝都大震災一覧』という〝番付〟があります。「幾筋も上ったタツ巻」「不思議に助かった浅草寺」「くるかくるかと大津波の噂」「やけ死んだ花屋敷の象」「まっ先に焼けた警視庁」といった冷やかしと並んで、「保護を願い出た主義者」とあるのが

もう一人
山春の若親分も
無政府共産の志に
燃える二人の青年
と共に、琉球から
ご帰還とあります
一宿一飯の仁義を
果すために……
大杉暗殺さるという風評が
そのころ日本全国に
ひろまっていたのである

目につきます。自称アナキストの福田狂二などのように、さっさとみずから警察に出頭検束されて、一身の安全をはかった輩もある。いやそれが、社会主義者の大部分だったかも知れない。だがごく少数であっても、日和らずに〝コノ良挙〟を民衆の反乱に転化する機会を狙い、実行に移そうとしていた者が存在しなかったら、この国の革命運動はすべて嘘になりましょう。

　本篇の主題は、無告の霧のうちより死者たちを呼びもどして、〝真相〟を語らせることにある。そのためには、予断を以て左右を弁別する愚を、まず改めねばなりません。〔警視庁当局は何者か為にする者の宣伝に致されて、之を全市に触れ廻るに至りたるにあらざる乎〕という内田良平の疑問には、それが主義者・朝鮮人に対する敵意に発した思いこみではあっても、根拠が確かにあったのです。

　――大杉栄謀殺、ギロチン社による報復計画、さらには突発した難波大助

九月の半ば、帝都はなお
戒厳令下。だが、修羅の
日々は過ぎ去って
大杉の安否を気づかって
駆けつけた同志や友人
たちも、ほっと一息ついた
十六日の夕暮れ

摂政宮狙撃は、その実証であります、国家と天皇制に仇なす者は、まぎれもなく存在したがゆえに、強権によって〝芟除（さんじょ）〟された。それは無辜の死ではなく、栄光ある革命家の最期であったといわねばならない。『日本の百年』などという良識的左翼出版物などは、

〔軍の発表では、甘粕は社会主義者が混乱に乗じようとしているのを、黙視できなかったというが、大杉はそんな人間ではないし、またやれる条件すらなかったのである〕（第五巻・震災にゆらぐ／大杉事件と内田魯庵）

〔一日に何回となく、子供を乳母車にのせて散歩に出かけるという、極めてありきたりの生活を送っていた〕

……と、〝平和な家庭人〟大杉栄を印象づけることに、ご執心なのであります。見方によっては、震災の焦土を乳母車を押して、大の男が歩きまわることはありきたりではなく、かえって異様ではありませんか？

　大杉が遠出をしたのは、街がやっと平静をとりもどした九月十六日、それ

焼け出された鶴見の弟・勇を見舞い同居していた妹橘あやめの子・宗一をつれて大杉と野枝は新宿、柏木の自宅に帰ってきた
近所の果物屋で梨を買い
家に戻ろうとするところへ——

までは彼我（ひが）の力関係をおしはかって、慎重に行動をしていた、乳母車はカモフラージュ、もしくは恰好の魔除けであったと考えたほうが、むしろ当っている。革命の手段が暴動、〝武闘〟であったか否かは問わず、一代の風雲児大杉栄が震災の好機を拱手傍観して、「よき家庭人」に徹していたなどとは京太郎信じがたく、内田良平の偏見にかえって真相を見るのです。

百一億円（現在の貨幣価値にして、実に三十兆円）に昇る物的破壊、死者十万、罹災人口三百四十万人に及ぶ、失業者二十九万人余を一挙に殖やした関東大震災は、大正九年（一九二〇）以降の世界的恐慌と、シベリア撤兵、中国における排日運動等々、内外共に揺動するニッポン帝国に決定的打撃を与えた。だが反面、独占資本にとって〝震災大恐慌〟は、過剰の状態にあった既存の生産設備を破壊されたことで、この膨張した供給力を、一時的に

失礼ですが……大杉栄先生ですね
ご同道をねがいます
ぼ、ぼくは大杉だがあなたは？

解消する効果をもたらした。

……国家の危機はすなわち、革命の好機である。権力が何よりも恐怖してこれを未然に防ごうとしたのは、とうぜん民衆の暴発であり、〝米騒動〟のごとき反乱の自然発生であった。とりわけて、首都における治安の維持は、緊急の必要事だったのである。陸軍は震災と内乱が重なることを危惧して、〝遷都〟を強く主張した。戒厳令下の強権を掌握した国軍の意見とあって、閣議はこれにかたむき、候補地として朝鮮の龍山（ソウルの南方）、兵庫県の加古川、府下八王子等が挙げられた。主都を放棄するプランがもし具体的となり、民衆に公表されたなら、恐慌はとどまるところを知らなかったに相違ないのである。

だが、九月十二日、摂政宮は遷都を行わぬという詔書を発する。〔抑モ、東京ハ帝国ノ首都ニシテ（略）、一朝不慮ノ災害ニ罹リテ、今ヤソノ旧形ヲ留メズト雖モ、依然トシテ国都タルノ

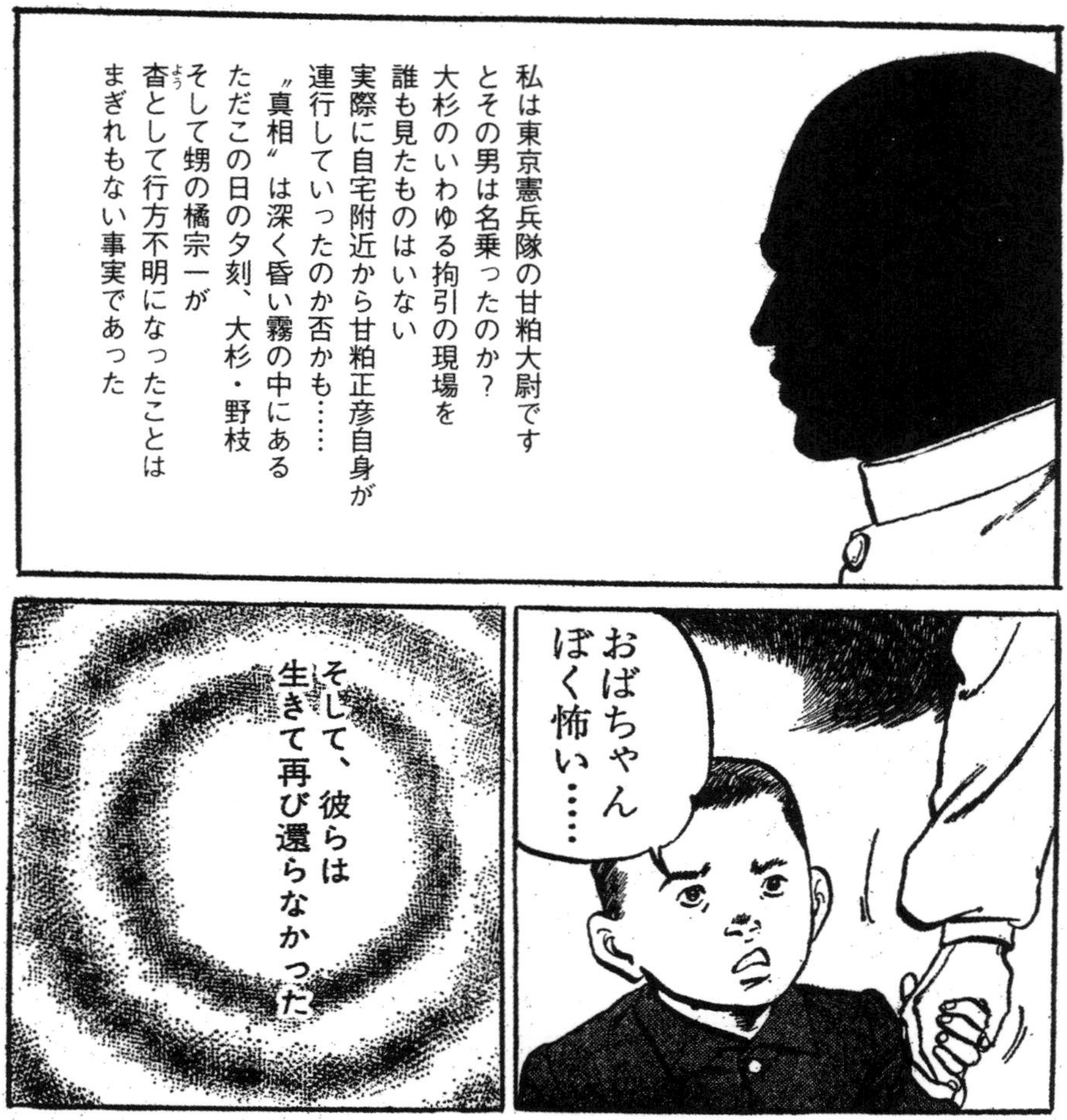
私は東京憲兵隊の甘粕大尉です
とその男は名乗ったのか？
大杉のいわゆる拘引の現場を
誰も見たものはいない
実際に自宅附近から甘粕正彦自身が
連行していったのか否かも……
〝真相〟は深く昏い霧の中にある
ただこの日の夕刻、大杉・野枝
そして甥の橘宗一が
杳として行方不明になったことは
まぎれもない事実であった
おばちゃん
ぼく怖い……
そして、彼らは
生きて再び還らなかった

地位ヲ失ハズ……」

　この時点で、政府当局は治安回復に絶対の自信を持ち得た、ということである。〝遷都〟に断乎反対したのは、内務大臣後藤新平であり、これを献言したのは新任の湯浅警視総監をはじめとする、高級内務官僚たちであった。社会主義者&朝鮮人の大量虐殺を掩蔽した力と、それは根を一にする。廃墟と化した首都に権力を維持することはすなわち、国家の危機を後退して回避せず、まっ正面から乗りきろうとする決意のあらわれであった。

　そのためには、あえて人為的暴圧を天災に付加することを、政府は当面の手段としなくてはならなかった。言論弾圧はもとより、大杉栄の謀殺もまた内務官僚の陰謀であったと、京太郎は確信して疑わない。陸・海軍の相克、さらには陸軍部内の対立抗争を奇貨として、罠は仕掛けられた。

　大杉栄の殺害を、震災にかこつけた赤狩りの犠牲であったとする定説は、

伊藤野枝
17歳のポートレート

大胆な修正を要する。前々回記述したように、〝超法規戒厳令〟当初の最高責任者であった東京衛戍司令官・石光真臣中将は、次官～大臣出世コースの最短距離に位置していた。だが、ライバルとして、山田良之助中将があり、人格的な信頼度は石光になかった。そして、この山田中将は大杉の母方の従兄であった。

虐殺国家・相姦略図

ここで、大杉の家系について、ややくわしく触れて置こう。父・東（あずま）は近衛師団の士官で、少将に任官したとき、大隊長夫人の妹と結婚、長男・栄を生んでいる。その母方の姓が山田で、良之助中将は伯母の息子である。大杉自身、明治三十二年に幼年学校に入学している。そのころ、良之助は中尉で陸大を受験しようとしていた。すでに妻帯しており、夫人・繁子の姉もまた軍人に嫁していたのである。そして、その夫・田中国重は、大杉が殺された

山田春雄が琉球からの船便で
横浜港に帰ってきたのは
九月十八日の早朝でした
そのころ辻潤先生は
四国の旅へ
難波大助は東京に戻って
テロの決行にそなえます
そして、和田久太郎は
浅草千束十二階下の
バラックで……

ときの近衛師団長だった。血縁に国家権力に敵対する、アナキストの巨魁を持つことを、らいらくな山田は隠そうとしなかったが、やはり昇官への障害であったことは否めない。

おそらく、いや確実に大杉殺しにはこの係累に絡む、陰湿な謀略が背後に隠されているのである。ターゲットは山田良之助、そして田中国重の二人であったという推理が成立つのだ。

甘粕正彦が朝鮮在任時代、憲兵司令官石光真臣の副官の位置にいたことはすでに述べた。上司の罪を背負って、甘粕はスケープ・ゴートになることをみずから望んだのではないか？　その状況証拠を、本篇はこれから明らかにしていくのだが、ともあれ内務官僚のトリックが、陸軍部内の対立をバネにして仕組まれたことは、「警察に依頼されて」という共犯者（憲兵・鴨志田安五郎ら）の証言で明白なのである。さらに追及するなら、福田雅太郎戒厳司令官の免職、小泉六一憲兵司令官、

小山介蔵東京憲兵隊長の停職に及んだ「大杉事件」の波紋は、その底に深く渦を巻く、権謀術策の欺罔を暗示しているのである。

さて、関東大震災によって、第一次大戦後の日本資本主義は、恐慌と不況との連続の過程で、戦時景気によって肥大した経済的な贅肉を、いっきょにそぎ落した。けっきょく震災恐慌は、三井・三菱・安田・住友の〝四大コンツェルン〟をはじめとして、いわゆる「財閥」の寡占化をさらに集中させ、小企業者を破滅のどん底へと追いやる結果をもたらした。

窮民——零細・失業労働者は、労働強化、賃金の切下げ、大量馘首の嵐に見舞われて、巷には職なき人々がみち溢れ、〝ルンペン時代〟を現出する。大正末期から昭和四年、世界大恐慌にかけて、半失業の自由労働者はおよそ七〜八〇万人から、百九十万人と倍増する。そして、完全失業者は二百三十七万人を数えるに至った。

震災の翌大正十三年、日本共産党は解党する。さらに十四年の三月、労働総同盟は左右に分裂、日本の社会主義運動は大杉の死後、コノ良挙ヲ失ッテ退潮していくのである。いうならば、〝革命家〟たちは、むしろ民衆を恐怖したかのごとくであった。大杉のみならず、主義者たちのほとんどが群衆によってではなく、権力の直接テロルに斃れたのにもかかわらず、〝革命家〟たちは民衆から身を避けようとした。あるいは、漸進的な変革やらと称する改良主義に埋没して、ラジカルな思想と実践を放棄していくのである。

いっぽうに全国三府二十七県、二万三千七百十五名の朝鮮人労働者は、保護の名目で軍隊に収容されて、強制労働に従事させられる。左翼運動は、朝鮮人虐殺と大杉栄の死とを、あるいは亀戸事件の平沢計七、川合義虎たちの犠牲とを連帯させることなく、一歩後退・二歩後退の泥沼に堕ちこんでいった。

XI 大杉殺し、甘粕正彦か？

第三十九回

甘粕大尉公判・聴取書

第一師団軍法会議

ここに、大正十二年十月九日、報知新聞所載の第一回公判記録（聴取書とこれをいう）があるので、例によって抄略、紹介をさせていただく。記事中〝遠慮〟とある削除部分については、上段の劇画が進行する中で、あるいは本文解説で埋めていく、京太郎の遠慮と誤解なきよう。

当時、ジャーナリズムは、こぞってこの怪事件を報じ、識者の意見を載せたが、軍当局と内務省の水も洩らさぬ報道管制によって、真相はまさに夜と霧の中にほうむられた。

甘粕大尉についても、「アマカスかマメカスか知らぬが」といった風に、世の愚直で野蛮な典型的職業軍人と、世の進歩的インテリは思いこみ、彼一個の独断による犯行と信じて疑わぬ人々が

大正十二年九月二十四日
第一師団軍法会議、予審決定の上
憲兵大尉・甘粕正彦による
アナキスト大杉栄殺しの事実を
陸軍当局は公表、
福田関東戒厳司令官
小泉憲兵司令官及び
小山東京憲兵隊長を解職
当局談話――
「甘粕大尉が不法行為をなしたる事はまことに遺憾にたえない。然し、軍としては平素十分注意して新思想をも研究させ、その上で思想の善導を図るようにしておる。
将来、かような事件がおこらぬよう特に注意することは云うまでもない」
（以下、四百字抹殺）
――大12・9・25『時事新報』より

多かったのである。

――公判記録を精読すると、甘粕は、そうした誤解を、故意に演出しようとしていることが窺える。いうならば、事件の背後に流れる暗黒を、かえって暴露する印象が深い。

〔甘粕大尉事件は、本日午前九時からいよいよ、第一師団軍法会議で公判が開廷されたが、これに先立って一部報道も解禁となった。大杉栄のほかに殺された二名は、同人妻野枝（二九）と、大杉の姉あやめ＝東京電気会社・橘勇氏夫人の子宗一（七つ）の二名である。三名を殺害したのは、甘粕正彦憲兵大尉で、東京憲兵隊付憲兵曹長森慶次郎がこれを助け、同人も目下衛戍監獄に収監中。殺害場所は東京憲兵隊本部内で、死体は菰包みとして同隊内（大手町憲兵司令部構内）の古井戸に投入れ、上から煉瓦を以て……

〔聴取書〕

本籍　山形県米沢市門東町上の町六百九十五番地

大杉殺し、甘粕正彦か？
これまでなべての歴史書、小説等は
軍法会議における甘粕自身の証言を
下敷きにして
推測、脚色をほどこしてきたのに
すぎぬのである。
九月十九日、予審法廷における
甘粕の陳述によれば
殺害場所は、東京憲兵隊本部構内
大杉栄、伊藤野枝、橘宗一の三人とも
扼殺または、細引きによる絞殺
すべては自分一人の犯行とあるが
宗一少年についてはのちに
供述をひるがえしている
ともあれ、まずは公判記録に即して
事件を再現してみよう
そこから、歴史の闇にほうむられた
謀殺の真相と、〝黒衣〟の存在は
あきらかになっていく。

淀橋警察署
特高係長警部補
松元伝蔵

大杉栄の居所捜査のため
十五日午前、森慶次郎憲兵曹長が
淀橋署に立ち寄りたるところ

住所　東京府豊多摩郡渋谷町憲兵分隊
官舎内
陸軍憲兵大尉正七位勲六等
甘粕　正彦　当三十三年
右ハ大正十二年九月十九日、本職ニ対シ左ノ陳述ヲ為シタリ。
（……以下抄略、カタカナを平仮名にあらためる　＊年齢は全てかぞえ）

(1)　私は本年八月、陸軍大移動のさい麹町憲兵分隊長の事務取扱いを兼任しておりましたが、九月一日震災がおこったため、（被害の少なかった渋谷分隊を離れて＝京太郎・註）、同日より麹町分隊に専任することとなりました。

(2)　震災後、警視庁はじめ各警察署においては社会主義者の検束に努め、麹町憲兵隊においても（警察からの要請で）、其の検束に従事していた次第であります。主義者中の巨魁・大杉栄が警視庁方面で検束を受けておりませず、軍隊警備中はおそらく

松本とかいう=供述書のママ
同署の係長から、大杉栄を警察は
やっつけることができぬ
憲兵隊の力で殺ってくれ
ぬかと依頼された旨
報告を受けました

何事も為さざるも、（戒厳令が解除されると）軍撤退に如何なる行動を為すやも計り難く、本月十日頃より捜索しておりましたが、ただ淀橋におるとだけで、其の居所を確かめることができませんでした。

※ 友人、知己、出版社等に公然とあきらかにしていた大杉の住居を、憲兵隊が察知できなかった、ということはあり得ない。

大杉栄検束は、憲兵分隊長・甘粕個人の判断ではなく、警視庁当局の要請にもとづき、上司の許諾（もしくは積極的指示）を得て行なわれた、と見るべきなのだ。軍上層部や内務官僚の間に、とうぜん暗黙の了解が成立していたと推理すれば、〝大杉謀殺劇〟の筋書きは、まことに明白なのである。（京太郎）

(3) 東京憲兵隊付憲兵曹長森慶次郎が大杉栄の居所捜索のため……

（上段劇画を参照のコト）

十五日には在宅の有無も
確かめられずあくる十六日、
午後五時半ごろ張りこんで
おりましたところ

……今、申上げたやっつけてくれというのは、殺してくれという意味でありました。

(4)(5)(6)(略)

(7)大杉栄は(十六字遠慮)、絶命を致しましたので、私が携行していた細引きを首に巻いて、其場に倒して置きました。森曹長は(大杉栄を)同人が取調べておる時に、私が絞殺する事を示してありましたが、始めボンヤリして見守っておりました。殆ど絶命に至って、私が命じて其の足を捕えさせたと思います。

(8)午後九時十五分頃、隊長室にゆきましたら、のえは壁に拠った所で、右肘を机に乗せて椅子に腰を掛けておりました故、直ちに絞殺の手段をとることができず、私は室内を歩行しながら、「戒厳令が布かれてこのような馬鹿なことがある、と思っているのだろう」

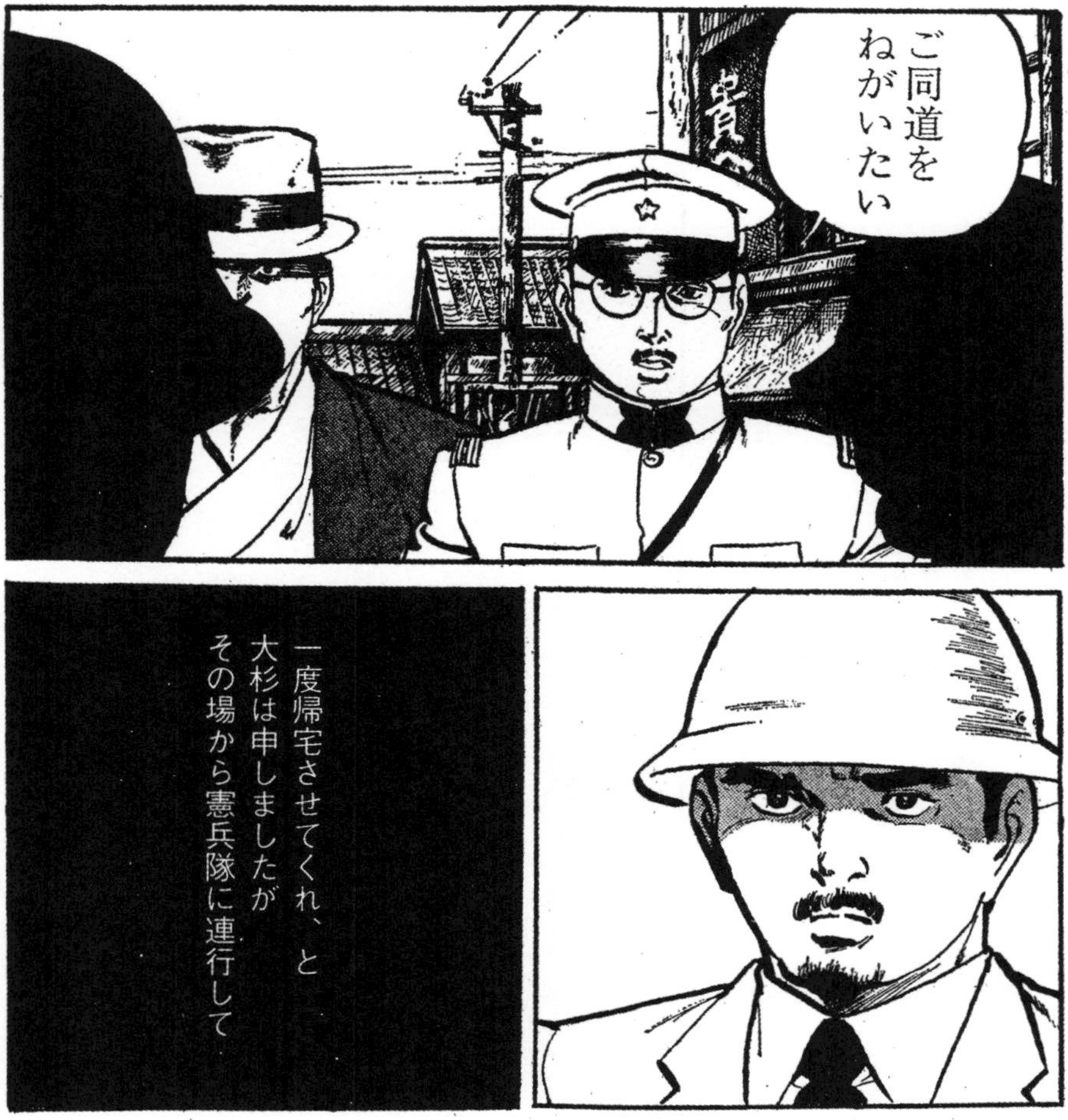
ご同道をねがいたい
一度帰宅させてくれ、と
大杉は申しましたが
その場から憲兵隊に連行して

といいましたれば、のえは笑って答えませぬので、「軍人など馬鹿に見えるであろう」とさらに申しましたるところ……

（以下、問答体にあらためる）

野枝「否え、兵隊さんでなければならぬように云う人達も、世間には多勢いるではありませぬか」

甘粕「自分等は兵隊で、警察官の役目もしておるから、君達には一番嫌な人種に見えるであろう」

野枝「（笑って答えず）……」

甘粕「この大震災で今より一層の混乱に陥ることを、君達は期待しているのではないか」

野枝「そう思われるのは、考方（かんがえかた）が違うので致方ありません」

甘粕「どうせ、斯様な状況（震災と憲兵隊逮捕の件）を、原稿を書く資料にするのであろう」

野枝「ええ、既に本屋から二、三申込みを受けております」

……左様に笑いながら話している

間に私は横に廻り、大杉に施したのと同じ方法により絞殺しましたが（百一字遠慮）、私がのえと問答をしているさいに森曹長も来ており、一、二のえと問答をしたように記憶しております。絞殺のさい、同人は傍らにおりましたが、何も手伝いはしておりませぬ。

(9)

(10)（略）

(11)

"手口・動機"は人格を示さず

(12) 子供は淀橋署から麹町憲兵分隊に来る途中から私になついて、附纏い（つきまとい）ますので、誰か引取って養育をしてやる者はないかと冗談まじりに隊の者にいった位で、のえを殺す前にも私の許に来ましたので隊長室の隣の部屋に入れて戸を閉め、一寸待ってくれといい置きましたので、子供はそれを聞くと（甘粕のいいつけをか殺害の物音をか？）、隣室で騒いで

森曹長が、憲兵司令部の応接室に
大杉だけをつれていき
取調べておりまするときに
私が大杉の腰かけておる後方から
その室に入って参り
（以下、新聞記事の削除部分）
大杉栄の咽喉部に右手の前腕を
扼えて左手首を右の掌に握り、
後方に引き右膝頭を背骨に当てて
柔道の締手によって
絞殺いたしました。

おりましたので、のえを絞殺すると直ちに隣室に行き手で咽喉をしめて倒し……、（三十五字遠慮）

(13)　（略）

(14)　大杉栄、伊藤のえ、子供の死体は午後十時半頃、森曹長、及び鴨志田安五郎、本多重雄、平井利一の三上等兵に手伝わせて、憲兵隊の火薬庫の傍にある古井戸の中に、菰に包み麻縄でしばって投げこみました。

大正十二年九月十九日
第一師団軍法会議検察官
山田　喬三郎
岡村　畯児

※　京太郎・註

伊藤野枝殺害の段で、遠慮となっている部分は、〔位置が悪かったため、大杉栄よりも一層困難で、のえはウーウーという声を二、三回出して、私の左手首のところを掻きむしりました。だが、同人も約十分ほどで絶命に至りましたので、細引きで首を巻き、その場に倒して置きました〕

いかなる訳であったのか、大杉栄は絞殺するさいに声を少しも発しませんでした

自分よりもはるかに体格が大きく腕力もすぐれた大杉を、小男の甘粕はどんな方法で殺害したのか？
柔術の達人・坂本謹吾の愛弟子であり棒術をも得意とした天下の暴れん坊何よりも官憲との武闘では百戦錬磨の男を甘粕一人で絞殺したとはとうてい信じられぬのである。

橘宗一殺害の削除部分、〔細引きをその場で、首に巻きつけて置きました。子供を絞殺するさい、声を発しませんでした〕

……甘粕正彦の陳述には、矛盾する点が多々あって、軍事法廷でも問題とされた。聴取書の省略部分で、甘粕は自分の単独行であることを強調し、「憲兵として殺したのではなく、個人として社会主義者を憎み、これを抹殺しなくてはならぬと、平生から考えておりました」と述べている。

〔右犯行動機は、甘粕大尉が平素より社会主義者の行動を国家に有害なりと思惟しありたる折柄、今回の大震災に際し、無政府主義者の巨頭たる大杉栄らが秩序未だ整わざるに乗じて、如何なる不逞行為に出ずるやも計り難きを憂慮し、自ら国家の害毒を芟除せんとしたるにあるものの如し〕

という軍法会議検察官談は、被告の日常の信念を根拠とする。

だが、甘粕正彦が単細胞のいわゆる

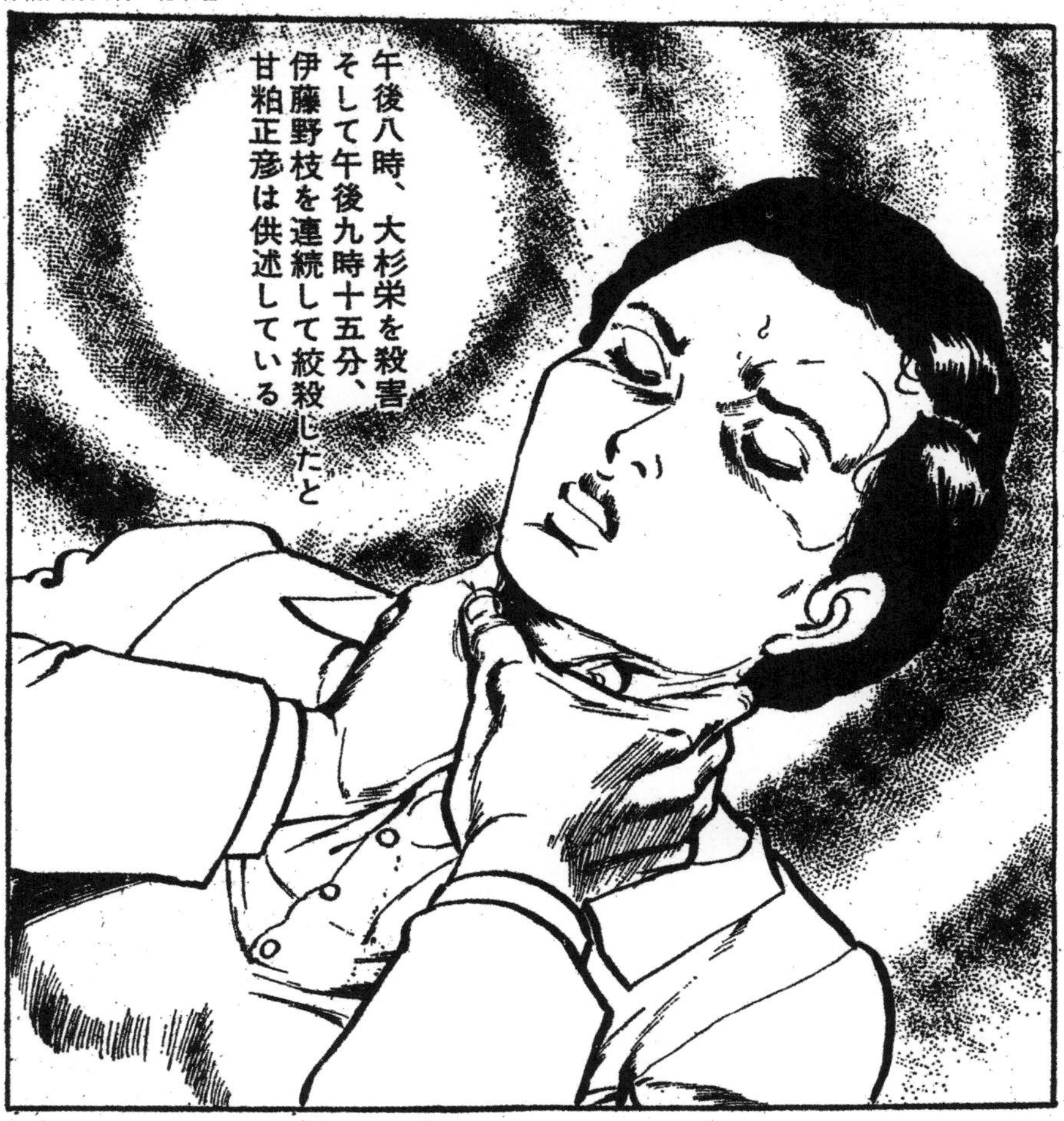
午後八時、大杉栄を殺害
そして午後九時十五分、
伊藤野枝を連続して絞殺したと
甘粕正彦は供述している

職業軍人ではなく、〝新思想〟の研究に熱心であり、社会主義については並並ならぬ知識を有していたこと、外国語（とりわけフランス語）にも通じ、軍人にしてはめずらしく西欧的な趣味嗜好の持ち主であったことは、本篇ですでに述べた通りである。

そしてなによりも、彼は憲兵という身分に、〝内なるコンプレックス〟をいだいていた。国軍のエリート街道を順調に登りつめようとしていたとき、事故で膝関節を痛め（本人は機械体操中の転倒といい、周囲はそれを見栄を飾ってのことで落馬であるという）、いったん退役を志願している。当時の第五十一連隊長で、陸軍大学に甘粕を推せんした竹上常太郎大佐は、憲兵になることをすすめたが、甘粕はこれを一度は固辞した。再三の説得で、私淑する東条英機を訪問、「憲兵もまた、英誉ある帝国軍人でありましょうか」とただし、「汚ワイの処理をする者がおらねば国軍の清潔はたもてまい」と

さらに、野枝が絶命すると
直ちに隣室で宗一少年を殺し
細引きを首に巻きつけて置い
たというのである

いう一言を得て、ようやく納得した。甘粕のそうした心情は、野枝との一問一答に如実にあらわれている。

おそらくこの件りは、虚妄ではなく真実である。現実にはそうした会話が交されなかったとしても、甘粕の社会主義者、アナキストに対するある種のシンパセティックな感情が、そこには吐露されている。殺害手段の不自然とそれとを対比してみれば、大杉殺しの真相が軍事法廷の供述にないこと歴然たるものがある。

精神だけではなく、肉体もまた人にすぐれて強靱であった大杉栄を、甘粕一人の手で、しかも、時間を置かずに野枝、宗一少年と連続して殺害したという自供は、事件を究極は隠蔽しようとする軍事法廷に対しても、説得力を欠いたのである。

日ごろ子供を愛撫するや?

――十月八日、第一回公判における弁護人、法務官と甘粕のやりとりを、

すべては、自分一人でやったことであります。
憲兵として、殺したのか？
わたくし個人の考えでありました。

やはり問答体にあらためて、再現してみよう。

塚崎直義弁護人「被告は日ごろ、子供を愛撫するそうであるが、それは事実ですか」

甘粕「私は未だ独身であり、子をなしてはおりませぬが、無邪気なるものを愛する性向を生来有しております（彼は犬、馬、猫などをつねに飼育し、愛玩していた）。従って、子供などもよくなつき、子供好きと人の印象にあるものと思います」

弁護人「事件のさい子供に菓子を与えたとのことであるが……」

甘粕「それは、隊で貰ったものを私が食わずに置いてあったもので、可哀そうですからそれを与えたのであります」

弁護人「そのように、子供を愛する被告が、僅か七歳になったばかりの橘宗一を殺害したとは、本職は受けとれません。被告は部下を擁護せんとして、供述を偽っているのでは

ありますまいか。この裁判は陛下の御名において行なうものであります、真実を述べて下さい。しかも、私は貴君の母上から、あの子にかぎって子供を殺すはずがない、これだけは神かけて本当のことをいってくれるようにと、貴君につたえてほしいと頼まれております」

甘粕「(うなだれて答えず、ハンカチで顔をおおう)……」

弁護人「あなたが部下を守ろうとする心持ちは諒としますが、(声をはげまして)大義の前に小義を捨て給え。罪のない子を殺したことは、帝国陸軍将校全体の名誉にかかわることですぞ」

(甘粕黙して答えず、休憩。十分後再開)

小川関次郎法務官「被告は何とか考えがついたか」

甘粕「事実を申上げます、大杉と野枝は考えがあって殺しましたが、子供は殺しておりませぬ。孤包みに

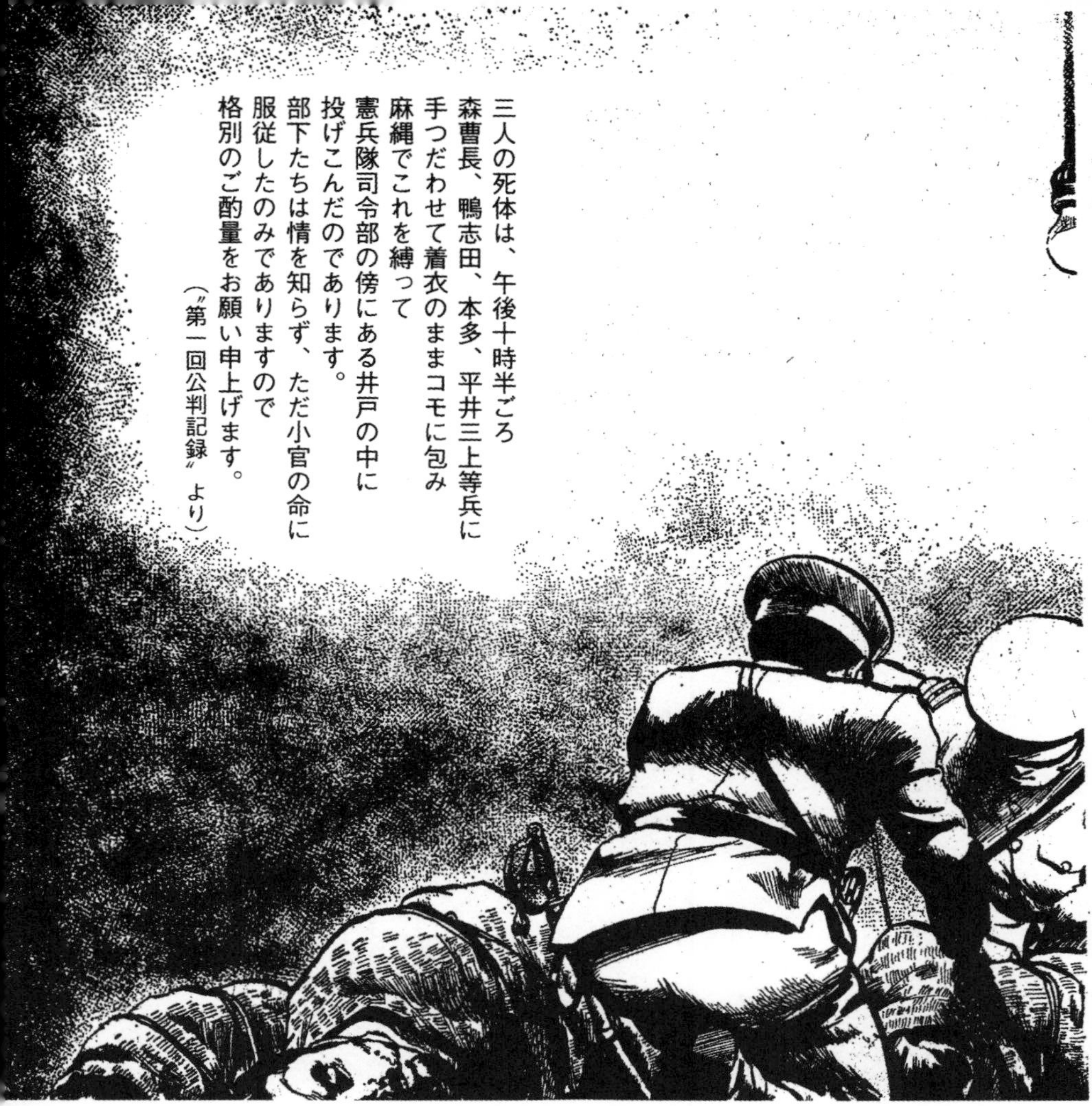
三人の死体は、午後十時半ごろ
森曹長、鴨志田、本多、平井三上等兵に
手つだわせて着衣のままコモに包み
麻縄でこれを縛って
憲兵隊司令部の傍にある井戸の中に
投げこんだのであります。
部下たちは情を知らず、ただ小官の命に
服従したのみでありますので
格別のご酌量をお願い申上げます。
（〃第一回公判記録〃より）

なったのを見て、はじめて私はそれと知ったのであります」

法務官「然らば、誰が殺したのであるか」

甘粕「……存じませぬ」

法務官「（森慶次郎にむかって）殺したのは誰か」

森「私は、知りませぬ」

法務官「両名とも、子供を殺した者は誰か知らぬのか」

……再び甘粕は沈黙を守り、第一回公判は終った。そして、鴨志田、本多両上等兵が翌九日、宗一殺しの下手人として自首したのである。公判はやりなおしとなり、さらに見張りを勤めた平井利一を加えて、五名が共同被告として裁かれることになった。

十二月十八日、判決。大杉・野枝の殺害は、甘粕が自供した通りであると認定され、宗一殺しについては森が部下にこれを命じて実行させ、甘粕が黙示を与えたとされた。鴨志田、本多両上等兵は、戒厳令下の非常のさい、

公判には検死の有無は
もちろん「死因鑑定書」
などまったく
提出されなかったが
……

それが犯罪となることを知らず命令に服従したのであり、平井もまた情（＊事情）を知らなかったという〝恩情〟が示されたのである。

甘粕正彦・懲役十カ年
森慶次郎・同三カ年
他は無罪

予期されたとはいえ、判決は軽量であり、かつ不条理だった。甘粕のいう殺害方法については、ほとんど追及がなく、宗一殺しについても事実認定はあいまいをきわめた。

当初、舌鋒するどく供述の矛盾点を衝いた弁護側が、急に態度を変えて、判決に異議申立てを行なわなかったのはなぜか？　第二回公判における最大の山場、本多上等兵の証言にその理由は明らかである。

神聖喜劇、暗転となる

告森果法務官「被告は、甘粕からか森からか、この件は上からの命令であると聞いたか」

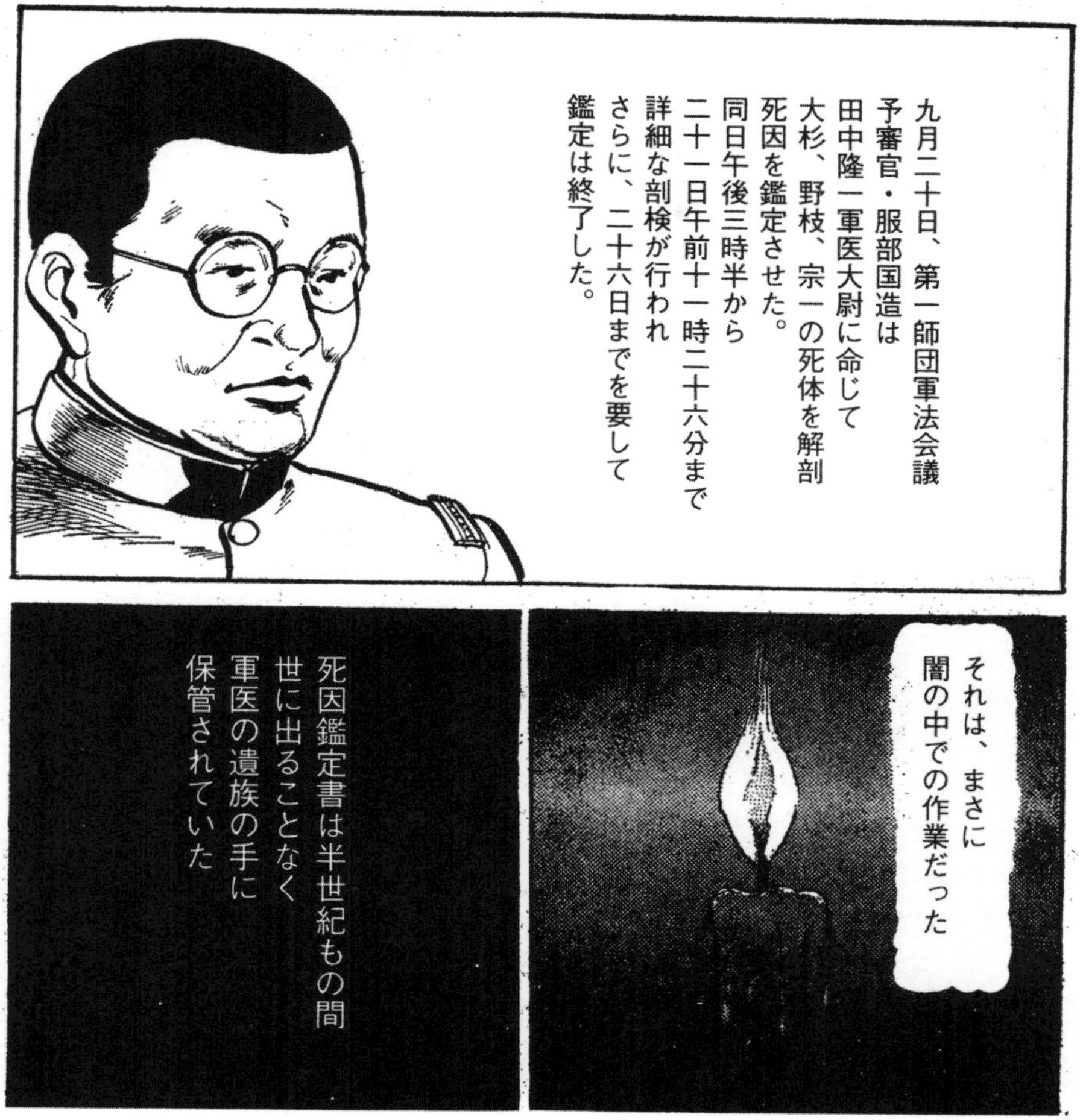
九月二十日、第一師団軍法会議
予審官・服部国造は
田中隆一軍医大尉に命じて
大杉、野枝、宗一の死体を解剖
死因を鑑定させた。
同日午後三時半から
二十一日午前十一時二十六分まで
詳細な剖検が行われ
さらに、二十六日までを要して
鑑定は終了した。
それは、まさに
闇の中での作業だった
死因鑑定書は半世紀もの間
世に出ることなく
軍医の遺族の手に
保管されていた

本多重雄「はい、森曹長殿から聞いております」

法務官「その他にも、同様の事を聞いたか」

本多「聞いております、(事件が終った)その後も、森曹長殿から、これは司令官の命令だから、絶対に口外するなといわれました」

法務官「森、司令官云々と貴様は言うたのか」

森「言いません」

法務官「鴨志田、平井、お前達はそう聞いたか」

一同「聞きません」

(甘粕はこのときも沈黙、被告席で目を閉じていた)

この証言があってから、軍事法廷は異例の速度で進行、公判二カ月余りで結審となる。軍上層部から、法務官をはじめ裁判関係者に圧力が加えられ、「上からの命令」という本多上等兵の証言を、うやむやに葬り去ろうとした

着衣のまま、井戸に投じたというのは憲兵隊のごまかしで屍は三体とも全裸にして、畳表で包み麻縄でぐるぐる巻きにされていた田中軍医はのちに、親しい後輩にこううちあけている。
「古井戸から衛戍病院まで死体はワラを積んだ車に隠して運び、ろうそくの灯の下での解剖中、ずっと着剣した一個小隊が護衛していた」

ことは明らかであった。

裏返していえば、事件は甘粕個人の私情に発したものではなく、直接には憲兵隊司令部、さらには戒厳司令官、ひいては陸軍中枢、――そして、共謀もしくは教唆、煽動者としての警視庁特高＝内務官僚の演出による、政治的テロルであった。それは戒厳令という超法規、軍事独裁下において可能な、国家権力の完全犯罪であり、〝陛下の御名の下に〟する裁判とはすなわち、立憲君主＝法治を建前とする、大日本帝国の擬制のエクスキューズに他ならなかったのである。

朝鮮人の虐殺で内外に不信を買った治安当局は、その責任を愚民の暴挙と糊塗するいっぽう、震災の混乱を奇貨としてアナキストの巨魁・大杉栄を葬った。これをようするに、「国家の害毒を芟除せんと」したのは夫子自身、陸軍と内務省――国家権力中枢の意志であった。審理がその核心に触れて、帝国陸軍の帷幄に累まさに及ぼうとし

たとき、〝陛下の御名による〟裁判はダーク・チェンジ（暗転）、神聖喜劇の舞台まわって、チョーン御名御璽、事件の真相は半世紀の闇に湮滅したのである。

……もし、田中隆一軍医の手による『死因鑑定書』が発見されなかったとしたら、大杉殺し甘粕ではないとする思いきった断定を、かくいう京太郎もためらったにちがいない。一九七六年八月二十六日、そのことを報じた朝日新聞記者、あるいは担当デスク子は、失礼ながら無政府主義運動史に関する学習を欠いていて、『死因鑑定書』がある決定的な事実を指摘しているのに気づいていない。

〝絞殺だった大杉栄〟と大見出しを付して、「やっぱりねえ……、ぼくは甘粕が上から命じられてやったんだと思う」などと、これも憚りながら、ピントのぼけた荒畑寒村談話を載せている。くわしくは次回で論証するが、

半世紀ぶり「死因鑑定書」発見

ひどい暴行、胸に骨折

解剖軍医の夫人が保存

大杉　栄氏

伊藤野枝さん

鑑定書を書いた故田中隆一軍医

一九七六年八月二十六日朝日新聞は、半世紀ぶりに鑑定書が発見されたと報じた

『死因鑑定書』第四項、「男女二屍ノ前胸部ノ受傷ハスコブル強大ナル外力（蹴ル、踏ミツケル）ニ依ルモノナルコトハ明白」云々の記述は、軍事裁判法廷の甘粕陳述を、その根底からくつがえす集団暴行の事実を、明白にもの語っているのである。

　直接の死因が絞殺であろうと、他の方法によろうと、それは問題とするに価しない。複数の暴力が加えられて、「死ヲ容易ナラシメタル」ことは何を意味するのか？　予審官の命によって屍体の剖検は行なわれ、鑑定書はすでに九月二十六日に作成されていた。にもかかわらず、ついに法廷には提出されなかったのである。

　そう、大杉殺し甘粕ではない。

過ぎ去ったことは
水に流してもよいのか？
歴史の残酷を
執拗に忘れぬこと
追体験してやまぬ
ことこそが
未来の自由を
約束するのではないのか？

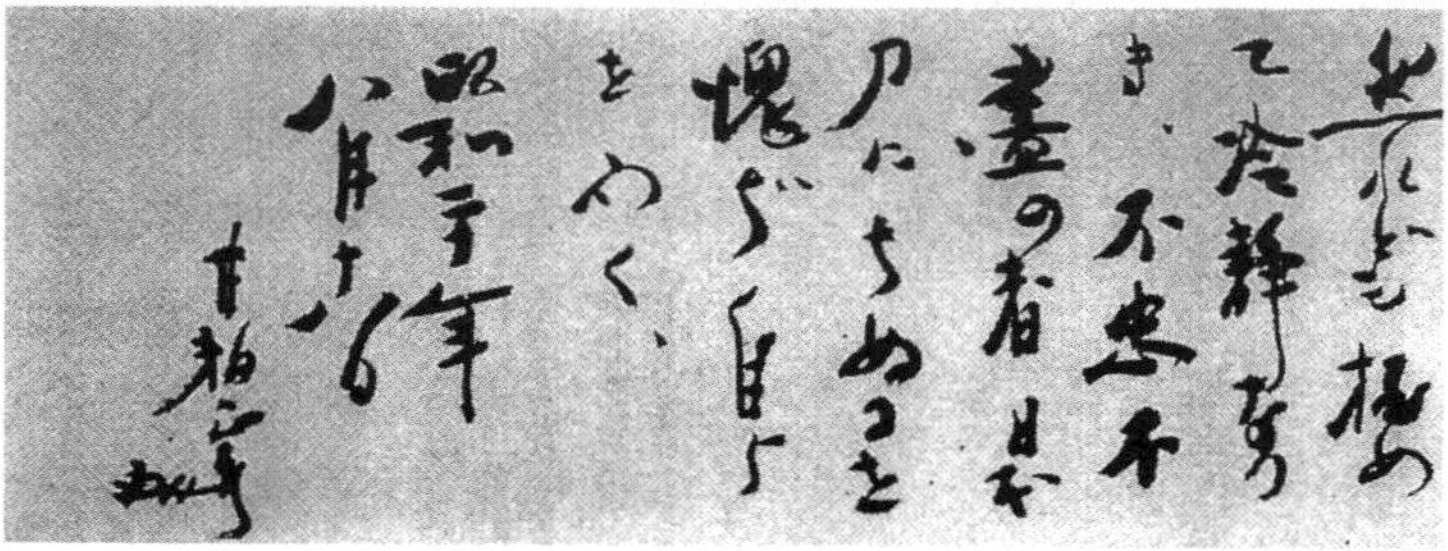

第四十回

刀に血ぬることを愧(は)じて……

その後の甘粕正彦

十年の刑を三年つとめて、甘粕正彦もと憲兵大尉は、千葉刑務所を出た。事件の前に婚約をしていた服部ミネと出獄後まもなく挙式、昭和二年七月、新婦を同伴して帝国陸軍の官費でフランス遊学、二年間滞仏して帰国。

昭和四年（一九二九）の秋、満鉄調査部長・大川周明のあっせんで大陸へ、満州奉天に本拠を置き、特務工作にたずさわる。すなわち翌々六年の満州事変に、仕掛人としてかかわり、ハルピンに潜入して治安を撹乱、関東軍の侵攻をたすけたといわれている。

また、関東軍参謀長・板垣征四郎に極秘の委託をうけて天津に飛び、溥儀(ふぎ)（のちの満洲国皇帝）をさらってくるなど、ニッポン軍閥史の裏面に大きな役割を果した。そうした経歴は、大杉

昭和二十年八月二十日、満映理事長
甘粕正彦自決——
〝大杉殺し〟の真相は、彼の死によって
冥府の闇路へと持ち去られた
遺書、「理事長としての任
略終れるを感じ自ら去る。
民族の再起に努力せざるの卑怯を
慚ずるも、感情の死を延すを
許さざるもののありて決す。
然れども、極めて冷静なりき。
不忠不尽の者、日本刀にちぬるを
愧じ、自らをやく。（切腹をとめられて
青酸カリを服毒することをさす）」
署名は前々日、
とうぜん覚悟の死であった

殺しのイメエジに、いっそう不気味な陰影をくまどるのである。

　昭和七年三月一日、満洲国の成立と同時に、甘粕は国務院民政部警務長官（警視総監）に就任、八年、官を退き、北支から満洲に流入する労働者たちを一手に統制掌握する、大東公司を設立する。年間四、五十万人、最盛時には二百万人もが出稼ぎ、あるいは戦火や天災に追われてやってくる。これを、国境で管理する事業は、いわずもがなバク大な利権をともなった。

　昭和十二年四月、満洲国協和会総務部長となり、十三年七月に満洲国外交使節団の事務総長として渡欧、ムッソリーニ、ヒトラー、フランコと会見、このとき映画会社ウーファを見学している。渡欧を了えて辞任、〝道楽〟と称する特務工作に、再び東奔西走していた甘粕を、満洲映画協会（満映）の理事長にむかえたのは、十三年の夏に総務庁次官に就任した岸信介である。十一月一日、甘粕正彦は満映理事長に

大杉殺し、甘粕正彦か？
彼自身は死に至るまで緘黙して
一言も語ってはいない……

だが、甘粕の身辺にいた人々は
彼は下手人ではないと、かたく信じて
疑わないのである
昭和十九年一月、新京の料亭で
浄るり　寺小屋　を初めてきいた甘粕は
邦楽ぎらいの評判にもかかわらず
松王丸がわが子を犠牲にするくだりで
ぼうだと涙を流し
満洲芸文協会の藤山一雄邦楽部長に
あれは私ではない、と語るともなく
小さくつぶやいたという
大杉栄殺しに関する、それが唯一の
彼の言葉である
橘宗一少年の死を、コモ包みになった
姿をみてはじめて知った
という軍事法廷での甘粕の証言は
大杉、野枝についてもやはり
直接手を下したのではない、という
真相を暗示してはいないか？

正式に就任して、日本敗戦まで足かけ八年、その職にあった。

李香蘭という大スターを世に送ったことで、満映の存在は知られている。彼女は現在の参議院議員・大鷹（山口）淑子であることも、読者は先刻ご承知のことと思うが、いま一つ知られざる事実は、もと『赤旗』編集局長・三村亮一、〝大森銀行ギャング事件〟の大塚有章など、れっきとした左翼転向者、さらにプロキノ（プロレタリア映画同盟）傾向映画の監督、脚本家などが、多数はたらいていたことである。

それは、大杉栄の知己であった根岸寛一（浅草根岸興行部・元日活多摩川撮影所長）が満映の理事として、制作実務を担当していたからでもあるが、甘粕自身積極的に、それらの映画人に働く場所を与えている。木村荘十二、内田吐夢、小川正、八木保太郎、鈴木重吉、異木草二郎といった、錚々たる左翼映画の闘将が、満映に勢ぞろいをした。木暮実千代の夫君である、和田

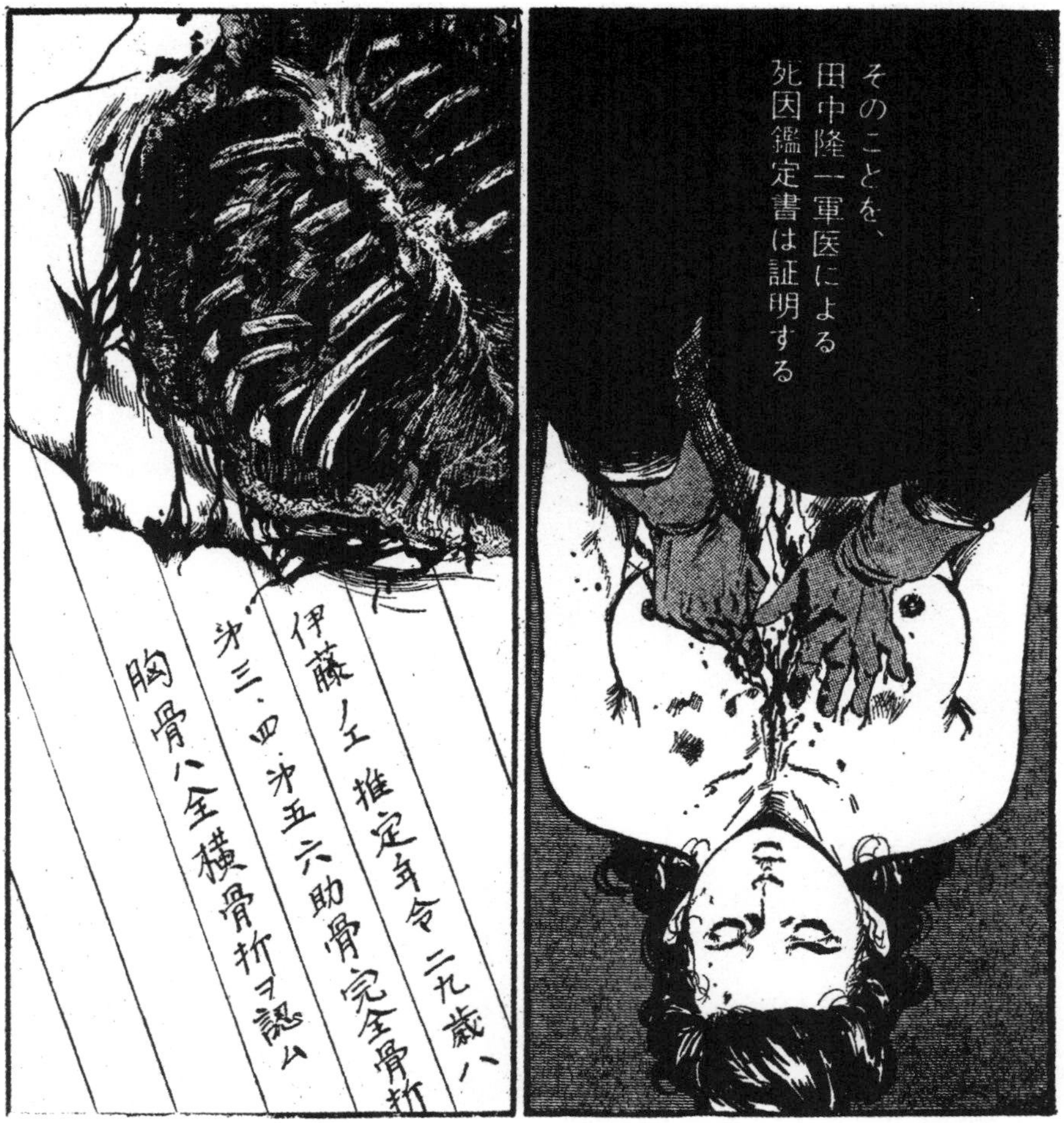
そのことを、
田中隆一軍医による
死因鑑定書は証明する
伊藤ノエ 推定年令 二九歳ハ
第三・四・第五六肋骨完全骨折
胸骨ハ全横骨折ヲ認ム

日出吉も理事の一人で、統制下の日本本国よりも、自由な雰囲気が満映にはみなぎっていたのである。

人、あるいはそのことを、〝甘粕の贖罪〟と考えるかも知れないが、その解釈は当らない。甘粕はしんそこから映画を愛し、吐夢や荘十二の傾向的な作品を、ほとんど観ていたのである。ウーファの技術を導入し、満人俳優の待遇を改善して、本国では禁止された英・米・仏の音楽を大胆にとり入れ、「貫一お宮に満州服を着せて、熱海の海岸でシナ語をしゃべるような映画をつくってはいけません」と、みずから改革の陣頭に立った。

――京太郎、いたずらに甘粕正彦を弁護するのではない。満映時代、彼の身辺にいた人々は、(とうぜん左翼の係累をふくめて)甘粕の人となりを、自由主義的であり進歩的であった、と証言しているのである。甘粕は大杉を殺したからではなく殺さなかったからこそ、左翼転向者に寛容以上の好意を

これより京太郎の推理――
甘粕正彦は、大杉栄検束の
現場に立会っていたのか？

示したのではなかったか？

大杉殺し、甘粕ではないと、旧満映関係者の大多数は確信している。この連載に当って、京太郎は坪井與（娯民映画処長、のちに東映専務）、伊藤義（配給部長、現東急リクリエーション社長）、大森伊八（第一回作品『壮士燭天』の監督・キャメラマン）、江守清樹郎（満洲演芸理事長、のちに日活専務）、八木保太郎らの諸氏にインタビューして、〝甘粕えん罪説〟に深く納得するところがあった。

奏歌野哭『海ゆかば』

昭和二十年八月九日、ソ連軍国境をこえて侵入、関東軍は十三日に新京を捨てる。甘粕はこの日、満洲芸文協会邦楽部長の藤山一雄に対して、「藤山さん、僕は死ぬよ」と平静に告げた。十五日正午敗戦の詔勅――、怒り哭く人々に、「最期まで抗戦を主張して、阿南陸相は自刃しました。男のながす涙は、もうないはずです」と、甘粕は

ド、同行する
理由はないッ
！
物青実
いやでも
来てもら
おう……

むしろさばさばと語る。本国の情報はちくいち、耳に入っている様子だった。翌十六日午後四時、日本人職員全員を招集して、

「私はもと軍人でしたから、日本刀で切腹するべきですが、不忠不尽の者でありまして、それに価しませぬから、別の方法で死ぬこととしました。このように予告するのは、人間は弱いものですから、決心だけでは死ねません。諸君にこう申し上げた以上は、かならず死ねるでありましょう」

と死出の別れを告げ、私物の一切を形見分けにと全員に手渡した。職員はひそかに身辺から、拳銃、刃物の類をとり除いて、自殺をふせごうとした。十七日早朝、日系職員に五千円一律、満系には正規の退職手当支給、十八日あいさつまわり、十九日私邸に帰って星子敏雄夫人（＊妹・璋子（たまこ））と昼食をともにする。その日夕刻カルロフ少将の率いるソ連軍、空路進駐して、新京街頭に赤旗がひるがえった。

二十日早朝六時、甘粕正彦は協和会第一礼装をつけて理事長室に入った。文書科の女性職員が茶を持っていってまもなく、オーイ！と呼ぶ声がして、職員が顔を出すと、彼はけいれんする手で、灰皿の下に敷いた紙片をゆびさしていた。すでに顔面赤黒く変色、服毒したことは明白であり、あわててかけこんできた監督の内田吐夢が、口に塩をふくませ足を持って甘粕の体を宙釣りにし、毒を吐かせようとしたが、もはや手遅れだったのである。

甘粕はその生涯を了えた……、八月二十日午前六時五分、行年五十四歳。

「……死体はそのまま此のまま、手をつけずに防空壕に埋めてもらいたい」と鉛筆書きのメモ、灰皿の下に敷いた紙片に、十八日署名の遺書とはべつにそう誌されていた。

午後五時出棺、右側を日系、左側を満系の職員が担って、先頭に娯民映画処長・坪井興、俳優の王宇培が立ち、『海ゆかば』の演奏で葬列はえんえん

大杉栄、推定年令三十九歳ハ
右第四肋骨、右第四、五肋骨ヲ完全骨折
と田中・死因鑑定書にある。
軍事裁判記録によれば、平井上等兵は
見張りをして現場にはいなかった
とあるが、何を見張りしていたのか？
「現場」とは殺人のか、それとも
屍体遺棄のそれを指すのか？
暴行の事実を陰ペイするため、三名から
はぎとった着衣は？
それらの疑問は措くとしても
法廷は死因鑑定書から、この犯行が
甘粕一人では不可能なことを
容易に立証できたはずである
大杉・野枝夫妻の死因は、まぎれもなく
複数の暴力によるものであった

とつづいた。ソ連占領下に会葬者三千余名、声を放って慟哭する満人職員をふくめて、ぞくぞくと参加する群衆は一キロに及ぶ長蛇の列をつくったのである。感傷的に、その人を見よ！と京太郎いうに非ず。甘粕正彦は国家と軍人精神に（権力にではない）、最も誠実な人であって、その意味で大杉栄とはまさに対極にあった。

すなわち――、甘粕には大杉を殺す理由（動機ではない）、または職責があった。死に至るまで彼が真相を緘黙した意味を、そこに求めることはできないだろうか？

〝敵〟に対する友情、志操に一命をすてることにおいて共通するシンパセティックな想念と、それは別の次元に属するのだ。直接手を下したと、下さないとを問わず、命じられれば甘粕は大杉を殺したであろう。自分は殺さなかったと、彼は生涯ただ一度も、人に語ることをしなかった。だが同様に、自分が殺したと語ることも、けっして

殺害されるときに、大杉はなぜか声を
出さなかったと甘粕は供述している
それは、事実を反転した証言では
あるまいか？　大杉は抵抗し
野枝たちに危険を知らせるべく
大声をはりあげたにちがいないのである
そして、暴れまわる物音が……

なかったのである。軍事裁判で決定された罪、立場からすれば憚りのない〝国賊〟の暗殺を、甘粕は他の国士・右翼浪人ふうに言挙げするどころか、おのれはもちろん、他人が話題にすることすらゆるさなかった。

　肝胆あい照らした藤山一雄が、ある宴席で陰鬱に黙りこくっているので、「大杉の幽霊でも出たのか？」とつい口をすべらせると、「君までがそんなことをいうのか！」と、血相を変えて甘粕は怒鳴りつけた。

　それを、〔大杉殺しを彼はまったく反省していなかった〕（大塚有章『未完の旅路』第五巻）、という見方もある。だが京太郎、その屈折した黙否のありように、〝シロの心証〟を見てとる。またいっぽうに、甘粕はヒューマニストであり、部下が勝手にしでかした行為をかばって罪を着たのだ、という説がある。ヒューマニストがなんで、〝満洲建国〟の謀略に暗躍したりするものかね!?　甘粕は大義のためには、冷酷非情もあえて辞さな

おまえたち！大杉を殺ったのね……
同じ棟にいた野枝にきこえぬ道理はなかった

かった。そのような、ハガネの意志を持った人間であったからこそ、帝国陸軍は彼に大杉殺しのすべての責めを負わせて、安穏だったのである。

＊国名として満洲、地名は満州に統一した。

国軍の恥辱を冥府まで

甘粕は大日本帝国が敗けても、その期待を裏切らず、大杉殺しの真相を、すなわち国軍の恥辱を、永久に洩れることのない暗黒の奥境へと、おのれの命と共に持ち去った。前回詳述したように、甘粕軍事裁判はとうてい人を説得するものではなく、矛盾と撞着にみちみちている。その疑惑をも甘粕は生涯をかけて沈黙によって、包み隠し通したのであった。

たとえば、前章でも触れた本多重雄上等兵の証言の中で、「森曹長殿から（憲兵司令官の命令と）聞きました」「その後も、森曹長殿から〝司令官の命令であるから絶対に口外するな〟といわれました」というくだり。二度も

尽忠
罪はおのれが背負えばよい
せめて、手を血で汚したく
ないと甘粕は思った
脚が不自由であることが
「現場」を部下たちに
まかせる弁明となった……

森曹長殿からであって、甘粕ではないことは何を意味しているのか？　上段劇画部分の推理、殺害の現場に甘粕がいなかったと仮定すれば、そのナゾは容易にとけるのだ。これまで、大杉栄暗殺をテーマにしたいっさいの小説・映画・評論は、この最も重大なキーに気がついていない。

いま一つ、押さえておかねばならぬことは、憲兵曹長森慶次郎は麹町分隊所属ではなく、「同分隊に勤務をしておる東京憲兵隊本部付き」（甘粕正彦聴取書）、すなわち東隊派遣の職務を有していたことである。この森曹長が、「大杉栄居所捜索のため淀橋署に立ち寄って」「……松本とかいう（注・松元伝蔵）同署特別高等係長から」、殺害を依頼されているのだ。

甘粕は殺害現場のみならず、「新宿柏木三八〇何番地とか」の自宅近くの路上で大杉が検束されたさい、そこにいたことさえ疑わしい。

なぜなら、甘粕陳述によれば三度も

ただいま三名の処置を終りました！
三名⁉子供も殺したのか！

淀橋署に立ち寄っているのに、松元と会ったとも述べていないし、とうぜん責任者として直接関与して（もしくは黙認を求められて）しかるべき、かんじんの大杉栄殺害についての署側との問答も欠落している。

ようするに、部下から間接的報告を聞いて、さっそく大杉を殺しに出張したという軽率な話など、とうてい信じかねるのである。公判廷で、松元伝蔵はじめ淀橋署関係者は、知らぬ存ぜぬ一点張り、憲兵隊が勝手にやったことと口をぬぐってしまったのも、甘粕の陳述があいまいだったからである。これも前回で述べた理由で、検察側はその点を追及せずに、警察当局を免責している。

甘粕がみずから望んで、軍閥&国権擁護・神聖喜劇のスケープ・ゴートとなったことは、歴然として明白なのである。さて、ここで問題の田中軍医・死因鑑定書を点検してみよう。大杉&野枝殺害はそれまで、「無用の苦痛を

与えないよう」ほとんど即死の状態で行われた、と信じられていた。
田中・鑑定書はその定説を、まさに根底からくつがえして、大杉&野枝は複数の暴力によるものであって、すさまじい抵抗の痕跡が、死体に残されている事実を明らかにしている。

田中死因鑑定書（要約）

大杉 栄 推定年令三十九歳
伊藤ノエ 〃 二十九歳
姓名不詳男児 〃 十歳
（橘宗一）

大正十二年九月二十日
——第一師団軍法会議予審官・服部国造ハ、陸軍憲兵大尉・甘粕正彦殺人被告事件ニ付キ被害者右三名ノ死因ヲ鑑定スベキ事ヲ、東京市麹町区大手町一丁目一番地、東京憲兵隊本部構内ニオイテ余ニ命ゼリ。
余ハ服部予審官立合イノモト、死体所在地ヲ確認ノ上、右三屍ヲ第一衛戍病院第五番室に運搬シテ、同月同日ノ

事実を申上げます
私は、子供を殺しておりませぬ
コモ包みになったのを見て
はじめてそれと
知ったのであります
（公判記録より）

午後三時半ヨリ剖検ヲ開始、二十一日午前十一時半コレヲ終了セリ。

第一　現場所見

三屍トモ東京憲兵隊本部構内、東北隅ノ弾薬庫北側ニ位置セル、廃井戸ノ中ニ、全裸ニシテ畳表デコレヲ包ミ、麻縄ニテ固ク緊縛セル状態ニテ、投入シ在レリ。

第二　剖検的死因鑑定（略）

第三　鑑定ノ総括

(1)　三屍トモ等シク窒息急死ノ状態ヲ呈シ、頸部臓器ノ損傷高度ナルヲ以テ、該部ノ絞圧ガ死因タルコトハ極メテ明瞭ナリ。

(2)　三屍トモ水中ニオイテ発見セラレ皮膚ノ所見コレニ一致スルモ、肺、胃腸イズレニオイテモ溺死液侵入ヲ認メズ、以テ溺死ニ非ズ、死後屍ヲ井戸ニ投ジタルコト確実ナリ。

(3)　男女二屍ハ、首ニ麻縄ヲ堅ク纏絡（テンラク）シテ、一見コレヲ以テ絞殺セシ如クナルモ該部皮膚ニハ生前受傷ノ確徴無ク、他ノ方法ニヨリ喉頭部ヲ鈍体

暴行虐殺の事実を
陰蔽するために——

(4)
（拳或ハ前膊＝＊腕ノ如キ）ヲ以テ絞圧シ窒息セシメタルモノト思考ス。

男女二屍ノ前胸部ノ受傷ハ、頗ル強大ナル外力ニ依ルモノナルコトハ明白ナルモ、コレハ絶命前ノ受傷ニシテ死ノ直接原因ニハ非ズ。

然レ共、死ヲ容易ナラシメタルハ確実ナリ——

(5)（略）

(6) 男女二屍ノ胸部ノ外傷ハ甚ダ高度ナルニ係ラズ、皮膚ニハコレニ相当セル損傷無キヲ以テ、衣服ノ上ヨリ加害シ致死後裸体トナシ、畳表ニテ梱包ノ上（以下略）

……宗一少年のみ外傷なく、大杉と野枝の屍には、肋骨がほとんど折れているという無惨な暴行の痕跡が、ありありと窺えたのである。剖検によれば凝血は打撲・骨折の傷の周辺のみで、縛られた形跡はない。つまり、二人は烈しく抵抗して、「蹴ル、踏ミツケル等」複合した暴力を加えられ、「死ヲ

本多上等兵は
司令官の命令で
あると
森から聞いたと
陳述している
（前回参照）
甘粕が現場に
いたとすれば
森に特定をする
理由はない
しかも、本多は
その後も森から
同じことを
聞いたと述べて
いるのである
森慶次郎曹長の職務は
東京憲兵司令部付であった

容易ナラシメタル」状態に置かれて、絞殺されたのである。甘粕自身がその〝集団暴行〟に参加したとは、京太郎思えない。仮にそうであったとする、ならば彼が部下をかばうことは、ナンセンスではないか。

　常識的にいって、殴る蹴るの現場にいた上官の〝不在証明〟、責任回避を下部に負わせることはあっても、その逆はあり得ない。甘粕が全責任をひきうけたのは、〝司令官の命令〟を憲兵分隊長のレベルで、喰いとめなくてはならなかったからなのである。つまり、彼自身が部下――国軍の忠良なる士官として、上層部のアリバイを証明する立場に置かれたのである。

　さらに推理を飛躍すれば……、大杉殺害の主犯は、東京憲兵隊長を通じて密命を受けた森慶次郎であり、甘粕はえらばれて、責めを荷わされたのではないか？「不忠不尽の者」と遺書にいう。甘粕の悔恨は不忠より、不尽の二字に深かったのである。帝国軍人と

して陽の当る道を歩んでいたときに、不測の事故に見舞われて、憲兵という汚穢掃除（東条英機の言葉、前回参照）、もっとも人々の嫌悪し恐怖する職務に転じ、それも大杉栄事件で棒にふって、刑余の人生を特務・謀略、カツドウヤと渡り歩き、異土に命を絶たねばならなかった。彼にとって、末期の意地は武人らしく敗戦の地に踏みとどまり、敵と闘って死ぬことだったが、ついに果せなかったのである。

満映の人々の証言によれば、甘粕はソ連軍侵入直後、関東軍から六千発の手榴弾をもらいうけてきて、満映スタジオにフィルムを積んで立てこもり、ソ連軍を呼びこんで、これを道づれに爆死する計画を立てていた。妄想ではなく、実際に庶務課長に命じて、爆破装置を完成していた。幹部たちの知るところとなり取払われてしまったが、再び人目につかないように、小規模な爆破装置を製作中に、敗戦をむかえることとなった。

魔界からその魂を呼びもどして
真相を聞くすべはない
だが、京太郎は確信するのである
大杉栄三十六歳、伊藤野枝・二十八歳
六歳のいたいけな橘宗一まで
まきぞえにして殺したのは
〝国家最高権力〟の意志であった
真の下手人は仮面のかげにかくれて
帝国軍人・甘粕正彦の一身に
いっさいの罪を負わせたのである
恩典に浴して三年後に釈放された彼に
論功行賞として与えられたのは
大東公司（コンス）など中国大陸の利権と
満州建国の元勲という栄誉であった
そして、二十余年の時は流れる……

ソ連軍の国境越えを聞くや、さっさと内地に逃げ帰った関東軍の将師や、満洲国政府の日系幹部と比べて、すくなくともこの人には、おのれが賭けたもの、置かれた状況に対して、誠実であろうとする高潔な魂があった。彼がたとえ大杉殺しの下手人であろうと、みごとに過激な人生をつらぬき、完結したことにおいて、甘粕正彦は決して不尽ではなく、五十四年の化天の夢を生きた英雄であったと、京太郎は評価するのであります。

——さて、大杉栄の死をめぐってのエピソードを終り、次回からは再び、難波大助の摂政宮暗殺計画に、舞台はめぐるが、しめくくりに大杉栄年譜を末尾に置くこととする。

〔明治篇〕

18年1月17日　四国丸亀に誕生、父は軍人、母の兄も軍人であった。

22年　父・新発田の連隊に転任。

24年　小学校入学。

満映理事長となり
敗戦を異国の地に
むかえて
甘粕は自決した
満洲映画
東遊記

30年　中学校入学、講武館道場に通い代稽古、十五歳の夏には荒木新流の棒術で目録皆伝。
32年　名古屋陸軍幼年学校入学。
34年　学友と決闘、退校となる。
35年　上京、受験勉強にはげむ。
36年　東京外国語学校・仏語科入学。
37年　平民社研究会に出席。
38年　外語卒業。
39年　3月15日電車襲撃事件で最初の投獄、二十一歳。
40年　平民新聞に載せたクロポトキン『青年に訴ふ』他で起訴入獄、〝一犯一書〟と称し、イタリー語・エスペラント語に獄中で習熟。
41年　屋上演説・街頭デモ・赤旗事件と警官隊と衝突して、主謀者と目され二カ年半の刑を受ける。
43年　11月出獄、翌々月〝大逆事件〟で幸徳秋水ほか十二名処刑、同志は四散して、冬の季節がはじまっていた。春三月縊(くび)り残され花に舞ふ……
※　大正篇はいずれ、また。

棺の右を日本人、左を満州人が担ぎ
会葬者は三千をこえた
その中には、甘粕が働き場所を与えた
左翼からの転向者たちの姿も
少なくなかったのである

満洲娯民映画撮影所

XII 難波大助の復讐

九月二十五日、午後四時
大杉栄・伊藤野枝・橘宗一
の遺体は
二人の弟——勇、進と
野枝の祖父・代準介
安成二郎らの立会いのもと
引渡されて
翌々二十七日、火葬に
付された

第四十一回

大助、内心の教理問答（カテキズム）

生い立ち・係累

難波大助は、山口県熊毛郡周防村の旧家に、明治三十二年十一月七日生をうけた（生存していれば七十八歳）。祖先は毛利家に仕えた武将、曾祖父の覃庵（たくあん）は勤皇の志士、明治天皇に拝謁を許された人物。

父・作之進は、〝皇室中心主義〟をとなえて、県会議員から衆議院議員に当選している（大9）。母・ロクは、十人の子を生み、大助はその四男坊にあたる。もっともきょうだいのうち、四人は生後まもなく死亡、家族構成は両親と六人きょうだい（兄ふたり、弟ひとり、妹ふたり）。

徹底した家父長制で、父親はまさに専制君主、無理へんにゲンコツを絵に描いたような日常であった。箸のあげおろし、戸のあけたて、口のききかた、

これことごとく、怒声と体罰の対象とされた。

しかも、無類の吝ん坊で、「漬物に醤油をかけるとは何事だ！」と横面をはられて、たちまちめしを抜かれる。たまに母親が副食を二品、魚などつけようものなら、「何たるぜいたくを、バチが当る！」と雷が落ちる。大助は追想して、「食事のとき、戦々兢々として飯がのどを通らぬほど」であったと陳述している。（予審調書）

小学校卒業を目前にして、とうぜん兄たちとおなじように、中学校に進学できるものと思っていた大助は、母を通じて（というのは父親は口もきいてくれなかったからだが）、高等小学校だけでおしまいだと聞かされて、身も世もなく悲しかった。

さいわい、東京帝国大学にまなんでいた長兄の正太郎が、「頭が悪ければともかく、学校の成績も優等の弟を、なぜ差別するのか。大助を中学へ進学させぬのなら、自分も大学をやめ帰郷

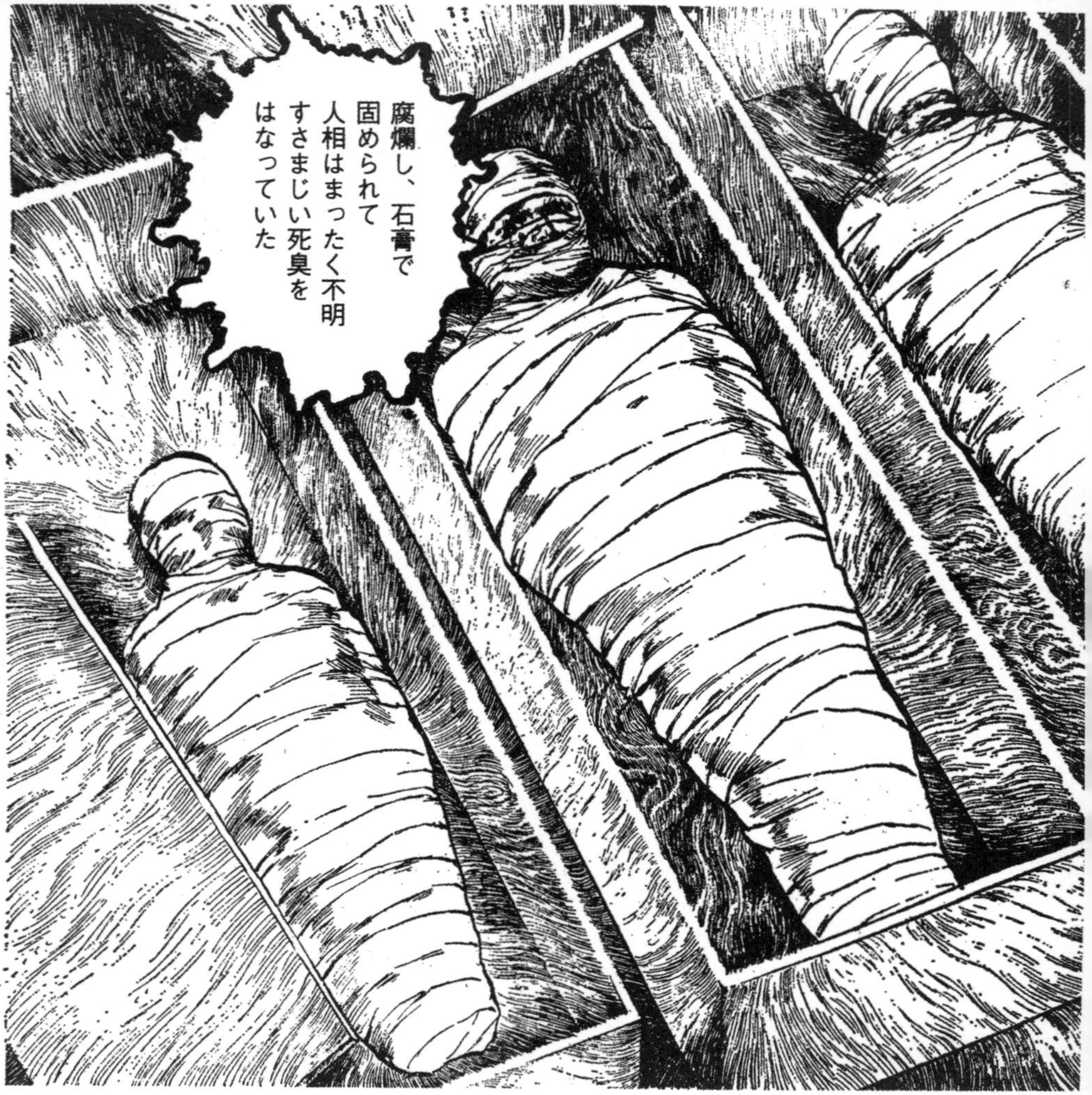
腐爛し、石膏で固められて人相はまったく不明すさまじい死臭をはなっていた

する」と手紙をよこしたので、やむを得ず作之進は、大助を高等小学校一年から徳山中学へすすませた。

ただし、汽車通学しろという。早朝まっ暗なうちに起きても、始業時刻に間にあわず、やっと寄宿舎に入れてはくれたが倹約一点ばり、仕送りすらも滞りがちであった。

大正六年二月、彼にとって唯一人の味方であった母が死ぬ。大助は父親が虐め殺したのだと考えるようになり、ますます父親をおそれ、ついには憎悪するに至る。母の没後ほどなく、彼は無断で学校をやめ、苦学するつもりで東京へ出奔、つれ戻される。私立鴻城中学に転校した同年四月、のちに彼が大逆事件の被告席に立たされたとき、〝精神異常〟の証拠とされた、一つの事件がおこっている。

外から帰ってきた大助は、同宿していた従弟を、「いま人を殺してきた」と脅し、木刀で撃ちかかろうとした。臆病ものの従弟は仰天して、てっきり

同志たちの多くは検束され
大杉の骨を迎えたのは
村木、和田久、服部浜次、 唖蟬坊
山鹿泰治、獏与太平ら
ようやく十数名にすぎなかった
杉よ！
眼の男よ！
と、俺は今
骸骨の前に起って
呼びかける

気が狂ったものと、大助の父に電報を打ったので、単なるいたずらではあいすまぬことになった。

ひきとりにきた父の前で、彼はいかにも少々精神に変調を来したごとく、芝居しなくてはならなかった。「私が狂人のまねをはじめたのは、実にこのときからであります。これはつまり、父の威光を恐れきっていた証拠でありました」（予審調書・以下同）

同年九月半ば、再び出奔して東京へ　ときに大助、十八歳であった。

芝区琴平町の東京日々新聞取次店に住みこみ、新聞配達をしながら、研数学館に通った。そこを出て、三畳間を月三円なりで借りて、「朝食はぬき、昼は芋、晩だけがやっと麦四分の混合メシ」という最低生活を、年の暮までつづけた。脚気をわずらって、この年いったんは帰郷、転々と放浪を重ねる根無草（デラシネ）の青春がはじまる。

――大正七年、京大在学中の次兄の義人を頼り、一月上旬に上洛したが、

彼は黙っている
彼は、俺たちを
見ている
大きな白い眼の
底一ぱいに
黒い熱涙を漂わせて
海光のキラメキを
放って
俺たちの顔を射る！

杉を失う、噫！　俺は
生きている
瞬間の自由！　刹那の歓喜！
それこそ黒い微笑
二足の獣の誇り　生の賜
杉よ！　眼の男よ！
更生の霊よ！
大地は黒く
汝のために香る

キクイチリン
ギロチンノウエニ
ホホエミシ
クロキカオリヲ
ハルカニシノブ

中浜　哲

父親は十円しか送金せず、学費はおろか食事にも窮してまたぞろ舞い戻り。翌大正八年九月、三度目の上京を果して早稲田の予備校に通う。

ところが、相変らずの倹約令。

父親は半月分の下宿代をしか送ってよこさず、あとは自分で働けという。徒歩で通学できる四谷に三円五十銭の部屋をみつけ、自炊しながらの勉学に疲れ、持病の脚気が再発する。いえば最暗黒の東京を、大助は放浪の骨身に刻んだ。

このころまで、彼は貧民街の悲惨な生活をみて心うごかされ、政談演説に共鳴したりすることはあっても、社会主義とは無縁であった。幼年時代を、「勤皇の家」に育った大助は、陸士を志願しようと考えたり、〔明治の偉傑乃木大将去られしよりすでに七星霜、今やわが国は上下を通じて浮華軽佻の巷にあり、世界無比の皇室をいただく帝国、今や累卵の危機〕（大6、「武侠世界」への投書）などと慨世の文章をものする、右翼

少年だったのである。大正七年のいわゆる米騒動にさいしても、「むしろ、痛快というより、恐怖の感の方が大きかった」難波大助をして、いっきょに異端の思想へとむかわせたのは、反面教師たる父・作之進が、衆議院選挙に立候補したことであった。

大正九年三月、大助が帰省をするとまもなく、父親は選挙に出馬をした。

大助を驚愕させたのは、「別段これという政見があるわけではなく、単に名誉欲から発した立候補の動機」ではなく、かねがねいまにも難波家は破産するようなことをいい、子供に倹約を強いてきた父親が、「富豪でなければかなうはずもない」立候補の挙に出たことであり、惜しげもなく大金をバラまいて当選したことであった。

「すこぶる意外のことであり、父への大いなる反感が湧いたのであります。金があるくせにないふりをして、わが子ばかりではなく、多勢の人に惨めな思いをさせてきた父のペテン、偽妄を

九月半ば、難波大助は
鎌倉の兄の家から帰郷の途次に
京都の友人の家に立ち寄り
十日ほど滞在した
大杉栄の死を知ったのは
新聞の号外によってであったが
彼の心中にそのとき
かねてから計画していた一事を
実行する決意がクサビのように
うちこまれた

悟って、私は父に対する観念を改めざるを得なかったのであります。このことを機として、私は急速にいわゆる社会主義思想にかたむき、世の富める階級を憎悪するようになっていったのであります」

死ぬのはまったく容易だ

長らく本篇ご愛読のむきは、記憶にあると思うが、大正十年五月一日の朝まだき、新聞配達の難波大助が街路を突っぱしっていく光景を、作者はまず描いたのであります。この年一月から彼は、『改造』を読みはじめている。とりわけて発禁となった四月号、若きテロリスト、グリゴリ・ゲルシュニー（原文のまま）について述べた、京大教授・河上肇の文章に、大助はいたく触発された。

死刑宣告を受けたグリゴリ、法廷でかく語りき――、〔余の活動に於て、余を導きたるは、ただ余の良心のみであり、働く者の利益に役立たんとする

余の願いと、彼らに対する余の義務である」

またいわく、「道は断頭台に真直につづいているということを、余は承知しておる。しかし、余はあえて貴君、国家権力・法秩序の守護者、裁判官に宥恕(ゆうじょ)を求めない」

同志への手紙、「死ぬるのが斯(か)くも容易だとは、知らなかった。そうだ、誰でもが、大目的のために己れ自身の魂を献げ竭(つく)して充溢の生を終えた時、自分の死は蹂躙されている、なべての人々のために、救世の日をより近くにもたらすであろうという信念を以て、死にゆくその時、まったく生命を終ることは自由であり容易なのだ」

「しかも、闘いは終ったのではない。職場には多くの兵士が、いまだに退くことなく、敵の暴撃に対し死を決して立っていることを知り、かつこれらの人々の背後には、新たなる隊伍の出で来るべきことを知りつつ、死に就くはいっそう容易なのである」

河上肇
『思い出・断片』の一章に大正十二年九月末、ひとりの青年が訪れてきたとある
山口県周防村の難波というものだが……
これを先生に見せてくれといって

そして、婦人革命党員――コノプリアン・ニコーファの言葉を、河上肇は引用している。

〔……私は明瞭に看て取った、独裁的かつ官僚的上部構造は、強大な暴力を基盤としている。国家と称する我々を乗せたこの船のかじを操る、政治家や将軍、財閥のおえらがたたちは、血を以てする恐怖政治を、たえまなく実行することで、ようやく運行を維持しているということを！〕

〔窮乏は私に教えた。まず古き世界を破壊せよ！　さもなければ、新たなる何ものをも創造しえぬであろう、と。銃剣を以て思想を刺し殺すことができないのと同様に、我々はけっして思想のみでは銃剣に対抗できないのだ、ということも。かくて、私は一個のテロリストとなった〕

〔許せ、我が人々！　汝にあたえ得る唯一のものは、わが生命のみ。そしてただひとつの詩……

いかに長き夜も、終りあるべし

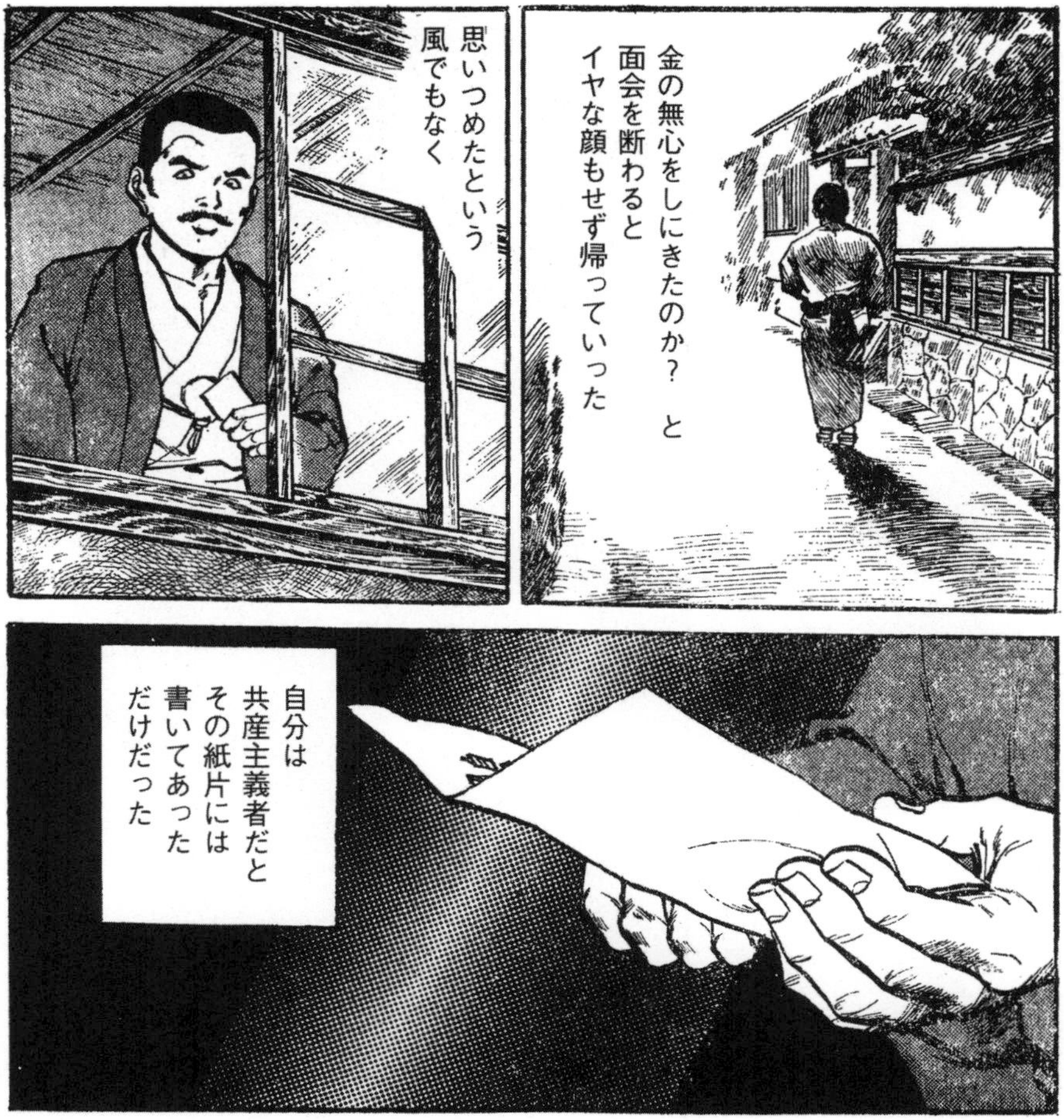
金の無心をしにきたのか？　と
面会を断わると
イヤな顔もせず帰っていった
思いつめたという
風でもなく
自分は
共産主義者だと
その紙片には
書いてあった
だけだった

自由の太陽は地平に
明日、かがやき昇るであろう」

当時、二十二歳の難波大助は、帝政ロシアの圧制を、そのまま日本に置き換え、〝天皇制〟を撃つ決意を胸中に育てはじめる。しかしてこの年、四月下旬某日、上野図書館で〝大逆事件〟の判決を載せた、明治四十四年一月十九日の新聞記事を読む。

友人・歌川克己への手紙、「生れて初めての、泣いても喚いても足らぬ、憤激と憎悪の最大限を俺は味わったのだった。事成らず、若き同志たちは、無限の恨みと呪いを残して、断頭台に上っていったのだ。同志たちの無念を思う時、そして残されたものが権力の鉄槌に窒息したのを思う時、俺は大逆事件の死者たちの呪いを呪いとして、猛然テロリストとして立たんと、決心したのだった」

その決意を兄たちに語り、父親にも書き送って、大助は昂然とまずは家の権威に叛旗をひるがえす。五月、日本

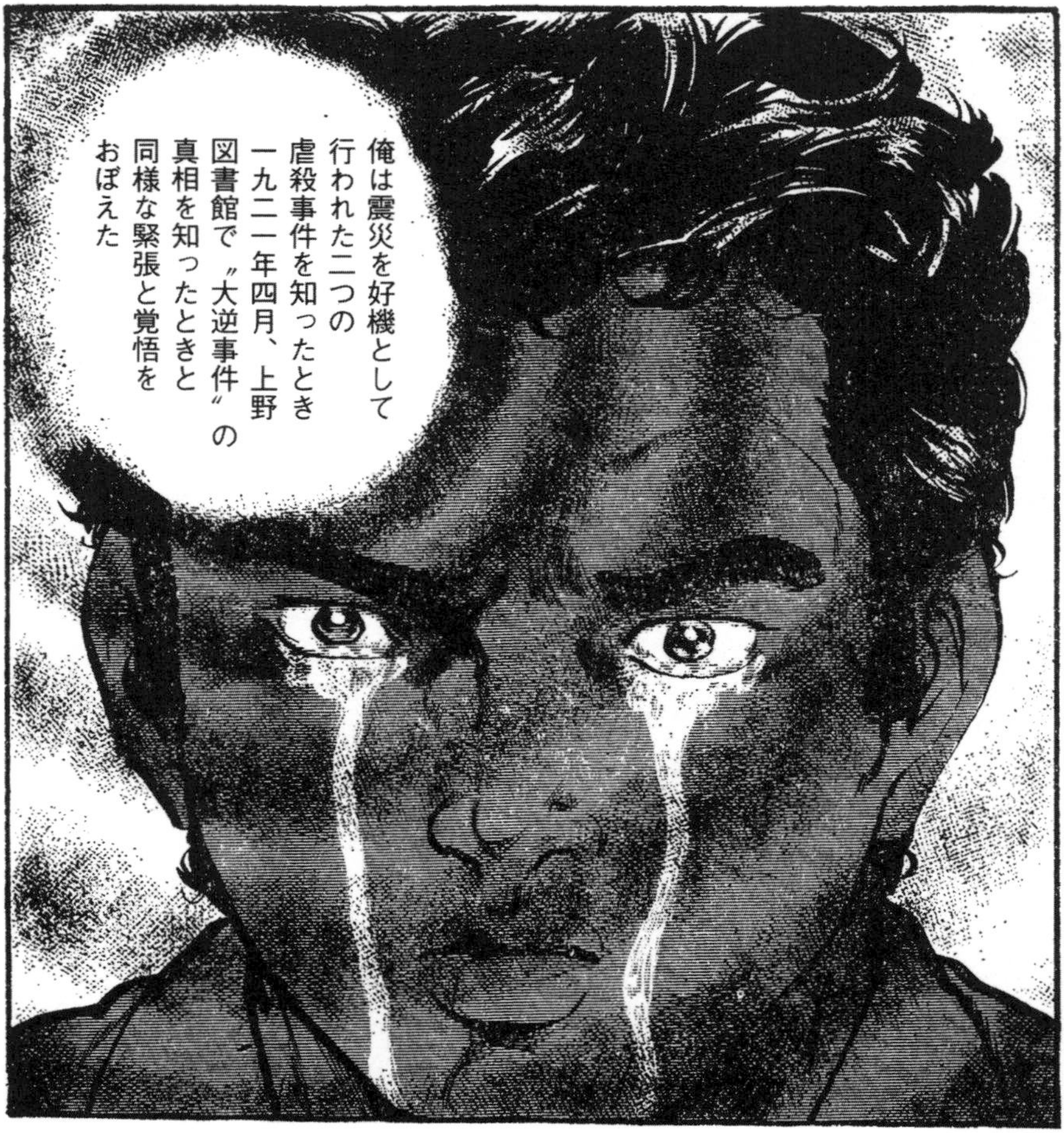
俺は震災を好機として
行われた二つの
虐殺事件を知ったとき
一九一一年四月、上野
図書館で〝大逆事件〟の
真相を知ったときと
同様な緊張と覚悟を
おぼえた

社会主義同盟の集会に参加してから、大助の思想は急激に尖鋭化して、深川富川町のスラムに潜行、テロリズムを実践しようとして関東大震災に遭遇をするまでは、本篇ですでに詳しく記述した通りである。

学生の身分&生活を放棄して、彼が窮民街に歩み入った直接のきっかけとなったのは、浅草十二階下の淫売宿で童貞をすてたことだった。「女というものに対して、私は実に軽蔑するべき存在であると考えておった思想がやや変り、やがて根本的に女性観を変えていくこととなりました」

「……ようするに、人間というものは徹底すればどんなことでもできる、ということであります。私は学校生活と思想の両立せざる不徹底に、まことに悩んでおりましたが、淫売婦の生活に接して眼をひらかれました。人間一般からすれば、淫売婦は堕落の骨頂とも見られております。

だが、彼女たちは、人間がいよいよ

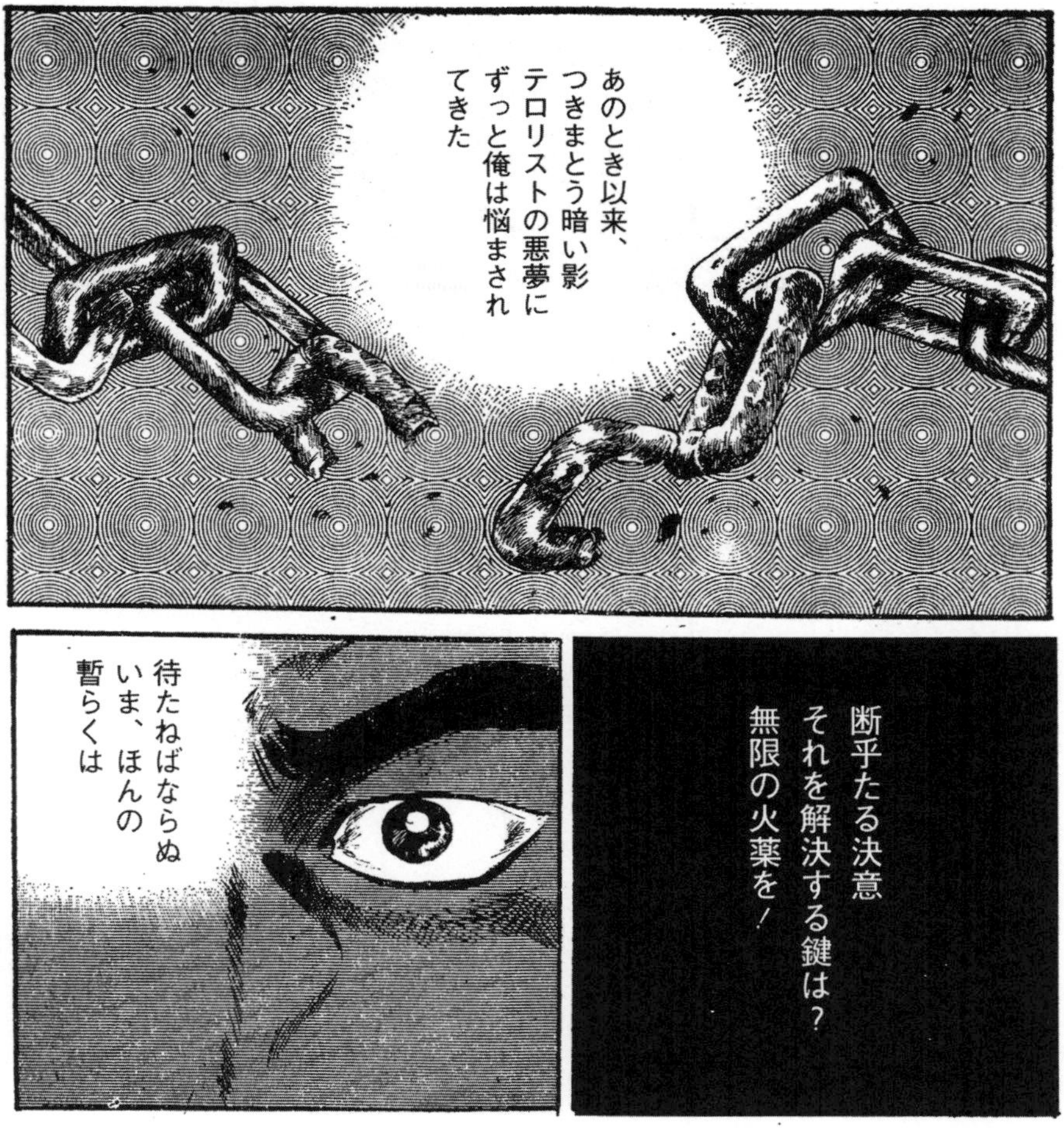
あのとき以来、
つきまとう暗い影
テロリストの悪夢に
ずっと俺は悩まされてきた
断乎たる決意
それを解決する鍵は？
無限の火薬を！
待たねばならぬ
いま、ほんの
暫らくは

徹底した姿を、私に教えてくれます。学生なんぞというあいまいな、どっちつかずの身分を棄てて、奈落に徹底をしなければ、けっきょく何事も成就はせんということをです」

　たまたま、国会の開会中で上京していた父親を鎌倉の兄の家にたずねて、大助は、「自分は放蕩をして淫売婦に恋をしているため、学校をやめたい。また、労働者となって革命運動をやる心算だ」と告げた。

　大正十二年二月十五日、彼は学校をやめて、日雇労働者のたまりである、富川町の第二煙草という木賃宿に移転している。「理論より実践に、机上の革命家より街頭の暴徒に、すなわち、階級・無産陣営のリーダーたることを望まず、一兵卒・一戦闘分子で沢山だという気持ちから、私は労働者の中に飛びこんだのであります」

　難波大助がいわゆる一匹狼で、社会主義運動のいかなる党派にも属さず、組合にも加入しなかったのは、テロリ

ストとしての目的を果すためだった。その標的が奈辺にあったかを、やがて彼は証明するのだが、大正期の青年がいだいた革命のロマンチシズム、事をなすにあたって徒党を組むことを潔しとしない、〝刺客の志〟を彼は着々と実行に移していった。

前衛その最前衛を――

いわゆる甘粕事件、大杉栄の虐殺が記事解禁となったのは十月九日、新聞各紙は大々的に事件の全貌を報じた。たとえば、東京日々新聞は一、二面のすべてをさいている。さらに十一日には亀戸署における平沢計七、河合義虎ら主義者集団殺リクが報じられ、人々を戦慄させた。

関東大震災下の白色テロに、主義者たちはなす術もなく、みずから官憲に保護を願い出る者すらあった。検束をまぬがれた連中も、「たいてい東京を離れて、いずれかに避難をした。あの無目的に昂憤した民衆の愚挙の前には

大正十二年十月四日
難波大助は、周防村の生家に帰った
彼は一切の主義を捨て
今後は父親の命にしたがうと
誓約をして、別棟にこもった
『日本外史』『史記』を素読して
一日、十五日は神社に詣で
床の間の御真影に朝晩、礼拝をする
一日六銭なりのタバコ代
むぎ飯に新香という、粗末な食事にも
文句ひとつ言わなかった

（傍点・京太郎）、やむを得ぬことであった」（加藤勘十『階級戦の先頭を行く』、昭3年）

その暴民の昂憤をこそ、反乱革命のエネルギーに転化させねばならぬのだということを、〝前衛〟はついに思い至らず、ただ恐怖したのである。加藤勘十はいう、「私は焼け爛れた廃墟の中で、すべての社会主義者が懐いたであろう考えを、ひとしく胸に置いた。すなわち、我々は我々の自己満足から覚めなければならぬ。社会主義思想は少しも普遍化されていない、無産者の労働者の貧乏人の、手であり脚であるべき社会主義者たちが、資本の代弁者たる権力者の煽動によって盲目化した民衆のために、住むに家なく追われる等という、こんな馬鹿なことはない、ないはずだが事実は厳然として我々の眼前に展開しつつあるのだ。

　我々はなにをおいても、社会主義の思想よりも、言葉それじたいをモット一般に徹底して、全無産者の血となり肉となるよう努めねばならぬ」

だが、彼の部屋には
復讐の怨念が……
東京日日新聞
大杉栄殺害さる!!
軍人の敵 人道の賊
東京亀戸署に多数労働者殺戮の惨事!!
鬼火のように
殺

総同盟会長・鈴木文治は、加藤勘十よりもさらに具体的に、「労働運動が真に大衆とともに進まんとするなら、高遠の理想をいうことをやめ、もっともっと調子を下げなくてはならない、(関東大震災で) そのことをしみじみ味わった。もっと調子を下げて、いよいよ着実に歩まねばならぬ、非現実的宣言決議などより、まずは現実当面の利害を考えることである」(『震災と労働組合』、大12)

このようにして、関東大震災以後の革命&労働運動は右翼日和見主義に、大きく傾斜していく。だが、けっしてそのようには考えない主義者もいた、難波大助は帰郷の途次、京都の友人の下宿に立ちよって、こう語っている。「内乱をおこせばおこせた、だが社会主義者たちがだらしがないから、何もおこらなかった」

山口県周防村に帰り、転向の擬態をしめしながら、大助はひそかに報復の機会を狙っていた。「前衛の最前衛となって、屏息しかけんとしている社会

革命運動に一点の光をあたえよう」という決意は、この隠遁の期間にさらに強固なものになっていく。

大正十三年二月十四日、第五回予審法廷で、彼はこう述べている。「反動勢力が高まり、震災以降はとくに跳梁バッコしている現状に対し、主義者はいいいいいいい、決してそれに屈伏せぬことを示すためにも、彼らの絶対神聖と見做し、尊崇措く能はざるものにテロリズムを遂行する必要がありました」

そして、彼は**武器を手に入れた。**

父親が秘蔵していた、ステッキ銃を狙って、まずは猟銃の練習から始めて射撃の腕をきたえ、その日が来るのを待った。

十二月二日、歌川克己への書簡。

「――秋の野と鉄砲、都会人にとってそれは、自然美と狩猟の楽天地の様に見えるだろう。しかしいまの俺には、淫売屋の二階より、木賃宿の南京虫の床より、殺風景きわまる世界なのだ。

鉄砲を担いで山を指して家を出、帰るときはいつも手ぶらだ。決意はまだ、おあづかりの中にある、万難を排してこの月末頃には東京の人となりたい。打った芝居が不成功になれば、来年の二月まで待たねばならぬかも知れぬ。もし成功なら、二十三日〜二十五日頃に当地出発のはず……」

　このとき、難波大助の脳裏にすでに摂政宮狙撃の計画は、明確に描かれていたと見てよいだろう。父・作之進は十一日に国会へ出席のため上京。鬼の居ぬ間に大助はかねて狙いをつけた、ステッキ銃を持ち出し、二B型散弾の試し撃ちを、三、四間の距離で（＊六〜七m）何度かこころみているのである。

　……大助はその間、『カラマゾフの兄弟』に読みふけったり、山を歩いて冥想したりという、いえば大事決行の呼吸をととのえる何日間かを、平静にすごしている。

　二十二日朝、客間で彼は書きものをしていて、妹の安喜子を呼んだ。判を

大助は気分転換と称して
狩猟免許を受け
家に秘蔵されていたステッキ銃を
かついでは山に出かけた
鳥を撃ちにいくふりをして
彼は、ひそかに射撃の訓練に励んだ
のちに公判廷で
「一切は決定しました
長い間、探し求め考え求めてきた
絶好の武器が
手に入ったのであります！」
と、陳述している

持ってこいという、作之進があずけていった実印を出してきて渡すと、信用組合から二百円をひき出そうと大助はしたが、組合長に怪しまれて果さず、現金三十円と五円の勧業債券二枚とを持って、午後六時ごろ家を出た。

　むろん例のステッキ銃を、「京都の友人のところで鳥撃ちをするから」と携行、柳井津の友人・梅田与一の家に立ち寄ってから夜汽車で、これも中学時代の旧友である京都の岡陽造を訪問するべく出発していった。そのとき、梅田はステッキ銃の携行をあやしんで大助のあとを追ったが、一足ちがいでとり逃している。

　岡の下宿で読んだ新聞から、十二月二十七日に摂政宮が議会開会に行啓をすることを知り、彼の決意は最終的に固まったといわれる。定説によれば、それまで、難波大助の魂はゆれ動いていたのだともいう。しかし、父は国会議員であり、彼は親しい友達を最後の別れを告げるごとく訪問して、しかも

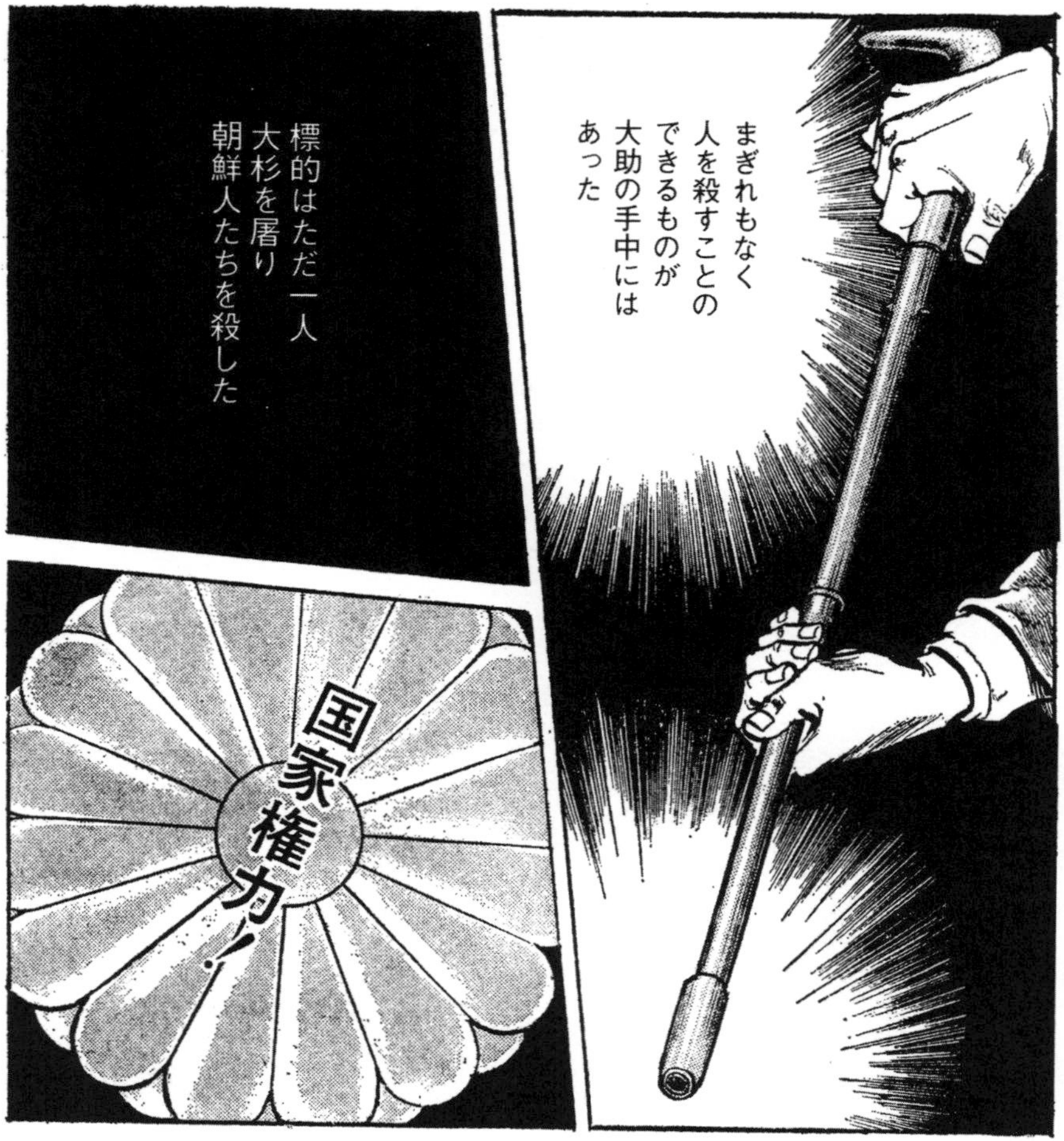
まぎれもなく
人を殺すことの
できるものが
大助の手中には
あった
標的はただ一人
大杉を屠り
朝鮮人たちを殺した
国家権力!!

決行のことを一言も洩らしていない。おまけに、岡とはささいなことで口論したあげくに、絶交を宣言している。大助が憤激して去ると、入れちがいに柳井津から梅田がやってきた。

　二人は京都駅まで出向き大助が乗りそうな上り列車を監視したが、ついに姿を発見できなかった。それも当然、本人は駅へはいかず、府立図書館にあらわれて、〝大事件〟の新聞記事をいまいちど丹念に、読み返していたのであった。

　それから、おもむろに大助は行動をおこす。友人たちに片端から絶交状をしたためて、たとえば岡宛の末尾にはこう書き添えた――

岡陽造ガ革命家ニ非ザル
証明書ナリ
君ガ権力ヲ恐レルトキ
君ヲ救ウ唯一ノ証明ナリ
大切ニ保存スベシ

悪夢は去った
いま俺は
この地上で
最もすばらしき夢を
光の裡に見ている——

忌
労働運動社
印刷信友会
関東鉄工
小川未明

第四十二回

戦士、蒼穹を截る

「遺骨盗難事件」の謎

京太郎、大正革命史をめぐる数々の疑問を提起してきたが、いわゆる遺骨盗難事件、大杉栄の霊前から骨箱を、右翼の暴漢が攫って逃げた、と称する一件についても、〝正史〟とは見解を異にする。

中央公論社版『日本の歴史』（第二十三巻・大正デモクラシー）によれば、

［告別式を数時間後にひかえた十二月十六日の朝方、本郷・駒込片町の労働運動社を、見知らぬ三人づれが九州の同志だが焼香したいとたずねてきた。代表格の男は紋付に袴をつけ、福岡県飯塚炭坑・下鳥繁造と名刺を出した。霊前に通されると、その男は焼香したのち、すきをみて大杉の遺骨を奪い、ピストルでおどしながら（略）、表の通りに待たせてあった自動車に乗って逃

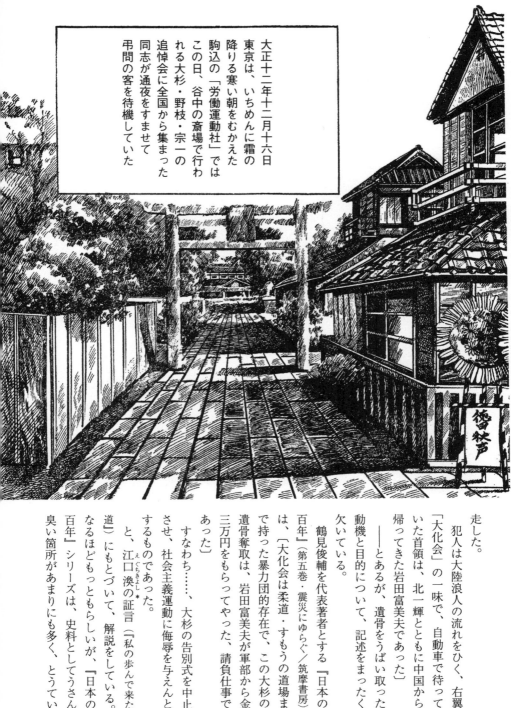

大正十二年十二月十六日
東京は、いちめんに霜の
降りる寒い朝をむかえた
駒込の「労働運動社」では
この日、谷中の斎場で行わ
れる大杉・野枝・宗一の
追悼会に全国から集まった
同志が通夜をすませて
弔問の客を待機していた
徳田秋声

走した。

犯人は大陸浪人の流れをひく、右翼「大化会」の一味で、自動車で待っていた首領は、北一輝とともに中国から帰ってきた岩田富美夫であった」

――とあるが、遺骨をうばい取った動機と目的について、記述をまったく欠いている。

鶴見俊輔を代表著者とする『日本の百年』（第五巻・震災にゆらぐ／筑摩書房）は、「大化会は柔道・すもうの道場まで持った暴力団的存在で、この大杉の遺骨奪取は、岩田富美夫が軍部から金三万円をもらってやった、請負仕事であった」

すなわち……、大杉の告別式を中止させ、社会主義運動に侮辱を与えんとするものであった。

と、江口渙（えぐちきよし）*の証言（『私の歩んで来た道』）にもとづいて、解説をしている。

なるほどもっともらしいが、『日本の百年』シリーズは、史料としてうさん臭い箇所があまりにも多く、とうてい

そこへ、招かれざる客が三人……
ご免くだされい！
彼らは、九州の炭坑からやってきた労働者だと名乗った

信用できかねるのだ。

たとえば、遺骨奪取の犯行を〝その前夜〟としてみたり、告別式の情景を「盛大かつ悲壮、大杉栄万歳の叫びと革命歌の合唱で終った」などと、見てきたような嘘を書いている。実際は、会場を固めた警官隊の規制で、挨拶もままならなかった。そのことの悲壮さこそ、再び襲う革命運動の冬の季節を象徴していたにもかかわらず――

〝左翼史観〟のこうした欠陥、事実誤認のよって来るゆえんは、一つには大正アナキズムへの無知（無関心）、いま一つには、〝右翼〟に対するぬきがたい偏見にある。

すでに本篇で描いたように、左右の烈しい対立の一方に、ヨッフェ来日をめぐる大杉栄・北一輝の見解の一致、「有力な愛国者」との共同戦線の提唱（大杉『日本の運命』）等々、〝左右を弁別せざる状況〟もまた、確実に存在したのである。

さらに一歩をすすめるなら、左翼と

座敷に
上がりこむと
やにわに骨壺を
うばい取って

右翼の革命競争の時代と、一九二〇〜三〇年代を規定してもさしつかえあるまいと、京太郎は思う。

柔道・すもうの道場まで持っているから暴力団などと、ひ弱なインテリのコンプレックスを露呈する、『日本の百年』ふうの滑稽はさておいて、いますこしとらわれぬ眼で、カッコヌキの右翼を見なくてはならない。大杉遺骨奪取の〝主犯〟、岩田富美夫とはいかなる人物だったのか？

そして、「大化会」とは……

荒牧退助という名前を、読者諸君はご記憶だろうか？　安保闘争の直後、首相を辞職したばかりの岸信介の尻を〝ホンノチョイト〟、短刀でえぐった老右翼がいた。

顔面蒼白となり失禁した、岸の顔はみものだったが、この犯人がすなわち荒牧退助、「大化会」の生きのこりである。

岩田富美夫は、大アジア革命の夢想をいだいて、満州から中国大陸へ浪々

大杉栄の骨はわしが貰っていく、寄るな寄ると撃つぞ
おう、撃つなら撃て！

の旅をつづける間に、『国家改造法案』を上海で執筆中だった北一輝の知遇を得て門下生となり、大正八年の夏まで北と共同生活を営んだ。

同年八月二十三日、満鉄の東亜経済調査会に籍を置いていた大川周明は、上海に北をたずねて、日本への帰国を要請する。

九月の初頭、岩田は北の名代として『国家改造法案』の草稿をたずさえ、日本に帰って、大川らの「猶存社」にこれをもたらすのである。いうならば彼は、〝右翼〟理論革命の原点に立ち会った一人であり、当然その思想も、「暴力団的存在」などと粗雑にくくり棄てられる水準にはなかった。

たしかに、岩田は俗にいうところの大陸浪人であり、理論より行動の人であった。（かわぐちかいじは、作者の意図とは逆に、容貌魁偉なゴリラ風に彼を描いてしまったが、印象（イメエジ）としては正しいのである）

大正八年極月の三十一日、ようやく

コ、コン
畜生オ！
どさくさまぎれに
風をくらって、
闖入者たちは
姿をくらまして
しまった

帰国した北一輝は、「猶存社」の盟主として、翌九年から国事に奔走する。〝宮中某重大事件〟を初め、その暗躍明動は本篇ですでにご紹介した通り、「大化会」はその青年組織・実力行動部隊として同年春四月、岩田を中心に創立された。

綱領、〔日本の合理的改造、奴隷的旧思想の排撃、貧富の差別なき国家の建設、この大理想のもと、会員は天下何者をも恐れず、正義の審判最も峻厳なることを誓明す〕云々。

本篇ご愛読のむきは、これまた先刻御案内の通り、北一輝と大杉栄とは、かつて親交を結んだ仲であり、アナキスト山鹿泰治は北家の居候であった。また、朴烈とも縁あって、関東大震災直後にかくまってくれと朴烈は、北の邸に駈けこんでいる。

その北一輝の門下生、側近ナンバーワンの岩田が、大杉の骨を盗むという挙に出たのはなぜか？

京太郎おもうに、北と岩田の間には

大杉栄　伊藤野枝　橘宗一

ある種の隔意が生じていた。おそらく大正十二年、ヨッフェの来日をめぐる北と大川周明の確執に、それは関連をしているのである。

赤露潜入に失敗して……

春まだ浅きシベリアで、荒畑寒村は〔不思議な事件を経験した〕（『自伝』下巻）。大正十二年四月十三日、チタ郊外の監獄で、寒村はイワタフミオというスパイ容疑で収監中の日本人を、ソ連当局の依頼をうけて、〔この私が取調べる！〕ことになったのである。以下、『寒村自伝』の記述を抄略してご紹介する。

〔スパイだという積極的な証拠がある訳でもなく、或は単に政治的冒険者にすぎないのかも知れぬ、とにかく一応調べてくれぬかと頼まれたのである。もし岩田富美夫なら、右翼として名の知られた男だ。

それを、この私が取調べる！　妙な廻り合わせだと思ったが、犯罪事実が

骨の無い永別……
この日午後一時
岩佐作太郎の司会で
はじめられた追悼会は
開会の宣言当初から臨監の
官憲によってさえぎられ
「弁士、中止!!」の声に
圧殺された
難波大助の指摘した通り
社会主義運動は
白色テロルによって
まさに屏息したのである
悼追

なければ国境の外に追放するだけだというので、意を決して引受けた〕

〔私はロシアの一将校と共に、馬車で町外れの監獄へ行き、応接室で待っていると、精悍な日本人青年が兵士用の長い外套を着て現われ、私たちは卓を隔てて相対した。

彼はむろん、私が何者であるか知る由もなく、ただ同国人に会えたことが嬉しかったのだろう。激越な口調で語り出した。欝積した感情が爆発した、そのいうところによると、共産主義者として入露を志し、堺利彦の片山潜にあてた信任状をもって、大正十一年の十一月にチタに着到をした。

そして最初は、大いに当局の歓迎を受け、革命委員会の会合にも招待されたりしたが、突如スパイの嫌疑で逮捕投獄されたまま、今日まで一回の調べすらなく、ずっと監禁をされているというのである……〕

〔だが、それも当然で、彼の信任状は実は偽造であり、それが発覚したから

大杉の骨を盗んだのはかの右翼四人幇の一人である岩田富美夫の主宰する右翼団体・大化会のメンバーだった
紋付の拳銃男は下鳥繁蔵他の二人は寺田稲次郎、江浜伝
下鳥はその場で和田久太郎らに取りおさえられ寺田と江浜とは警視庁に自首したが
骨のゆくえはようとして知れず主犯と目される岩田も姿をかくしてその奇矯な行動の目的も動機も分明ではなかった
すでに本篇で述べたように岩田は、赤露潜入に失敗して強制送還され
この年七月日本に帰っていたのだが
恩師・北一輝との間に感情の齟齬あり

逮捕されたのであった。その点を指摘されると、彼は率直にハルピンの友人と謀って信任状を偽造した事実を認めながらも、他に入露の方法がなかったからだと弁解した。

　そして、自分のような赤心をもって入露した者を、不名誉なスパイ嫌疑で投獄するのは間ちがいだ、すぐに釈放するべきだという。私は彼にいった、

「だが、ロシアの官憲には君が果して同志であるか否か、判断できないではないか。彼らはただ信任状によって、君の入国を許したのだ。それが偽造とわかった以上、スパイと疑われるのは当然というものだろう」

「ただ、決定的な証拠はない。そこでとり得る唯一の手段は、〝好ましからざる人物〟として君を国外に追放するしかない。釈放については可能な限り尽力するので、命にしたがって退去をしたまえ」

　ところが、彼は国外退去に容易には肯んじなかった。どうしてもロシアに

右翼団体も、関東大震災を機として
〝小党分立（ぶんりゅう）〟の様相を呈し
昭和維新の三〇年代へと、錯綜・対立
連動していくのである
大統社

止まりたい、遥かに祖国の革命と策応して働きたいという〕

〔私は重ねて、君がどんなに頑張ろうとも、この国の官憲が置かないという以上は仕方があるまいと、さらに説得した。けっきょく彼は譲歩して、露満国境を出れば、ただちに日本の官憲に逮捕される危険がある、中央アジアのあたりで追放してもらいたいと、渋々ながら承知をした。

　彼・岩田富美夫の一件が、どう解決したのか私は知らない。しかし、私が帰国してみると、「大化会」とかいう右翼団体でハデに活動しているので、無事に日本へ戻れたのだなと、納得をしたことだった〕

　赤露潜入のさい、共産主義者であると岩田が名乗ったのは、むろん擬態であったのだろう。しかし見方をかえていうなら、〝革命の祖国〟ロシアに、左右を弁別せざるあこがれ、もしくは共闘の志を、岩田は抱いていたのではなかったか？

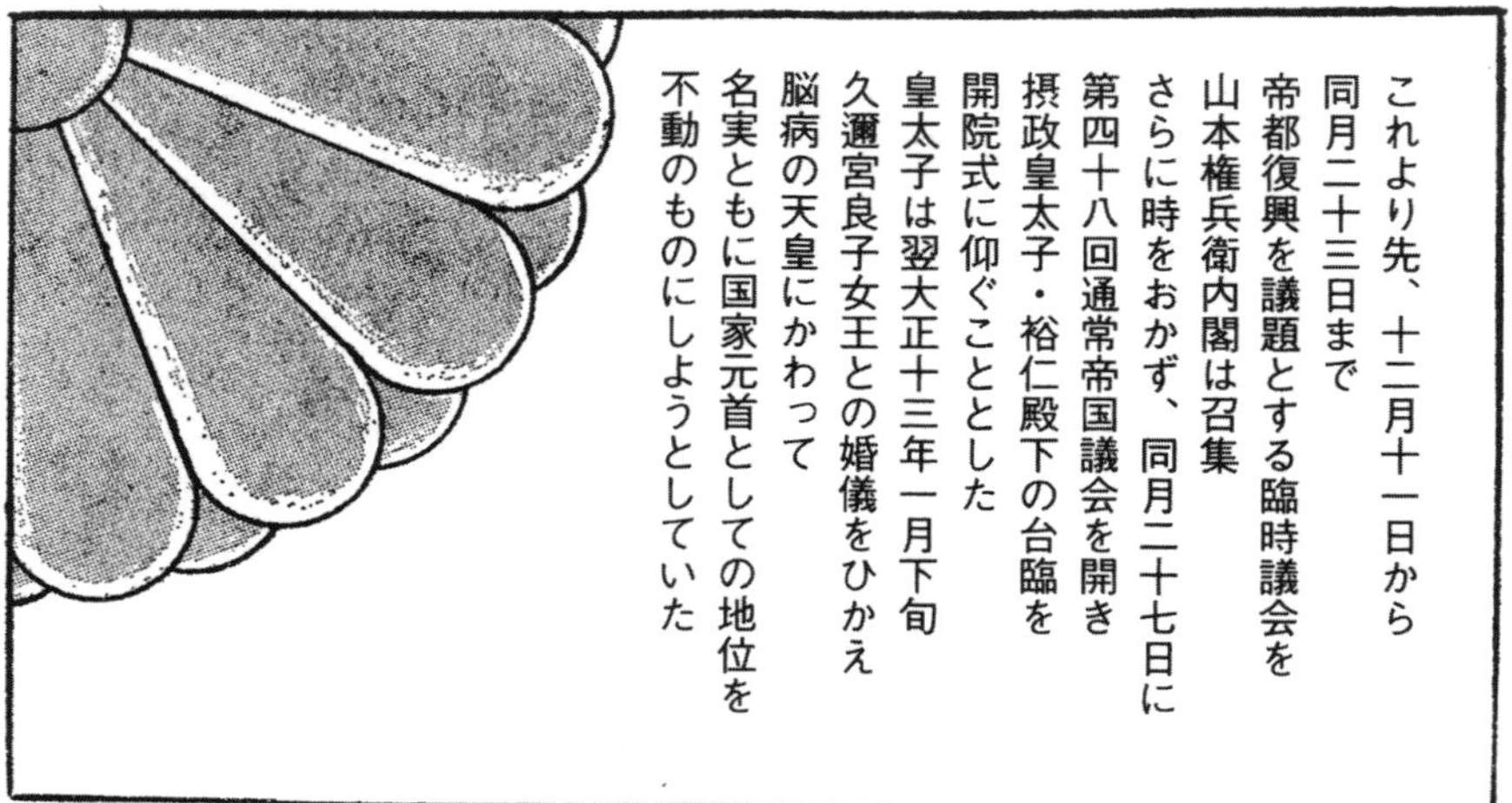
これより先、十二月十一日から
同月二十三日まで
帝都復興を議題とする臨時議会を
山本権兵衛内閣は召集
さらに時をおかず、同月二十七日に
第四十八回通常帝国議会を開き
摂政皇太子・裕仁殿下の台臨を
開院式に仰ぐこととした
皇太子は翌大正十三年一月下旬
久邇宮良子女王との婚儀をひかえ
脳病の天皇にかわって
名実ともに国家元首としての地位を
不動のものにしようとしていた

この日、皇太子は
東宮御所の
赤坂離宮を
午前十時三十分に
出発して……

すくなくとも、師の北一輝のような徹底したソヴィエト・ロシアに対する敵意を、岩田は持たなかった。天性の〝革命浪人〟である彼は、自分の眼でその国と革命のありようを確かめなくては、善と悪のけじめをつけかねるという思いがあったのだろう。

別の理由で、北一輝と離れていった清水行之助（岩田と並んで車の両輪といわれた）に先んじて、「大化会」はキタ・イズムと微妙な喰いちがいを見せはじめていた。

大杉遺骨奪取の真意、それは軍部や警察から依頼をされての請負に非ず、拳銃をとりあげられ、袋だたきの目にあいながら、下鳥繁造が絶叫をした、「無政府主義者とあろう者が、宗教的儀式をやるとは何事か」という言葉につくされている。

山鹿泰治のノート、「その言い分はもっともな話で、われわれは儀式などやる気は少しもなかった。だから骨は棚に置いてあって、みな背中をむけて

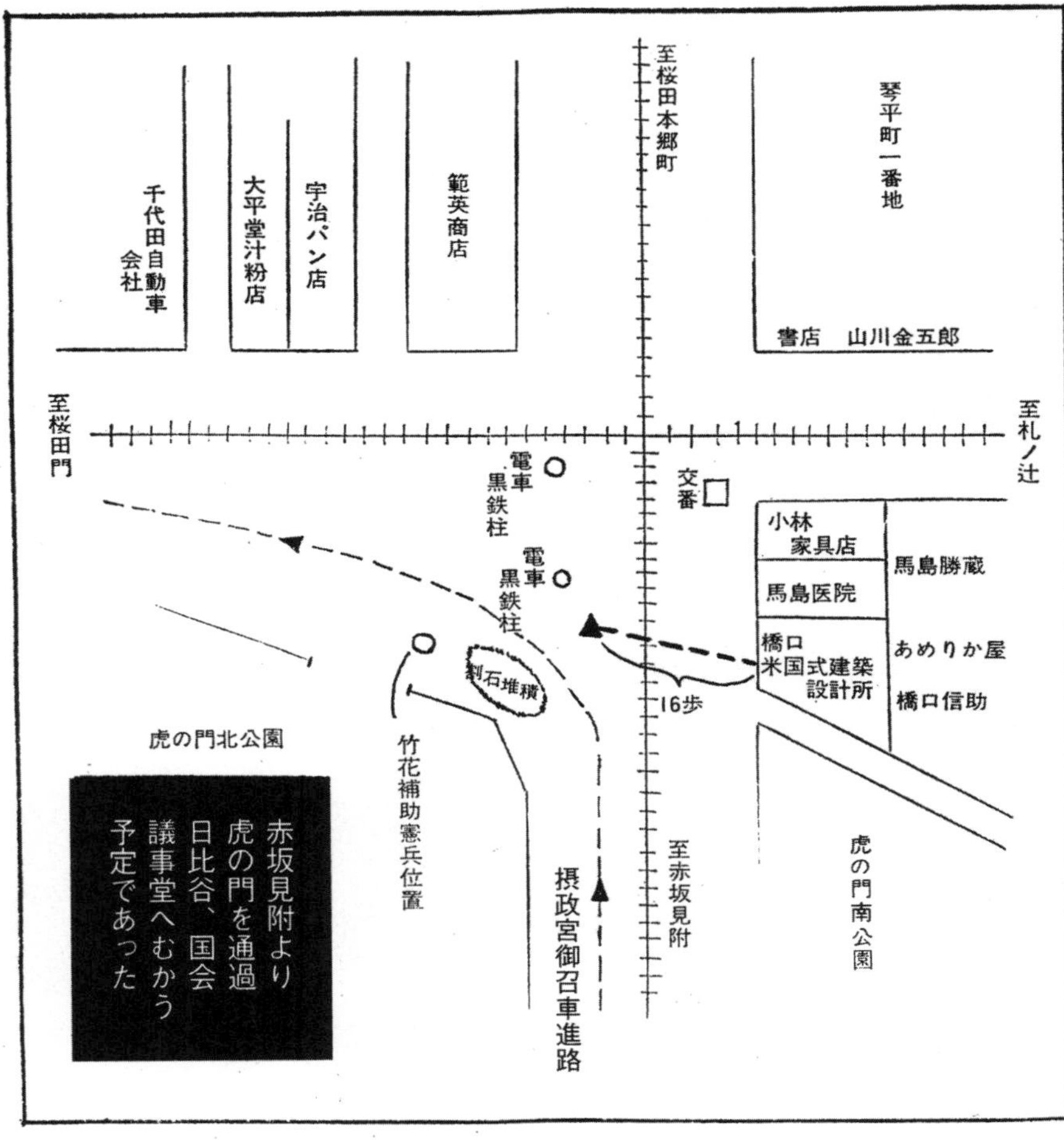
至桜田本郷町
琴平町一番地
千代田自動車会社
大平堂汁粉店
宇治パン店
範英商店
書店　山川金五郎
至桜田門
至札ノ辻
電車黒鉄柱
電車黒鉄柱
交番
小林家具店
馬島勝蔵
馬島医院
橋口米国式建築設計所
あめりか屋
橋口信助
割石堆積
16歩
虎の門北公園
竹花補助憲兵位置
至赤坂見附
虎の門南公園
摂政宮御召車進路
赤坂見附より
虎の門を通過
日比谷、国会
議事堂へむかう
予定であった

メシを食っている間に、盗まれたのである。もともと大杉の葬儀は、示威のつもりであったのだ」（向井孝『山鹿泰治 人とその生涯』）

——十二月二十五日、岩田富美夫は大杉の骨箱を花で飾って抱きかかえ、警視庁に単身自首して出た。緘黙していっさい語らず、〝骨泥棒〟の動機は彼の心の深層にたたみこまれ、無告の闇に沈んだのである。

二十七日、警視庁から大杉の遺骨が見つかったので取りにくるようにと、「労働運動社」に通知があった。村木源次郎が十一時ごろ、特高課長の室をたずねたが、机に丼が一つ載っているだけで誰もいない。

警視庁全体が森閑と、不気味にしずまりかえって、何やら異様なふんい気だった。

村木は課長の親子丼を食い、給仕に茶を持ってこさせ、三十分ほど待っていたがついに誰もあらわれないので、そのまま帰ってきてしまった。表では号外の鈴が鳴り、大事件が突発をした

かのごとくであったが、れいの悠長な性格で、村木の源ニイは気にとめず、夕刊をみてはじめて愕然とした、そこには——

今朝、開院式に行啓の途上
怪漢、摂政宮を狙撃す！

と、大見出しが躍っていた。

大正十二年十二月二十七日

難波大助の手紙、〔……俺にとって最後の日を迎えた、テロリストとしてついに立つ時が来たのだ。俺は主義のために友を裏切る、おそらく君が予期していただろう行為を俺は断行する、一九二三・一二・二七、emperor の息を襲撃す。

同志ならぬ友よ、権力者の邪すいを恐れる勿れ、君は革命家ではない〕

京都の友人である岡陽造にも、そう書き送ったように、大助は歌川克己、梅田与一ら、親しい友に〝絶交状〟をしたためている。それは、当局の追及から彼らを免責する配慮であり、真に

二十七日、早朝
難波大助は夜行列車で
東京駅に到着
京都でしたためた
友人への手紙
新聞社宛のテロ決行趣意
など十数通の書簡を
中央郵便局から発送した
〝大事〟を決行するにあたって
心は不思議に平静であった
歌川克己への最後のハガキ
「この落ち付きを見よ
これから決行に
出かける所だ
さらば友よ、健在なれ」

一個のテロリストとして、大事を行う決意の表明であった。

さらに大阪朝日・毎日、東京日日の『近時片々』子、日本労働総同盟、東京朝日学芸部の新居格、国民新聞の馬場恒吾、改造社気付で藤森成吉宛と、計七通のテロ決行宣言。

〔権力階級の圧制と暴虐の道具、資本主義の搾取と非人道の守本尊なる天皇一族の存在は、日本の社会革命を遂行するに当っての最大妨害物、吾人青年共産主義者は、死を決して天皇一族の鏖殺（おうさつ）に力を尽すことを宣言する〕

予審調書によれば、大助はその場で射殺されることを覚悟し、「狂人あつかいされぬため」「内閣がこの事件を機に倒れた場合、他政党の手先という誤解をうけぬため」「自分の主義者としての立場を明示するため」に、決行宣言を新聞社、ジャーナリストに送ったのだと陳述している。

東京駅には、二十七日午前八時半に到着した。しばらく駅構内を散策し、

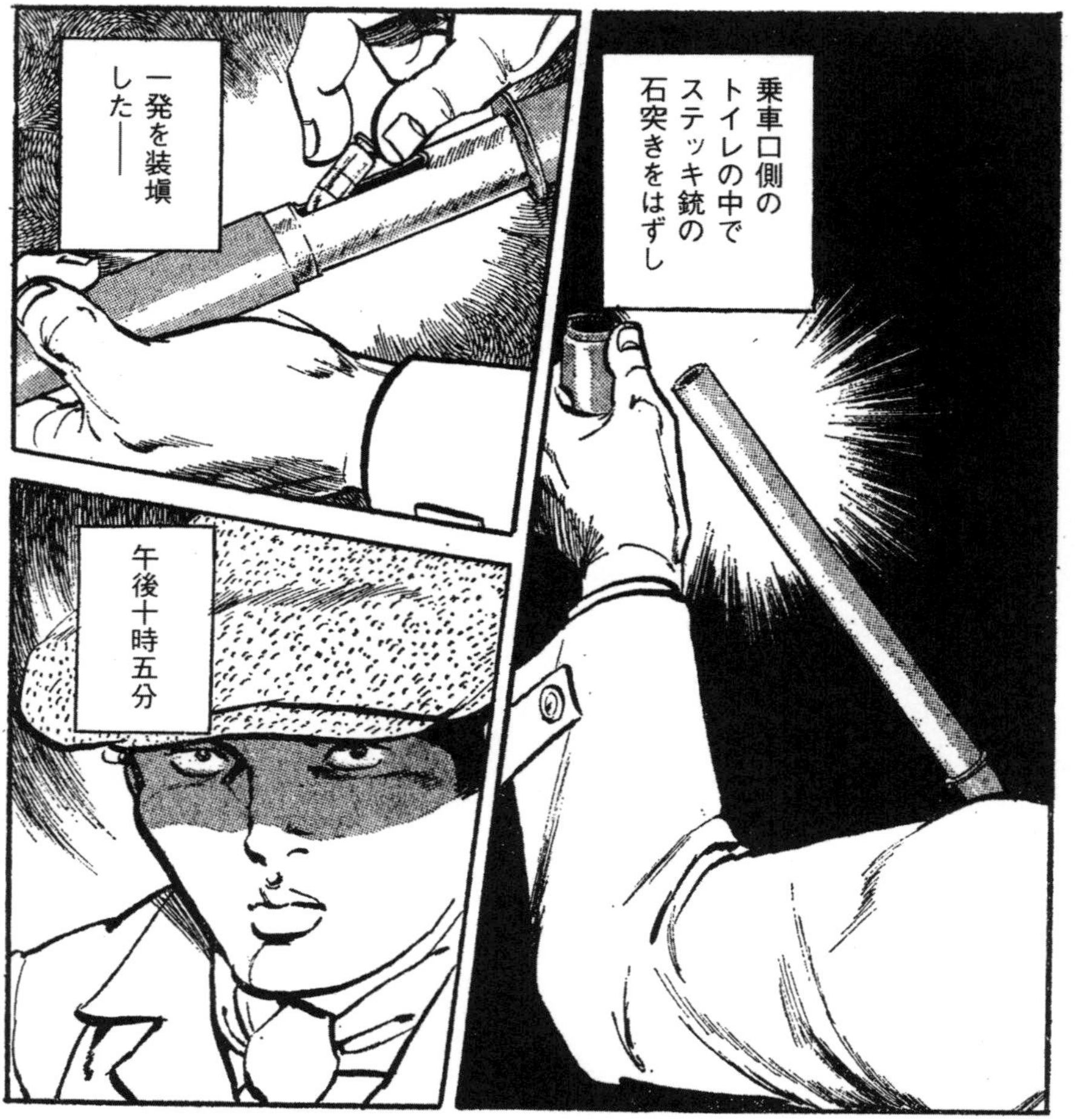
乗車口側の
トイレの中で
ステッキ銃の
石突きをはずし
一発を装塡
した――
午後十時五分

丸ビルの周辺を歩いて、十時五分すぎ
目的地へむかう。
かくて摂政狙撃、〝虎の門事件〟は
幕をひらくのであるが、決行のクライ
マックスは次回にゆずって、断片的に
本篇に収録してきた、大助の父親宛の
遺書を、略全文掲げておこう。

激怒せず初から終りまで
読まれたし（と冒頭欄外に）
× 親といふものの存在に呪ひあれ。
私は、不孝者で沢山だ。親といふ
権威者に対して、私の憎悪をたたき
つけておくことは、極悪非道の者と
しての私の義務と存ずる。
× 聞けばあなたは、食事も取れず、
精神に異常を呈するほど、やつれて
おる由。
それを聞いてすら私は冷然と、涙
一滴落さない。何故か？
× 専横と貪欲――それは私の終生を
通じて、最も憎むべき敵であつた。
あなたの専横から、私の反逆は生ま

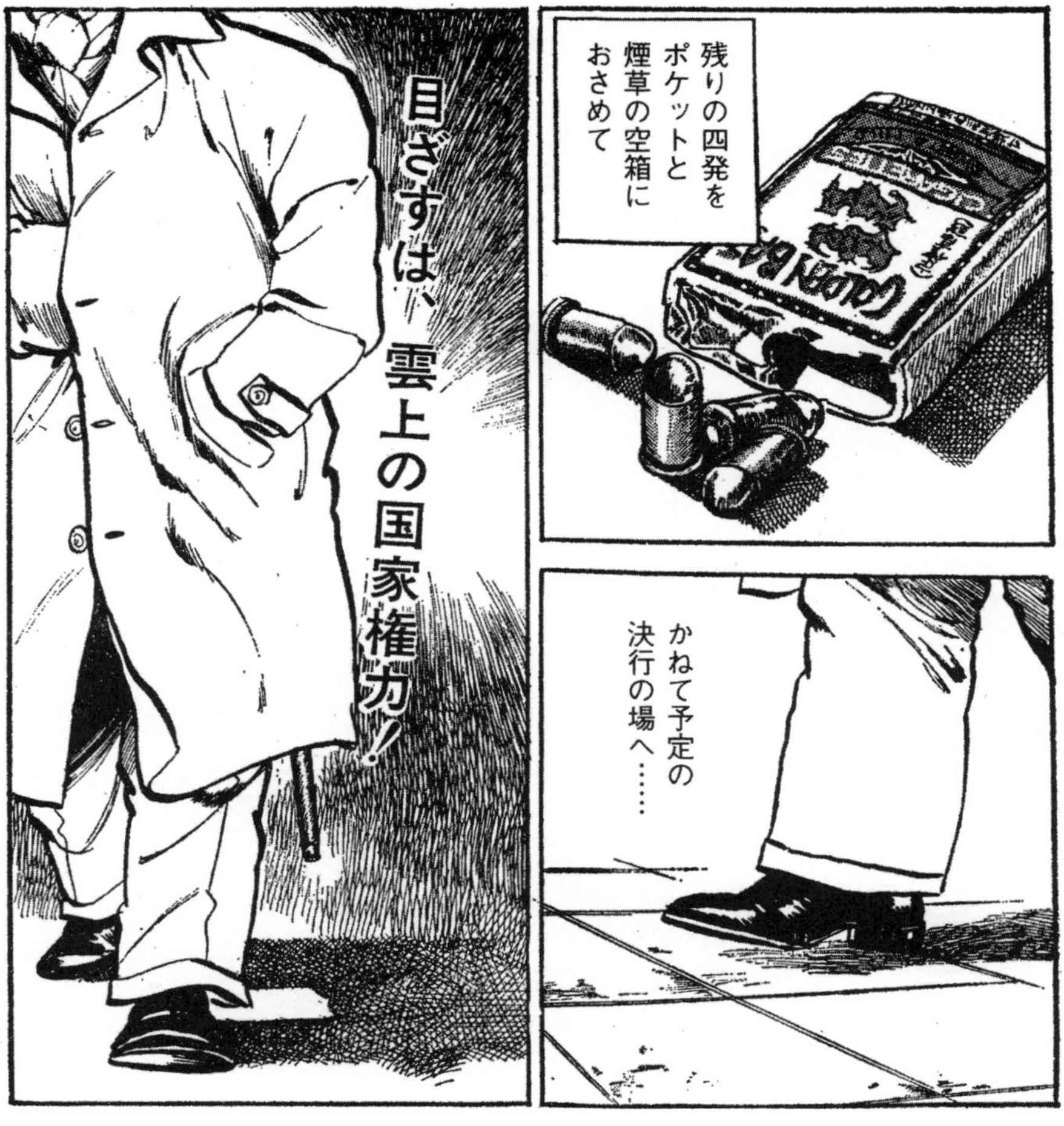
残りの四発を
ポケットと
煙草の空箱に
おさめて
かねて予定の
決行の場へ……
目ざすは、雲上の国家権力！

れた。そして、あなたの貪欲が私の社会主義思想を生んだ。

×

因襲が私に、絶対的服従を強いてゐた間、あなたは頗る安全だつた。醜い服従の「美徳」が、私の智識の一撃の下にじゆうりんされた時に、今迄の農の羊は人間となり、獅子となり反逆者となつた。

俺は息子のために、あれ程尽してやつた。それなのに彼は、斯の如きことを敢へてした。社会の人々に、あなたはさう弁明するだらう。人格高潔、温厚篤実の紳士であり得るであらう——。然し私といふ裁判官の前に立つたあなたは、最大の偽善者たるの「名誉」を担う以上の資格はありませぬぞ！

×

曾て、あなたの威光に恐れてゐた私は、狂人の真似すら敢へてした。此度の事件に於て、あなたの結構な陳述のお陰で、私は再び狂人扱ひにされようとしました。

まことに滑稽千万、だがご安心を

いただき度い。私はこれまで狂人でなかつたのと同様に、今なほ決して狂人ではありませぬ故。

×　母親の早死は何故ですか?

健亮（弟・桝谷健亮）や、義人兄（兄・吉田義人）が、金持の養子にやられたのは何故ですか?

今時のものは、女学校へやらねば嫁に貰い手がないと考へて、資格をつけるためにだけあなたは安喜子を女学校にやつた。大黒柱である正兄（長兄・正太郎）でさへ、あなたに倹約を強要され、歯を入れることをせず、奥歯を台無しにした。

×　若しも正兄が、あなたを強く説かなかつたら、私は中学処ではなく、小僧奉公にやられていた。あなたは口癖に云はれた、倹約せよ倹約だ。私の教育など眼中になく、ひたすら吝嗇であつた。

あなたの言葉から想像して、私は一家は早晩破産の運命にあると思いこんでゐた。

午前十時四十分
摂政宮のお召車は
虎の門にさしかかろうと
していた

×

然るに驚くべし！　あなたは世の金満家並みに、代議士選挙に立候補した。私が信じてゐた貧乏人では、あなたはなかつたのだ、名誉を買ふために万金を惜しまなかつた。

一切は判然とした。あなたの醜い利個心、貪欲と専横の犠牲となつた兄弟姉妹の内より、反逆者が一人位出たからと云つて今さら、驚くにはあたらない。

×

世間のまぬけは云ふだらう。

あんな立派な家から、あんな極悪非道が出た、と。だがこれは自然の摂理、避けることのできない因果と云はねばならぬ。

×

かくて、すべては終つた。

私が主義者となり、虐げられたる多数無産者のために一死を決して、事をなすに至つたのは、あなたから負ふ所が頗る大きいのである。

その点で、あなたはまさしく私の恩人だ。然し、労働者が資本階級のお陰で社会主義者になつたから、と

云ふて資本家には毫も感謝せざると同様、私は私の「恩人」に全く感謝していない、そのお心算で。

×　一切は終つた――。

あなたの息子は死刑の宣告を受くべく、牢獄の中にいる。そしてこの期に及んで、あなたは家の体面上と云ふ理由で私を除籍し、分家の戸主とした。

本家は数万円の資産家で、分家は鉄窓内の三畳間という実に珍無類の現象を、戸主としては呵々大笑するのみである。

×　まるで、人間の世界に住んでおる様な心もちがしない。

一切の奴どもは、それは〈立派な家〉に住む輩を指すのだが、人間であることを忘れ、死霊に支配されている傀儡である！

（遺書・つづく）

革命万歳、呪いの日本帝国よ人民の怒りを思い知れ！

大正十二年十二月二十七日
宮内省公表（午後一時）
――今朝、摂政宮殿下
議会開院式ニ行啓ノ御途中
午前十時四十二分、
虎之門跡ニ御差シ掛カリ
遊バサレタルトコロ
一兇漢（日本人）、御召車ノ
右方ヨリ仕込枝銃ヲ発射
窓硝子ヲ破損セルモ

第四十三回　一個のテロリストとして

父親への遺言（承前）

× 然し要するに、兎に角――、私にとつての一切は終つた。その人間が今更ら、自分の事を云々した所で、追いつく話ではない。が、未だ終らざる生きた人間が、貧しく虐げられたプロレタリアが残つてゐる。

　この生きてある人間の為に、私は敢へて極悪非道者たるの本性を発揮して、〈立派なる家〉の戸主であるあなたに対して、毒づかざるを得ぬといふことなのである。

× あなたの今の態は何であるか！

　――精神に異常を呈する程、衰弱しておる。世間の頑迷輩は、これを聞いて、益々感心するであらう。

　然し、私は要求します。昔、息子たちを大声で叱咤された時の様な、元気潑溂たる状態にかへる事を要求

します。

× 親類の馬鹿どもの口車に乗つて、祖先の名誉とか世間への遠慮とかのために、私という生きた屍を、戸籍から除くといふ様な、形式的なことではなく——

せめて、身辺の生きた人間をより幸福にするために、あなたは努力をするべきです。

× 抑々、私の此度なした事と、何の関係があなたにあるのでせうか？あなたはこの事件に、何一つ直接の責任はありません。まして、弟妹に於ておや。

健亮が若し希望なら、桝谷から除籍し、自由な立場にしてやつた上で学問を続けさせてやるのです。又、安喜子にしろ、小遣いも禄にやらず女中代りに使用するといふ様なことをせず、彼女が希望をしている女子大学へ進学させてやることです。

× 美好君（従兄の鷲津美好・貧しい縁者の子として、難波家に寄宿していた）

殿下ニハ、全ク御安泰ニアラセラレ

も、何時までも下男代はりに使用をせずに、一家の独立主として遇するのが当然ではありませぬか。其他、あなたのなされることは多々残つておる。

衰弱し一層老耄されるのではなく、この度の私の事件を機にむしろ若返り、活動的生活に入られることを、切望して止みませぬ。

×この様な私の言は、家族・縁者に対して専制君主であつたあなたに、まさに狂人の言と響くでせう。然し私だけが特別に、あなたに反抗していると思はれたら大間違いですぞ。あなたに褶伏している者の、恐らくすべてが、ほぼ私と似通つた考へを抱いておるのです。

×一切を解放へ——

束縛から自由へ、専横と貪欲から博愛へ。私の切望することは、所詮これに過ぎないのです。

人間は羊ではない、鉄鎖も人間を縛ることはできないのです。暴圧に

……と、宮内省は
発表したが
お召車は
フルスピードで
現場から逃走した――

対する反撥力の所有、一個の人間の力に戦慄せよ！

×　あなたはまさに、私といふ人間の性質をご存知ではなかつた。否や、人間全体の本質を、ついにご存知でなかつた。

あなたの訓戒、あなたの滑稽なる命令、それが私にどれほどの効目があつたのです？　最後に、あなたを試みたのは、逆に私であつた。私は私の意志の命ずるところに従つた、あなたの権威にではなく――。然うして、私ばかりが人間ではないのであります。

×　私ばかりが人間ではない、一年中汗水たらして得るものは何もない、あなたに哀訴嘆願して、無慈悲にもはねつけられる、あの小作人たちも人間です。

小作人たちは、表面ではあなたを尊敬し、恐れている様に見えます。が、その偽りであること、ドス黒き憤懣が胸の奥底に渦巻いていること

運転手・隅元一郎は咄嗟の判断で
車をジグザグに走らせ
摂政の生命を救ったにもかかわらず
皇族の威信を傷つけたという理由で
免職の処分を受けた
隅元は以来、神経衰弱となり
家に閉じこもって脱殻のように暮し
三年後にひっそりと死んだ
また、裕仁が恐怖のため
車中で棒立ちとなり震えていたのを
現認した憲兵や警官たちは
厳重に口止めをされたのである
宮内省発表――
殿下ニハ些ノ御障リモアラセラレズ
ソノママ開院式ニ臨マセラレ
勅語ヲ賜リ、終始御気嫌ウルワシク
午後零時十分、還啓遊バサレタリ
兇漢ハ直チニ
逮捕セラレタリ

私と同様なのです。

× 時代は滔々として進み、一切の不正と搾取と専横が、やがて審判される日がくるでありませう。さうですあなたの軽蔑する人間の手で、富に奢り、権力に驕る者共は死刑を宣告されるのです。

紳士の与論何するものぞ、作られたる偏見に遠慮し、恐怖することをやめ、来るべき無産者の怒りを思ひ恐れるがよい！

間もなく一撃の下に、偏見は叩きこはされるであらう。然して、貪欲なる金満家、専横なる紳士・貴顕の生首が、梨の実の様に諸木に吊下げられる時が来るであらう。

× 人間を愛せよ。一時的なる与論の流れ、反動の潮に抗する唯一の道は人間に対する愛であり、その確信であります。

父上、私はあなたが決して鬼畜の如き悪党ではなく、人間のよき魂を持つていることを認めた上で、かく

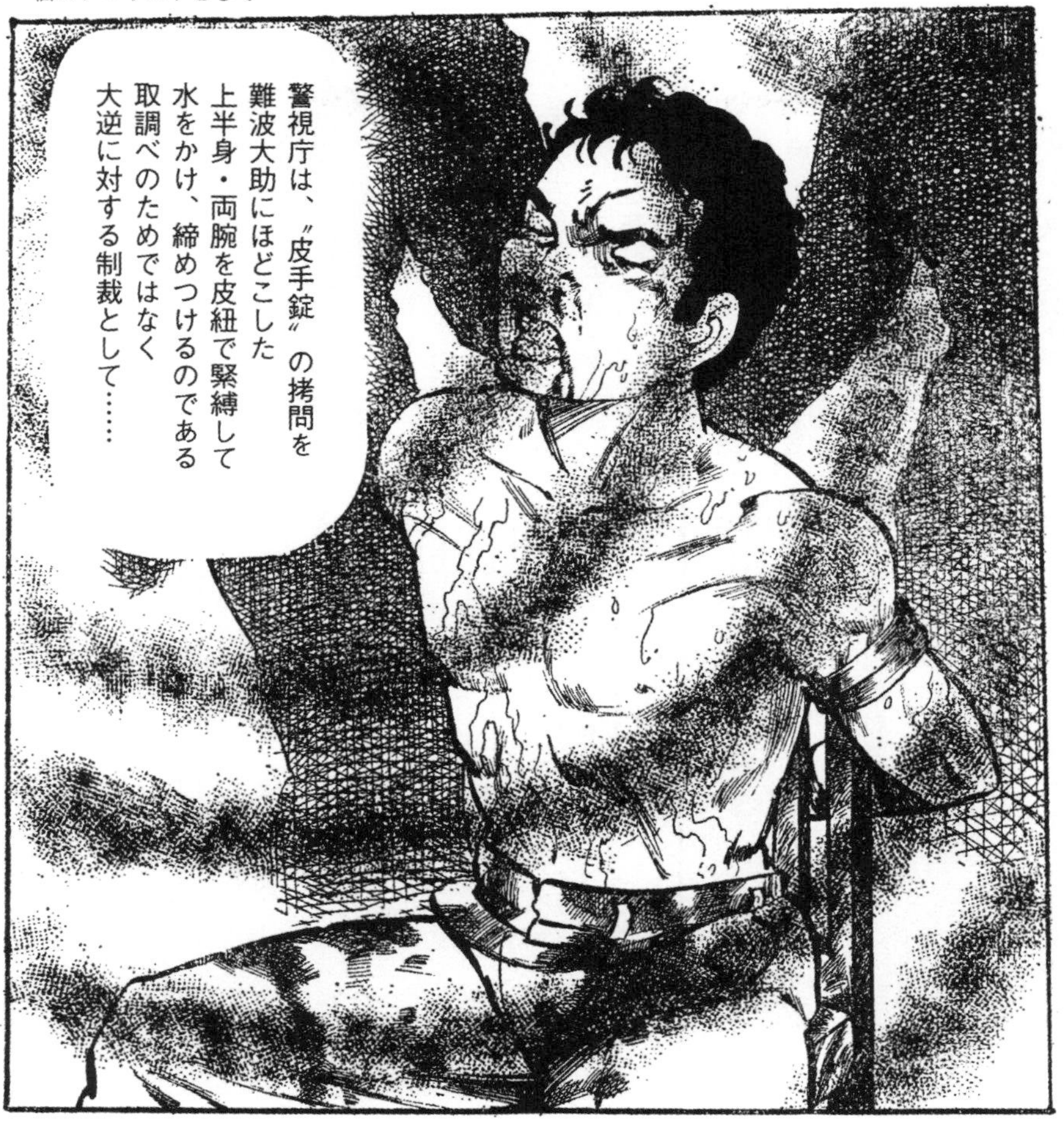
警視庁は、〝皮手錠〟の拷問を
難波大助にほどこした
上半身・両腕を皮紐で緊縛して
水をかけ、締めつけるのである
取調べのためではなく
大逆に対する制裁として……

言ふのです。私はただ、死に臨んで私以外の何人もあなたには言はぬであらうことを、真実の叫びを叫んで置けば、それでよいのです。

× 私は終始一貫して、精神の平静を保ち、主義への信念は毫も曲げず、動揺しておりませぬ。身体もしごく壮健で、確実に私を絞首台に送るであらう公判の一日も早からんことを願つております。

　司法官の公平であり、看守諸君の親切であることは、この上なき喜びです。私は死を決して恐れず、従容として絞首台に上ります。その点は充分ご安心下さい。但し国家権力の判決に恐れ入つてではなく、燃ゆる増悪を抱いて死に就くのである、といふことをご承知置きを――

　悔悟は罪人のすることです、私は罪人ではなく、社会正義の先駆者としての誇りの中に死にます。

× 〈汚れた骨〉を、あなたはむろん引き取られないと思ひますが、万一

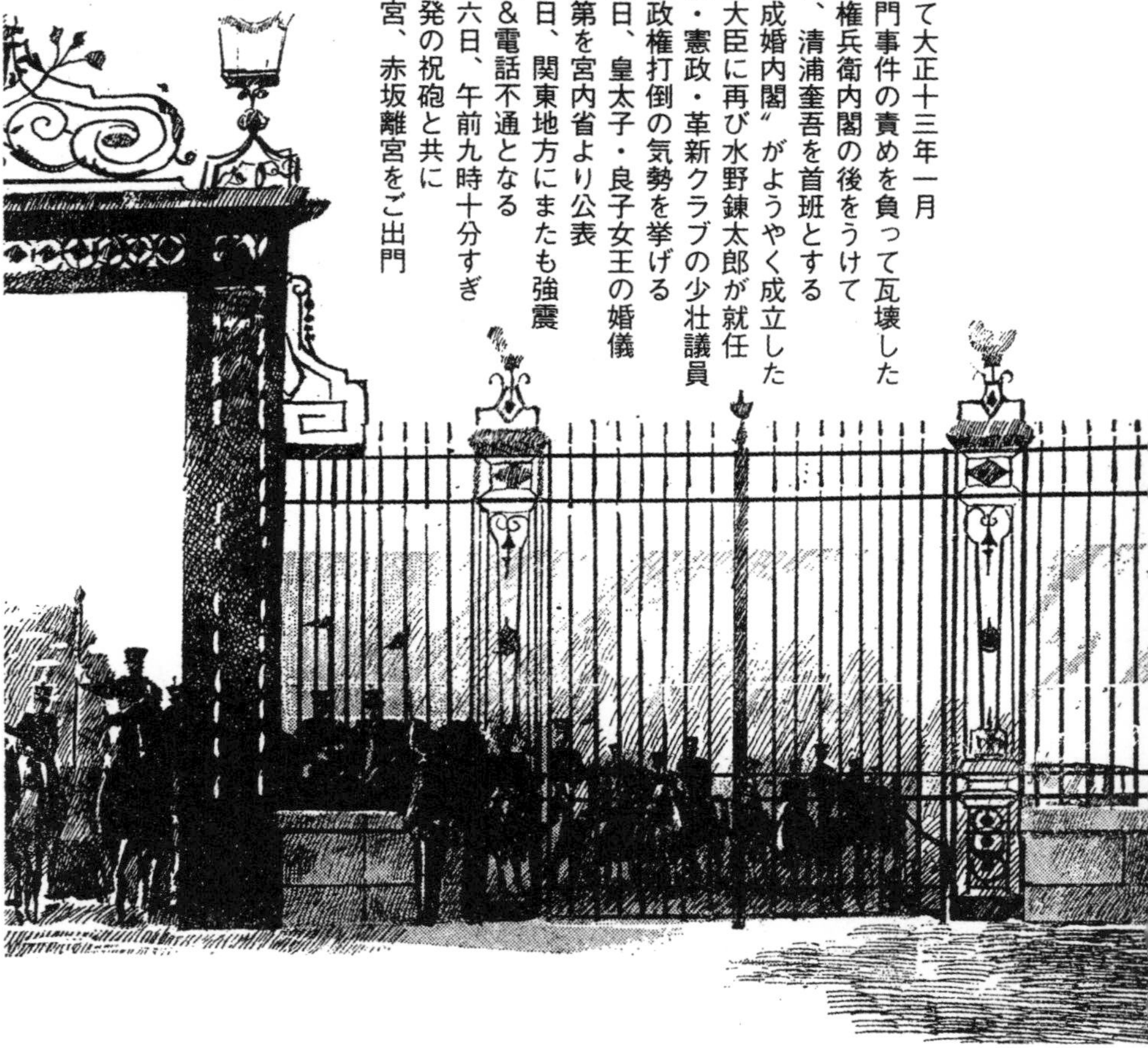

こえて大正十三年一月
虎の門事件の責めを負って瓦壊した
山本権兵衛内閣の後をうけて
六日、清浦奎吾を首班とする
〝ご成婚内閣〟がようやく成立した
内務大臣に再び水野錬太郎が就任
政友・憲政・革新クラブの少壮議員
官閥政権打倒の気勢を挙げる
十二日、皇太子・良子女王の婚儀
式次第を宮内省より公表
十五日、関東地方にまたも強震
鉄道&電話不通となる
二十六日、午前九時十分すぎ
百一発の祝砲と共に
摂政宮、赤坂離宮をご出門

その意志がおありでも、私から絶対お断わりします。私は私の愛する、無産者の街・東京の土となることが希望なのですから。

近隣の人々によろしく——

又、私のために迷惑をこうむつた一切の人々に謝意を——

これが、私の父上に対する最後の手紙であり且つ遺言です。

父上のご健康を祈ります——

一九二四・二・一三
牛込区富久町一一三番地
市ケ谷刑務所内　大　助

……以上、一部分を要約・修正してあるが、ほとんど原文のままである。難波大助はこのように、死を前にして理性を失わず、みごとな文章を残している。彼を狂人にデッチ上げ、天皇制国家の権威を護持しようとする官憲の陰謀は、その強靭な志にハネ返され、手段をつくしてなおかつ、ことごとく打ち砕かれた。

拷問による警察の取調べに、大助は徹底的に反抗し、苦痛のうめきすらも発せず、昂然と転向を拒否し、悔悟の情を現わさなかった。市ケ谷刑務所の未決監房に移されてからの、「最高の模範囚」（鈴木看守長の談）の態度とそれは、同じ信念に支えられていたということができよう。

呉鑑定書、皇恩に反す

背後関係について、「同志は一人もおりませぬ。すべては私の企てで実行したことであります」

なぜなら、「テロリストとして立つために、どのような社会主義の組織・団体にも加入せず、要注意人物となることを避けねばならぬと考えたからでありました」

と、理路整然と答えている。

精神病理学の大家である、帝大教授呉秀三博士の鑑定書は、官憲の期待を裏切るものであった。

いわく、「気質は大胆快活にして」

「知力は尋常なり」「端然として座し、挨拶応待等は節序正し」「挙止平静にして整然たり」「質問に対して、誤謬脱漏を呈することなし」

　すなわち、「智識の根本に於て何ら障礙（しょうがい）を認むるを得ず」

【問答】

「理想的社会とは、何か？」

「無産者の政権獲得によって、それはもたらされます。而して、私有財産を廃止させることです。すなわち、富を公平に分配させるのです。かくして、究極は人間による、もっとも人間的な社会、〝国家なき国家〟に人々は住むことができるのであります」

「皇室に対して、どう考えるか？」

「人間である以上は、神に等しき存在などということは認めませぬ。特権も同様に、何人にも付与されるべきではありませぬ。……日本人として、そのように考えることは、或は間違いかも知れませぬが、私は一個の人間としてそう信じております」

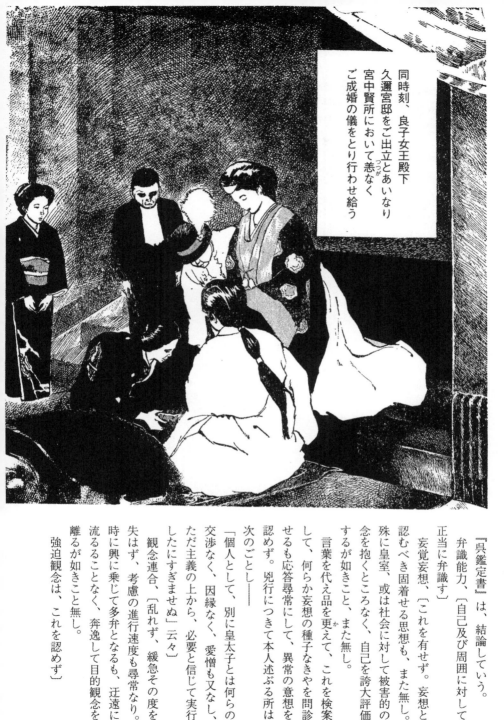

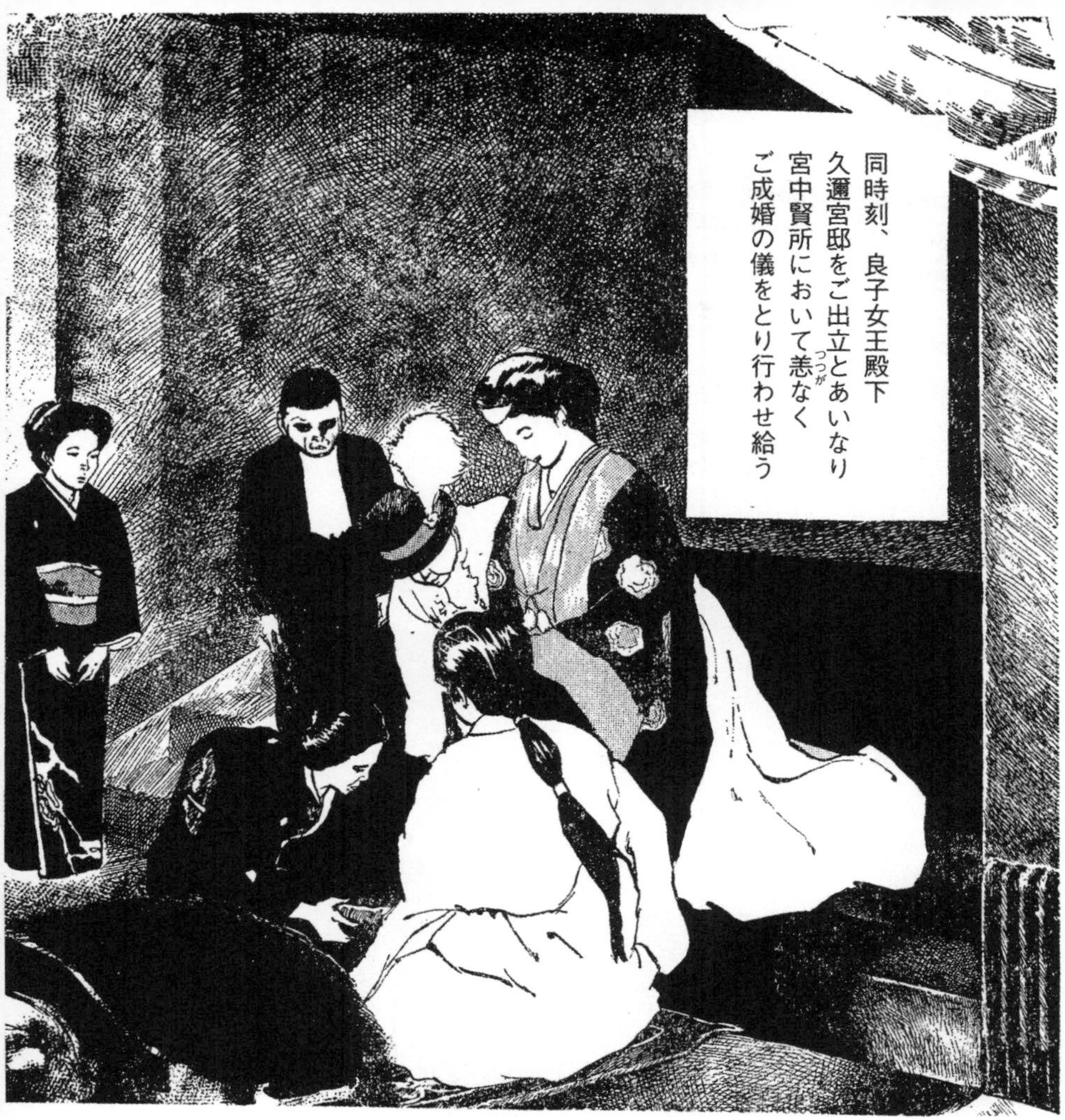
同時刻、良子女王殿下
久邇宮邸をご出立とあいなり
宮中賢所において恙なく
ご成婚の儀をとり行わせ給う

『呉鑑定書』は、結論していう。

弁識能力、〔自己及び周囲に対して正当に弁識す〕

妄覚妄想、〔これを有せず。妄想と認むべき固着せる思想も、また無し。殊に皇室、或は社会に対して被害的の念を抱くところなく、自己を誇大評価するが如きこと、また無し。

言葉を代え品を更えて、これを検案して、何らか妄想の種子なきやを問診せるも応答尋常にして、異常の意想を認めず。兇行につきて本人述ぶる所は次のごとし――

「個人として、別に皇太子とは何らの交渉なく、因縁なく、愛憎も又なし、ただ主義の上から、必要と信じて実行したにすぎませぬ」云々〕

観念連合、〔乱れず、緩急その度を失はず、考慮の進行速度も尋常なり。時に興に乗じて多弁となるも、迂遠に流るることなく、奔逸して目的観念を離るが如きこと無し。

強迫観念は、これを認めず〕

これなるは宮中正殿
両殿下は、新政府閣僚をはじめ
外国大・公使、及び百官の
参賀をうけて
君が代は千代に八千代に
大日本帝国万々歳

感情、〔対談中、本人の一般感情の発露は全く自然にして、かつ的当なることを認む。但し、倫理的感情は鈍磨せるが如き観を呈せり。今回の兇行に関し、これを恥じ悔ゆる状を示さず、また父兄故旧に反きて、これを悲しむ色無し〕

意志、〔多くは寡言なれど、得意の話題に渉れば、喋々として能く弁ず。而もその精神運動機能は、尋常なりというべし。拒絶、もしくは強梗症状を認めず。時にその言うところは奇矯に及ぶ場合もありて、「私は医学を信じません。病気は医薬を用いず、自己の意志で治してしまいます」云々〕

※ これは放浪生活中、医師の助けをかりず、脚気などを精神力で押さえつけた（と本人が思いこんでいる）体験による。

【診断】

一、本人に遺伝的精神病の因子ありと断定すること、困難なり。

二、多少の異常気質あるも、さしたることなし。
三、すべての精神の機能は、ほとんど尋常にして、倫理感情の鈍磨もなお絶対的のものに非ずして、その主張せる思想、観念の色彩をもって単に塗抹せられたるなり。
四、以上により按ずれば、本人現在にありて、精神異常を認むるを得ず。殊に兇行当時の状況に関し、精細にこれを記憶して、意識まったく明瞭なりしを疑う余地なし。

〈付〉　兇行の動機

本人の述ぶるところによれば、専ら主義のためと称し、毫も個人的因縁を含まず。その目的とする所を問えば、「主権者を亡ぼして理想の共産社会を実現するため」と答え、猶「もちろん自分一人で事が成就するものではありませぬ故、私は前衛のそのまた前衛のようなものです」と言う。

皇太子殿下を襲った理由は、「今上陛下は不具者同様なるため」と言い、

雲上の国家権力を狙い撃った
兇弾はむなしく逸れて
奉祝のどよめきのうちに
テロリスト・難波大助の存在は
忘れ去られた

さらに付言して、「大震災以降、いわゆる主義者の運動が屏息をした形勢があり、自分が犠牲となって気運を挽回せしめることが必要と考えました」と陳述せしところより見て、兇行は主義実行の単なる手段として択(えら)んだものに過ぎざるものの如し。

本人は平生より、主義者を「机上の空論家」と罵倒し来れるものなれば、自ら実行を以て人に誇らんと、数年来何らかの挙に出るべく、企てておりたること明らかなり。

要するに――、被告・本人は兇行に関し精神異常の蹤跡(しょうせき)なくして、ただ彼が傾年の計画を、実行に移したものと思了す。

【鑑定】

一、身体的疾患として、腎臓炎あり。
かなりの程度なるも、目下生命に危険を予測すべきほどならず。

二、**精神には、何ら欠陥を認めず。**

以上

官憲は、大助を世間から隔離して
狂人に
仕立て上げようとした

右鑑定には、大正十三年一月十六日より二月五日に至る二十一日を要せり。

徒党を組まぬ刺客の志

それは、壮烈な闘いであった。

みずからいうごとく、一切の組織や団体と絶縁をした、一個のテロリストとしての孤立無援の志操を、彼は貫徹したのである。

大助の狂気を、〝証明〟することに失敗した官憲としては、もはや大逆の罪を、彼に悔悟させることしか手段はなかった。脅し、すかし、死刑執行の猶予という条件まで提示して、当局は説得につとめた。

大正十三年二月十九日、予審法廷での陳述——

「私は、悔悟しておりませぬ。自分の行為は正当であり、また主義に対する信念は、以前から考えていた通りいささかも変りませぬので、無駄な説得はやめていただき度い」

検事局はなおも執拗に、宗教界から

皇太子の暗殺を図るような人物は
精神異常か、あるいは
性格破産者でなくてはならぬ
なぜなら、皇室崇拝の念を旨とする
正常なるニッポン国民にとって
断じておこり得ない
それは、心理であるからだ
当局は一月十六日から
二月五日までの三週間をついやして
東京帝国大学の呉秀三教授に
難波大助の精神鑑定をもとめた
〝天皇制〞に対する彼の真の復讐は
そこからはじまる——

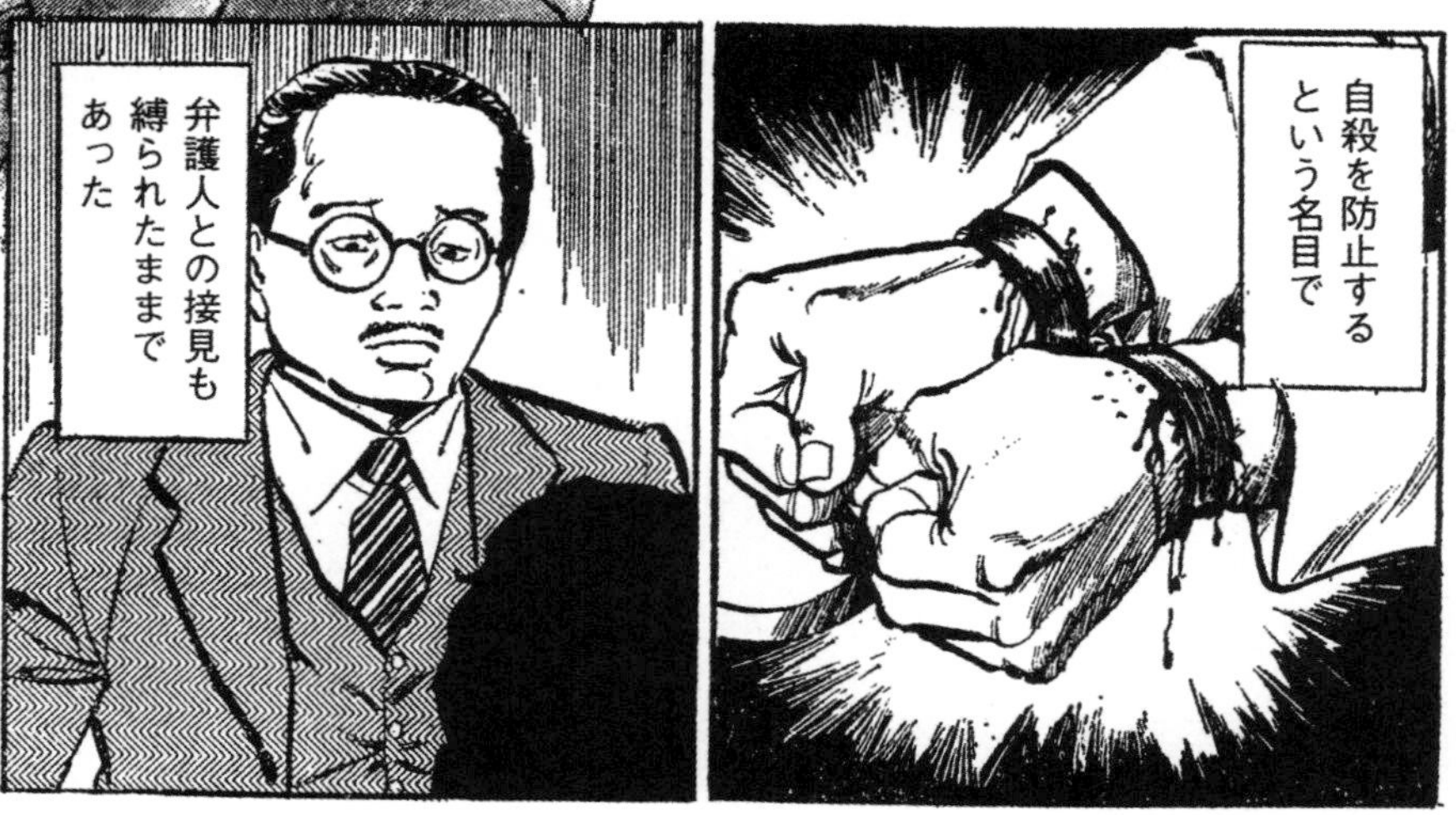
自殺を防止する
という名目で
弁護人との接見も
縛られたままで
あった

松村介石、近角常観、山口清といった論客を動員して、難波大助に回を重ね面談させ、検事総長の小山松吉もみずから三回にわたって、監房をたずねて説論を試みた。

大助は黙して語らず、ほほえみすら浮かべて、耳を傾けるのみであったという。だが公判において、彼は猛然と反撃に転ずる。

いましばらく、絞首台に難波大助が毅然としておもむく情景は、章を先にゆずって、虎の門事件がまきおこした波紋について触れておこう。

それまで日本の憲政史上に、個人のテロルによって政権が崩壊したという例は、かつてなかった。だが、大助はその事態を予想していた（前号参照のこと）。なぜなら、山本権兵衛内閣は薩閥であり、彼は長州の勤王志士の家系をひいていたからである。

政界・軍閥にぬきがたくある薩長の反目は事件を機に、かならずや政争の種子を蒔くに相違なかった。

私は、狂ってなどいない！
悔悟させようとしても、無益だ!!
自分は　自分のやったことを
いささかも　悪事だとは思っていない
だから後悔せず　自殺もしない

果せるかな、山本内閣は大逆不敬の凶事出来（しゅったい）の引責を迫られて、総辞職に追い込まれた。後継の首班には、清浦奎吾が指名を受けて、貴族院を中心とする組閣を完了。〝護憲三派〟の集中攻撃、政友会分裂と紛糾を重ね、同年六月に倒壊する。

　大助の父・作之進は、すでに事件の直後に代護士を辞職していた。以後、自宅の一室に謹慎して、ただひたすら息子を呪い、その処刑の半年後に憔悴して他界したのである。

　警備関係に処分は厳しく、湯浅倉平警視総監・正力松太郎警務部長、懲戒免官、運悪く大助が飛び出した人垣の前面を護衛していた憲兵、警官も解職処分を受けている。

　いささか気の毒だったのは、大助の出身地である山口県の知事橋本正治の二カ月間二割減俸、彼が立ち寄ったというだけで、京都府知事の池松時和は譴責、内務官僚としての履歴に汚点を印してしまった。

ここで、押さえておかねばならないのは、〃大杉殺し〃の元凶と目される水野錬太郎の復活である。

かの悪名高き治安維持法は、水野の登場によって緊急公布のプログラムに乗せられ、大正十四年四月二十二日に施行の運びとなった。すなわち、高橋是清内閣の下、三年前の大正十一年、彼が用意した過激社会運動取締法案を下敷きとする。

――無政府主義、共産主義其ノ他ニ関シ、朝憲ヲ紊乱スル事項ヲ宣伝シ、又ハ宣伝セントシタル者ハ七年以下ノ懲役、若クハ禁錮ニ処ス。（過激社会運動取締法案）

――国体ノ変革、又ハ私有財産制ヲ否認スルコトヲ目的トシテ結社ヲ組織シ、又ハ情ヲ知リテコレニ加入シタル者ハ十年以下ノ懲役、モシクハ禁錮ニ処ス。（治安維持法）

左翼運動弾圧のいうならば金科玉条となったこの法案は、難波大助のテロリズムを念頭に置いている。

彼は、断平たる確信犯であった
精神鑑定の結果、異常は認められず
身心ともに健常であることを
医師は証明せざるを得なかった
未決監房では平静そのもの
看守長・鈴木秀吉は
「多くの重罪人を手がけてきたが
その中で、河野広中と難波大助とが
最も態度が立派であった」
と、後年述懐している

かつて過激法案には、こぞって反対した護憲派の議員たちだったが、治安維持法を黙過した。これを左翼史観は、一匹狼・難波大助ハネ上りの結果と規定する。

彼の行為さえなかったら、おそらく国家権力は、社会運動への弾圧をこれほど強化しなかっただろう、と。けっきょく難波大助は、思想的にも未熟な革命の暴走族にすぎない。

組織に属さず隊伍を組まず、個的なヒロイズムに、報復の血に狂った頭の弱い若者であったのだと、括り棄ててしまうのだ。

さよう、彼自身が共産主義者などと名乗るのは迷惑千万、しょせん展望を持たぬアナキストであって、意識するとしないとに関わらず、〝反革命〟に力を貸しているのである、と。

京太郎の想いはしからず、「一個の人間の力に戦慄せよ！」という大助の言葉は、六十年の時空を翔(かけ)りきたって肺腑をえぐる。

大正十三年、弥生も半ば
難波大助は
来るべき公判にそなえて
孤独な、断頭台への闘いを
開始しようとしていた
ああ、もう春か！

根本は個の赤心であり、個の志操である。いかなる組織も党派も、それを構成する個別人間の、革命への真摯（しんし）な情熱がなくて、どうして成立をするというのか？

難波大助いわく、「私は特権階級に対する警告の一つとして、皇太子へのテロを決行したのであります」

「日本支配階級は、思想を取締るのに銃剣を以てする過激法案のごときものすら用意して、人民の自由を圧殺せんとしております」

「この権力者の暴圧に酬いる、窮余の一策として、私はテロリズムをやむを得ず行使するのであります」

「関東大震災以降、国家権力の弾圧は日々厳酷となり、社会・労働運動にはようやく（＊しだいに）退潮の兆しがあります。この時に一人立って、彼らの絶対神聖なりと称する皇族に対して、テロリズムの一撃を加えることこそ、必要かつ最も有効な反撃である、と私は信じてやみません」

帝都、ようやく復興して
人は花に浮かれ
世は事もなく、泰平を謳歌――

XIII 挽歌の季節

第四十四回

復興帝都の政治地図

〝変態内閣〟を打倒せよ!

大正十三年(一九二四)、**一月一日**

〝虎の門事件〟で瓦解した山本権兵衛内閣の後をうけて、枢密院議長・清浦奎吾が組閣の大命を拝する。十一年六月、高橋是清を首班とする「政友会」内閣が倒れてから、すでに述べたごとく、加藤(友三郎・海軍出身)、山本(同)そして清浦と政権は三たび、〝政党政治〟の鼻先を素通りしていった。

これを、「鰻香(まんこう)」と称す。つまり、ウナギ屋の前をにおいだけ嗅いで通りすぎる、という意味。

ジャーナリズムは、清浦内閣成立を評して……、「鰻を焼く店先ぐらいは覗いたことのある、清浦という爺イがこのほど、〝内閣屋〟という料理屋を開店の運びとなったが、七十六になるヨボヨボで包丁持つ手もおぼつかず、

大正十三年一月七日、赤坂離宮で清浦奎吾内閣の親任式が行われた――記念写真は首相官邸の玄関にて、前列右より清浦首相、水野内相中列右より鈴木法相、前田農相、江木文相、村上海相。後列右より松井外相藤村逓相、勝田蔵相、小橋翰長、左端は小松鉄相、（円内）宇垣陸相左は大正期の典型的美人、お歴々とはナンノ関係もありません、念のため。

〝貴族院研究会〟と名乗る、押しかけ板場に万事おまかせ。板場頭の水野のレン公、シャシャリ出て、にわか仕立ての口上一番。

「当店の普選料理は、喰って下痢するシロモノに非ず、小骨を取ってござりまするゆえ、乞うご安心を」。客の怒るまいことか。普選料理が聞いてアキレルと、ふだんは仲の悪い町内の熊五郎、ガラッパチ、めずらしくも手を組んでなぐり込みという騒ぎ」（『週刊朝日』大正13・1・13号）

水野のレン公とは、内務大臣の水野錬太郎。町内の連中は〝護憲三派〟、清浦変態貴族内閣打倒を旗印に掲げる「政友会」の高橋是清派、「憲政会」「革新倶楽部」の面々、かくて第二次護憲運動、〝政治を政党の手に!〟のスローガンのもと、全国の津々浦々に波紋をひろげるのでありマス。

二日　東西十五新聞社代表、新内閣に普選の即行を要望。

四日　貴族院研究会・幹部会、清浦組閣リストの作成に着手する。

〽恋の丸ビルあの窓あたり
帝都の復興めざましく
表玄関に丸ノ内ビル完成
総工費一千万円余
〝東京新名所〟として
都人士の眼をみはらせる

五日　新閣僚顔触れ決せず。
——とりわけて、陸相に擬せられた福田雅太郎大将に就き、〝甘粕事件〟責任が問われ、陸軍部内より異論百出。同日、「義烈団」員・金祉燮（しじょう）、上海より潜入して、皇居二重橋に爆裂弾。

六日　閣僚ようやく決定。
松の内を組閣に難航して、ようやく息をついた八日、早くも西日本普選大連合、倒閣の狼火を揚げる。三派院外団、「第二憲政擁護会」を結成。都下記者団も丸の内中央亭に会同し、内閣倒壊を申しあわせる（新聞記者という職業はこの時代のほうがはるかに自由であった・十一日）

カンカンガクガクの裡に、〝二十六日御成婚の儀〟と宮内省公表（十二日）、政争は休戦とは参らず、慶事をシリメに日増しにエスカレート。

十三日　清廉をもって鳴る〝観樹将軍〟三浦梧楼、「元老・華族の恣意壟断（ろうだん）」による清浦内閣成立を憤り、枢密顧問官を辞任。「政友会」高橋是清、

「憲政会」加藤高明、「革新倶楽部」の犬養毅、三領袖に〝小異を捨てて虚心に大同に就く〟ことを呼びかける。

十四日 三派少壮代議士会、〝内閣不信任案〟提出を決議。

十五日 関東地方に、再び強震。

清浦首相、衆院各派の代表者を招き協力を強く要望、水野内相は裏工作に奔走する。

十六日 「政友会」分裂

〔政友会の四総務、床次竹二郎・山本達雄・元田肇・中橋徳五郎氏は同会を脱退して新会派を結成し、清浦内閣の与党となることを決意するに至った。四氏に同調する議員続出、ここに国会絶対多数を擁せる政友会はまっ二つに分裂をした〕（『週刊朝日』1・27号）。新政党・政友会脱退派は、「新政倶楽部」を呼称。（のち「政友本党」と改名）

二十一日 レーニン死す、行年五十四歳。

〔衆議院・新分野〕二十一日現在

新政倶楽部一四〇　革新倶楽部四三

馬場先門には
東京府庁&市役所

浅草六区のにぎわい

政友会　一三九　庚申倶楽部二三
憲政会　一〇三　無所属　一一

帝国・赤化防止のために

寄らば大樹のかげとやら、過半数の議員を政府与党に掠め取られて、達磨（だるま）と異名とる、さしも我慢の高橋是清も大いに浮足立った。〔利害打算で結びついてきたこの不自然なる大政党が、かくのごとき運命に陥ることは、早晩免れ難い勢いであった〕（『サンデー毎日』1・27）

――一言で括るならば、清浦内閣を成立させたのは、〝華族勢力〟のまき返しだった。本篇の導入部、「宮中某重大事件」で述べたごとく、山県有朋をトップとする、〝藩閥官僚〟の手に国家権力の中枢は握られてきた。山県の死で官僚派は後退し、いっぽう積年の絶対多数の座に、「政友会」は腐蝕しきって、〝政党政治〟は活力をまったく失っていた。

維新の功業を誇りながら、資本主義発展の途上に置き去りにされ、年々

上野広小路
チンチン電車復活して

銀座通りも装い新たに……

歳々没落を余儀なくされてきた〝貧乏華族〟、なかんづくもっとも数の多い子爵クラスに、不満はうっせきした。清浦内閣のブレーンとなった、貴族院研究会はすなわち、その子爵クラスで構成されていたのである。

かれらの政治理念は、徹底した保守主義であり、デモクラシーを標榜する〝政党政治〟はかならずや、「帝国を赤化する」というものであった。もっとも、政党側もそれと五十歩百歩で、「頑迷固陋の政策こそ、わが国を社会主義に導く」と、護憲三派はメクソ・ハナクソの倒閣スローガンをかかげておった。

つまるところは、三つどもえの権力争い。TVドラマふうに、高橋是清や犬養毅を、民主政治家などと買いかぶってはイケマセン。「政友会」脱退組はすこぶるつきの現実派というべきで、与党でいるかぎり利権・栄職、まかりまちがえば大臣の椅子もと計算ずくの分裂だった。

大震災の惨禍から
街はよみがえり
生き生きと活動を
開始していた

だが、政局は混迷をつづける
いわゆる清浦変態内閣をめぐって
与党である政友会の幹部間に
意見の対立が生じた
高橋是清総裁は憲政擁護の立場から
倒閣に踏みきるべきだと主張したが
領袖の多くは考えを異にした
政友会としては穏健に体制に順応し
漸進的改革を目ざすべきである、と
ここに分裂の危機は不可避となり
一月十六日、床次・中橋ら四総務は
総裁と袂を分つのである
人、それを大正デモクラシーの
最後の輝きという
内実は然らず、護憲三派を糾合して
政党の支配下に
国家と人民を置かんとする
奪権のための政争に他ならなかった

二十三日　上野精養軒にて、憲政擁護三派代議士の演説会。高橋・加藤・犬養・尾崎行雄、中野正剛らこもごも熱弁をふるい、聴衆は満場にあふれる。

二十六日　皇太子摂政・裕仁、久邇宮良子と宮中賢所（かしこどころ）にて婚姻。

二十七日　三派少壮議員代表、貴族院研究会を波状攻撃、「イヤガラセその極に達す」と新聞は書き立てる。

三十日　大阪中央公会堂にて、憲政擁護関西大会、場内九千・場外三千を集めて、気勢おおいに揚がる。

帰京の途に就かんとする、護憲三派首脳を乗せた列車を、愛知県一宮駅の付近で転覆させようとした事件が発覚。

三十一日　第四七議会開かる、「浜田議員（護憲派）、汽車転覆事件につき質問。小松鉄相が答弁に立ち、首相を出せと騒然たる折から……」暴漢数名乱入、いったん休憩となったその間に、**議会解散を宣告。**

護憲三派院外団、東京市内七カ所に演説会を開催、〝清浦内閣即滅！〟を

達磨さんに似ておるじゃろう
高橋是清
中橋徳次郎

床次竹二郎
元田肇
山本達雄

決議。総選挙期日は五月十日、これより三カ月余の逐鹿戦（ちくろくせん）、三派と内閣の仁義なき抗争が展開される。

……と、ここまで綴ってきて、この半世紀あまり、日本低国の政治風景にいささかの変革もないことを、京太郎痛感するのでありマス。

河田嗣郎京大教授いわく、〈かなり高いものに選挙費用はつくであろう。少くとも三、四万円（こんにちの貨幣価値に換算してざっと一億円）、それだけの金がなければ、代議士にはなれない。そんな大金を何に使うかと云うに、まず選挙事務所の諸経費、印刷代と切手代、自動車代、演説会場費などが挙げられる。こうした経費は相当にかさむが、それでも万の巨額にはなるまい。詰まるところ、買収費である。

最近では相場が上って、一票五円や十円では済まない、狡猾（ずる）い奴になるとぎりぎりまで握っていて、五十円にも売るのだという。そんなことに馴れた

一月十八日
三派連合の産婆役
前・枢密顧問官の
三浦梧楼邸に会同した
（むかって右より）
犬養毅＝木堂・
革新倶楽部総裁
加藤高明・憲政会総裁
高橋是清・政友会総裁
の面々であります

選挙ブローカーがいて、票を集めたり戸別訪問をひきうけたりする。

だから、気の利いたまともな人間はどう転んでも、代議士になんぞなりはしない。この前の選挙で、「蒙古王」と綽名される佐々木安五郎君が、僅か八百円で当選したが、あれは自発的に奉仕して選挙運動をする人々が、彼に多数ついていたからだ。

もし、普選が実現すれば、何万もの票を買収するために、天文学的な金を使うことは不可能に近いので、〝理想選挙〟が増えるだろう。（この予想は残念ながら外れた・京太郎）

ともかく、代議士の年金は三千円にすぎず、選挙費用をとり戻すためには利権に結びつくしかない。政党もまた候補者に金を出してやるためには、党ぐるみで買収されたり、政府機密費を支出させるという、暗黒的手段を弄せざるを得ないのである。

いずれにせよこの三、四カ月、戸別訪問に悩まされる。これほど嫌らしい

ものはない、「選挙運動者は入るべからず！」と玄関に貼札のしてある家もあれば、ほうりこまれた大きな名刺の数のすくない候補者に投票するツムジ曲りもいる。褒めたことではないが、選挙というものを、そのように受けとめている、有権者が多い」（『サンデー毎日』1・10）

ひるがえって大陸を見ておけば、この年一月、広東政府（国民党）は〝第一次国共合作〟、連ソ・容共・農工扶助の政策を打ち出す。共産党員は個人の資格で国民党に党籍を持ち、李大釗が中央執行委員、毛沢東が同候補に就任したのは周知の事実。さらに六月、モスクワから帰った蔣介石が黄埔軍官学校の校長となり、政治委員代理に周恩来が任ずるといった具合に、反帝・反封建の共同闘争がすすめられていた。

いっぽう、ソヴィエト連邦では一月三十日、ルイコフが人民委員会議長、レーニンの後継者となる。軍事委員にとどまったトロツキーは次第に、その勢力を奪われていく。

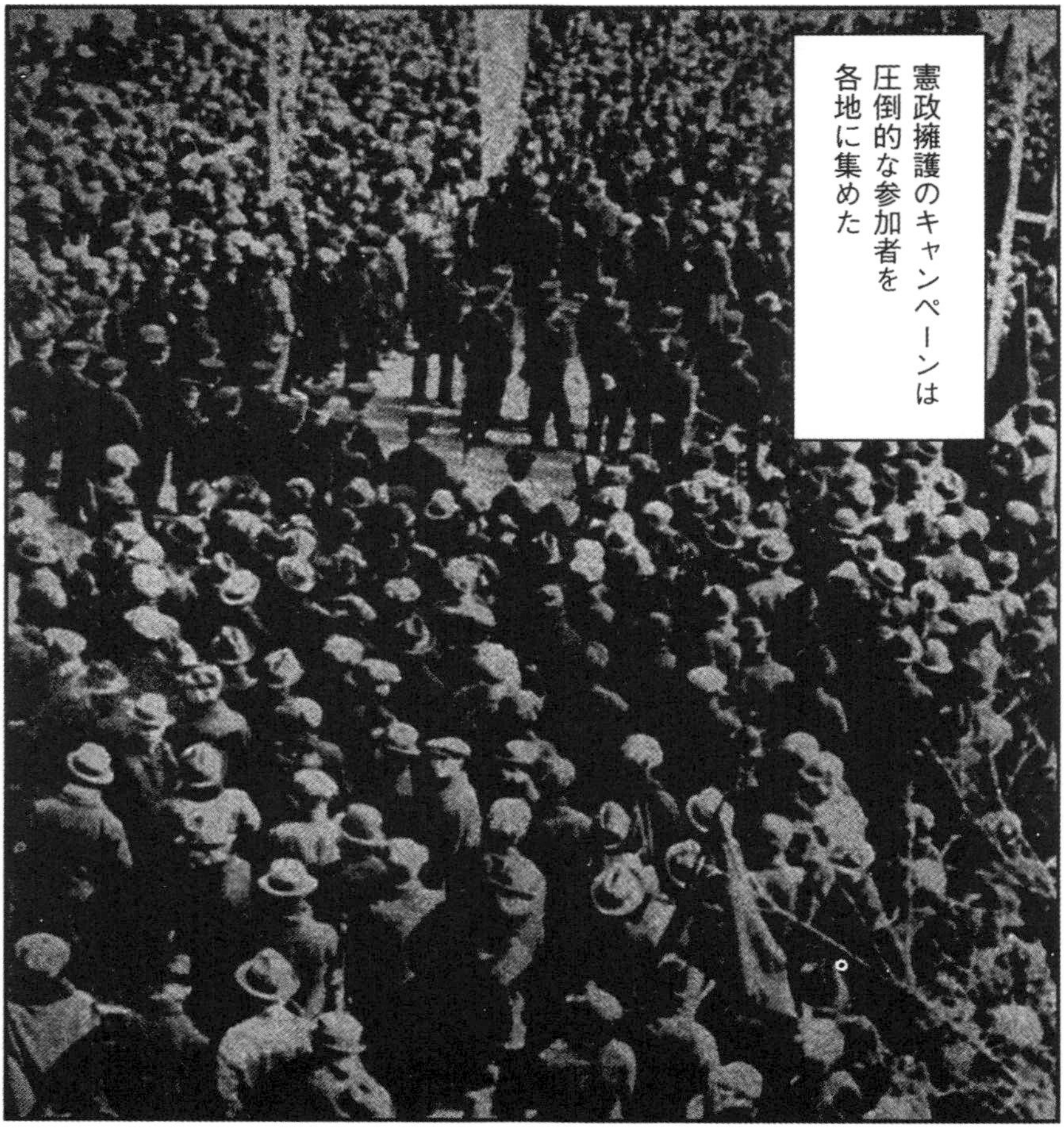
憲政擁護のキャンペーンは
圧倒的な参加者を
各地に集めた

ヨーロッパではムソリーニのファシスト党が、六六％の圧倒的投票を獲得、ゆうゆうと政権の座を確保したのは四月の六日。ギリシャでは一週間後に、人民投票が行なわれて、共和制への移行が実現する。

世界史の滔々たる流れの裡に、わが大日本帝国では、蝸牛角上の選挙戦が〝護憲〟のお題目の上に、あさましく闘われている。

〝護憲三派〟の圧勝

日録、二カ月をとばして——

四月一日（エープリル・フール）　衆議院議員候補者、本日現在六六一名を算う。（定数四六四）

三日　政界刷新を目的とする、結社「四月党」誕生。小党の結成、今日ふうにいうなら泡沫候補出現しきり。

四日　総同盟会長・鈴木文治、国際労働会議代表に、政府推薦で選ばれる。

読者諸君、退屈だろうが大正の末期アナキスト群像の背景に、このような権力者たちのドラマがあったことを、

大阪・中之島
公会堂に
一二、〇〇〇人

官憲の警備は
速やかに強化
された

総体として把握していただきたい。
もうしばらく、政治日録をつづける。

五月一日 〔メーデー各地に開催、ただし本年は概して平穏〕（『サンデー毎日』5・11）

中間の耳目は、総選挙の追いこみ白熱戦に集中、ついにこの日暴漢が候補者を襲い重傷を負わせる事件がおこった。（被害者の本田養成候補は落選）

二日 ニッポン移民の制限、排斥を希望すると、米大統領発表。

三日 総選挙加熱、大阪府下の違反検挙は二十二名を算える。久邇宮智子女王殿下、東本願寺・大谷光暢法嗣の裏方として降嫁。（＊十八回参照）

海軍省、〝軍縮〟下の新戦力建造に着手、一万トン級の軽巡洋艦「那智」「妙高」の二艦を起工する。

四日 仮御所内庭球コートで、東宮摂政宮&良子妃殿下、秩父宮&梨本宮規子女王との混合ダブルス、8対6で東宮組の勝ち。

五日 茨城で選挙干渉、政友会候補内田信也派の運動員・四百余名を一斉

三派の倒閣スローガンも次第に過激となり
貴族討伐
検束者も増えていったが

検挙、同候補は最悪の苦戦におち入ったが辛うじて当選。

生糸暴落、アメリカの日貨に対する排斥、移民から貿易に及ぶ。

六日　和歌山から立候補した中立系候補・田淵豊吉、〝差別言辞〟の故をもって水平社員から殴打される。

水野錬太郎内相、閣議で選挙予想を報告、情勢極めて悲観的と分析。暗に投票直前の積極的干渉の必要を説くが、清浦奎吾首相は優柔にして不断。

七日　高橋是清が東北遊説にむかう列車、無人貨車との衝突事故、乗務員二名が即死・重傷者五名。二度目の怪事故である——

九日　茨城県・政友会候補・小久保喜七の選挙事務所に、政友本党院外団と称する暴漢六名が乱入、居あわせた運動員を袋ダタキにした挙句、金品を強奪する。本党側は、逆宣伝に利用する目的のデッチ上げと反論したが、この地区で与党は全滅。

十日　総選挙・投票日。

第一次護憲運動と
様相を異にして
お祭り気分が
ただよっていた
4743

かくて、選挙結果は〝護憲三派〟の圧勝に終るのだが、いわゆる逐鹿選のエピソードを、記録しておこう。

蒙古王こと佐々木安五郎、政友本党のプリンスと謳われる有力候補の鳩山一郎に、まっ正面から挑戦して、四千十三票対三千百六十八票。飛入りでこの結果が如実にもの語るように、有権者の気分は政府与党からみごとに削落していた。京都五区では、立候補〆切り一週間前に出馬した木戸豊吉が、理想選挙でビタ一文使わず当選。

選挙妨害もすさまじく、熊本県では本党派の壮士が政友会候補の事務所に木刀をかざして殴りこみ、あべこべに真剣で斬られたり、大分ではこれまた事務所を襲撃した本党派が、憲政会の用心棒に拳銃でむかえ撃たれるという流血の大立ちまわり。

愛想をつかした選挙民は、大杉栄に一票を投じたり（東京下谷区）、近藤勇もあれば桂小五郎もあり、マンガのノンキナトーサン、恐れおおくも明治

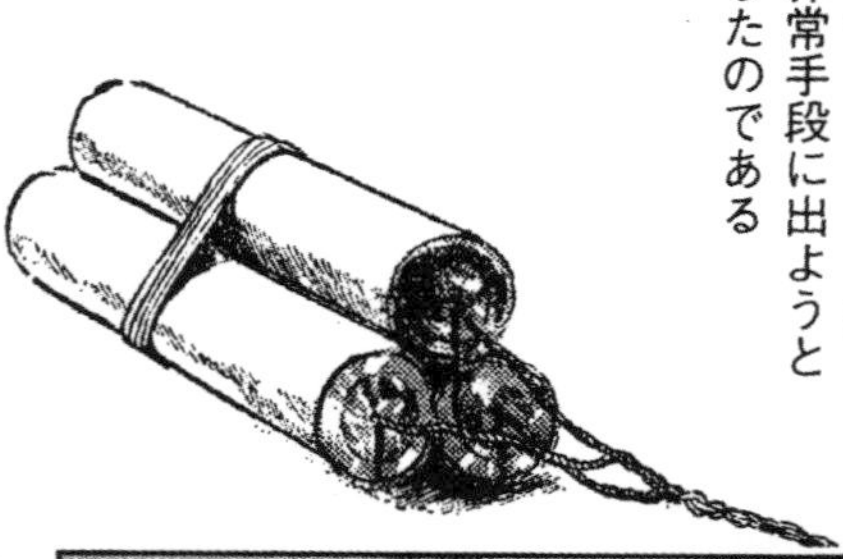

一月三十日、高橋是清
永井柳太郎らが
大阪の護憲大会から
帰る途上
列車を爆破せんとする
陰謀が発覚して
がぜん、護憲三派の
緊張は高まった
水野錬太郎の指揮する
内務官僚たちは
得意の謀略によって
護憲派の領袖を
一挙にほうむり去る
非常手段に出ようと
したのである

天皇と、無効投票の花ざかり。

十七日 皇后沼津行啓、天皇の病状悪化の一途をたどる。

選挙違反検挙者、一千名をこえる。

すったもんだの挙句、ようやく六月七日、居座りつづけた清浦総理は辞表を提出、組閣の大命は翌々九日、憲政会の加藤高明総裁に降ったのでアリマス。

〔氏はようするに、不遇の部類に入る政治家である。だがそれは、最近十年ほどで、大学を出ると請われて天下の三菱の女婿となり、外交官として列強諸国に使いするという、桧舞台を常に歩んできた。ところが、ひとたび大隈内閣が瓦解するや……〕

人呼んで、唐変木宰相

〔万年野党となり下って、周囲に人材才幹を持ちながら鳴かず飛ばず、その綽名の唐変木のように、うすボンヤリとしてきた。権力に渇することまさに餓狼に等しい議員連中は、政変のたび

議会に登院
せんとする
尾崎行雄

高橋・加藤・犬養の三巨頭ならびに尾崎行雄＝咢堂をターゲットとする
暗殺計画が、ひそかに進行していたのは事実であった
だが列車転覆事故の未遂で、世論は逆に護憲三派にかたむき
政府・与党に疑惑は集中した
かくてはならじと、変態内閣は次なる非常手段を用意する

ごとに党内動揺して、しばしば危機をむかえたが、加藤唐変木氏はちっとも騒がず、ひたすら隠忍自重をモットーとしてきたのである。

尻の軽い尾崎咢堂老や、縮めば縮むほど気がひねくれて、ものを素直には見ない癖のある犬養木堂老などには、真似のできぬ芸当だ」（『サンデー毎日』6・15）

たとえていうなら、アーウーの大平正芳内閣、こんなのが長もちをする。果せるかな唐変木宰相、翌十四年三月十九日、〃普選〃とひきかえに、悪名高き治安維持法を、与党三派の同調を得て可決。それはさておき、離合集散は政治の常道——

六月一日　加藤憲政会総裁は、両派の幹部を私邸に招待、高橋是清、犬養毅の二党首は、事故を理由に参会せず。

同日、政友本党の有志議員は、帝国ホテルに会合して、〃さつき会〃なる政策研究団体を組織、議題は「政友会との合同」。

三日　本党内に政友との合同に賛成

一月三十一日
本会議場に暴漢乱入!!
混乱のすきに議会解散という
憲政史上に類をみない
喰い逃げを変態内閣は
やってのけた

六日　政友会・新人代議士によるするもの続々増加、幹部は干渉せずという方針。「総辞職を急ぐなかれ」と首相に進言するなど、複雑かつ微妙な動きを示す。

四日　〝さつき会〟一転して、合同問題とは無関係と宣言。

五日　ご成婚祝賀国民大会。

六日　政友会・新人代議士による〝あやめ会〟、政友本党内の健全分子の復帰に門戸をひらくことを総裁に強く要望、ダルマオヤジ（高橋是清）はこれを諒解する。ジャーナリズムの評、〔合同を策略した本党側は、うまうまと政友会の一本釣りにハメられた〕

七日　清浦首相は閣員一同の辞表をとりまとめて、午後四時に東宮御所に伺候、骸骨を請うた（つまりやめると申し上げたってことでアル）。

九日　加藤高明総裁、東宮御所にお召しの諚（＊おおせ）下り、組閣の大命を拝受する。直ちに政友会・高橋総裁と会談。

十日　犬養毅、加藤・高橋の間を調

停、形勢一転して憲政三、政友二、革新一の比率で組閣と談判落着。

十一日　新内閣親任式を挙行。

いつの世でも人は、新たなるものに幻想を抱く。たとえば、前東京都知事（＊美濃部亮吉）の父に当る美濃部達吉東京帝大教授は、加藤高明新政権の実現を、〔ながい間の梅雨が晴れて、日光を望むを得たのと同様な快い感じがする。閣員の顔ぶれから言っても、前内閣とは比較にならぬ程に、国民の信頼をつなぐに足りる〕

と、〝護憲三派〟に期待をかけた。ハハノンキダネ、昔も今も〝ミノベイズム〟は、「保守」「革新」の境界というやつを曖昧にしてしまう。

――そもそも加藤内閣の目的とするところは、大財閥の利権の擁護である。

すなわち、大正デモクラシーのゆきすぎにブレーキをかけて、社会主義・労働運動を抑圧し、階級闘争の激化を防ぐことを施政の第一義とした。その

犯人はふてぶてしく居直り
神国を赤化から
防止するためと胸を張った
木島福松
島崎伊之助
杉原文蔵

方針に沿って、〝普選〟の骨ヌキと、治安維持法の成立とが、プログラムに乗せられる。政界スズメは評して、「三菱の番頭内閣」といった。

　外相の幣原喜重郎は、首相と同じく三菱財閥の総帥・岩崎弥太郎の女婿。鉄相の仙石貢はやはり三菱出身、政治資金担当の大番頭である。これに若槻礼次郎・浜口雄幸と、大蔵官僚のきれものを配して、いうならば独占資本の期待と要求に応えた。三派の結束は一年で崩れたが、加藤内閣はその間に、〝重工業の三菱〟の利権を確保するため、減税の公約をタナ上げにして、いわゆる財政再建を完了する。

　これは、どこかで聞いたような話である。そう、戦前・戦後を問わず政治家商売、スポンサー第一で国民は二の次と相場がきまっておる。ともあれ、〝政党政治〟の確立すなわち、デモクラシーの終焉というパラドックスにご納得いただけたはず。では次回、お話をもとに戻します――

政治とは、権力亡者の
緞帳芝居とみつけたり

第四十五回
流れゆくもののうたを――
十三年、ひでりの夏

クソ暑い喃、箱根の山を降りて夢野京太郎、ただいま新宿区市ケ谷台町は一間きりのアパートに、やもめ暮しである。冷房装置などこれなく、連日の炎昼熱夜にさいなまれ、六キロ半ほど肉を削がれ汗を絞られておる。猛暑の東京ずまいは、映画をつくるためである。映画をつくるためには、金をつくらなくちゃいけない。そこで自己の所有にかかわるすべてを放棄し（金にかえ）、むろんそれでは足りぬゆえ、スポンサーさがしに東奔西走しているのだ。

オリジナル（夢野京太郎脚本・監督による）『あかばな心中』、これは七月にクランク・イン。そして五木寛之『戒厳令の夜』、どうやらやっと製作のメドが立ってこの秋撮入の運びにこぎつけた。とうぶんは琉球弧からラテン・

普選即時断行

大正十三年五月一日、メーデー
東京、赤坂山王台に労働者は参集したが
アナ系はふるわず
「普選即時断行」のアドバルーン
強風に煽られて
日比谷公園に墜落する
総選挙の投票日まで余すこと十日
立候補者千八十二名を算え
全国に激戦を展開……

アメリカへ、デラシネの旅人とあいなる。編集部にはご迷惑のかけ通し、いよいよ本篇最終ラウンド、半カ年分書きためという口約束を、何とか貫徹するべく七転八倒してオリマス。

……さて、ふたたび《日録》。大杉栄虐殺の報復に、和田久、村木源次郎、中浜哲、古田大次郎ら決起せんとする大正十三年七月、八月の世相、巷間のゴシップをないまぜて、事件の背景を陳列いたしまする。

七月一日　メートル法施行。アメリカ大使館に怪漢忍び入り、米国国旗を奪取逃走。大阪府堺市・大日本セルロイド争議、警官隊と大乱闘を演ず。

全国的ひでり、旱バツ。発狂し精神病院に収容せられたるもの、二千八百十余名（六月）に及ぶ。千葉県佐倉に〝死神田んぼ〟が出現して、耕作者が続々と怪死を遂げ、炎熱による悪性のビールス発生が原因と判明。

麹町区紀尾井町の修験者某、〝まじ

ない〟に事よせて婦女暴行三十数件。浅草観音に徴兵忌避のご利益あり、との風説流行。

二日　元老・松方正義逝く、享年八十九歳。通夜の席に招かれざる客、「長生きしすぎというものだ、〝国葬〟の費用オレにくれ！」とわめき立て、警官にら致され精神病院へ――。

三日　大阪で交通スト拡がる。市電六車庫操業を停止、参加人員二千二百名に上る。

四日　市電争議団幹部二十七名を、検挙。スキャップに警官、在郷軍人、学生等々が動員され、制服・軍服でキップ切り、臨時運転手をつとめる。

五日　パリ、オリンピック開幕。

アメリカの対中国武器密輸、上海で発覚する。

群馬・埼玉の県境で水争い。各地で水田ひび割れる。暑さのため赤ん坊を背負ったまま沼に入身、わが子を亡くした農家の嫁あり。

――かと思えば富士山頂では残雪

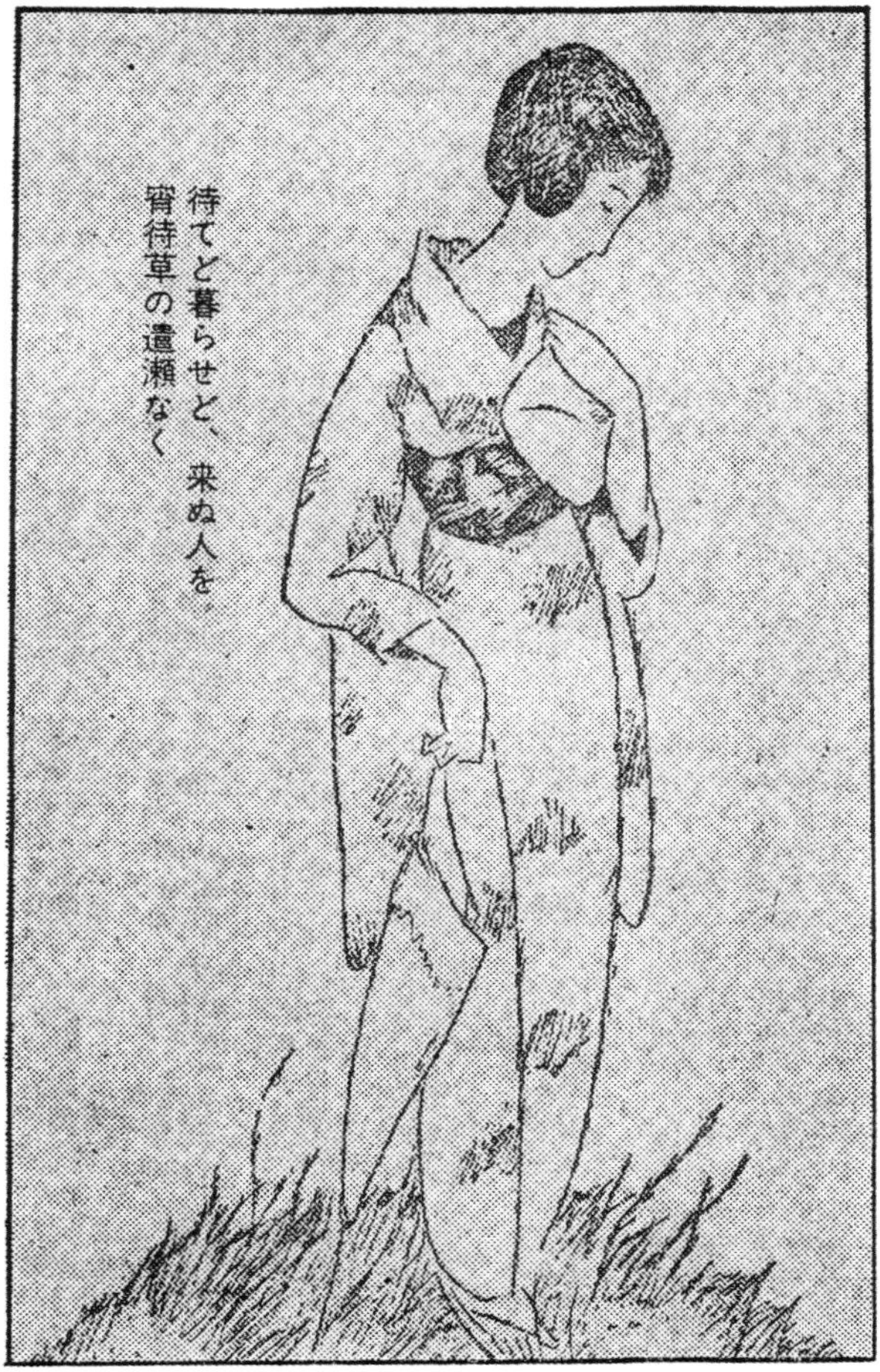
待てど暮らせど、来ぬ人を
宵待草の遣瀬なく

右なるは、野党三派連合のドン
犬養毅（革新倶楽部）、加藤高明（憲政会）、高橋是清（政友会）、度々の顔見せで恐縮でありますが、〝議会制民主主義〟の擁護を称して、金権万能の汚濁をもたらした元凶のご尊ヅラ、とくとご鑑賞のほどを――
舞台はめぐります、大正デモクラシーの黄昏、文化ようやく爛熟して

三メートル、金明水・銀明水は六十年ぶりに真夏の凍結。

六日　市電争議団員二千名、高野山に立てこもり、徹底抗戦のかまえ。
静岡県舞坂弁天島の松月楼で、客と芸妓の心中事件、ただし女の方は薬を飲んだふりして吐き、男だけ「オラハシンジマッタダ」

七日　千葉県大政神社で、三百名の壮丁に徴兵忌避の護符をあたえていたことが判明、憲兵隊手入れ。

八日　大阪市電争議調停人として、高野山金剛峯寺大僧正、侠客酒井栄蔵らが乗り出し、解決の曙光を見出す。

九日
十日
――特筆すべき事、ナシ。
＊以下、右記の日を省略する。

十一日　市電争議調停成立、一同下山し夕刻大阪着・就業。

十二日　雨降らず、各地方に旱害深刻の度を加え、長野県下では千六百町歩が収穫皆無となり、水争い乱闘激発、

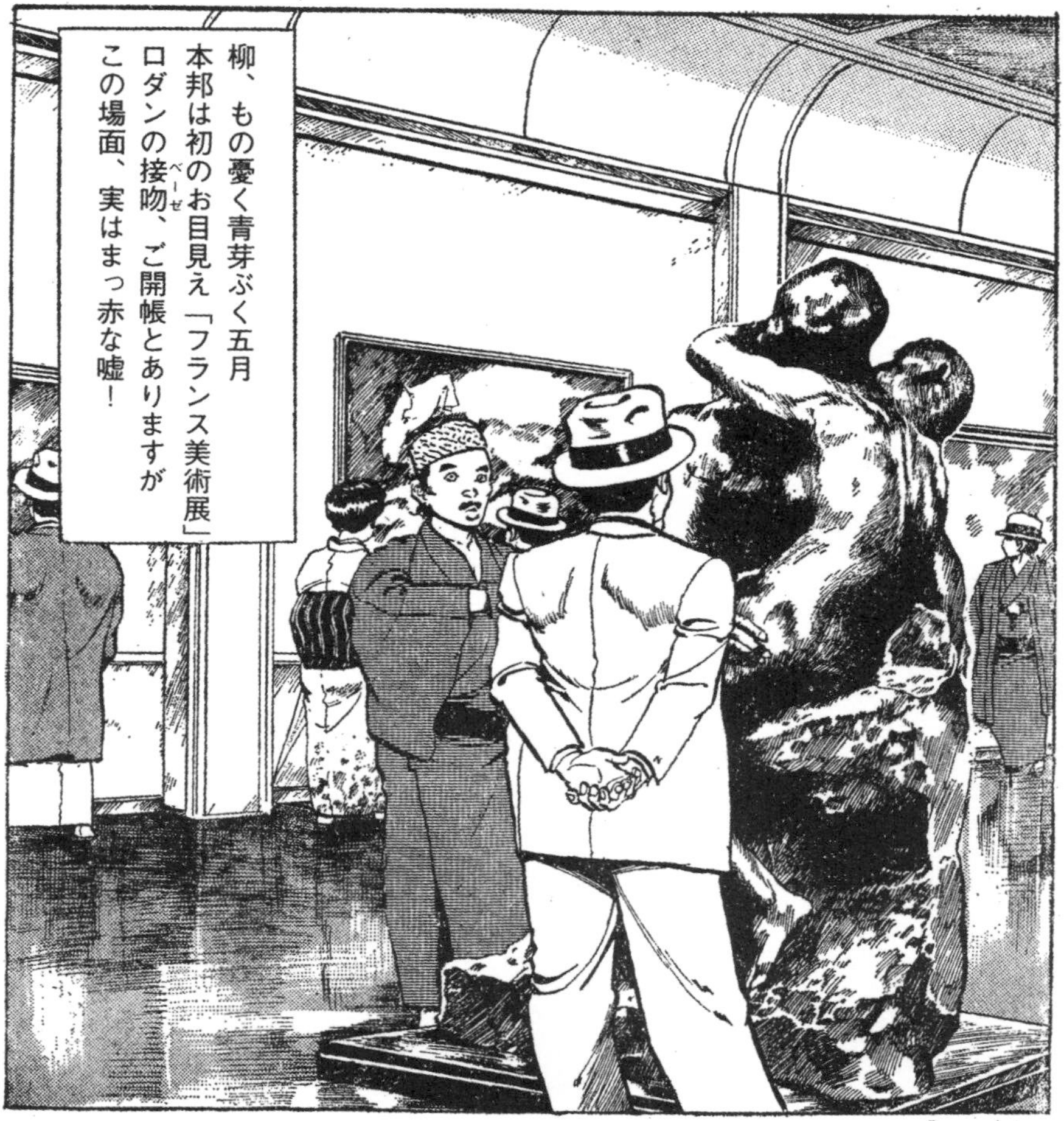
柳、もの憂く青芽ぶく五月
本邦は初のお目見え「フランス美術展」
ロダンの接吻(ベーゼ)、ご開帳とありますが
この場面、実はまっ赤な嘘！

ついに死者を出すに至る。

十三日 北京中央公園にて、反帝国主義運動大聯合発会式。米、ハワイ移民の本国転入を禁ず。

十四日 朝鮮、旱害二十四万町歩にひろがる。長野市では断水、中央線も水不足で運休続出。

お隣りの中国では連日の豪雨、北支一帯大水害、鉄道・電信・いっさいの交通・通信機関が杜絶。

十五日 久方ぶりに喜雨あり。

ソ連極東代表・カラハン、中国との大使交換を約定、みずから駐支大使に就任する。

府下野方に古ダヌキ夫婦、夜な夜なあらわれて人を化かす。

十六日 北京洪水、死者およそ五百。

蒙古で、キンタマの重さ六十キロの象皮病患者発見。


天変地異、再び？

二十一日 大本教主・出口王仁三郎、不敬罪で懲役五年に処せられる。

フーカイ、風俗壊乱の惧（おそ）れありと
当局はベーゼをはじめ
やはりロダンの傑作である『春』
ブールデール『セレーネーの女神』
さらに、コラン『青春』『まどろみ』
『柔順に装おうて』など
六点の彫刻・絵画の撤去を命令
〝表現の自由〟の大弾圧に
乗り出しました。
この年、流行したもの正ちゃん帽子
ノンキナトーサン、『ストトン節』
『籠の鳥』『月は無情』
簡単服（アッパッパ）、文化住宅、円タク、職業婦人
築地小劇場誕生、メートル法実施
甲子園球場竣工……

半年余りもの放浪の挙句、デスペラ先生・辻潤がまたぞろ舞い戻った東京は、すっかりその表情を変えておりました。

奢侈品輸入増税に、諸外国反撥。
〔ゼイタク・ベストテン〕
女学生のアンケート
①芸者買い ②蓄妾 ③豪邸
④自動車（お抱え運転手） ⑤下男下女
⑥宝石 ⑦プラチナ製品 ⑧扇風機
⑨洋式トイレ ⑩座敷用のストーブ

鎌倉の由比ケ浜付近で、人骨続々とあらわれる。

二十二日 岐阜県下で赤旗危険信号・急停車により負傷者多数、六尺アカフンの干物（ほしもの）を運転手が見誤って。

暑さのための忘れ物、東京の市電で月に帽子三百、なんとも納得のできぬものサルマタ、ズロース、ステテコ、エッチュウフンドシ、コシマキ、月経バンド、ゲタ、ゾウリｅｔｃ。

関東地方の河沼に、ナマズの大群があらわれ、さてはまた大震災、〝天変地異〟かと風説しきり。

二十三日 ――全制服・私服警官にピストルを携行させたいという談話を、川崎新任警保局長発表。

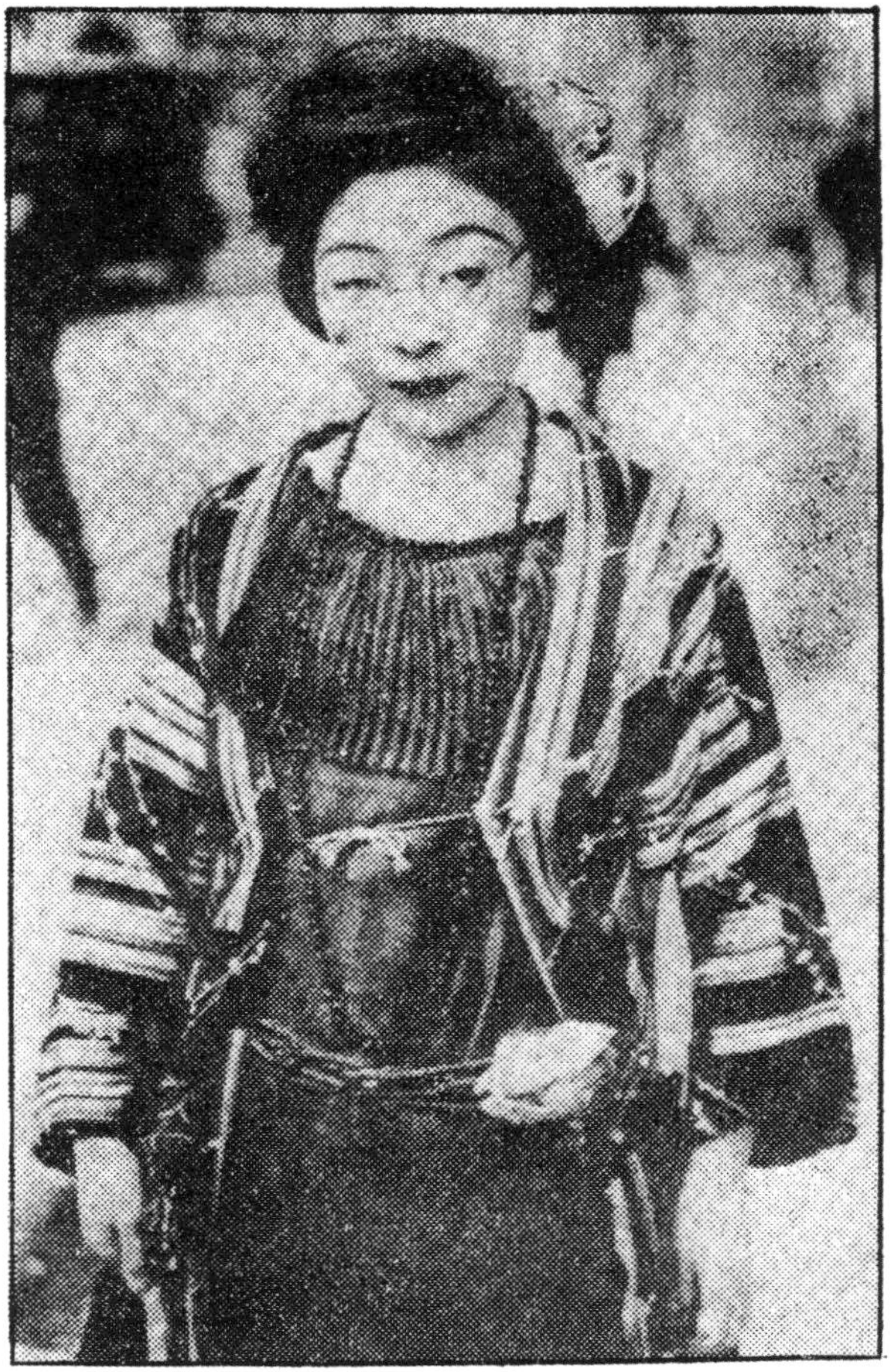

アッパッパに蛇の眼の傘、セーラー服に日和下駄、果ては洋装の上に友禅の羽織りという、珍型な和洋折衷スタイルがご覧の通り巷を横行、いっぽうではアメリカ映画排斥という、何やら矛盾した風俗は、ニッポン低国の大震災後のなりゆきを象徴して、軽佻浮薄・無責任にエロ・グロ・ナンセンス、その後に来るべき一九三〇年代の暗黒へと、なだれこんでいくのであります。

二十四日　ブラジル・反政府暴動拡大、第二の都市であるサンパウロを中心に革命の様相を呈する。

北京につづき、天津大洪水。

〔ゴシップ・三つ〕

若き天才・島田清次郎（シマセイ）、早発性痴呆拒絶症とキマる。【週刊朝日】

目玉の松っちゃんコト中村鶴蔵君は京都府児童基金に一万円を寄付、紺綬褒賞を授与された。（同）

婦人凌辱殺害常習犯・吹上佐太郎は十九～三十五歳までの間に四十三人を犯したと自白。これは一部のみ、忘れた事件のほうが多い、ぼつぼつ思い出すからと差入弁当を喰らって、フンゾりかえっている。

二十八日　学生追剝ぎ四人組、逮捕。

カラフト定期航路・大礼丸、僚船の神邦丸と衝突をして沈没、五十余名の乗員船客ゆくえ不明。

二十九日　孫文、〝三民主義〟を唱える。ブラジル革命、挫折す。

八月一日　甲子園スタジアム開場式。

五月十一日、総選挙開票熱狂する朝日新聞本社前の大群衆

大阪市の関東大震災救恤品を、中途横領・着服した疑いで、鎌倉町当局者取調べをうける。

二日　福井の大山火事、六十戸焼く。

三日　帝都いたるところ強盗騒ぎ、警視庁アセる（検挙0件）。

五日　陸軍、五ヶ所師団削減を決定。

〔宗一稲荷〕

日比谷・山かん横町名物のおでん屋岩崎善右衛門方にまつってある「宗一稲荷」は、九月中旬に慰霊祭を行う。このご本体は、きょねん大杉栄夫妻と共に殺された橘宗一少年。

六日　象潟(きさがた)警察署長、人権蹂躙にてうったえられる。部下の巡査が、いやがる娘に横恋慕して、彼女のいいなずけを気に喰わないとしょっぴき、留置場にブチこんだので、娘といいなずけの親が連名で告訴に及んだのである。

九州地方、暴風雨に襲われる。

七日　日露交渉、北カラフト領有をめぐり暗礁に乗り上げる。

九日　常盤入山炭鉱ガス爆発、七十

安藤正純
作間耕逸
矢野鉉吉
古島一雄
中原徳太郎
鳩山一郎
三木武吉
石川安次郎
中島守利
瀬沼伊兵衛
若尾幾太郎
川口義久
山宮藤吉
山口左一
平川松太郎
秦豊助
小島善作
粕谷義三
神谷彌平
松本眞平

定数・四百六十四名のうち
開票延期二名を残して当選者確定
憲政会　一五〇
政友本党　一一六
政友会　一〇〇
革新倶楽部　三〇
実業同志会　八
中立　五八
――かくて、〝護憲三派〟大勝
政府与党は惨敗を喫した

五名の犠牲者を出す。

十二日　大阪府下の旱害、およそ十万石減収と発表。

排日運動エスカレート、カリフォルニア州は日本人移民が会社株券を所有することを禁止。

十三日　主人に叱られた丁稚（でっち）、一歳の幼女をハライセに用水桶になげこむ。群馬県前橋での事件。

十四日　猛暑絶頂。静岡では警官が抜剣してカフェの女給を追いまわし、取押さえられる。いわく「醜業を追放しなくてはという義務感にかられて」

伝染病をかくした医者、東京都下に九十六名。

〔ゴシップ二つ〕

震災一周年の東京では、床屋と髪結一万二千軒、そのことごとく水不足で不衛生とあって、当局のヤリ玉に挙げられたが、さて肝心の水の世話なしでいったいドースル。（週刊朝日）

炎天の東京にはやるもの家出、毎日警察への届出だけで三十人を下らず、

内閣総理大臣　加藤　高明（憲政）
外務大臣　幣原喜重郎
内務大臣　若槻礼二郎（憲政）
大蔵大臣　浜口　雄幸（〃）
陸軍大臣　宇垣　一成
海軍大臣　財部　彪
司法大臣　横田千之助（政友）
文部大臣　岡田　良平
農商務大臣　高橋　是清（政友）
逓信大臣　犬養　毅（革新）
鉄道大臣　仙石　貢
内閣書記官長　江木　翼

それも十四、五歳の娘ばかり、熱気で頭も軽くなるとみえる。（同）

十七日　山火事しきり、神戸市夢野島原山は三日三晩で七百町歩を焼き、ようやく鎮火したとみるまに、六甲山に火の手あがって五百余町歩を焼失。

十八日　広島県の立石山では、雨乞いの焚火から山火事、二里四方を焼いて未だに炎上中。

十九日　関西地方、ようやく、小雨パラつく。

二十日　九州、またも暴風雨。

二十一日　京都、アンパン中毒六十名。

風俗から風俗へ……

東京は復興して、釣忍（つりしのぶ）岐阜提灯の盆を迎える。震災の犠牲者にとっては悲しい霊迎えの新盆だったが、人々の想いはむしろ、〃あらたな時代〃へとむかった。「三菱村」と通称される、赤煉瓦のオフィス街には、先端をゆくワンピース、颯爽と自転車のペダルを踏む女事務員が往来する。

こえて、六月六日――
御成婚祝賀の一大パレード
全国津々浦々に
くりひろげられる
奉祝

トコロテン去り、「ええ！　アイスクリン」来る。マージャンの大流行、文化住宅には〝文化台所〟、火無焜炉（ガスレンジ？）、焼かまど（オーブン）なんてのがデパートに美々しく展示され、「薄桃色のしゅすの下着」（ピンクのネグリジェですな）なども家庭に浸透して参ります。

震災翌年の風俗は、一つには酷暑のせいもあって、これをようするに露出過度となっていく。昭和初年のエロ・グロ・ナンセンス時代を、かくて招きよせるのであります。

テニスも流行りました。なんたって両殿下、つまり皇太子とオカミサンがなかなかのタレントで、「夕の湖畔をご散策の……」といった写真、ロマンチックに『アサヒグラフ』誌上を飾ったりする。これまでの皇室のイメエジとは一味ちがって、ミーハーもしくはソーラーの魂の琴線に、いとも容易に共鳴しちゃうのであります。

え、それ大正の話かですって？

宮中某重大事件（大10）、久邇宮良子の色盲問題から揺れにゆれた、大日本帝国の根幹は、かくして安泰であった。
いささかひ弱に見えた摂政も、そのもの腰、態度に、〝王者の貫禄〟めいた雰囲気がただよいはじめる。掲げるは新婚三カ月を迎えたご真影、葉山用邸に大正天皇はすでに生ける屍、すでに世は昭和であった。

さいです、世の中ちーとも変っちゃおらないのであります。ゴルフやってますよ皇太子、永六輔というお人、なんやらカンチガイしていらっしゃるようだが、あの方々ってもな、〝モダン〟なのでありますぞ。和洋折衷の象徴として、天皇家は明治以後存在してきた、それが大ニッポン低国にとっての必要であった、大元帥陛下は仁丹の広告ふうにましまさねばならなかったのデス。

閑話休題――、『アサヒグラフ』の大正十三年八月二十七日〝震災記念号〟、九条武子夫人を中心に、黙禱をしようとか玄米を食べようとかいうキャンペーン、〝ニューヨーク大地震想像絵図なんてのから、「高原に虫を聞く室生犀星、芥川龍之介氏」と文人悠々閑々のたたずまいをみせて、〔復興と建設への一年〕。

まずは流行の日傘のご婦人連、区画整理の進行状況、新無電柱下の記念の時計塔（＊大震災勃発で止った大時計）、

万都を灯の海と化して
チョーチン行列は夜をどよもし
君が代は千代に八千代に万々歳
摂政宮のうたえる
――世の中も　かくあらもほし
おだやかに　朝日にほへる
大うみのはら
妃殿下のかえし
――いかばかり　身はひきくとも
まごころを　たもたむ人ぞ
尊かるべき
祝

そして飛行機から撮影した銀座目ぬき通りの鳥瞰（ふかん）写真。「震災前とすこしの変りもなく」海水着の少女たちがたわむれ遊ぶ、鎌倉、大磯、逗子の海岸とグラビアはあかるく朗らかに続いて、シメくくり〝復興髷〟。簡素で品のよい髪の結い方、「これぞ大震災後にあるべき女性の身だしなみ……」

風俗にはじまり風俗に終る、まるで『女性自身』ではないか、とみなさんお思いになる？　その通りなのです。〔大正という混沌としたモーレッツなる精神〕（玉川しんめい『日本ルネッサンスの群像』）は、ラムネの泡と、いやこれも当時流行の新飲料、サイダーのごとく甘っちょろくうすめられていく。〔簡明にいうならば、大正とは明治の反動である、明治の〝全体〟に対して〝個我〟の時代である。今日的意味でいう矮小な、サラリーマン的〝個我〟ではなくそれは、爆薬に等しい粗野な活気を持っていた〕（同）

その大正は、すでに遠かった。エクストラ・インニングスとしての

昭和余年、すなわち二〇年代後半から三十年代の前半にかけて、大正期その残響はブリッジする。しかしそれは、極論するなら、〝気分としてのアナキズム〟を継承したにすぎず、大杉栄の死とともに、あるいはその死に報復を企てた難波大助、和田久・村木・ギロチン社のテロリズムで、大正は終りを告げたのである。

玉川しんめい風に、「簡明に」いうなら、大正とはすなわちアナキズムに領導された時代であり、昭和の初年は（余年に非ず）ボルシェヴィキに組織された時代であった。

テロリスト群像

詩人の中浜哲と、農民解放を志した古田大次郎が、テロリストとして立つことを誓いあったのは、大正十一年の春なかばである。

奇しくも、というより当時の無産者運動に関わった若者たちにとっては、それが当然の心情なのだが、難波大助

六月十一日
加藤高明内閣成立、
これ以降「憲政」「政友」
二大政党が交替で政権の
座に就くいわゆる憲・政
時代が五・一五事件まで
続くのである

と等しく深川富川町の木賃宿を彼らは盟約の場所にえらんだ。

まず、中浜が単独で、来日中の英国皇太子の狙撃を計画したが、機を得ず未遂に終る。中浜は三河島、富川町の人夫寄場で労働し、「自由労働者同盟」を結成、戸塚町源兵衛店に家を借りて、「ギロチン社」と名づけた。

河合康左右（かわいこうぞう）、倉地啓司、第三十四回に登場した田中勇之進、上野克己、仲喜一、小田栄らが出入りをする。倉地を除く全員が、三十歳にみたぬ年齢で、〝リャク〟（略取）と称する、強請（ゆすり）を生活の資とした。

〔……革命運動の資金は、すべからく資本家より強奪せざるべからずというのが、ぼく達の標語だった〕（『死の懺悔』大正15年刊）

と、古田大次郎は回想する。〔そのためにぼくらは、人を欺きもするし、偽りもする、殺しもする。それはもちろん罪悪であり、悲しい恐しい事だ。しかし、やむを得ない事なのだ。あたらしい社会を作るために、涙をのんで

そして、
夏がやってきた
これなるは神奈川
県立平塚高女
水泳部の練習風景

〝政党政治〟の確立、すなわち
デモクラシーの終焉
という逆説に理会するとき
私たちには、大正と呼ばれる
明治の付録のような
あるいは、昭和の前座のごとき
みじかい時代の意義が
ハッキリと見えてくるのです
難波大助、そして
「ギロチン社」のテロリズムは
いったい何を
その思想、もしくは志操の
標的としていたかも……

この罪悪を犯さねばならない」

　戸塚から北千住へ、そして十二年の夏にほとんど全員が官憲に追われて、大阪へ移動する。関東大震災の朝鮮人虐殺、亀戸事件につづいて、甘粕憲兵大尉の大杉栄・伊藤野枝・橘宗一少年殺しに、「ギロチン社」の若者たちの血は逆流した。

　彼らはただちに、報復のテロに着手する――。眼には眼を、第一番目の標的に甘粕正彦の弟・中学生の五郎が選ばれる、とうぜん橘宗一の血債として。彼らの心情には、〝罪のない少年を〟というモラリズムなど、もはや入りこむ隙はなかった。

　刺客・田中勇之進は、伊勢の津市の路上に待伏せて、甘粕五郎を襲った。だが、万一の場合を想定して護衛していた私服刑事たちにさえぎられ、殺人未遂で逮捕される。

　いっぽう、〝M作戦〟の資金強奪を担当した古田大次郎は、第十五銀行の小坂支店をえらび、現金運搬の行員を

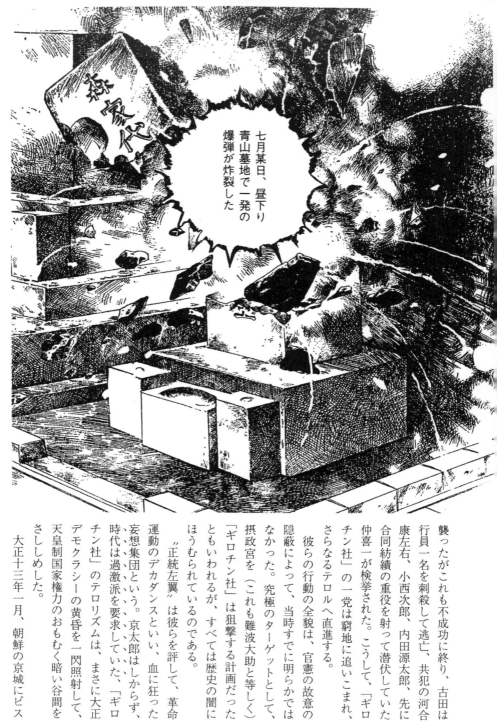

七月某日、昼下り
青山墓地で一発の
爆弾が炸裂した

襲ったがこれも不成功に終り、古田は行員一名を刺殺して逃亡、共犯の河合康左右、小西次郎、内田源太郎、先に合同紡績の重役を射って潜伏していた仲喜一が検挙された。こうして、「ギロチン社」の一党は窮地に追いこまれ、さらなるテロルへ直進する。

　彼らの行動の全貌は、官憲の故意の隠蔽によって、当時すでに明らかではなかった。究極のターゲットとして、摂政宮を（これも難波大助と等しく）「ギロチン社」は狙撃する計画だったともいわれるが、すべては歴史の闇にほうむられているのである。

　〝正統左翼〟は彼らを評して、革命運動のデカダンスといい、血に狂った妄想集団という。京太郎はしからず、時代は過激派を要求していた、「ギロチン社」のテロリズムは、まさに大正デモクラシーの黄昏を一閃照射して、天皇制国家権力のおもむく暗い谷間をさししめした。

　大正十三年一月、朝鮮の京城にピス

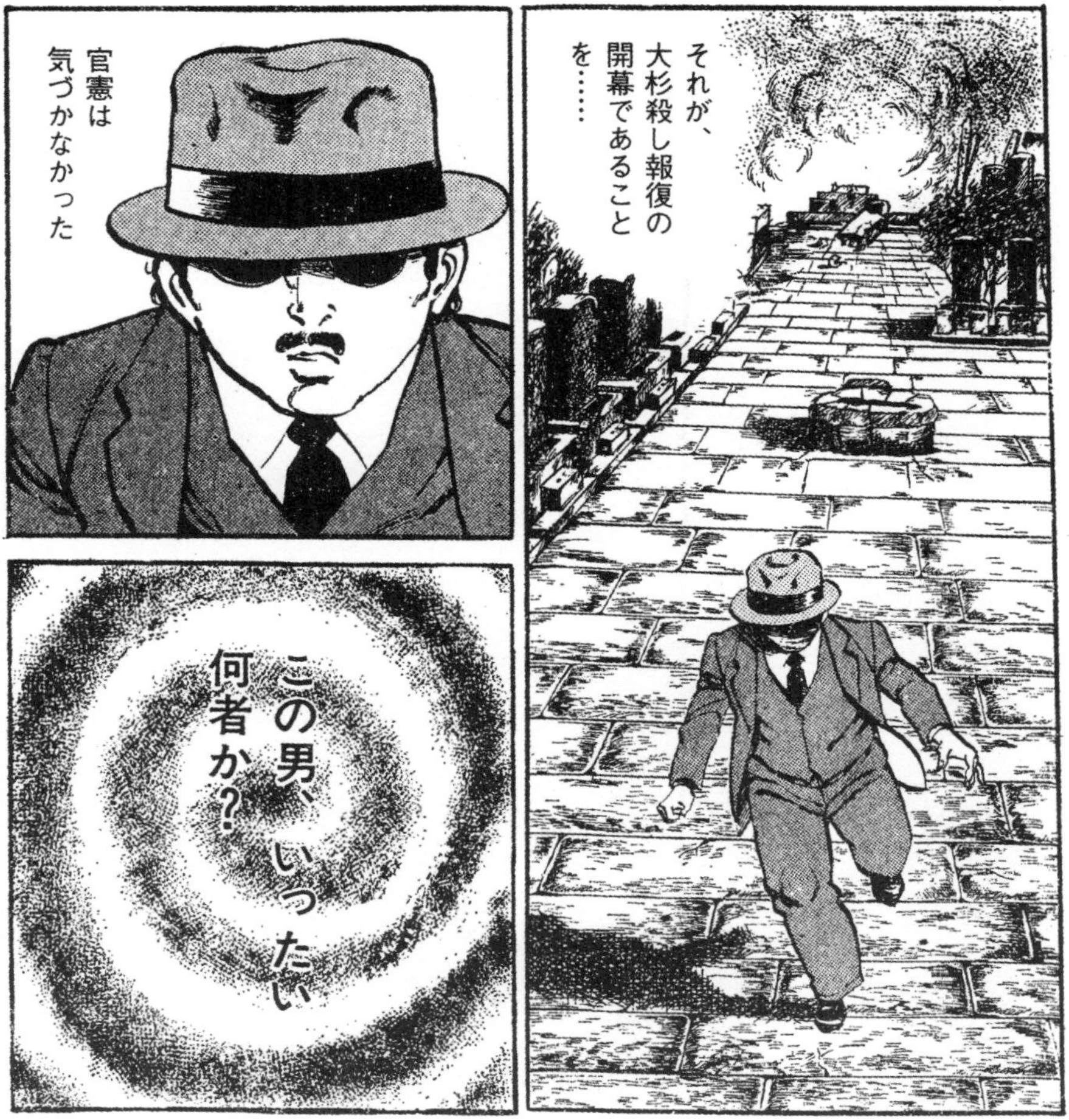
それが、大杉殺し報復の開幕であることを……
官憲は気づかなかった
この男、いったい何者か？

トル・爆裂弾を入手するべく潜行していた古田は、ひそかに帰国して「労働運動社」と連絡をとった。

　京城には中浜哲が滞留して、一つの計画を練り上げていた。和田久太郎は古田に同行、大杉殺しの背後の指揮者ともくされる福田雅太郎朝鮮軍司令官（当時の戒厳司令官）を、現地でつけ狙ったが果さず、後日を期して東京にひき揚げる。官憲のきびしい追及を、巧みにかいくぐって暗殺計画は進行するのだが、そのいきさつは次回から、例によって〝創作(フィクション)〟を織りまぜて展開することにしよう。

　さて余談の辻潤先生は、東京に舞い戻るとさっそく、蒲田の松竹撮影所の裏長屋にお邸を構えて、戸締り無用＆深夜の訪問勝手、「カマタ・ホテル」と称した。ルンペン天国、連日けんか口論、とっくみあい。

〔新進劇作家の鴇田(ときた)英太郎なんてのは朝の三時頃になって、おもちゃのサーベルを下げ、プップクプーとラッパを

鳴らしながら現われた」（玉川信明『評伝・辻潤』）

長屋といえど二階建て、その階下の三畳は灯ともしごろからバクチ開帳、近所の土方やら与太郎やら、えたいの知れぬ女やらが集まって花札をひいている。日曜日になると、朝っぱらから一升ビンを提げてやってくる、職人の玄ちゃんなる常連がいて、月曜日の朝まで呑んでいく。

その他、低能の辰ちゃんとか、乞食坊主の卜部哲次郎、古本屋、鍛冶屋、植木屋、鉄道員、仕立屋ｅｔｃ、種々雑多な者どもがたむろした。

デスペラ先生、がぜん女狂いに熱中をする。伊藤野枝に裏切られてから、女という生物を信用できなくなったセンセイは、その反動で誰にでも手を出す癖がつき、六十の婆さん、〝ペルシャ哲学〟に凝って頭のおかしな菊村君子・雪子の姉妹……

「カマタ・ホテル」乱痴気騒ぎも当然、本篇の点景として次回より語りついで参ります。

唖蟬坊は山にこもり
デスペラ先生は、紅塵の巷に
時代の虚無を見すえようとしていた
大正十三年夏——
両国は川開きの光景

XIV ギロチン社の人々

第四十六回

大杉殺戮シンドローム

辻潤──個我の自由

辻潤・その人の思想は、どのようなものであったのか、いわく言い難い。『近代日本文学辞典』（東京堂、昭和36年刊）によれば──

明治十八年十月、東京生。国民英学会・自由英学会等で英語を学び、上野高女に勤務、教え子伊藤野枝との恋愛事件により退職。

そのご、野枝が大杉栄のもとに出奔するに至って、文筆を頼りに放浪生活に入る。昭和三年渡仏、翌年帰国してからは世を捨て、アウトカーストとしての人生を一貫した。

彼はこの間に、ロムブロゾオ『天才論』（大3）、デ・クインシー『阿片溺飲者の告白』（大7）、スティルネル『唯一者とその所有』（大9）などの翻訳を通じてヨーロッパ世紀末文芸思想を、

大正十三年ひでりの夏、六月下旬より連日旱天とあって嗜眠性脳炎流行帝都は煮えくりかえる猛暑の中で震災一周年をむかえます
ここもとお眼にかけまする光景は水清き隅田川の昼下がり当時〝京浜工業地帯〟のど真中月島、品川、蒲田の近辺で海水浴はもとより汐干狩ができたってくらいのもの文明と自然とは、いまだ調和していたってわけでして

さらに第一次大戦後のダダイズムの流れをつたえた。

　大震災後の混乱がダダイスチックな思想に有利に働いた外、彼は東洋的なニヒリズムの傾向を帯びていたため、岡本潤らのような華々しい、破壊的な活動はみせなかった。また、マルキシズム運動の興隆期にあたっても、他のダダイストのようには、陣営に投ずることをしなかった。

　そしてまた、一切を破壊否定しようとする思想に立つものとして、一つの永続的流派を、生み出すこともついになかった。昭和十九年没——

　その著書に、『浮浪漫語』（大11）『ですぺら』（大13）『絶望の書』（昭5）『痴人の独語』（昭10）『孑孑（ぼうふら）以前』（昭11）等がかぞえられる。

　……と、原稿用紙ペラ二枚半ほどに括られてしまうのだが、それでもまだよいほうで、たいていの文学辞典には〝辻潤〟の項目はない。木村毅監修の『日本人名辞典』に至っては、〔自らダダ

こうした
佳き眺めが
どこでも
みられた
ものでした
天下泰平
治まる御代に
と申し上げたいところですが
本篇はいよいよ
クライマックスの修羅場へと
さしかかって参ります

イストを以て任じ、特異の文章と独自の視点を発表、浮浪のうちに昭和八年死す〕

文字通り生ける屍とされ、享年より十一年も早く、文芸思想の戸籍簿から抹消されてしまっている。

一九六七年に、『ニヒリスト／辻潤の思想と生涯』(オリオン出版社刊)を編んだ松尾邦之助は、〔日本では発見され得なかった思想家であり、非凡なインディヴィジュアリスト(独立人)であり、〝彼の彼〟に生きぬくことをつらぬいた、異色の反逆児であった〕という。

同書から、京太郎共鳴するくだりをひいて、読者の判断にお任せしたい。原文のままではかなり長くなる、大意省略・ご免をこうむります。

〔おしなべて日本の知識人は、ジャーナリズムに踊らされて、〝既成価値の奴隷〟となりきっている人々である。思想を生活に結びつけ、純粋な認識で生きたため、運命的にアウトサイダー

時計の針をまき戻して、
一月
小石川白山上の書店
「南天堂」二階の
レストラン

とされ、誤解と冷笑の只中に置かれた辻潤の生活と縁のない、甘やかされた人々なのである。

　いま、マスコミの〝誇大広告〟的な狂躁音の中でチンドン屋となり、その旗もちをつとめ、コマーシャル有名人となっている彼らは、自己の赤裸々な価値と、〝広告された価値〟とを境もなく混同している、気の毒な自慰者でしかない。

「あァ誇大広告！　人生はこれなくしていかに寂しいことか」と、辻潤は皮肉にいう。チンドン屋といえども、「役に立つ人たち」であり、世の中を賑やかにする役目は果しているのだ。現代のマスコミは、優れた個性を持つ独立人を必要としない。愚劣な大衆、セミ・インテリ、広告に憑かれ権威にぬかずくマジョリティ、いうところの民衆、〝善良なる大勢（みんな）〟を相手にしているのだから……〕

〔このことは、辻潤のいった〝最悪の時代〟、大正末期から昭和の初年も、

「南天堂」の店主・松岡虎王麿（とらおうまろ）は
大杉栄と親交がありまして
アナ系文士、ダダ派詩人の梁山泊
夜ともなれば果てしなき
議論の後の殴りあい、とっ組みあい
無名時代の林芙美子など
テーブルの上にあられもなや
大の字に股をおっぴろげ
「さあ、どうとでもしておくれ！」
ご開帳が十八番だったという
〝伝説〟も残されております
十銭のコーヒーすすっていれば
誰かがあらわれて、奢ってくれる
仕組みなのですが

開店早々のこととて
他に客の姿も
なく……

ひっそり閑
としており
ます

今日も依然として同様である。辻潤は明瞭にいう、「ボンクラな秀才を養成する赤門（＊帝大）式教育」「都会をメリケンの場末の町なみにするのを繁栄と心得ている政治屋・資本家」、……すなわち「人間を取締ろうとする連中のバカの多いことを見よ」と。

彼が現代に生きていたら、「税金を納めるために小説を書きとばしている流行作家」「首相に招待されることを無上の栄光と思いこむ文化人」等々、バカの数が増えていることに驚倒するだろうが、今も昔もその本質に変わりはないのである。

大正デモクラシーの時代に、辻潤は率直かつ果敢にいった。「民衆と称せられる大多数の賤民たち」と、誰はばかりなく、これほど正直な言葉を吐く者がいまあるだろうか？

内心そう思いながら、常にその賤民大衆にアユし、利用する側に立つ社会主義者・エセ革新党派ほど、民衆から遠い存在はないのだ。辻潤は暗タンと

古田大次郎・二十六歳
いつ、朝鮮から戻ってきた？
去年の……暮だ
で、これは？
肝心の、こいつがなくってね

述懐する……

「民衆はオリンパスに憧憬する。彼ら自身の裡に、あらゆる暴政と、偽善とあらゆる背理と、あらゆる奴隷根性の種子を蔵しながら、〝凡庸と無資格のあこがれ〟である民主々義に、日常の無事を願ってぬかずく」

　この言葉は、だんじて民衆に対する侮蔑、絶望のあらわれではない。民衆自身の裡なる怯懦を撃つ、〝愛情〟の逆説的表現なのである。

　ゆえにいう、「私はいうまでもなく弱者・貧乏人の味方である。なぜなら自分が弱者で、貧乏人だからである」「私は夢をみているときにはアリストクラシーであり、目ざめているときはプロレタリアである」

　辻潤の実践したダダイズムとはようするに、なべての固定観念をかなぐり棄てた自由な人間の生きざまであり、この国のジャーナリズム・知識階級のありようは、そのような異端をついに許容しなかった。

大正十二年十月十六日
「ギロチン社」の行動隊は
大杉栄虐殺に対する報復テロの資金を
銀行から強奪する計画を立て
第十五銀行小坂出張所付近の路上で
リーダー・古田大次郎
実効行為には小川義雄、内田源太郎の
二名が参加した
彼らのM作戦は金融機関を手はじめに
三越・高島屋などの百貨店
さらには東洋紡、カネボウ、日本紡
〝女工哀史〟の元凶を次々標的とする
はずであったが……

……われわれの住む日本は、まさに彼のいう〝疲労した宿命〟が厚く累積している。既成の価値観の旧い倉庫であり、そこには赤門出の知能犯やら、秀才バカが世にはばかり、賤民大衆を管理・支配している。

思想と結びついた生活がなく、タテマエと本音とが乖離したこの国では、しんに透徹したデカダンや、ニヒルの何たるかを人は理解できない。第二次大戦終結の前夜、辻潤は虱(しらみ)に喰われて陋巷に文字通り窮死した」

ユニホーム、名物と化す

大正とはいかなる時代であったのかというテーマを、すでに四年にわたるこの大河連載劇画で、作者は追及してきたが、結論はゆきつくところ「その人を見よ！」

大杉栄と、彼をめぐる無政府主義者たち、テロリスト難波大助、さらには彼らがこよなく愛した浅草十二階下の娼婦&やくざ・芸人。国賊と呼ばれ、

あるいは世の塵芥（ちりあくた）のごとく差別された〝窮民・下層社会〟の中に、われらがですぺら先生・辻潤を置いてみると、諸相はおのずから立体的に浮び上ってくるのでアリマス。

前章で述べたごとく、「明治の付録もしくは昭和の前座のような、大正という短かすぎた時代」の真相（または深層）を、私たちはかいまみてきた。

本篇は回を追って、ですぺら先生の登場もひんぱんとなるので、そのさいあらためて、〝時代の虚無〟を考えてみることにしよう。

――さて、《幕間》二回（＊XIII「挽歌の季節」）にわたって、いわゆる大正政変、政友・憲政・革新倶楽部＝護憲三派の大連合と、選挙戦勝利のいきさつをもの語ったが、庶民市井の生活・人情・風俗は、関東大震災によってどのような変容を遂げたか？

最も顕著であったのは、女性の各種職業への進出と、その制服化である。大正十三年一月十八日、東京市営乗合

行員の必死の
抵抗に阻まれて
ついに
一名を刺殺！
殺って、
しまった……

自動車開業、〝女車掌〟すなわちバスガール、初のお目見得とある。

洋装ユニホームの新風俗、たちまち復興帝都の名物・花形となって、その人気は、戦後のスチュワーデスよりもはなやかだった。

バスガール出現をきっかけに、紡績女工の制服化、新職業としてのタイピスト、電話交換手、女理容師と、ぞくぞく登場する。『サンデー毎日』大正十三年一月六日号は、「婦人の職業」というグラビア特集を組んで、前説にいわく。

〔婦人が何かしら働いて、自活の道を求めやうといふこころ持ちは、大震災からこちら殊に著しく、今では妙齢になって遊んでゐるのを恥しくさへ思ふやうになりました。そして職業婦人の道は、いろいろな方面に拓けてきたのであります〕

女義太夫、茶道・三弦・生花の師匠といった旧来女性の職業を、洋服姿の新職業婦人たちが圧倒していく、その

目的を果さず
古田は朝鮮へ逃亡
「義烈団」の同志と
連絡をとって
武器を調達
しようとした
だが、
懐中無一文に
近く
爆弾十発、拳銃五挺を
手に入れるのには
最低五百円の軍資金を
必要とした

世替りのありさまを、グラビア特集は如実に示してまことに興味深い。

束髪に開襟スーツの女教師、大黒様みたいな帽子をかぶって執筆中の婦人記者、さっそうたる背広姿の娘運転手などなど、それなりに粋でモダンで、〝時代の先端〟をいっているのでアリマス。一言でいうならば、震災以後の風俗は〝和洋折衷〟、とりわけ女性の洋装が常態となっていく。

あの火の海を逃げまどう中で、和装というものの不便を、日本の女たちは切実に覚ったのでありましょう。アッパッパと称する簡単服の流行もまた、震災の以降に属する。京太郎が幼少のみぎり、近所のかみさん姐ちゃんは、これをもっぱら着用して、うつむけばオッパイまるみえ、なつかしくもよき眺めでしたな。

世のなりゆきは和洋折衷

それはさておき、東京に婦人職業紹介所がこの年設立され、宝塚少女歌劇

金策ができるか？
と古田はいった
何とか、
してみよう。
ただし…
俺たちも
一緒にやる

管弦楽団初公演、マキノ映画は剣劇の効果に和洋合奏を採用。

ですぺら先生のいわゆる「メリケン文化の猿真似」、文化住宅、文化カミソリ、文化せんべい、『明治／大正／昭和世相史』（社会思想社）所載による、家具・什器の販売価格。

整理ダンス　二六円三〇銭
ガラス戸付書棚　五〇円
組立机・腰掛付　二三円
折たたみ乳母車　二六円
籐椅子　一一円
洋服ダンス　六〇円
ハンガー（一個）　四〇銭
石油コンロ　一二円五〇銭
電気アイロン　八円
卓上電灯　八円八〇銭
コップ・半ダース　一円
パラソル　一八円
魔法ビン　四円五〇銭
果物ナイフ　九〇銭

……といった具合に、日本人の生活様式はアメリカナイズされて、これを

村木源次郎は、福田雅太郎大将と
元警視庁官房主事・正力松太郎を
大杉栄殺しの直接の指揮者として
血祭りに上げる計画を、和田久太郎と
二人でひそかに練っていることを
古田にうちあけた
そして、ギロチン社の
テロの最終目標である〝大逆〟
皇族みな殺しの爆殺プランに
血盟することを、このとき
固く約束したのである
彼らには具体的な成算はなく
ただ憎しみの坩堝にたぎる
熱い心だけがあった
人それを無謀といい
愚かな自殺行為という

そうさ、死ねばよいのさ
ただは死なんぞ

〝近代化〟と称する。賃金はといえば職業婦人の場合、バスガール三〇円〜三五円、タイピスト三五円、デパートガール二五円〜三〇円。

地価の不思議、〔震災の直後はペンペン草が生いしげって、土地の投売が始まるだらうと云はれた銀座も、復興景気すさまじく坪二千円、乃至三千円と震災前に変らず。従来は二位だった日本橋の場合は逆に急騰して、なんと坪四千円〕（『サンデー毎日』）

現在の貨幣価値に換算をしてみたいむきは、二千五百倍して下さい。毎度申上げることだが、戦争に負けてニッポンは新生をしたとか、平和な暮らしよい国になったなんてのは、根っから葉っからウソッパチ。〝唯物功利〟の穢土であること、震災後といささかの変わりもこれ無く、一人の大杉栄も、一人の辻潤も持たぬことにおいて、ますます最低なのである。

「賤民大衆」は、ご成婚をことほぎたてまつり、あやかり挙式のブーム。

〔復興第一年のお正月は、意外な結婚ラッシュとなり、東京日比谷大神宮はこの十日までに神前挙式の申しこみが二百組を突破、まったく未曾有のことですと、宮司はホクホク〕

ここもやはり〝和洋折衷〟、新郎は燕尾服、新婦は高島田のスタイルが、震災後からパターン化する。大正デモクラシーは、風俗の面からいうならば民族的個性の喪失をもたらして、その反動である国粋主義に、復権の口実を与えたのである。

かくて、時代は黄昏る……

大杉栄の非業の死は、和田久・村木源次郎、「ギロチン社」の若者たちにとどまらず、彼をめぐる大勢の人々、なかんずく美的浮浪者たち、アナ系の文士・画家・芸能家に、はかり知れぬ衝撃をひろげた。

添田唖蟬坊は漂泊の人となり、東北地方をさすらったのち、群馬県桐生の山中に隠棲して、米をくらわず松葉を

花の都は復興しても
大杉の死にとりのこされて
アナ系の心は闇
絶望と退廃の淵に刹那の酔いを
買うのみとかや
飛光よ、とびゆく光よ
汝に哀別のにがき盃を献じよう
さても、くすむ人は見られぬ
ゆめゆめの夢の世を
うつつ顔して何しようぞと
大正デモクラシーは
果てもなき乱痴気騒ぎのうちに
たそがれていくのであります

常食とする仙人の生活を送った。昭和六年から十四年にかけて、実に八年の遍路の旅、中・四国から九州一円を、乞食放浪の行脚をつづけた。十九年の二月八日、辻潤よりひと足先に一代の演歌師は鬼籍の人となる。

獏与太平こと古海卓二は、しばらく狂人同然となり、帝キネ事務所へ乱入したり、映画の検閲官を椅子でなぐりつけてブタ箱にほうりこまれるなど、暴力沙汰をしばしばおこして、やがてボル派に転向していく。

大泉黒石は人間廃業を宣言、希代のウソツキとなり、大正十三年フランス外遊と称して餞別を集め、送別会まで開かせたあげく雲隠れしてしまった。某日、中央公論の記者と池袋の駅頭でバッタリ会って〝悪事露見〟、いらい世間から見離され、酒と夫婦ゲンカと夜逃げとに明け暮れる。

貧乏のボロボロ、流行作家となった林芙美子の家の隣に住んでいたころ、夕飯のくえぬことしばしば、子供らに

茶ワンをたたかせ、「いただきます」「ごちそうさま」と生垣越しに声はりあげさせて、悲しくも滑けいな見栄をはっていたことだったと、これは倅の大泉滉の思い出ばなし。

与太平はボルに転向してボルに容れられず、プロキノと論争して映画監督稼業をほうり出してしまう。家族から愛想をつかされて黒石、各地の山峡をめぐり歩き、路傍の草をいかに食用とするかという『草の味』を書く。この書物は昭和十八年、あたかも食糧難の時勢に投じてベスト・セラー、かくて餓死をまぬがれた。

酒乱・山伏の宮嶋資夫、日に二升を飲んで足らず、五十銭で焼酎を買い、原稿料はほとんど腹中に消える、というアルコール漬けの生活（果して生活というべきか?）、大杉の死によって、さらなる荒廃へと突きすすむ。『日本ルネッサンスの群像』（玉川信明著）は宮嶋の自伝『遍歴』をひいて——

（報復のテロルの中で）宮嶋の胸を

ここにも、一人
たそがれて
うしろ姿のさみしいは
心で泣いているからさ

うったのは、難波大助の摂政に対する狙撃事件であった。彼の行動によって宮嶋には、じっとしていられぬ気持ちと同時に烈しい死の恐怖が襲い、その自己のあわれむべき臆病風を呪って、嗜虐に近い状態におのれを追いこんでいった。自己嫌悪から逃れるために、宮嶋は酒をあおった、むろん楽しんで飲むのではなく、酒を怨みつつ飲む、酔えば酔中に命絶えよとおもい、人と争って無茶をはたらく、かくて宮嶋の酒癖はますます悪くなっていった」と記している。

そうした絶望的な心象風景は、関東大震災以後のアナ系、ダダ系知識人の共通した傾向だったのである。『近代文学辞典』の解説、「震災後の混乱はダダイスチックな思想に有利に働いた」云々など、よう言うわのたぐいで、彼らはまさに深刻に、真剣に頽廃していったのだ。

文壇史にいう〝南天堂時代〟、その乱痴気さわぎを、京太郎むしろ悲しい

や、あれは!?
知りあいですか?
声をかけずにおきましょう
会えば、まきこむことになる

ものに思う。大正デモクラシーのたそがれ、人々は黒い影をひいて集まり、せめても残された解放区に、滅びゆく自由の挽歌をかなでた。

飛光よ、去りゆく光よ
我は汝に、苦き盃を献じよう
なにゆえに空は蒼く
大地は暗く
黄昏の薄冥に消えてゆくのか
知るに由もない
ただ一つ、確実に判っているのは
時は早くめぐって
人の生命をちぢめ、奪っていく
そのことだけなのだ

（李賀のうたえる）

昭和五年四月、宮嶋は京都天龍寺の寺男となり、半年後の十月に得度剃髪して蓬州と号する。〝定説（じょうせつ）の凡愚、定心修し難く〟酒をやめることはかなわず、昭和二十六年没するまで、盃を離さなかった。死に臨んで、「万才！」と叫んだという。

さらば、さらばと雪が降る
じつにしみじみ、雪が降る……

生き残ってしまったおのれに、やっと忘却の安息がおとずれたことを、祝福するかのように（＊享年六十五歳）。

大杉の系譜にではなく、彼らアナキストくずれの文士・芸術家は、辻潤の思想の流れに置かれるべきであろう。「一つの永続的流派を生みだすことはなかった」と、文芸評論家ずれに括り棄てられるような、辻潤はつまらない人物ではない。

京太郎おもうに、もし強権の暴力がこの国を再び襲ったとき、ニッポンの知識人・文化人は、おそらく宮嶋資夫ほどの生きざまもえらべまい。まして個我の自由と、餓死をひきかえにした辻潤の「争わぬ勇気」、インディヴィデュアリズムなど、松尾邦之助に聞くまでもなく、〝マスコミ文士〟に望むべくもないのである。

さらにいうならば、この天下泰平の安逸に腑ぬけた世の中も、しんに独立した精神にとっては、半世紀前と何の変わりもなく火宅なのである。さよう、

大正十三年、ものみな沈みゆく
都大路にすれちがう男たち
それぞれの血のりめく想いを
胸底にひめて……

辻潤のごとくふるまい、辻潤のごとく生きれば、すなわち辻潤の運命を甘受しなくてはならないのだ。

　辻潤のアフォリズム――

〔無理想が理想だ、ただ動物のように自由に、無邪気に生きることだ〕

〔永遠の真理とは何か？　僕にとってそれは、自分の生活をおのれの気侭に生きていくということ、それのみだ。その他のことは、みんなウソだといってもよい〕

〔矛盾ということは、すなわち一切であり、そして同時に無だという意味をふくんでいる〕

〔ダダイズムは線ではない、〝点〟である〕

〽カラストマリ　ユキツモリ
サギカトオモイ　イタリシニ
トブトコロミレバ
ヤッパリモトノ　カラスナリケリ
ヤマザクラ　イチョウノキ
サンショノキ
タンキハソンキ*……

第四十七回

人を殺した人のまごころ

『猟奇歌』・私闘の論理

春の夜の電柱に
身を寄せて思う
人を殺した人のまごころ

〔夢野久作『猟奇歌』〕

夢野久作、九州博多の産。この殺人肯定の作家は昭和初年、『新青年』の誌上に登場して、一時代をつくった。『ドグラ・マグラ』『氷の涯』『犬神博士』『押絵の奇跡』『瓶詰の世界』えとせとら……

挿絵を画いたのは竹中英太郎、かくいう夢野京太郎のオヤジドノである。玄怪な予感と、狂気の織りなす久作の小説群は、戦後ながく忘却の淵に置き去られてきた。

〔猟奇歌・抄〕
殺しておいて

革命は、いま挽歌の季節
大正十三年、
デモクラシーは黄昏れて
関東大震災ひとめぐりの夏を
了ろうとしております
ものがたり、ようやく大詰め
本誌年末号をもって
大杉栄をめぐる
若きテロリストたち
まぼろしの冥府の闇に沈む
惨劇の幕を閉じることと
あいなります

瞼をそつと閉じてやる
そんな心恋し　こがらしの音
×
監獄に入らぬ前も出た後も
同じ青空に
同じ日が照つてゐる
×
幽霊のやうにまじめに永久に
人を咀ふ事が
出来たらばと思ふ
×
脳ズイが二つ在つたらと思ふ
考へてならぬ事を
考えへるため
×
闇の中を誰か此方に向いてくる
近づいてみると
血ダラケの俺
×
闇の中に闇があり
又、闇がある
その核心から血潮したたる

朝鮮憲兵隊司令官
福田雅太郎大将を
暗殺するべく海を渡った
和田久、古田大次郎
中浜哲は
ついにその機会を
得ず……

本篇にもたびたび登場した。久作の父・杉山茂丸は、「台華社」なる一人一党の結社をつくって、右翼の総本山「玄洋社」と拮抗した怪人物。

いわく、〔玄洋社流の真正直な国粋イデオロギーでは駄目だ……、将来の日本は、毛唐と同じ唯物功利の社会を現出するに決まっている。さうした、血も涙もない、惨毒そのもののごとき思潮に、在来の仁義や道徳などで対抗しやうとしても、敗北するのは当然である。無敵の唯物功利に対するには、それ以上の権謀術策、それ以上の惨毒汚毒を放射せねばならぬ〕

〔今、天下にそれができるのは、茂丸一人しかおらぬ。だから俺は俺一人、ほんとうに俺一人で闘つていかねばならぬ。他人には決して、俺みたいな真似をさせてならぬ、どこまでもどこまでも一人で闘うのだ〕

かくて茂丸、〝左右を弁別すべからざる〟マキャベリズムを、変幻自在に展開する。

武器入手の資金を調達しようと中浜は一足先に内地にひきかえした

四月、中浜は実業同志会代議士武藤山治を脅迫、軍資金一万円を喝取しようとしたが海千山千の武藤のワナにかけられてトラック二台でかけつけた警官隊に包囲され、同志伊藤孝一と大乱闘のあげく逮捕される

さきに、甘粕正彦の弟の暗殺未遂十五銀行員刺殺事件等で田中勇之助・河合康左右など有力な同志は官憲の手中に落ちどたん場に追いこまれたギロチン社のメンバーはさらなる死狂いのテロリズムへと狂奔していく

唐辛しは煮つめられていよいよ辛くなり、人の憎しみは

アメリカのモルガン財閥にわたりをつけて、赤露革命の資金をひき出し、「コミンテルンの密使」を密かに来日させる。いっぽう、広州軍閥の大ボス陳炯明と謀り、彼の庇護の下にあったアナキストらを国民党に送りこんで、〝国共合作〟に楔を打つ。汎アジアに闇の回路をはりめぐらすべく、茂丸は大いに画策した。

人脈は政・財界から、芸能界にまで及び、シンガポールの映画輸入業者・梅屋庄吉、マキノ省三など、〝蜘蛛の糸〟はいたるところ、粘着性を帯びて四通八達したのでアリマス。

このようなタイプの人物を、今日に求めるなら、おそらくは岸信介ということになるのだろうが、志操において夢想において、また美意識において、茂丸と岸の間には、天地雲泥といえるひらきがある。

杉山茂丸は文章をよくし、浄瑠璃を熱愛して、子孫門閥に美田を買わず、巨万の大金を天下に散じて、夢野久作

ここにまたひとり、報復を
胸に秘めて……
倉地啓司・三十四歳
労働者出身

という異才を遺した。

『猟奇歌』、そして茂丸の〝私闘の論理〟に、アナキストたちの死に急ぎ死に狂いつつも、ほこり高くやさしい心情を、〝人を殺す人のまごころ〟を京太郎かさねあわせる。

……和田久太郎、村木源次郎、古田大次郎。

中浜哲、倉地啓司。

難波大助、朴烈、金子文子……

党派・組織・集団に属さず、おのれ一個の（あるいは同志＝同死の契約を結んだ仲間との）、孤立無援の闘争に奮迅すること。

人間にとって終の自由は、それしかないと思いきること。いっぽん独鈷の地獄旅、闇の中の闇の又闇に、人間の〝自由になろうとする自由〟へのたたかいは、始まるのだということ。

本篇ようやく大団円にちかく、文章説教じみて申訳ナイ、京太郎いささか感傷的になっております。

わずかに残された
同志、数名
東京に結集して
大事決行の好機を
うかがう——

この正月に山を降りて、冬・春・夏と季節はめぐり、悪戦苦闘半年余り、映画製作のゆめは実ったが、「同志」四散して、俺は俺一人——

私は唯一者だ、私のほかには何者もない。（M・スティルナー）

伊藤野枝という女

スティルナーいわく、〔人は自己のほかの何者にも、神にも道徳にも従う義務はない。個我の権利以外に、なんらの権利もない〕

〔汝の頭の中には幽霊がいる、脳髄の裡には亀裂がある、……汝はある固定した観念を持っている！　たとえば、動かすべからざる民衆の権威、一指も触れてはならない道徳の戒律というがごとき〕

〔私は野の花と同様に、〝天命〟とか〝天職〟というものを持たない、私は私以外の何者にも属さない、私はただ私のためにのみ生き、世界を享楽する権利をもとめる〕

そして夏、
おはなし変りまして
こちら蒲田は松竹撮影所裏
通称「カマタ・ホテル」
ですぺら先生こと
辻潤の住まいなす
裏長屋とございます
もう、まっ昼間から酔っぱらい
ルンペン風の野郎ども
えたいの知れぬ女たちが
わやわやと
来者不拒（クルモノコバマズ）・去者不追（サルモノオワズ）
自由気ままな暮しむきで
やんして……
松

〔そして、それがためには、すべての手段は私にとって正常なものとなる。しかし、その私の権利を創造し、確保してくれるのは、ただ力のみである〕（大杉栄訳・スティルナー『唯一者とその所有』、大正1年）

欺罔の秩序に支配された、〝国家と社会〟から剝落して、「私」＝個我のためにのみ生きる自由人となること。より具体的にいうなら、非国民となり国賊となること。

大杉栄にとって、それは国家権力に対決する、生命をかけた反逆だった。辻潤にとっては……、人倫のラチ外に風狂をよそおって（あるいは真にキチガイとなる過程に）、韜晦（とうかい）することであった。

周知のように、辻と大杉は伊藤野枝という希有の女性を愛して、それぞれ同棲生活を送っている。ここで京太郎、〝野枝という女〟について、彼女が希有であるゆえんを、喋々するつもりはないが、一言ふれておくなら、重信

竹蒲

房子（＊日本赤軍）は伊藤野枝に似ている。

野枝は襟垢女であったと、ですぺら先生はいう、いいえて妙である。地下潜行者・梅内恒夫＊と重信の出会いを、京太郎があっせんしたさいに、梅内がこれを拒否したのは、ていよくいえば彼の女性観、下世話にいうなら生理的嫌悪、スメグマの臭いの立ちこめる、〝不潔な女〟へのストイックな反撥であったと思う。

その不潔・不浄こそが、女を男より根源的に過激にするところの、最大の理由であるのだが……

このへんでやめておこう、京太郎の女性観も梅内に近く、女と共に暮らすことはまことに気苦労であり、便利と自由とはひきかえにできぬからして、五十男が妻や子と別居して、唯一者の生活に沈倫してオル。

なにやら話題がそれてきたナ、夢野久作にしばらく聞こう。

〔我々が、この資本万能の唯物的科学万能の社会組織の中で、芋を洗ふ如く

プップクプー、プップップーッ！
ジャカーシイ！午前二時だぞッ
とまあいった調子で
深夜の殴りあい
大立ちまわりも度々

もしくは洗はれる如く押しあひ、へし合つて生活していく間に感じる一切の非良心、罪悪感、……残忍な勝利感、骨に喰ひ入る劣等感等々の、そのやうな毒悪な昂憤に、ウツ血硬化せられたる精神循環系統のある一カ所を、メスで切り破り、その汚血を瀉出しやう！そこからほとばしる血が黒ければ黒いほど気持よく、毒々しければ毒々しいほど愉快なのだ」

「その肉を裂き臓腑をひき出し、ガイコツを漂白し、血液・糞尿を分析し、その怪奇と醜美と悪徳とに、戦リツをしやう！」

〝無明の暗黒線〟を

「我々はもはや、大陽の白光だけでは満足しない。否！ スペクトルの七色光にすら、満足し得なくなつてゐる。紫外線・赤外線はむろん、闇の裡なる〝無明の暗黒線〟をも捉へきたつて、絶大おそるべき毒線をつくる、原素の存在を確認せねばならぬ」

つどうもの、植木屋
坊主、鍛冶屋、やくざ
売笑婦、ドロボー
新聞記者、左翼くずれ
文士のタマゴ、カツド
ウヤ、カフェの女給
いわく、「これぞ大衆
デカダンス」

〔……功利・道徳・科学・文化、その外観を掻き破り、その奈落に恐怖し、跪(ひざまづ)いてゐる昆虫のやうな人間、在るかないかわからないところの〝良心〟を暴露していくのだ〕

〔結論として……、人間その最深部に潜在する魔性を導き出して、いはゆる良心と純情とを、とことん戦リツさせ驚駭(きょうがい)させ、失神させねばならないのである！〕（昭和10年、『探偵小説の正体』『探偵小説の真使命』より）

戦後、それは大正アナキストたちの死に狂いの志操が、杉山茂丸の怪大な夢想が、そして夢野久作の殺人肯定の〝美学〟が、すなわち唯一者の思想が忘却の淵に沈んだ時代であった。

——その欺罔、久作の言葉をかりるなら、「囚われたる唯物主義」の三十余年もの長きを、人々は酔生夢死してきた。いわく人命尊重、戦争反対、家庭の平和、公序良俗、でも暮しいい（デモクラシー）、フヤケタお題目に呪縛をされて、怯者の楽園に自由を閉塞してきたのである。

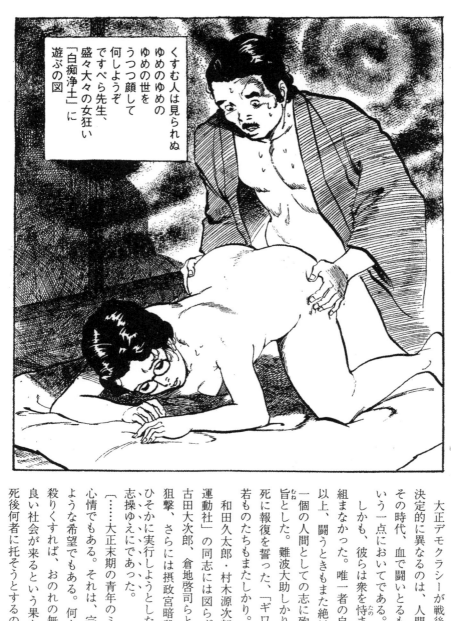

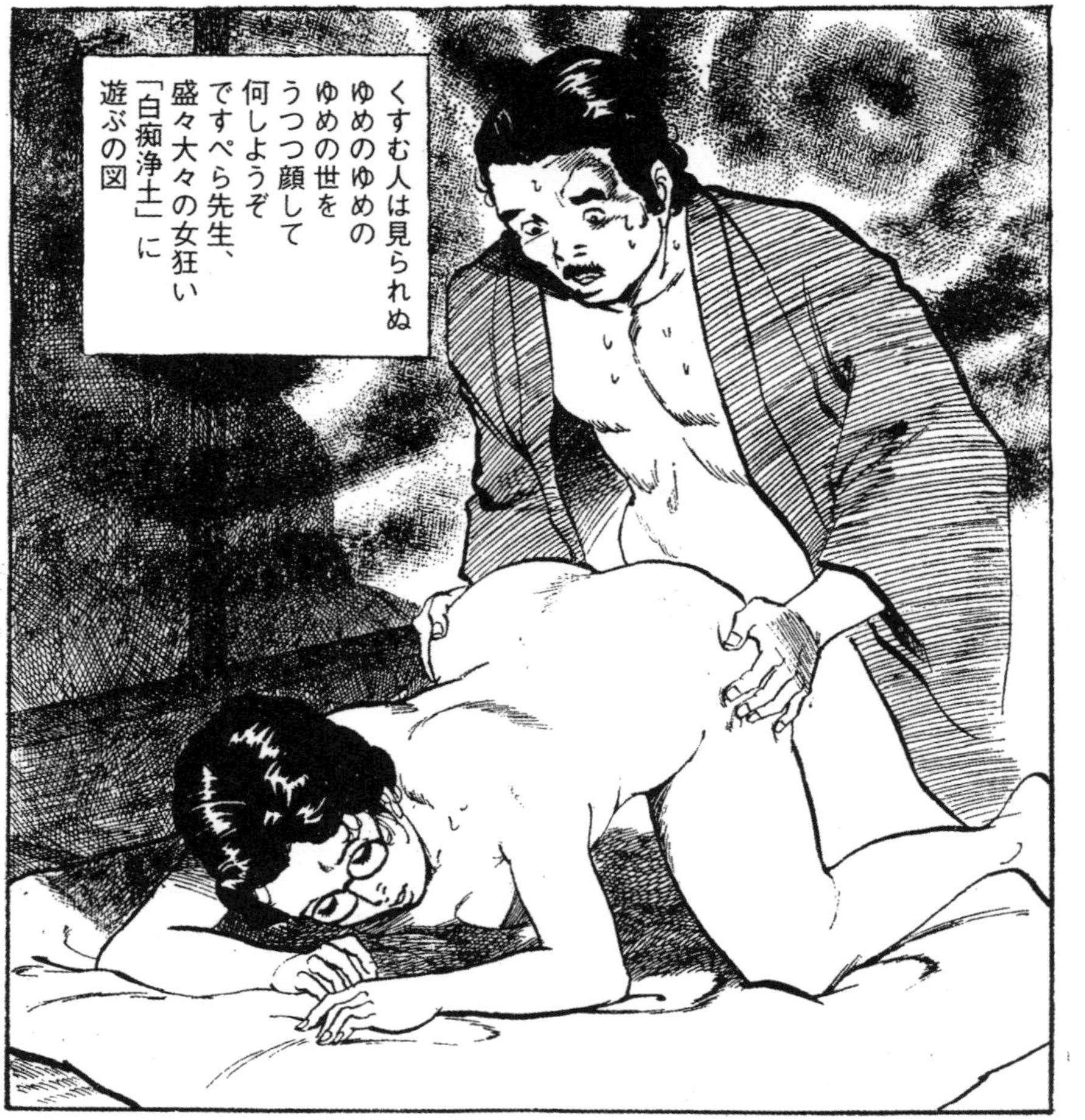
くすむ人は見られぬ
ゆめのゆめのゆめの
ゆめの世を
うつつ顔して
何しようぞ
ですぺら先生、
盛々大々の女狂い
「白痴浄土」に
遊ぶの図

大正デモクラシーが戦後民主主義と決定的に異なるのは、人間の自由とはその時代、血で闘いとるものだったという一点においてである。

しかも、彼らは衆を恃まず、徒党を組まなかった。唯一者の自由を求める以上、闘うときもまた絶対の少数者、一個の人間としての志に殉ずることを旨とした。難波大助しかり、大杉栄の死に報復を誓った、「ギロチン社」の若ものたちもまたしかり。

和田久太郎・村木源次郎が、「労働運動社」の同志には図らず、中浜哲、古田大次郎、倉地啓司らと福田大将の狙撃、さらには摂政宮暗殺の大逆を、ひそかに実行しようとしたのも、その志操ゆえにであった。

「……大正末期の青年のミゼラブルな心情でもある。それは、宗教にちかいような希望でもある。何かを破壊し、殺りくすれば、おのれの無きあとには良い社会が来るという果ない願望を、死後何者に托そうとするのか。やはり

九州は都ノ城の菊村雪子、君子姉妹
幼馴染みの幻灯屋のふみちゃん
果てはタバコヤの六十婆さんと
手当り次第に精一杯に
「チンポコがすりきれるまで……」
それは、辻潤にとって
テロリストたちと道はちがっても
〃死に至る狂疾(やまい)〃の実践であった
女ばかりではなく
彼は男にも情熱を炎やして
少年を犯して警察ザタをおこしたり
訪問した家にとつぜん火をつけたり
という狂態を深めていった

そう、人みな大杉の死に
〃何か〃を負っていたのだ
償おうとして償えぬ
重く苦しい、〃何か〃を

その希望は、労働者階級にしかかけるところはなかったろう〕
〔労働者階級の抬頭なしには、テロリズムの終局の目的は達せられない、ということを彼らは、知っていたはずである〕（『日本の反逆思想』*、昭和35年）

　と、秋山清はいう。京太郎、先輩に異をとなえるのではなく、そうは思わない。彼らには、希望などなかった。〔もはや失敗が予約される状況の中で、焦燥にかられて〕ではなく、大杉栄・伊藤野枝・橘宗一虐殺に決着をつけるべく、〃当為の死〃を彼らは選んだ。最も相似した心情として、読者よ任侠映画の大団円(カタストローフ)を想起したまえ。「良い社会」「労働者階級」？　そんなもなお呼びじゃナイ。

　死ねばええがな、ただは死なぬぞと彼らは従容として死に狂い、唯一者の自由に殉じたのである。

　愛別離苦の人の世に
　憂きをみするは、希望(のぞみ)なり
（端唄、『弄斉節』）

度々の登場、お目ざわりのほどはひらにご容赦——さて、またまた話は変りまして浅草六区の風景震災前にましてのにぎわいだが、香具師ヤマハルこの土地でうぶ湯をつかい育った山田春雄の眼には
處女林

〔大正テロリストの運動は、何ものの実りも残さず壊滅した〕（秋山）

しかりしこうして、実りとはなんの謂ぞや？　〔テロルとはもとよりマイナスの行為である〕、〃負の運動〃に意義はないのか？　〃無明の暗黒線〃を、彼らの行為は放射していないか？

和田久太郎の文章をひく、「死刑を直視しつつ」（『獄窓から』）労働運動社発行・一九二七年版より抄略、カナヅカイをあらためて……

革命の下足番として

僕は検事君の死刑求刑に対し、ごく真面目に賛成した。そして、判事君の慈悲心が、あるいは無期懲役の判決を下しはすまいかとおそれて、衷心から「無期よりは死刑」を希望するむねを述べて置いたのである。

あえてみずから死刑を求める、僕の心事を忖度して、「……気が上ずってしまってるんだろう」とか、「自棄糞半分だからあんなことが言えるんだ」

などと、世間の人が考えはしまいかとふと淋しくなったりする。

「世間の奴輩が何をいおうと、そんなことを気にする必要があるか」と肚の中で叫ぶものがある、がそれと同時に「できるかぎり一般の人々にも自分の真情を伝えたい」、という思いも強く頭をもたげてくるのだ。

一つには、きわめて平凡な、安きを願う心からである。無期よりも死刑のほうが楽だ、長年の歳月をついやしてジリジリ殺されていくよりも、いっそ一息に縊られたほうが楽だろうと思うからである。

「光は必ず見得るという、希望だってあるのに、何ゆえ死刑を求めるのか、監獄生活に耐えられぬのか？　極寒のシベリアに二十年近く耐えたロシアの同志をみよ。バクーニンは土牢の裡に四年間も鎖づけにされたが、大元気で出てきたぞ！　五寸釘寅吉というやつだって、北海道の獄に健在だっていうじゃないか」

映るべき
ものが……
うつりません

なるほど、だが僕の肉体はずいぶん無茶を押し通してきたので、そんなに長くはもつまい。かりに持ちこたえてシャバに出られたとしても、その時は生きているだけ、頭も呆けてしまっていて、同志諸君の足手まといになるにすぎんのじゃないか。諸君、あまりに消極的だ、悲観的だと笑わないでくれ、僕にはそういうふうに考えられるんだ。

も一つは、僕のような詰らぬ貧弱な人間は、まずこれくらいの生きかたができれば本望で、このへんで死んでも別に未練はないという、ごくずぼらな考えからである。そして、消極的なあるいはずぼらな理由とは別に、無期より死刑を求めた僕の中にはもっと、烈しい積極的な力がより強く働いている。

お茶番に終りしことも　死の刑を
受けていささか意義を深めん

……これは、検事君から死刑を求刑された当日につくったものだが、歌と名乗るのにはおこがましい、ともあれ僕の感想である。

「フウン、やはり死刑か、よし死刑にしろ、死刑をこちらも要求してやる。僕の行動は空弾だったという（拳銃は不発に終った）、お茶番めいたことに了ってしまったのだが、しかし死刑になれば、僕の行動は失敗を取り返して余りあるほどの意義が加わる。

僕の死刑が同志にもたらす、そして社会人に及ぼす影響、それを、いまに思い当るがいい、よし喜んで死刑になろう」

こう考えたのである……、ギヨーは言っている、〔拡充を求める〝生〟の力は、生きんがためにみずからの生の破壊をすらあえてする〕

死刑、それは有期や無期によっては得ることのできぬ、意義深い生き方を僕にさせてくれるのである。その意義深さは、彼ら検事や判事には絶対に、わかりっこない。むしろ彼らは極刑によって、運動を鎮め得るぐらいにしか考えていないのだ。だから、世の中は面白いのだ！

獄に夏はめぐり
処刑の秋は
目前に迫っていた……

一つの結論に導いている、消極的な考え方と積極的な考え方とのこんぐらがり具合——、それが和田久である、ズボ久と呼びなされてきた、僕なのである。ようするに、どこまでも諸君の眼に映っていたままの、矛盾だらけの和田久なのである。

もし、無期なり長期になって、再び諸君と手をとり合う日がきたとする。その時の僕は、たぶん運動に役立たぬ〝生ける屍〟であろう。だが、生きていよう、そんな〝生ける屍〟にでも、使い道はあるかも知れない。はじめて僕が、社会主義運動に身を投じた時、「どうせ僕には学問もなし、なんらの能力もないのだから、せめて演説会の下足番なりともつとめて、この運動の縁の下で働きたい」

と、心に念じたのであった。そうだあの心持ちで対したなら、革命の役に少しは立つこともできるであろう。だから、生き得る限りは生きねばともと思うのだが……。

日本ノ支配階級ガ
我々ノ理想ヲ無視シ、現在ノ如ク
言論ヲ圧迫シ
主義者ヲ虐ゲルコトヲ続ケル時ハ
テロリスト必ズ出テ
皇族ハ暗殺ノ標的トナリ
ロシアト同一ノ運命ニ陥ルコトハ
明々白々デアル
故ニ、皇室ノ安泰ヲ図ルハ
支配階級ノ主義者ニ対スル態度
如何ニアリト思ウノデアル
主義・思想ハ権力ヲ以テシテモ
暴圧ヲ以テシテモ
ケッシテ滅スコトハデキヌ
言論ノ圧迫ハ、ムシロ社会革命ヲ
速ヤカナラシムルトモ
遅カラシムルモノデハナイノダ
難波大助も空を見上げていた
天皇ハ神カ、私ニハソウハ思エナイ

けっきょく無期の判決、「生き得る限りは」と、いったんは心にきめて、自殺はしないと誓ったが、獄中に縊死して果てる。

ズボ久・享年三十五歳、明朗闊達にふるまって、死の直前まで看守たちにそれと気づかせなかった。

〔和田久、獄中にうたえる〕

月も照らせ　これも浮世の一所帯
飯入るる穴で即ち　夕涼み
世の底の五月雨の底の　黙座かな
蝿よ跳れ　日影畳に伸びて来る
雨暗き房に香のない　蕗の汁
隣でも　手錠を鳴らす冬の房
拗ねたりな　着物の綿の隅っこへ
囚人と看守の縁や　雪荒るる
きらりぽたり　雫す春の重みかな
夢もなく自づと覚めて　雲涼し
蚤の子に　長閑な面を蹴られけり
思うこと遥かなる身に　雁遠し

〔老母を憶う〕

何憶う、小春の縁の媼かな

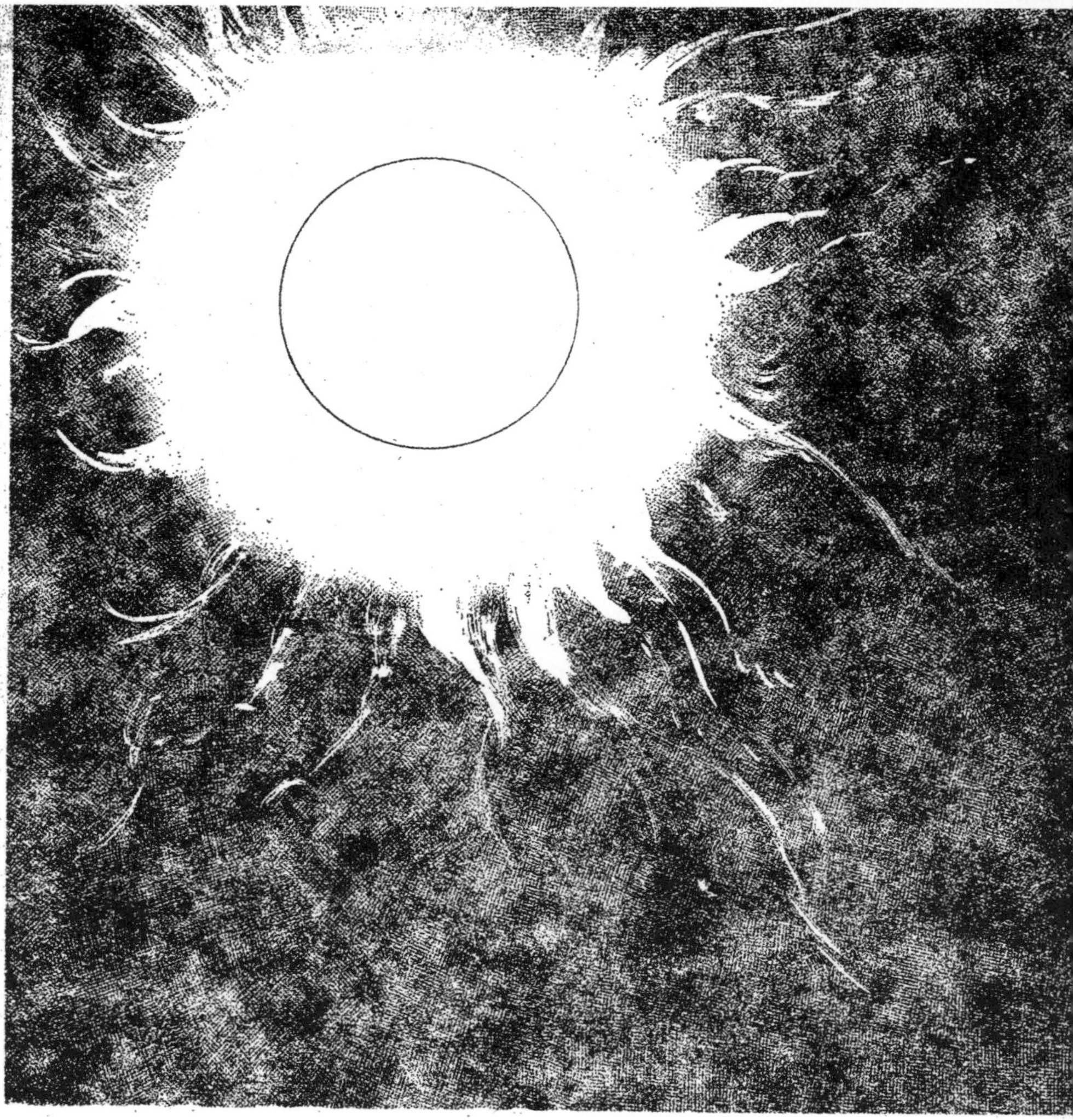

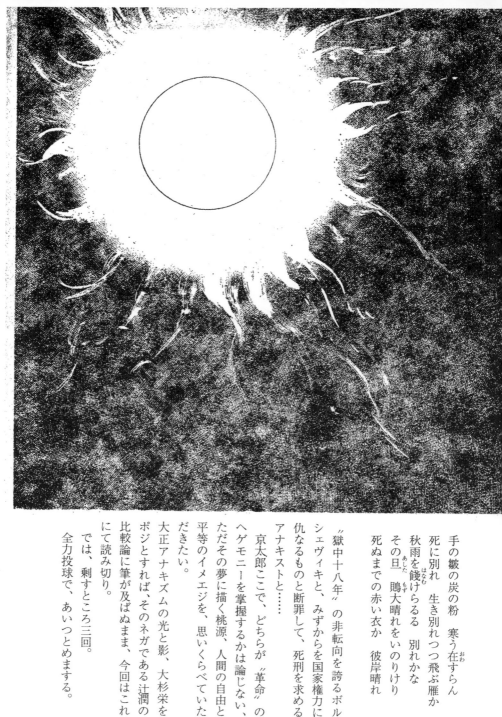

手の皺の炭の粉　寒う在(おわ)すらん
死に別れ　生き別れつつ飛ぶ雁か
秋雨を餞(はなむ)けらるる　別れかな
その旦(あした)　鵙(もず)大晴れをいのりけり
死ぬまでの赤い衣か　彼岸晴れ

〝獄中十八年〟の非転向を誇るボルシェヴィキと、みずからを国家権力に仇なるものと断罪して、死刑を求めるアナキストと……

京太郎ここで、どちらが〝革命〟のヘゲモニーを掌握するかは論じない、ただその夢に描く桃源、人間の自由と平等のイメエジを、思いくらべていただきたい。

大正アナキズムの光と影、大杉栄をポジとすれば、そのネガである辻潤の比較論に筆が及ばぬまま、今回はこれにて読み切り。

では、剰すところ三回。

全力投球で、あいつとめまする。

大正十三年八月——
テロリストたちは決起して
まっしぐらに走った
事の成否は問題ではなく
彼らは
せめて、みずからに恥なく
死のうとしたのである

十三年八月――
福田雅太郎大将は
朝鮮軍司令官の職を解かれて
軍事参議官に任ぜられ
内地に帰った
この傲岸不遜の将軍にも
大杉殺しの黒い波紋は
身辺に及び
陸軍大臣を目前にして
閑職に追いやられたのである
代々木の私邸にひきこもり
うつうつと楽しまぬ
元戒厳司令官を
テロリストたちはつけ狙った
ここは荏原、
国鉄の大井駅にほど近い
上蛇窪の新興住宅街

第四十八回

戒厳司令官を撃て！

和田久太郎のこと

近藤憲二

『思い出すまま』より――

大正十二年九月、関東大震災のどさくさに、軍閥は流言を放って、多くの朝鮮人を殺した。

前後して平沢計七、河合義虎君らが習志野騎兵隊に殺され（いわゆる亀戸事件）、大杉栄、伊藤野枝、橘宗一が憲兵隊に殺される（甘粕事件）などの事件がつづいた。

この暴虐に復讐すべく、和田君らが震災当時の戒厳司令官陸軍大将・福田雅太郎の暗殺を計画し、翌十三年九月一日、本郷燕楽軒前で狙撃して果さず、捕らえられたことは、読者諸君ご承知のとおりである。

和田と村木源次郎がこの暗殺計画を

いつ決意したかは、二人のハラの虫に聞く他ないが、後で考えると十三年にはいってからと思われる。そのころ、和田君は本郷駒込片町の労働運動社におり、私もやはり社にいて、出版屋のアルスに勤めていた。
ある日、「おいどうだ、おれと君と仕事を代ろうか」と和田がいうのだ。私も、大杉栄全集の仕事がいそがしくなってきたときだった、「よかろう」と二つ返事で、和田がアルスに勤めることになったのである。
まもなく、彼は吉祥寺の宮崎光男のところへ越していった。夜になると、ホウ、ホウと梟の声がきこえる、森のこかげにある家だった。当時はやりの小さな文化住宅であったので、我々はアメチョコ・ハウスと呼んでいたが、和田君はそのアメチョコの居候というしだいであった。
住居だけではなく、急に諸事万端が文化的になり、以前のコールテン姿やよれよれのレーンコートが一変して、

大震災後
雨後の筍のごとく
郊外に出現をした
いわゆる文化長屋で
ありますが

絹の夏羽織りにカンカン帽子、話題も文学のことが多くなり、歩きぶりまで閑(のどか)に、ふらりふらりとしてきた。

「……久さん、このごろ馬鹿に綺麗になったな、いい人でもできたかナ」というとニヤリとしたが、「大井町駅の鉄道線路のあたりをウロついていた。(大杉の後を追って)自殺するつもりじゃないか」という噂には、ずいぶん閉口したらしい。

人違いだと思わせるのに、どんなに苦心したことかと、彼は後で述懐している。そのはずである。古田大次郎が島貞尚と偽名して住んでいた隠れ家は大井町駅のほどちかい、蛇窪にあったからである。

×

和田君とはじめて逢ったのは、大正五年一月、松飾りがとれたかとれぬかくらいのことであった。

彼は二十四歳、私は二十二歳(*数え齢)。ところは本郷白山上、渡辺政太郎の「研究会」、古本屋の南天堂の

♪オーソレミヨオ〜
さいわい、隣家は音楽家でして
物音のもれる気づかいはございません
！

二階、通称・三角二階だった。人間一匹四円五十銭で売渡され、足尾銅山の飯場にいっていた彼がその虐使に耐えかねて逃走してきたばかりのときで、和田はその報告を、顔を紅潮させ急きこんだ調子で話していた。

足尾にもぐりこむ前には、市役所の道路人夫をやったり、砲兵工廠、芝浦製作所など、もっぱら自由労働に従事して、〝ヴ・ナロード〟を彼は真摯に実践してきたのである。

——大正六年、堺利彦氏が総選挙に立ったときも、和田君は運動員となり、売文社の一員となった。そもそも彼の社会主義への関心は、『へちまの花』などの堺さんの著書からであり、大いに傾倒をしていたのだが、売文社には一年たらずしかいなかった。私が売文社に入った大正七年にはすでに、大杉栄・久板卯之助らと共に亀戸の労働者街に居をかまえて、『労働新聞』を出していた。

ときどきは、売文社に立ち寄ること

よお、やっとるな
村木さんは？

もあったのだが、ゆっくり話している暇はなく、ただ尾行の刑事をまく足場にしていたくらいのものだった。来たかと思うと、もうドロンしている始末である。

大杉の『労働新聞』にしても、また荒畑寒村、山川均らが出していた『青服』にしても、労働者の自覚と組織を強調したものに過ぎなかったが、官憲当局の圧迫は言後に絶し、奴らが嗅ぎつけて押収するか、こちらが先に手に入れて配布できるかという、毎号奪いあいの騒ぎ、印刷所では目まぐるしい攻防戦が展開された。

発送にしてもあっちこっちの局から少しずつ出す、まるでジゴマ*だ。和田久太郎はその機敏さと大胆さとを遺憾なく発揮して、このたたかいを美事に闘いぬいたのである。

さっきゆかた姿で、経木のシャッポなどかぶっていたかと思うと、絆夫（はっぴ）に地下足袋であらわれる、変幻出没だ。したがって当時、和田久ぐらい警察に

村木と和田は交替で
福田邸の門前に張りこみ
襲撃の機会をうかがっていた

憎まれたものはいなかった。

おかげで、むりやりに新聞法違反で十カ月の禁錮をくらうなど、ブタ箱のご厄介にもずいぶんなったものだが、出てくればケロリとして、またも神出鬼没とくる。

和田君は兵庫県明石の生れで、零落した老父母の生活を負わねばならず、十二のときから二十一まで株屋に奉公していた。東京へ出てくるまで古本の露店をやったり、人力車夫をやったりして、世の中の辛苦をなめつくした。だがしかし、社会主義運動にいったんとびこんでからの献身と純情は、そういう生活の垢のようなものをまったく感じさせなかった。

変転きわまりない、どん底の生活の中で、彼はその珠玉のような赤心を、純情を持ちつづけてきたのだ。革命の運動に身を投ずる決意をしたときに、せめて演説会の下足番でもして、彼は働きたいと念じたという。久さん（と呼ばせてもらう）は、どこまでもまっ

銃か、
爆弾か？
八月も末、
計画はいまだ
いずれとも
決しかねていた

すぐな謙虚な人であった。

いつでもどこでも、彼は下積み埋め草となって、むくわれ賞められることなどみじんも求めなかった。

和田久、久さんのそこが何より偉いところであった――

〝ズボ久〟と呼ばれて

和田という男は、ときにはずいぶん露骨な、憎まれ口を面と向って平気でたたく男であった。そして、その後で高笑いをする、だがいっこうにひとを怒らせないのだった。

大杉たちが殺されたのは大正十二年九月十六日であるが、労働運動社主宰の告別式が行われたのは十二月の十六日だった。このとき地方の同志も多勢きてくれたのだが、その中に大杉某という名古屋の人物がいた。

大杉栄の父祖の地は名古屋の近在であるので、この人物とは縁つづきかのように思われるかも知れぬが、まるで関係がない。

男ありて、身を益なきものに想い
馬鹿も利口も命は一つ
オレは俺一人で……

ところが、この大杉某は土地の遊び人仲間の顔ききであって、和田君にいわせると、「ナニ、社会主義者づらしていればこわもてで通るから、あいつは大杉栄の親戚ぐらいのことをいってやがるんだ……」

和田久はそういう点でひどく潔癖なところがあったから、ツラの皮をひんむいてやると、手ぐすねひいていた。そこで葬式の前夜のこと、ぎっしりと労働運動社の階下につまった同志たちの前で、とつぜん立ち上ってこういったものである。

「……名古屋に大杉某という男がいるという話だ。その男は、大杉栄の縁者だと触れまわっているらしいが、この席にもし来ていたら、どんな顔をしているか、ちょっと見せてくれ」

某は抗弁するつもりだったか、ずんぐりしたからだを起して、ぬっと立ち上った。すると、和田君は例の調子でハッハッハーッと笑って、「やあ君か、失敬ありがとう」といったきり、後は

九月一日、午後の雨は上がったが
降りみ降らずみの空もよう
この日
福田雅太郎元戒厳司令官は
本郷菊坂の長泉寺に招かれ
夕刻六時より、震災記念講演を
おこなう予定であった
関東大震災一周年記念講演
元戒厳司令官陸軍大将福田雅太郎閣

知らぬ顔の半兵衛。こういうとき彼の態度には、あいての憤慨も弁明もよせつけないものがあった。それ以上何かいえば血を噴くような恐怖を、対する者に与えるのだった。

和田君には、ズボ久というあだ名か、形容詞だかがあった。たとえば「ズボ久どこへ行った？」「ズボ久がまたはじまった」

といった具合である……。かげでも面とむかっても、〝ズボ久〟と同志は呼んだ。命名者を洗ってみると、どうやら夫子自身で、自他ともにみとめていたのだ。『労働新聞』の原稿が全部そろっていて、久さんのさえできれば印刷所にまわせるというとき、きっとズボ久がはじまる。

ほとんど毎号だ、原稿の題だけさらさらっと書いて考えこむ、頭のフケを落したり、鋏でひげを切ったり、そのうちに古雑誌を読み出す。二時間でも三時間でも、腹ばいで読みつづける。また原稿用紙とニラメッコ、ウーンと

レストラン
燕楽軒
燕楽軒

あくびをする、こんどはルパンの探偵小説、『怪紳士』『虎の牙』と夢中になって読む。徹夜だ、翌日もまた同じことをくりかえしている。

「おい、久さん。寄席へでも行こう」と苦労人の源兄ィ（村木源次郎）が、心得ていてさそいをかける。ハッハッハーッと笑って、久さんはいそいそとついていく。

根っからのズボ久ではない、文章が書けないので焦っている、実は大層な凝り屋なのだ。考えが熟さないと筆がとれない。テニオハの一つ一つにも、細心の注意をはらって、ぎりぎり決着これでいいというところまで、推敲をしなくては気がすまぬ。そんな訳で、調子のいいときはよいのだが、しぶり出すとどうにもならない。

源兄ィは久さんのそういう癖を百も承知だから、気分転換にさそうのだ。もっともそうでなくても、寄席芝居がズボ久は大好きで、上方そだちだけに浄瑠璃もいくらか噛っていて、近所の

実行計画は、狙撃を和田久太郎
失敗した場合は
村木源次郎が爆裂弾を抱いて
体当りを敢行する
後詰めの見張りには古田大次郎
そして、倉地啓司は
〝第二次計画〟摂政宮の暗殺と
獄中の中浜哲らの奪還のために
関西へ潜行した
!!
バオロロロ…

糠みそが腐るふうな、奇妙な声を出すこともあった。

芝居はいつも立見、立見が好きだというのではなく、やすくて一幕だけを見て帰れるからである。歌舞伎十八番よりも、白浪ものや黙阿弥を好いた。芝居や寄席だけではない。トランプもやれば花札もひき、将棋は相当の腕いた。おそらくは、株屋時代の仕込みだと思うが、何をやらせても器用で、連珠もうまく、オイチョカブも心得ていた。それでいて勝負ごとに淫するといったふうがなかった。

社会主義運動にはいってから、彼が最も力を入れたのは労働運動だった。労働者の集会、ストライキ、デモ等に和田久の姿を見ないことはなく、争議本部で立ちはたらく彼は、一種の名物ともいえた。

指導者としていくのではない、彼はつねにただの協力者としていくのだ。どの労働組合でも、党派や政治的立場意見のいかんを問わず、「久さん」と

まったく不意に
〝標的〟は眼の前に
あらわれた
午後五時、予定時刻より
一時間も早く――

彼は親しまれた。それはいわずもがな和田久の労働者的心情・生活に、だれもが共鳴したからであった。労働組合運動と社会主義運動を結びつけ、自主的な労働者の闘いを盛り上らせるために、和田久太郎が果した役割りはまことに大きかった。

そういうとき、彼はスボ久どころか規律正しく、いったことは必ず実行する、模範的な運動家だった。やりっぱなしどちらかといえばルーズな、大杉の野放図な一面を、和田の働きがどれだけ救い扶けたことか。

議論になると、鋭くて容赦をしない男だが、前にもいったようにトボケの天才なので、敵は不思議にハラを立てない。いわゆるアナ・ボル合戦、はげしい対立のなかでも、久さんの悪口はボルの連中すらいわなかった。理屈や思想はそれはそれとして、〝労働者の闘い〟のあるところへは平気でどこへでも顔を出す、手伝いをする、障壁をつくらず境界をひかず、自由に自在に

閣下
こちらに
食事の用意が
できており
ます
カチッ

彼は活動した。

大正十年の秋、ボル派の連中が主になって、反軍国主義・反資本主義ポスターを作った。外国からヒントを得た豆伝単というやつで、二寸四角ほどの小さな紙にアラビア糊をひいたものであるが、和田君はそいつを中国地方の各地に面白がって貼りまわり、岡山の刑務所にたたきこまれたことがある。彼は実に一本気がありながら、多面な性格であり、運動家にありがちなコチコチの融通のきかん、原則主義にかかずらわない、天衣無縫の人間だった。和田久を語るばあい、このことを特に強調しておきたいのである。

世の底の五月雨の底の……

和田久太郎、獄中より堺利彦あての書簡――

〔非常に壮健です、ことに下獄をしてからは、地震いらいの悩みがきれいに一掃されて、いわゆる真如の月とかを仰いだような心持ちでいます。目的は

咄嗟の判断で、和田は引金をひいた
第一発目が危険防止のための空砲であることを知らずに……
ブ、不礼者ッ!!

未遂に終ったが、それもいまではアハハッと哄笑して済ましています。
一時は未練がましく、残念がったりしましたが、もうそのことはナンでもなくなりました。元来ぼくは、貴殿の恬淡味をいささか嘲笑してきたものであります。しかしおのれ自身をかえりみて、やはりその性向がたぶんにあることを見いだし、苦笑に堪えません。おたがい、ふるく日本人臭いところがありますよ」

酔蜂と号して、彼・和田久は俳句をたしなみ、碧梧桐派に属した。労働運動社の同志たちは、獄中からの通信に接するまで、そのことを、よくは知らなかったらしい。近藤憲二『思い出すまま』（昭和38年、『現代日本思想体系16』所載）によれば、和田久太郎は運動にたずさわった十三年間、俳句をつくることをしなかった。

世の底の五月雨の底の黙座かな

……大阪の株屋時代、「三汀」久米正雄、「寒骨」松宮三郎、そして滝井孝作と俳友であった。

二発目を撃つ間もなく計画は失敗に終った

無期囚として秋田刑務所に送られてから、和田久は多くの句をのこした。『鉄窓三昧』『蕗汁』『孤囚漫筆』と心やさしきテロリストの一面を物語る俳句・俳文を読むとき、京太郎は熱いものが胸に溢れる。

久太独白、〔ここは名に負う陸奥の国、秋田の獄に春立ちて……、空うらやかに輝やけど、彼岸をすぎても消えやらぬ、冬の執心残んの雪、そのしぶとさにひきかえて、これは余まり気の早え、チクチク背中をノミ一匹。人生万事小車の廻るごとしと聞くなれど、雪と蚤とのかけあいは、秋田ならざアよもあるめえ、初花姫のくどきなら、紅葉があるのに雪が降る。(窓の雀)これもうし久太さま、さぞチュッチュチュ、ちゅろうござんちゅう〕

大向う、〔イヨウ、御両人!〕

残る雪　尻目に蚤をとり得たり

……弁護士・友人の切なるすすめを聞かずに、控訴の手つづきをとらず、和田久太郎は一審の無期懲役の判決に

首下三寸に二銭銅貨大の火傷
半年間をついやして
テロリストたちの得た復讐の代償は
わずかそれのみであった
和田久太郎はその場で逮捕され
群衆の混乱にまぎれて
村木源次郎は逃走した
関西から倉地啓司を呼び寄せて
さらなるテロルを決行すべく
二人は計画したが
官憲の追及は身辺に迫っていた
九月十六日、大杉栄の命日を期して
村木と古田は福田邸に乗りこんで
敵と共に爆死をするという
最後の手段に出ようとした

服したのである。控訴して死刑にしろといったところではじまらぬ、言い値通りに買ってやろうと、おのれは国家権力に対してあくまで有罪である、と思いきめてのことだった。

　さらにその心境を推察すれば、爆弾製造の主犯として、死刑を宣告された古田大次郎が、同じ獄で縊られるのを待つにしのびなかったのだろう。早く刑を確定して、はるかな北の監房へと去りたかったのにちがいない。

　いわく、〔無期が二十年、十五年の有期になっても、大した相違はない。そのくらい辛棒している間には、世の中もすこしは目鼻がついてこようじゃないか。耳もとに寄せてくる波の音をじっと聞きながら、生きられるだけは生きていよう。麦メシで健康を釣ってみる心算、燕去り、雁来り、虫地中に入り、久太赤煉瓦の底に余生を投ず〕うんぬん……

　昭和三年（一九二八）、獄中からの便り、〔地球がガタンというひびきと

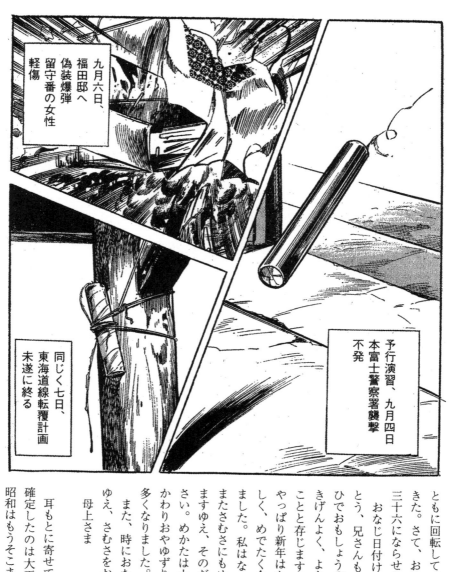

予行演習、九月四日
本富士警察署襲撃
不発
九月六日、
福田邸へ
偽装爆弾
留守番の女性
軽傷
同じく七日、
東海道線転覆計画
未遂に終る

ともに回転して、昭和の三年がやってきた。さて、おめでとう、久さん御年三十六にならせられた」（一月九日付「労働運動社」宛）

おなじ日付けで、「しんねんおめでとう、兄さんも姉さんもけんいちも、ひでおもしょうぞうも、母上もみんなきげんよく、よきとしをむかえられたことと存じます。こんなところでも、やっぱり新年はなんとなくこころうれしく、めでたく今年のおぞうにも祝いました。私はなんのわずらいもなく、またさむさにもめげず、つとめておりますゆえ、そのだんはごあんしんください。めかたは十三がん六百め、そのかわりおやゆずりのしらがは、だいぶ多くなりました。

また、時におたよりします。お年のゆえ、さむさをおいとひくください。

母上さま　久太郎拝」

耳もとに寄せてくる波の音、刑期が確定したのは大正十四年九月二十日、昭和はもうそこまできていた。和田久

ズズズムン
同日、尾張町四ツ角で市電爆破さる……

もし二十年を獄中で生きのびていたとすれば、五十二歳の壮年で敗戦の日をむかえていた。

……そう、〝戦後民主主義〟の転変ともあれかくもあれ、世の中すこしは目鼻がついていたのである。ボルシェヴィキたちは、しぶとく冬の季節を、「獄中十八年」（＊徳田球一）を耐えぬいたと、アナキストのあまりにも潔よい散りざま、死にざまを嗤うことはやさしい。だが京太郎、その玻瑠の器にも似た脆さ、透明さにむしろ、過程に奮迅して熄む革命家の真情をみる。

次章、展開するカタストロフ、和田久太郎縊死のくだり、三十五歳という没年、それは大杉栄と合同する。古田大次郎も、村木源次郎も、中浜哲も、彼らは後すがたのうつくしい男たちであった。

制度を以て制度に換え、権力を奪取することではなく、時代の閉塞を破壊することにのみ生命をかけた、テロリストたちへの挽歌を、京太郎は本篇で

倉地はなぜか帰らず
〝同志〟は二人のみであった
村木・古田は全都を焼く
大いなる炎を夢みた
警視庁、東京御所
国会議事堂……

書きつづってきた。

土佐清水のN君からの手紙——

〔夢野京太郎こと竹中労は、ゲバリスタ*ではなくなったのか？ なぜ、過激派から遠ざかり、さらば若者たち*というのか？ ただ、単にトシをとったのか？ それとも、映画プロデューサーなるものに変身するためか？

風と水とのリズムに乗って、リラックスして戦っていた竹中労はいったいどこへいったのか？

うたを忘れたのか？ いったい何をしているのか、さっぱりわからんではないか！〕

……答えよう、ゲバリスタ竹中労はもういない。夢野京太郎は、〝映画〟という花を武器にして、ラテン・アメリカへ飛翔する。

うたを忘れてはいない、レゲエの海へと戦場は移る。もしそれが、キミにとって心よければだが、ゲバラの島々へといいかえてもよい。

エピロオグ

五〇番

作者不在のため、休載四ヵ月
ひらにご容赦のほどを……
さて今回より、いよいよ大団円
足かけ五年にわたって
ご愛読をたまわりました
『黒旗水滸伝』、完結をむかえまする。
往時は茫々として、いま一九八〇年
墓標なきアナキストの跡をたずね
歴史に、いささかの
修正を加えんとする
京太郎&かいじ二人三脚の旅も
ようやく、終りを告げます。
光陰、半世紀と余年
革命、いずくにありや?
ただ見るは、池塘春草の夢。
……東西

第四十九回

風化せぬ弾劾を新たにせよ

「愚童忌」、三たび……

酔ウテ折ル残梅ノ一両枝
妨ゲズ桃李ノ自ラ時ニ逢ウヲ
向来(キョウライ)、氷雪(ヒョウセツ)ノ凝(コ)ルコト厳シキ地ニ
力(ツト)メテ春ノ回(カエ)ルヲ幹(スス)ムルハ
竟(ツイ)ニ是レ誰ゾ

(陸游・落梅ノ賦)

時節えらんで咲くも花
雪と水に咲くも花

……一月二十四日、ことしで三回目の「愚童忌」、ひさしぶりに箱根の山に登った。

大平台、林泉寺の住職であった愚童・内山慶吉は、一九一一年(明治44)のこの日、幸徳秋水らとともに大逆のゆえを以て絞首された。死後六十七年をへてようやく、白井新平氏の呼びかけで第一回の追悼が営まれ、大平台にほど近く、宮城野に閑居していた京太郎、

大正十三年（一九二四）
十月一日
摂政狙撃の大逆犯
難波大助の公判は
午前九時十分、
大審院特別法廷で
開かれることとなった

地縁により幹事役の末席に、加えていただいたのだが……。

それまで、アナキストと称し、大逆事件を論ずる人々の間で、愚童の墓を訪う者はまれであった。墓石は林泉寺にある、当代の住職の手で、〝内山愚童之墓〟と碑がいまは建てられている。が、京太郎がはじめて詣でたとき、亭々たるしゅろの樹下、そこには何も刻まれていない、尺余の自然石のみ。

かつて、同じ大逆の死刑囚のひとり宮下太吉の記念碑を、ふるさと甲州に建立しようとする計画があったさい、「国賊に墓標はいらない」と京太郎は反対したことだった。

我々は大逆事件の無念を死者たちの怨みを、雪いでいるだろうか。すくなくとも確実に革命にむかって、歩を進めているか。それとも戦後の民主主義は、国賊の汚辱を洗い流して、死者たちの名誉は回復されたというのか。

そしてなによりも、彼らを絞首した〝天皇の法廷〟は悪夢と消え、自由と

法廷の内外は、二百名をこえる完全武装の憲兵と制・私服警官で固められ

平等と正義のもとに、人民は安堵して暮らしているか。オメデタイゾヨ！不発の爆裂弾を抱いた宮下太吉の亡霊が、地下で血の涙を流しているわさ。若気の至り、先輩諸氏に悪態のつき放題。さよう、十五年も前の話しである。

いまは、京太郎も老いた。第一回の「愚童忌」の帰り道、宮城野の陋屋に立ち寄られた神崎清さんいわく、君も丸くなったものだね、と。その神崎さんも、故人となった。山ごもりの小屋を訪ねてくださった神山茂夫氏も、まもなく世を去られた。お年寄りだけではなく、沖縄嘉手納基地前で焼身自殺をした船本洲治も、大阪拘置所内で保安処分殴殺をされた鈴木国男も……

春待たず、なぜ散りいそぐ梅の花

せめて過程に奮迅して、と思いつつ人間五十年、内山愚童の一期をとうに通りすぎてしまった。一昨年秋、思うところあって山を降り、東京のホテルマンション等を転々とする住居不定の生活、箱根の冬景色をみるのは、まこ

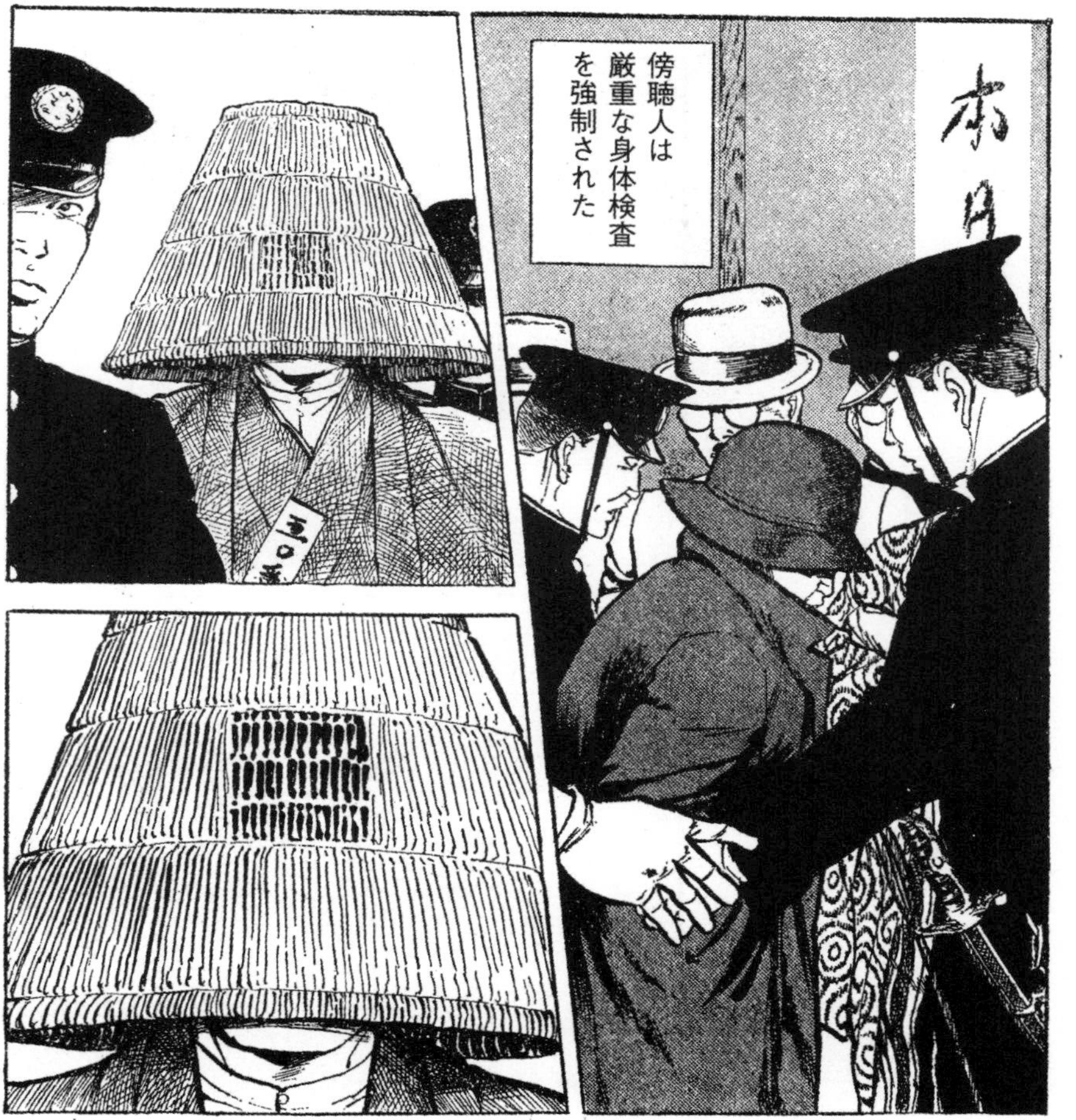
傍聴人は厳重な身体検査を強制された

と久方ぶりであった。

境内に梅いまだほころびず、小さな石碑にただ一行、〃内山愚童之墓〃とだけ。住職の心遣いを、清々しく思う。が、無名の奥墳（おくつき）と相対した最初の感動を惜しむ思いも、密かにあった。

愚童、石ころがよく似合う。

行年三十六歳、処刑に際して「内山愚童の平然たりしと、宮下太吉の万歳（革命万歳）を唱へしは特に目立ちし云々」と、明治四十四年一月二十五日付の『報知新聞』にある。

さよう、大逆事件が無実であったか否か、ということではない。〃天皇の法廷〃で裁かれたのは、大逆の思想であり志であった。確信犯としての荊冠を、未来永劫に彼らはいただく。

決して、えん罪を訴えなどしない。

後ほど展開するが、東大裁判の山根弁護士に対する日弁連の懲戒処分は、権力と法の相関関係を、如実に証明する。いわゆる過激派、「弁護の余地なきもの」を弁護したことによって、

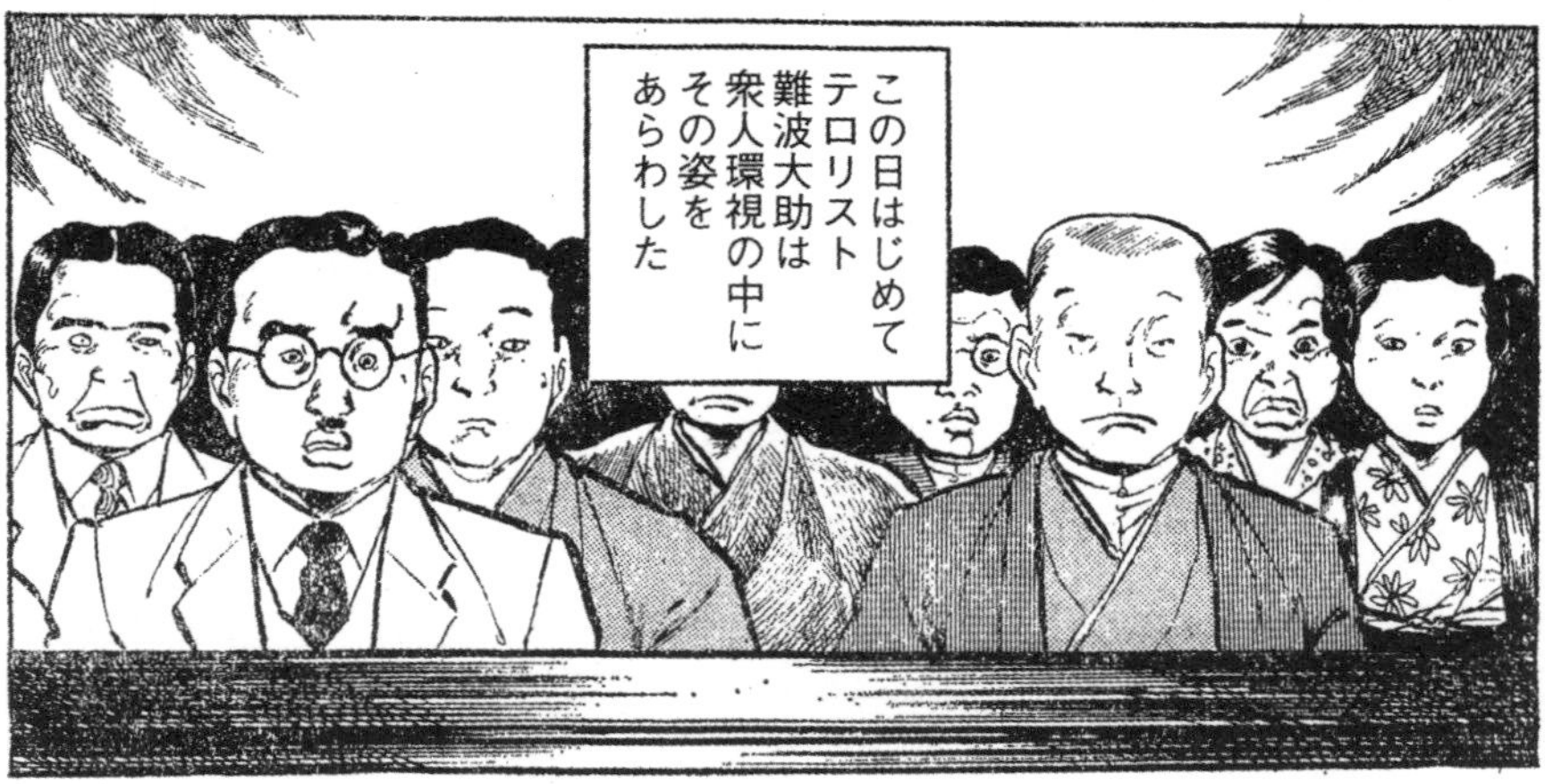
この日はじめて
テロリスト
難波大助は
衆人環視の中に
その姿を
あらわした

山根二郎は、貝殻追放された。〃天皇の法廷〃は、国家権力のあるかぎり、厳として消滅しない。

法が罪をつくるのである、――読者同志諸君、この恐るべきパラドクスに理会したまえ。〃法と秩序〃、すなわち国家権力に命乞いすることを拒んで、大逆事件の被告たちは、従容と死に就いた。みずからを支配者に対して有罪であると思いきめること――それが、革命家の平常心であろう。

春三月　縊り残され花に舞う

……大逆事件からひとめぐり、関東大震災の一九二三年、大杉栄が非業の死を遂げるまでの短い期間に、無政府主義運動の高揚はあった。時代はまたしても閉塞し、氷雪の季節をむかえる。かくて大逆あるのみ、難波大助は一個のテロリストとして起ち、愚童・太吉と同じ道を歩む。摂政暗殺に彼を駆りたてたのは、大逆事件の公判記録だった。

この二十五歳の若者を「未熟な社会主義かぶれ」と呼び、ハネ上りと嗤う

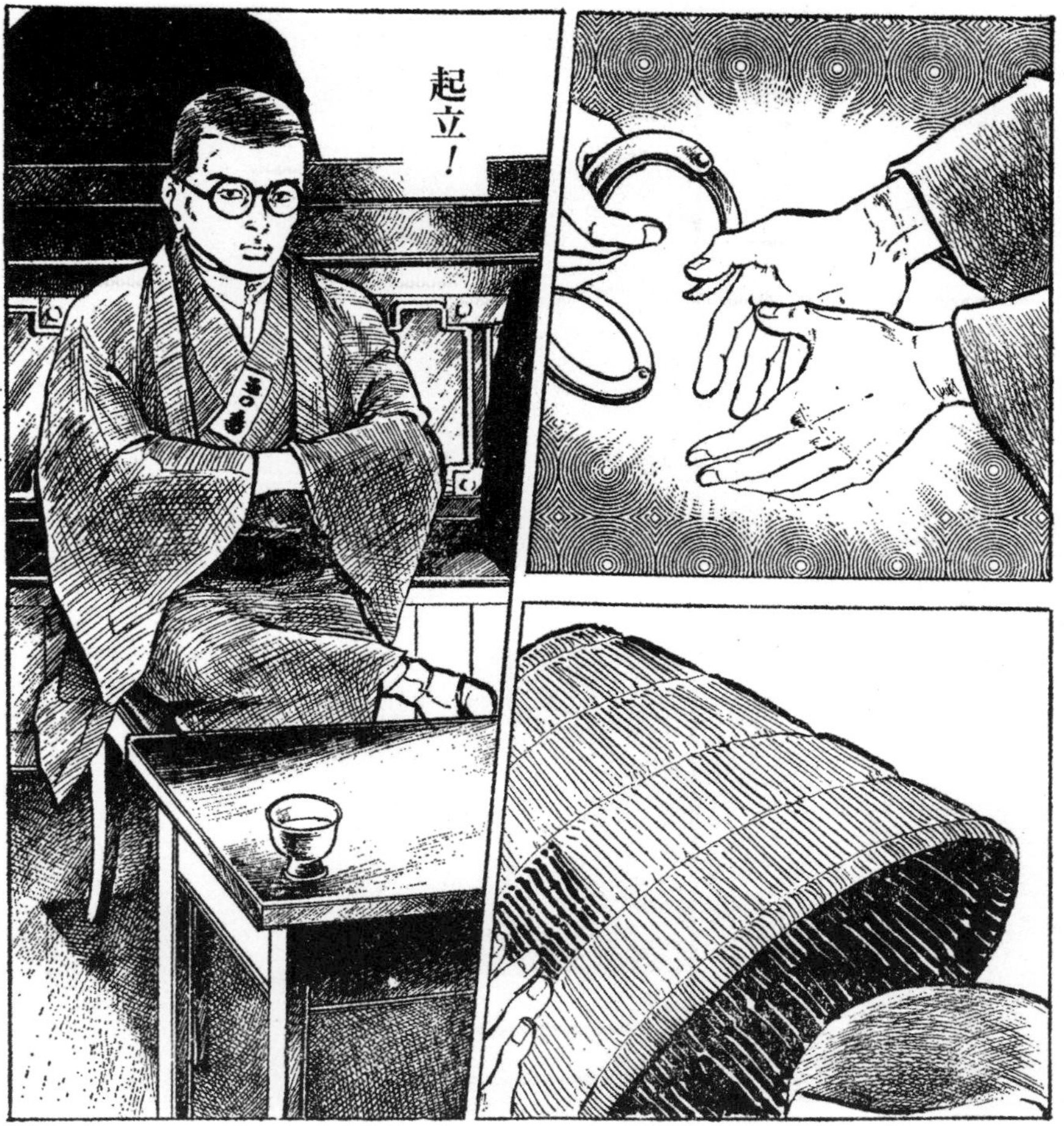
起立！

ことはたやすい。とりわけて、ボルシエヴィキ獄中十八年の末流どもは、戦前革命運動史から、アナキズムの影響をことごとく消去しようとしてきた。

嗚呼！　革命は遠のけり

過激派狩りは、暴力学生のみならず歴史に及ぶ、夫子自身の党史を歪めることをふくめて……

〝国民の支持〟を得て、議会多数派工作を達成し、政権の座につくこと。すなわち、体制をもって体制に換えること、これを革命と称する。ゆえに、あらゆる暴力的、反社会的イメエジを切除しなくてはならない。かくして、大逆事件の被告を断頭台に送った国家の論理と、ボルの論理とはまさに整合するのである。

アナ・ボル論争よ、おこれ！

本篇で述べきたったように、ボルの国家権力志向は、アナのきびしく指摘するところであった。しかもそれは、こんにちの共産主義運動の腐敗堕落

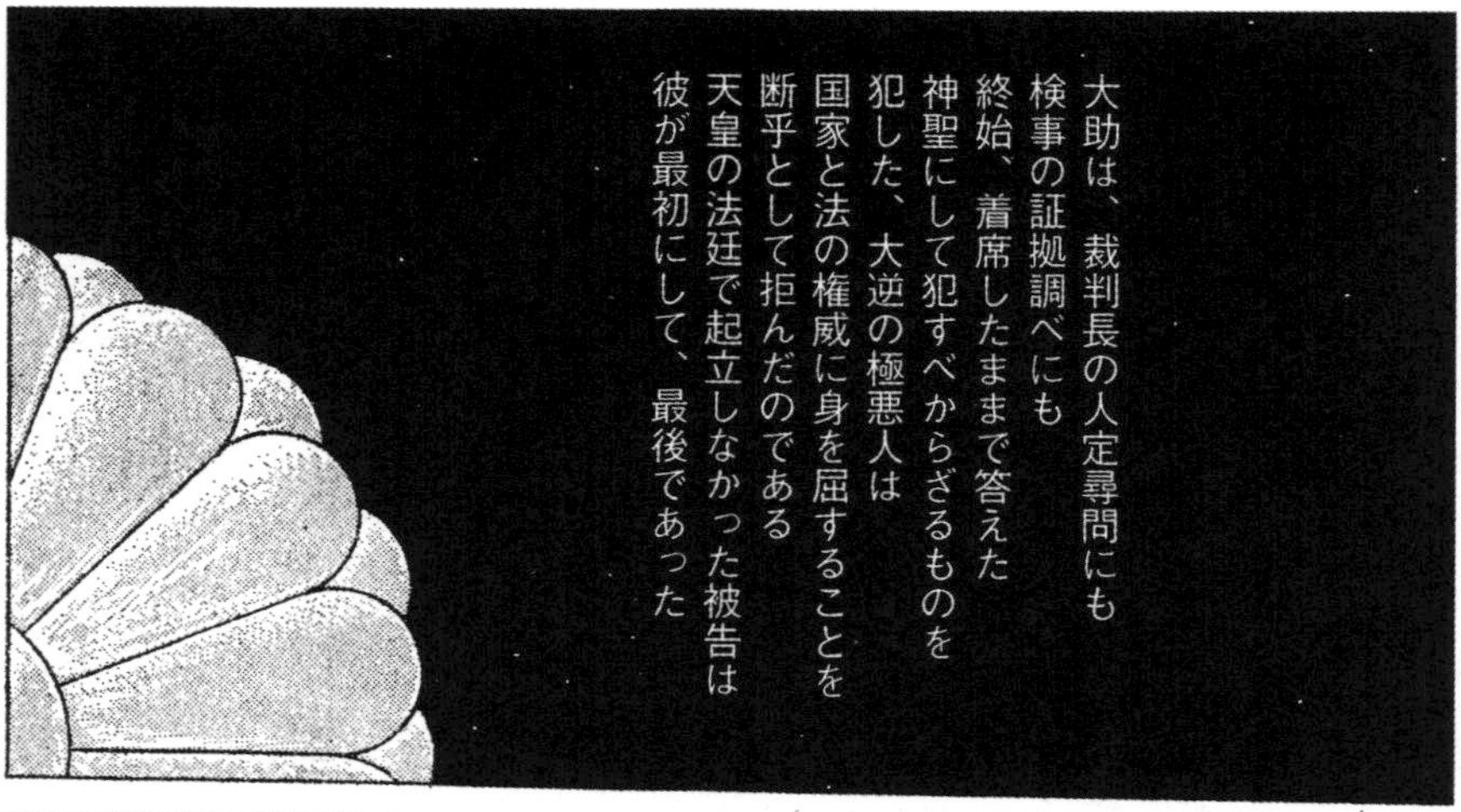
大助は、裁判長の人定尋問にも
検事の証拠調べにも
終始、着席したままで答えた
神聖にして犯すべからざるものを
犯した、大逆の極悪人は
国家と法の権威に身を屈することを
断乎として拒んだのである
天皇の法廷で起立しなかった被告は
彼が最初にして、最後であった

開廷わずか五分
横田秀雄
裁判長は
公開禁止を宣し
傍聴人を
退廷させた

を、明確に予言していた。むろん日共だけではなく、世界規模での共産主義国家、及び共産党の頽廃とをである。

げんざい、この国における無政府の思想は、一握の砂でしかない。アナキズムの運動もまた、「愚童忌」の域を出でない。内山愚童、宮下太吉、あるいは難波大助を、〝狂疾の革命家〟としか見ることができない思想状況下に、我々は置かれている。

だが、真に革命を活性化させ、この閉塞した社会に、たたかう前衛を再生するもの、それはアナキズムであり、〝左右を弁別すべからざる〟いわゆる民族派との共闘である。

歴史はくりかえす冬の時代に、赤い血の花を咲かせては散る、テロリストたちを生んできた。

五・一五や二・二六事件を日本革命の系譜に置くことは、むしろ当然といわねばならない。社会主義者と同様、彼らも富に奢れるものを伐ち、人民を窮乏から救おうとした。そしてこれも

公判記録によれば
「黙して答えず」
秘密裁判の訊問に
大助は、〃黙否〃で応えた

また等しく、〃天皇の法廷〃によって裁かれ、刑死したのである。

妨ゲズ桃李ノ自ラ時ニ逢ウヲ

テロリストたちは、とうぜん自分の眼で革命を見ることを望まず、権力の奪取を待たなかった。一個の生命を犠牲にして、ただ後につづくもののために、革命（もしくは維新）の道を開こうとした。

散るも花、残るも花である。それは生き残ったものにとっても、なべて戦士の覚悟であらねばならぬのだ。戦後左翼が、大逆事件を無実であった、えん罪であったといい立て、難波大助に至っては妄想狂であるといわんばかりの風潮は、死者に対する冒瀆のみではなく、革命をも裏切ることである。

幸徳秋水も管野スガ子も、無実ではなかった。彼らは大逆の思想を抱き、実行しようとしていた、だから死刑に処されたのだと、声を大きくしていうことこそ、革命家にささげる最大級の讃辞ではないのか。

酒を呑む、すでに楽しんで
呑むのではないのである。
酒を怨みつつ酒を呑む……
酔えば、酔中に命の
絶えんことを思い、人と争う。
争えば、死んだほうがよいと
思うから、無茶をはたらく。
酒癖はますます悪くなり
到る所で、人に嫌われた。
いや、人に嫌われることを
欲したのだ。
（宮嶋資夫『遍歴』）

もっと、はっきりいおう。〝思想を裁かれる〟ことに、主義者たちは恐怖した。ネコをかぶらねばならぬ、権力との正面衝突を避け、いまはえん曲にものをいおう、と。待てば海路の日和あり、やがて芽を吹く春がくる、「一歩後退二歩前進」と、これを称する。

二歩後退して、人々は生き残った。えん罪とでもいわなくては、立場がないのでアリマス。

日本の左翼は、パルチザンのごとくファシズムと真向からたたかい、かつ生き残ったのではなく、たとえばこの国が総体監獄のありさまだったとき、運よく戦死の惧れのない鉄格子の中にいた人や、外国でスパイをやっていた人のヘゲモニーにより再建された。

臆病風に吹かれて、あるいは係累にメシを食わせるために、一歩後退した連中は、ムショ帰りの後塵を拝せねばならなかった。それだけのことである。それだけのことで、戦後左翼運動はボルの天下に帰したのである。

ジャズで踊って
リキュルで暮れて
嗚呼！革命は遠のけり
頽廃の巷に、
アナキストの残党は
かくのごとき態たらく
エロ・グロ・ナン
センスのなりゆき
とございます。

……アナキズム運動は、早い時期に潰滅していた。括っていえば、大正デモクラシーの前衛としてアナの活躍があり、昭和に入ってボルが左翼運動を領導する。昭和八年（一九三三）、佐野学&鍋山貞親の転向で総崩れとなり、選手交替で五・一五、二・二六。

大東亜戦争が終ったとき、アナには獄中温存の幹部もなく、再建するべき組織もなかった。神崎清さんから名著のタイトルを借りるなら、アナキズム運動はすでに「革命伝説」であった。

しかも、〝怨敵〟天皇制はアメリカ占領体制のとりことなり、平和憲法のもと、テロリズムのターゲットもまた見失われていったのである。

嗚呼！革命は遠のけり。

……一九四六年（昭和21）、敗戦の翌年五月、「日本アナキスト連盟」が一応発足している。顧問に石川三四郎、全国委員長岩佐作太郎、「労働運動社」残党・近藤憲二、水沼辰夫、関西から逸見吉三、詩人岡本潤、秋山清、白井

そして
この荒んだ
卑怯な、やり場のない
心理は
お互いに
伝染していった

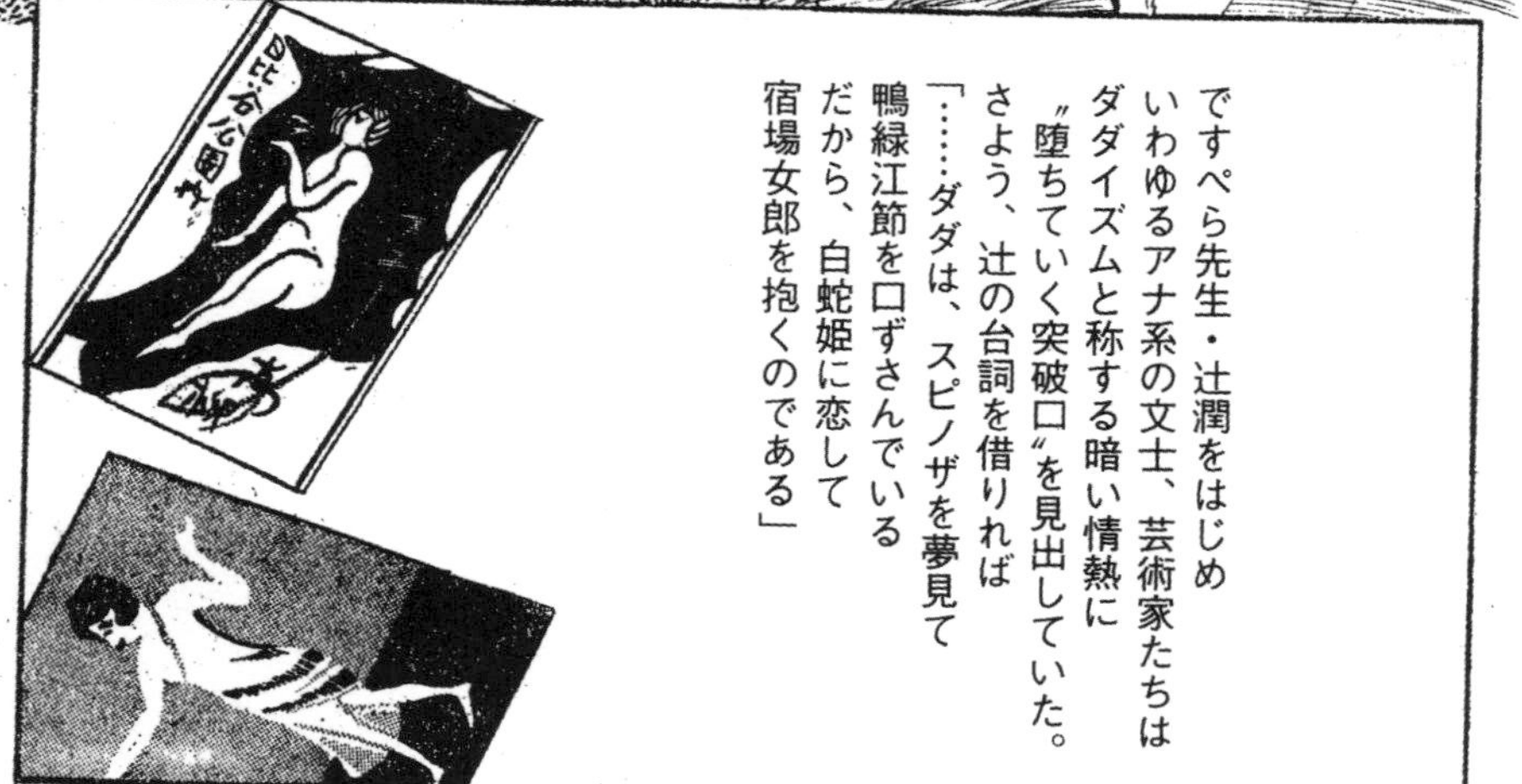
ですぺら先生・辻潤をはじめ
いわゆるアナ系の文士、芸術家たちは
ダダイズムと称する暗い情熱に
〝堕ちていく突破口〟を見出していた。
さよう、辻の台詞を借りれば
「……ダダは、スピノザを夢見て
鴨緑江節を口ずさんでいる
だから、白蛇姫に恋して
宿場女郎を抱くのである」

新平、やや遅れて台湾から引き揚げてきた山鹿泰治などが、中心メンバーである。京太郎、戦時下から戦後にかけてのアナキストたちの思想史を、点検するつもりはない。

ただ一九五〇年、第五回大会で提案された、〔自由連合労働組合組織を、進駐軍が公認するように働きかける〕という、情けなくもみっともない運動方針を紹介しておく。「権力に媚びる運動などアナキストにはあり得ない」と岩佐作太郎が言下に斥けて、廃案になりはしたが、戦後アナキズム運動がいわば奈落に堕ちたことを、この提案は象徴している。なぜか第五回大会では、原水爆禁止決議も否決されて……

この年十月、連盟は解散した。

夢とうつつを分たぬ間

連載足かけ五年、バックナンバーを調べると、解説は千枚にちかく、劇画カットは三千点をこえる。

単行本にする予定は、ない。本篇は

かくて、大正という一時代は
まさに終ろうとしていた

京太郎にとって、大正アナキズム運動史のメモランダム、あるいはセミナーである。いつの日にか、このぼう大な作業をふまえて、シナリオを書くつもりなのだ。

去年の一月、白夜プロダクションを設立し、五木寛之原作『戒厳令の夜』映画化に着手した。世間を大いに騒がせてようやく三月中旬、映画は完成をむかえる。

人さまの評価は知らず、興行の成否を問わず、きわめて不満足である。つまり、おのれの意図した作品ではない。当然のことである、自分で演出したのではなく、撮影したのでもないから。

だが、シナリオは書いた。いわずもがな、すぐれた表現は内容に規定された様式（スタイル）を持つ。ところが、アンゲロプロス監督『旅芸人の記録』などという大傑作が、脚本を書いた後で封切られて、日本のカツドウヤは、ことごとくこの映画に影響されちまった。内容よりもかえって、スタイルに

難波大助公判から
話を戻して
同じく十三年の
九月一日
大杉栄の復讐を
果さず
和田久太郎が逮捕された
その翌日

である。キャメラマンは、『旅芸人の記録』ふうに、わが国際任侠映画『戒厳令の夜』を撮影した。

……ようするにおのれの納得のいく映画を創るのには、自分で脚本を書き、監督もしなくちゃダメということなのである。然らずんば内容はさておき、断乎として映画の文体を、内容に即して構築する監督と、脚本で勝負するべきだ。『黒旗水滸伝』のシナリオを、約束した通り大島渚に献じようと思う。

テロリスト群像を魔界から呼びもどして、いかなる映像を彼は結ぶか？　え、例によって、まぼろしの企画に終るのじゃないかって？　よいではありませぬか、夢とうつつを分たぬ間、人間は豊饒なのだ。

公開質問状

一九八〇年（昭和55）一月二十六日、大島渚・野坂昭如・竹中労は連名で、日本弁護士連合会（日弁連）会長に宛てた左記の文章を公開した。

近藤憲二、山鹿泰治ら
労働運動社の
同志たちは
片端から検挙され
ブタ箱にぶちこまれた
そして、
主犯と目された
源兄ィ
村木源次郎と
ギロチン社の
古田大次郎も

×

日本弁護士連合会は、昭和五十四年十一月八日、山根二郎弁護士に対して、「所属弁護士会の信用を害し、弁護士の品位を著しく失わしめる非行」を理由に、会長名で業務停止四ヶ月の懲戒処分を送達しました。

懲戒委員会議決書によれば、去る四十四年、同弁護士がいわゆる東大裁判の法廷で「被告人らの意志に同調盲従して」「執拗なる言動の反復によって審理の進行を阻害し」、監置・過料の制裁をうけるなど、「法廷の秩序を乱し」「裁判の威信を著しく傷づけた」ことが懲戒の事由とされております。

この問題はすでに四十七年、同弁護士の所属する第二東京弁護士会綱紀委員会で、懲戒に相当せずと結論が出ているにも拘わらず、唐突に今回の処分決定は行われました。その意図が奈辺にあったかはさておき、現実に法の裁きをうける中で、弁護士という職業に信頼を置いてきた（あるいは置か

大杉・野枝の命日を待たず
九月十日の早朝
電報！
電報です…

ざるを得なかった）私たちは、被告・依頼人の立場から日弁連の山根処分に、断じて承服することができません。

――公私ご多忙のところ、不躾けではありますが以下率直に疑問を述べて、日弁連の最高責任者である貴台から、誠意と責任のある回答を、当月末までに文書を以て頂戴いたしたく、おうかがい申上げます。

質問(1) 人は法の前に平等であり、いかなる思想と信条の持主、あるいは凶悪な犯罪者、収賄・汚職を常習とする政治家といえども、法廷で自己の主張と情状を述べて、その意志に即した弁護をうける権利を有するのが、民主主義の原理・原則であり、日本国憲法三十七条〔弁護人を依頼する権利〕の精神である。換言すれば、弁護士という職業にとって「弁護の余地なき者」は存在しない、ということであろうかと思います。

この点、いかがお考えでしょうか……。

質問(2) 弁護士という職業が依拠

村木は、十六日の
大杉虐殺の日に
爆裂弾を抱いて
元戒厳司令官・福田
雅太郎と刺し違え
いっぽう古田は、
警視庁を襲い
これも自爆を覚悟で
焼き討ちを決行する
計画であった

するべきは、なりよりもまず、被告・依頼人の意志（もしくは利益）でなくてはなりません。山根弁護士の懲戒理由からは、その職業人としての倫理がみごとに脱け落ちています。

現行法体制に反逆するもの、裁判官の訴訟指揮に従わぬもの、そのようなまさに弁護の余地なき過激派に同調盲従して、法廷の秩序を乱すがごとき弁護士は、被告と同罪であるという威丈高なロジックに、私たちはきわめて重大な危惧を抱かざるを得ません。

すなわち、すべての被告が法廷において、裁判官・検事・弁護士三位一体に裁かれる危惧をであります。

いわずもがな、私たちは東大裁判の是非を問題にしているのではなく、弁護士の職務を問うているのです。端的にお答えください。「裁判の威信」と「被告の意志」が矛盾したとき、弁護士はどちらの側に立つのか。

質問(3)　弁護士法五十六条第一項に、「所属弁護士の秩序、または信用を

ここにいま一人
大逆の被告
金子文子
愛人・朴烈と
共に
捕えられて
処刑の
秋を待つ……

害し、その他職務の内外を問わずその品位を失うべき非行があったときは、懲戒を受ける」とあります。

しかし、「信用」「品位」「非行」等の概念は、下世話にいうところの〝ハレンチ行為〟ともっぱら関わって、法廷内のいざこざは懲戒の対象外とされるのがいわば不文律であったことは、貴台もご案内の通りです。

それが、「誤った弁護活動」として規制されていく経過に、今回の山根処分があったことを押さえておかねばなりません。五十三年秋、弁護士自治の問題に関する答申書（「弁護人抜き裁判」特例法案阻止対策本部）が日弁連会長に提出され、会の活動の指針として採用されることとなりました。

――この答申書の中ではじめて、法廷での弁護活動を懲戒の対象とする〝基準〟が、次のように示されたのであります。「国民によって付託された弁護士の使命を逸脱する」場合、「品位を失うべき非行に当る」と。

何が私を

文子の歌える——
よろめきつ又よろめきつ庭に立てば
秋空高し獄の昼過ぎ
　肉といふ絆を脱せしわが霊の
仇を報ゆる姿をおもひて
　ギロチンに斃れし友の魂か
庭につつじの朱きまなざし
　朝くればこの屍に意識もどり
鉄格子見ゆ暗くあかるく
　口吟(くちずさ)む調べなつかし革命歌
彼の日の希(ねが)ひ淡くただよう
　六(むっ)才にして早人生の悲しみを
知り覚へにし我なりしかな

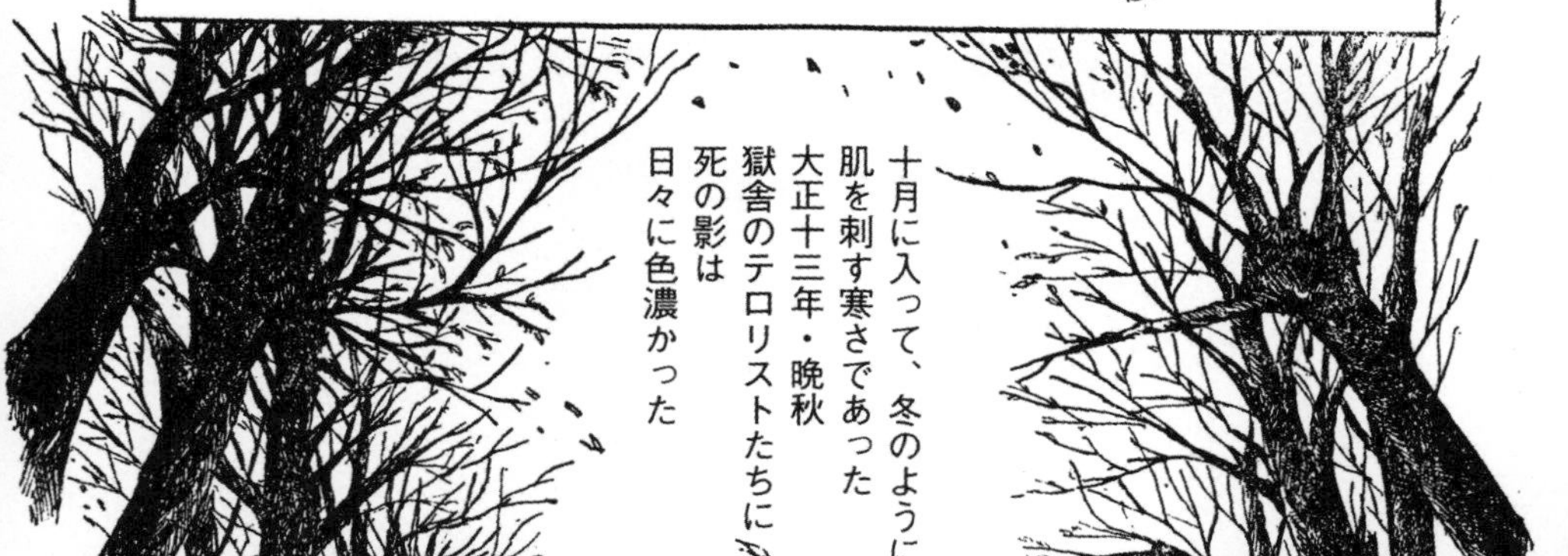

十月に入って、冬のように
肌を刺す寒さであった
大正十三年・晩秋
獄舎のテロリストたちに
死の影は
日々に色濃かった

　この規準はあいまいにみえて、じつは決定的な意味を持ちます。すなわち、弁護士の弁護活動は、被告・依頼人に優越して国民から付託されたものである。

　したがって、「弁護士と弁護士会の活動はつねに、国民の正当な批判に耐えうるものであり、ひろく国民の支持を得ることのできるものでなくてはならない」（答申書）。借問します。こうした指針を日弁連が持つ以上、会長たる貴台は、〝国民の支持を得ることのできない〟裁判から、会員はただちに手をひくよう命じられますか、それとも山根弁護士同様、懲戒処分に付されますか。

質問⑷　山根弁護士を断罪したのは、グロテスクな〝国民の論理〟であります。それは、人々を「国民」と「非国民」、「人間」と「非人間」に弁別する、もっとも反動的な思想といわねばなりません。

　すなわち、「非国民」＝過激派を弁護したがために、山根二郎氏は弁護士の

検事の求刑は
予想した通り、死刑であった
論告していう
被告人は帝国臣民に非ずして
天地に容れざる
大悪人なり
毫(いささか)も酌量の余地なし

資格なき者とされたのです。過激派を右翼、スパイ、三国人、ポルノ、やくざ、オカマ、あるいは田中角栄、大久保清などと言いかえることも、とうぜん可能であります。

〝国民の支持を得ることができない〟という一点で、この人々は共通項に括られます。さよう、「非国民」の資格を持つのであります。かくて弁護士という職業は、二重・三重の軛(くびき)を負わねばなりません。「被告の意志」と「裁判の威信」と、さらにましてや「国民の支持」と……

ところで来る三月八日、日弁連結成三十周年記念シンポジウムが、『国民に支持される弁護士自治』と銘打って開かれると聞きおよびます。私たちにも、出席発言の機会は与えられましょうか。はたまた、ここでも「被告の意志」は無視され、「非国民」として排除されるのでありましょうか。

昭和五十五年二月二十日

日弁連会長　江尻平八郎　殿

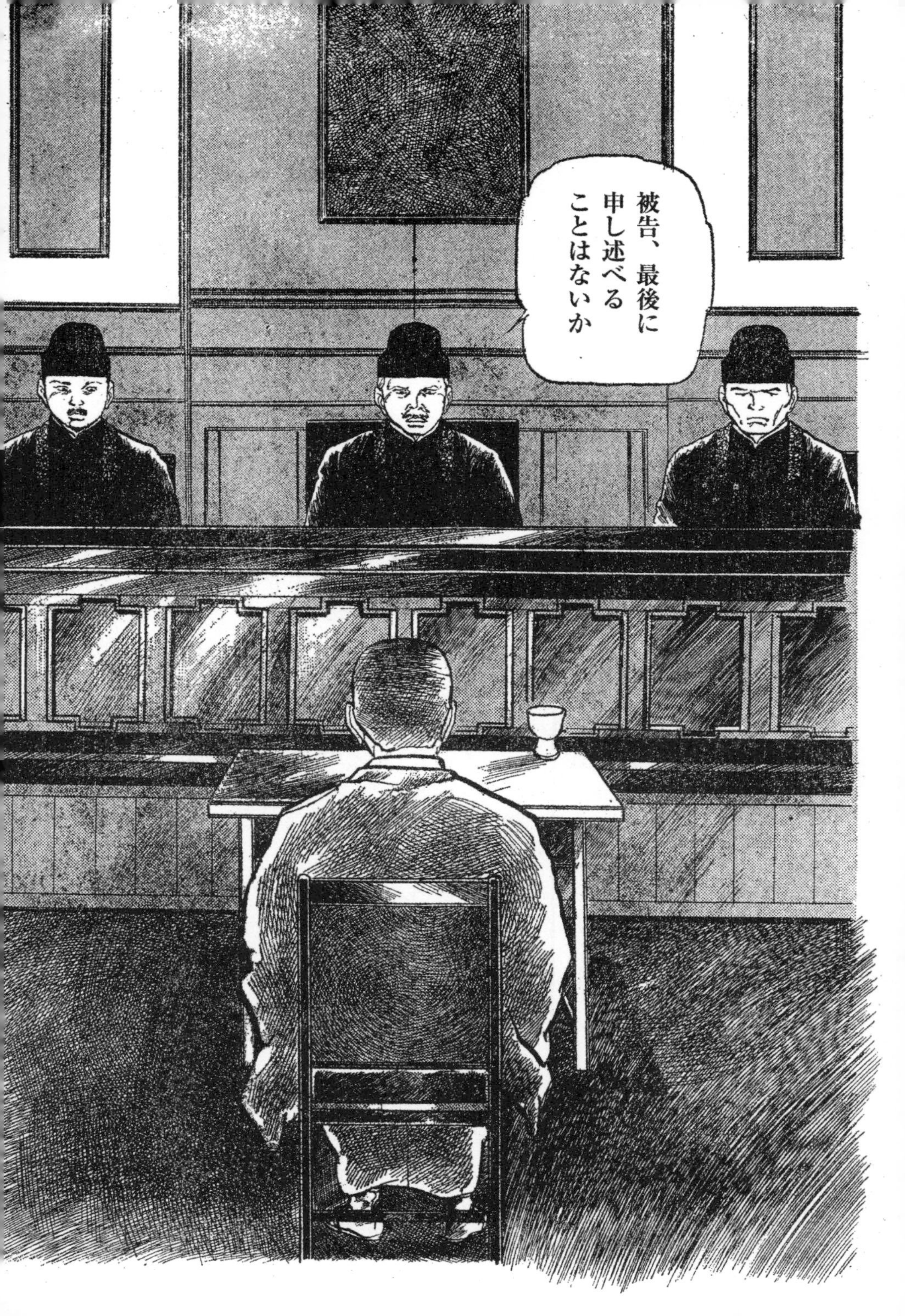
被告、最後に申し述べることはないか

大正十三年三月、日本共産党解党……
関東大震災のショックは
日本の反体制・労働運動に
いわゆる「方向転換」をせまった
内閣は普選断行と声明して
議会制民主主義の幻想を民衆にあたえ
そのいっぽうで
〝治安維持法〟制定をもくろんだ
すなわち、国体の変革と
私有財産の否認を目的とする思想を
「国賊」「非国民」と切りすてて
法の保護の外に排除する
強権政治へのターニング・ポイントを
大正という時代の終りに
置いたのである

七月、荒畑寒村は
コミンテルンに
解党を報告するため
上海から入露を
はかったが
途中、日射病に
たおれて果さず

第五十回

同じく、地獄なるべし

被告・難波大助の意志

さて、〝天皇の法廷〟で大逆の被告たちはいかに振舞って、彼らの意志を貫いたのか。

——たとえば朴烈の場合、おのれを不逞鮮人様と称し、「おれ」といい、予審判事を「きみ」と呼んで、正確に言葉通り筆記しないと、断じて調べに応じなかった。

法廷では、裁判官が法服を着て冠をかぶっているのを、「天皇の威信」のデモンストレーションであると主張し、ならば自分も、朝鮮民族の王の礼服で出廷すると頑張って、裁判所にそれを認めさせている。

こうした朴烈の抵抗を、マスコミははじめ、「児戯に類した自己顕示」であると冷笑した。

だが、やがて彼の意図は、〝天皇の

レーニンの死後、クレムリンでは
激しい党内抗争がくりひろげられて
トロッキーが追い落とされ
書記長スターリンが独裁権力を
掌握しようとしていた

裁判〟そのものを痛烈に批判し、愚弄するところにあったのだと、ガク然と腑に落ちるのである。

　京太郎・青年客気のころ、裁判官に「あなたはなぜ高い場所にいて、私は低い被告席にいるのか」と問いかけたときに、脳裏にはとうぜん伝説の英雄朴烈の勇姿があった。

　いうならば、朴烈の〝法廷闘争〟は、まさに果敢であり、ときに奇矯であり、ブラック・ユーモアをともなう。その獄中のざれ歌に

　世の中は賽の河原の石遊び
　積んではこわし　こわしては積む
　下になり上にもなるよ轆轤(ろくろ)首
　くるくるめぐる　めぐり合わせに

……罪一等を減じられて、無期懲役となった朴烈は、大東亜戦争敗戦までシブトク頑強に生きのびた。それは、肉体よりもかえって、精神の不死身に負うのである。

　難波大助は繊細であった——

　原口統三の言葉をかりれば、「その

その前年十一月八日
ミュンヘンでの暴動決起に
失敗して五年の刑をうけた
元陸軍伍長アドルフ・ヒトラーは
獄中、〝議会民主制〟を利して
権力奪取の足がかりとする
かの戦略の大転換をば
発想いたします。
イタリアでは十三年四月、
総選挙
ムソリーニのファシスタ党が
圧勝とございますが……

繊細さを、鍛えあげることによって」（『二十歳のエチュード』）、難波大助は同時代のなべての革命家にすぐれて、非妥協・非転向のたたかいを、法廷に展開することができた。

　獄中で、彼は模範囚だった。決して怒号狂躁せず、正座して読書と沈思にふけり、看守たちには何一つよけいな手間をかけなかったという。「大助と河野広中、この二人が私の知る限りで最も態度の立派な囚人だった」（鈴木看守長の回想）

　流れる木にたいするように、予定の死を彼はみつめていた。換言すれば、大助はその志を、死をもってしか果すことができぬと思いきめて、のこりの命をそのときのために、充実させ鍛えあげていた。

　そして、いっきょに噴出させた。

　一九二四年十一月十三日、すなわち死刑判決のその日、〝天皇の法廷〟は吶喊（とっかん）の叫びで震撼した。

　無産者、労働者、革命万歳！

「私を絞首刑にせよ、私は七度生まれ変って、大逆を行うであろう」

朴烈と等しく、大助にも国家権力の恩赦の機会はあったが、彼はみずからその退路を絶った。

――それが、大逆犯人・難波大助の被告の意志であった。

裁判官は呆然とし、検察官は唖然とした。そして、弁護人すらも、言葉を失ったのである。

読者諸君――ここで前章『公開質問状』に目を通していただきたい。民主主義の人権のと何をいまさら洒落臭いと、ソッポをむいている人々に、声を大にして申しあげる。

究極、死守しなくてはならぬ人間の自由とは権利とは、被告の意志なのである。

すくなくとも戦前、暗黒といわれる時代にも、朴烈・難波大助が法廷で、おのれの思想と信条を述べ、裁判官の訴訟指揮にしたがわぬ権利はあった。いまならばさしづめ、着席したままの

同年同月
ギリシャ人民投票
共和制を実現
禁酒法下のアメリカは
カポネとその時代
ジャズで踊って殺しに暮れて

大助は退廷、弁護人が抗議すればたちまち、拘束監置処分である。

日弁連の山根弁護士懲戒は、戦前をしのぐ暗黒が、法廷を占拠しつつあることを、如実にもの語っている。

〝国民の支持〟に籍口し、裁判の〝威信〟をタテにして、人間の基本的な権利を、思想と信条の自由を、国家に売り渡すものは誰か？

京太郎、いささか心悸昂進の気味とある。ここらで一息入れて読者のリクエストにこたえ、「劇画のシナリオ」なる景物を、ご覧に供しまする。

活字一段落として一九字詰め、まずは絵看板（タイトル・バック）から、パタンクルゥリとめくり順序を追って参りまァす。

大助・死刑判決の場

① タイトル・バック

——難波大助半身像、背景・象徴的に絞首台のロープをあしらって。

〔T〕　黒旗水滸伝　五十一回

第一部　大正地獄篇㊾

五月、フランス下院
選挙において「左翼連合」
過半数を獲得
こえて六月十四日には
エリオ急進社会党内閣が
成立した——

エピロオグ・Ⅱ

作／夢野　京太郎
画／かわぐちかいじ

(1)　②
コマ割り
上段2分の1・枠はずし
折れた鎌とハンマー（ソビエト国旗の
紋章です）、白字幕。
〔T〕
大正十三年三月、日本共産党・解党……
関東大震災のショックは
日本の反体制・労働運動に
いわゆる、「方向転換」をせまった。
内閣は普選断行と声明して
議会制民主主義の幻想を民衆にあたえ
そのいっぽうで
〝治安維持法〟制定をもくろんだ。
すなわち、国体の変革と
私有財産の否認を目的とする思想を
「国賊」「非国民」と切りすてて
法の保護の外に排除する
強権政治へのターニング・ポイントを
大正という時代の終りに
置いたのである。
(2)　下段2分の1・枠がこみ

右に左に地軸は揺れて……
お隣りの中国大陸では「国共合作」
六月、黄埔軍官学校を開校
校長に　介石、政治部主任に周恩来が
就任をいたします
権謀術策ただならぬ、
世界のすう勢

ともあれ武闘は時代遅れ
議会多数派工作こそ革新の早道と
わがニッポン低国でも
みなさん、「普選」に期待をかけて
護憲三派の五月総選挙大勝利
合法無産政党の結成が
社会主義運動のプログラムに
乗せられることとあいなります

——カンカン帽の荒畑寒村、鼻にヒゲをたくわえ、ロイド眼鏡とある。
宙天に照りつける太陽、カノ渦巻き。

〔T〕
七月、荒畑寒村は
コミンテルンに解党を報告するため
上海から入露をはかったが
途中、日射病にたおれて果さず……

③ たちきり一枚絵（写真・資料㋑）
スターリン、三十九歳のポートレート

〔T〕　白ヌキ
レーニンの死後、クレムリンでは
激しい党内抗争がくりひろげられて
トロツキーが追い落され
書記長スターリンが独裁権力を
掌握しようとしていた。

④

⑤ みひらき一枚絵
ヒトラーと〝突撃隊員〟（資料㋺㋩を参照して合成、国会議事堂ふうの建物を背にとりまきとヒトラー㋺、隊員たちをワイドに配して）。
京太郎&かいじ、制服で画面右上に。

〔S・T〕　吹きだし

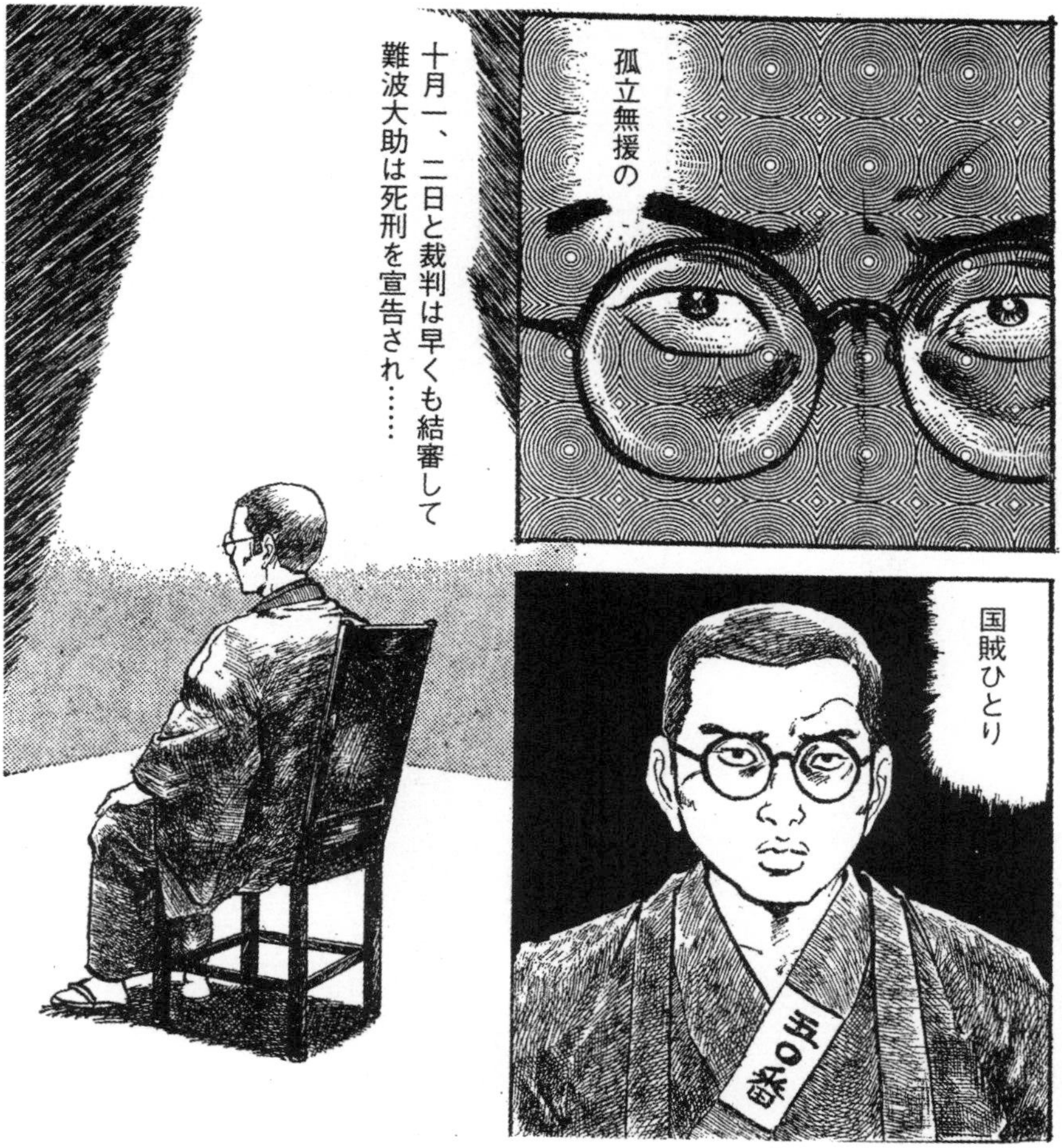
孤立無援の
国賊ひとり
十月一、二日と裁判は早くも結審して
難波大助は死刑を宣告され……

その前年十一月八日
ミュンヘンでの暴動決起に失敗して
五年の刑をうけた元陸軍伍長
アドルフ・ヒトラーは
獄中、〝議会民主制〟を利して
権力奪取の足がかりとする
かの戦略の大転換をば発想いたします。
イタリアでは十三年四月、総選挙
ムソリーニのファシスタ党が
圧勝とございますが……

⑥　コマ割り

(1)　タテ斜め2分の1・枠はずし（俯瞰）
——旅芸人の一行、ギリシャの国旗を
かついで、こちらへ向かってくる。
※　映画『旅芸人の記録』スチール、
参照のコト
〔T〕
同年同月、ギリシャ人民投票
共和制を実現

(2)　アル・カポネ（写真参照㊁）

(3)　黒字幕
〔T〕
禁酒法下のアメリカは
カポネとその時代

こえて十一月十三日、判決をむかえた
早朝からつめかけた傍聴人は
およそ千人（新聞発表では六百人）
三百名が入場をゆるされて
午前十時五分、公判は開始された

ジャズで踊って殺しに暮れて

⑦　一枚絵・枠がこみ

——凱旋門前（資料㋭）、広場を埋め尽す人の波、赤旗の林立！

　スローガンをかかげて、いま行進中。

〔T〕

五月、フランス下院選挙において

こえて六月十四日には

「左翼連合」過半数を獲得。

エリオ急進社会党内閣が成立した——

⑧　コマ割り

(1)　写真（資料㋬）蔣介石

(2)　〃（〃㋣）周恩来

(3)　下段2分の1・枠はずし

　京太郎は晴天白日旗を、かいじは五星紅旗を手に持って。

〔T〕　字幕ふうに（吹きださず）

右に左に地軸は揺れて……

お隣りの中国大陸では「国共同作」

六月、黄埔軍官学校を開校

校長に蔣介石、政府部主任に周恩来が就任をいたします。

権謀術策ただならぬ、世界のすう勢

ともあれ武闘は時代遅れ

議会多数派工作こそ革新の早道と
わがニッポン低国でも
みなさん、「普選」に期待をかけて
護憲三派の五月総選挙大勝利
合法無産政党の結成が
社会主義運動のプログラムに
乗せられることとあいなります。

⑨　コマ割り
(1)　沈痛に、難波大助の目アップです。
〔T〕
孤立無援の……
(2)　顔、ズーム・ダウンして。
〔T〕
国賊ひとり
(3)　タテ斜め2分の1・枠はずし
——被告席の大助、ほのかな光の中に
端座しています。
〔T〕
十月一、二日と裁判は早くも結審して
難波大助は死刑を宣告され……

⑩
⑪　みひらき一枚絵
赤煉瓦の大審院正面前、ひしめき列を
つくる群衆（老若男女とりまぜて、右翼

自分の行為のため、直接間接に迷惑を
こうむった天下一切の人々に
皇太子をふくめて謝罪の意を表する
と大助は結審で述べていた。
また、共産主義者は皇室と手を携えて
その主義の実現に努力することも
やぶさかではない、と。
裁判長は大いなる確信にみちて
この過激極悪の大逆犯人が悔悟一番
天皇の赤子として恭順する
劇的な幕切れを演出しようとした。
すなわち、判決理由の朗読二十分余り
〝主文〟を読み上げる前に
一拍の間を置いて——

ふうもチラホラ）。
　制・私服警官、憲兵隊の厳戒下、いま
門がひらかれるところである。

〔T〕　大きく
こえて十一月十三日、裁判をむかえた。
早朝からつめかけた傍聴人は
およそ千人。（新聞発表では六百人）
三百名が入場をゆるされて
午前十時五分、公判は開始された。

⑫　コマ割り
(1)　上段2分の1・枠はずし
　——菊花（ご紋章に非ず）あしらって
白字幕です。

〔T〕
自分の行為のため、直接間接に迷惑を
こうむった天下一切の人々に
皇太子をふくめて謝罪の意を表する
と大助は結審で述べていた。
また、共産主義者は皇室と手を携えて
その主義の実現に努力することも
やぶさかではない、と。
裁判長は大いなる確信にみちて
この過激極悪の大逆犯人が悔悟一番
天皇の赤子として恭順する

立てィ!

劇的な幕切れを演出しようとした。
すなわち、判決理由の朗読二十分余り
〝主文〟を読み上げる前に
一拍の間を置いて——

(2) 書類をかたわらに、押しやる手。
〔E〕 スッ
(3) 裁判長のアップ、睨みすえて無言。

⑬ コマ割り
(1) 静かに見上げる、大助です。
(2) 裁判長の目アップ、ぎらりと光って。
(3) タテ2分の1・枠はずし
大助後姿を手前に、叱咤する裁判長。
〔S・T〕 立てィ!(大きく)

⑭ コマ割り
(1) タテ2分の1・枠はずし
きりかえして、起立している大助。
〔T〕
その声に威圧されたかのように
大助は起立した……
(2) 黒字幕
〔T〕 大きく
被告人を
死刑に処す!
(3) 大助、微笑している……。

その声に威圧されたかのように
大助は起立した……
被告人を
死刑に処す！
時に、
午前十時二十七分

〔T〕
時に、午前十時二十七分。

⑮ 写真（資料㋠・昭和天皇）
——中央より、まっ二つに引き裂いて。

〔T〕
裁判長が退場しようとしたとき
一瞬、情景は逆転した。

⑯

⑰ みひらき一枚絵
傍聴席にむきなおって、高々と双手を挙げ、絶叫する大助です。

※ 前号②③、法廷シーンを反復。
但しもっと絵を丁寧に、大助あまり小さくならぬよう。

〔S・T〕 活字大きく、斜めに打つ。
ニッポン無産者、労働者万歳！
革命万歳！ 共産党万歳！
インタナショナル共和制万歳！

〔T〕
私はついに、勝った。
国家権力よ、速やかに私を絞首せよ！
もし、あなたがたが……
私のような大逆犯人の出ることを欲せず

裁判長が退場しようとしたとき
一瞬、情景は逆転した

現在社会の維持と繁栄を望むなら
誤まてる権力の行使を改め
万民平等の実現に努力するがよい。
さもなければ、私は七度生れかわって
大逆をくりかえすであろう。

――裁判記録から削除されたと推定
される、大助最後の陳述。

⑱ コマ割り

(1) 上段2分の1・枠がこみ
ヒビわれた鏡のように、亀裂を背景に
走らせて……
呆然と立ちつくす裁判長、陪審たち。

〔T〕
そのとき――
〝天皇の裁判〟の威信は
国家と権力の虚構は
もろくも音を立てて
崩れ落ちた。

(2) 下段2分の1・枠がこみ
恐慌して編笠をかぶせ、手錠・腰縄を
打ち、法廷から大助をつれ出そうとする
廷史たちであります。

〔T〕
法廷は大混乱におちいり

ニッポン無産者
労働者万歳！
革命万歳！
共産党万歳！
インタナショナル
共和制万歳！

シンと凍りついていた傍聴席から
「国賊！」と
はげしい罵声がとんだ。

⑲　たちきり一枚絵

連行される大助の背後から、拳をふり上げて、怒号を浴せる傍聴の人々。

〔S・T〕⑯⑰と同じく、斜めに打つ。

非国民！　売国奴！
ロシアのスパイ！
この犬畜生！　死んでしまえッ!!

⑳　コマ割り

(1)　上段2分の1・枠がこみ

――黒い菊花の紋章をあしらって、白字幕です。

〔T〕

司法大臣・横田千之助は
経過の報告をきいて驚愕した。
というのは……
天皇の命により死刑の執行を停止して
無期徒刑とすることを
宮内省筋とうちあわせて
ひそかに決めていたからである。
当然、法廷で改悛の情を
大助が示すことが前提であり

私はついに、勝った。
国家権力よ、速やかに私を絞首せよ！
もし、あなたがたが……
私のような大逆犯人の
出ることを欲せず
現在社会の維持と繁栄を望むなら
誤まてる権力の行使を改め
万民平等の実現に努力するがよい
さもなければ、
私は七度生まれかわって、
大逆をくりかえすであろう。
（裁判記録から削除されたと
推定される、大助最後の陳述）

横田は、それを期待し確信していた。
そのことによって皇室の仁慈を
民衆に徹底せしめ
国体と私有財産制度を
すなわち、〝天皇制資本主義〟を
無事安泰に置こう、と。

(2)
下段2分の1・枠はずし
車中の横田千之助、小柄だが眼つきの
するどい、白髪の老政客である。
〔T〕
横田はただちに
牧野伸顕宮内大臣をたずねて
善後の措置を相談し
さらに、東宮御所に車を走らせて
摂政官に事の次第を言上した。

㉑
たちきり・大ジメ
――東宮御所、横田の乗用車がすべり
こんでいくのです。
〔T〕
午後零時十五分
〝賢きあたり〟の思召しは
難波大助の命運に
いかなるサイを投げるか……

〔次回、エピロオグ・Ⅲ〕

そのとき——
″天皇の裁判″の威信は
国家と権力の虚構は
もろくも音立てて
崩れ落ちた

法廷は大混乱に
おちいり
シンと凍りついて
いた傍聴席から
「国賊！」と
はげしい罵声が
とんだ

そして、いま白夜の時代

ト書きと絵、タイトル部分が重複をして、「劇画のシナリオ」（コンテ）なんてもな、ちっとも面白くありませんな。これを称して楽屋オチ、……貴重なる誌面をムダにしました。

さて、時代はいま白夜である。

明治民権主義、大正デモクラシーの黄昏にも似て、戦後民主主義は儚くフェイド・アウトしていく。やがて、白い闇の帳のかなたに、氷雪の季節のおとずれを、人は聞くであろう。

美文調で流しているのは、リアルにならぬ屁の要慎、野坂昭如SF小説の逆をいっておるデス。

ホラ、聴こえるでしょう。アーウー重大な決意をもって、わが国は米欧とニー、協力してこの八〇年代の危機に対処する、オー所存であります。

″連合の時代″とは、すなわち政党政派の相姦、ヌエ的乱交を意味する。ポルノチックな八〇年代、混濁の世に

非国民！
売国奴！
ロシアのスパイ！
この犬畜生！
死んでしまえッ!!

われ立てばと、春日一幸（＊旧・民社党委員長）のナニワ節、自民・共産を野党にまわして、なんの猿芝居がはじまるやら。

もっとも、中道連合政権が誕生したとき、アーウーは向米一辺倒の路線をすでに定めておるからして、敷かれたレールの上を、社公民（または右社・公民）は、ガタピシと突っ走るだけのこと。自民党は外野にすわって、ガンジー夫人の奇蹟＊を待てばよいのである。

次第に振幅の度をくわえて、文目も わかたぬ靄の中に、ニッポン号という超特急は脱線していく、運命やいかにデデンデンデン。

あたしゃ、もう映画なんざつくっていられないのココロ。社会党委員長の飛鳥田サン、失点ばかりかさねているあなたですけれど、〝全野党〟に固執＊するのはよいことなのです。

ゆめ、政権を握っちゃいけません。＊

この一篇の紙芝居、戯作といえども

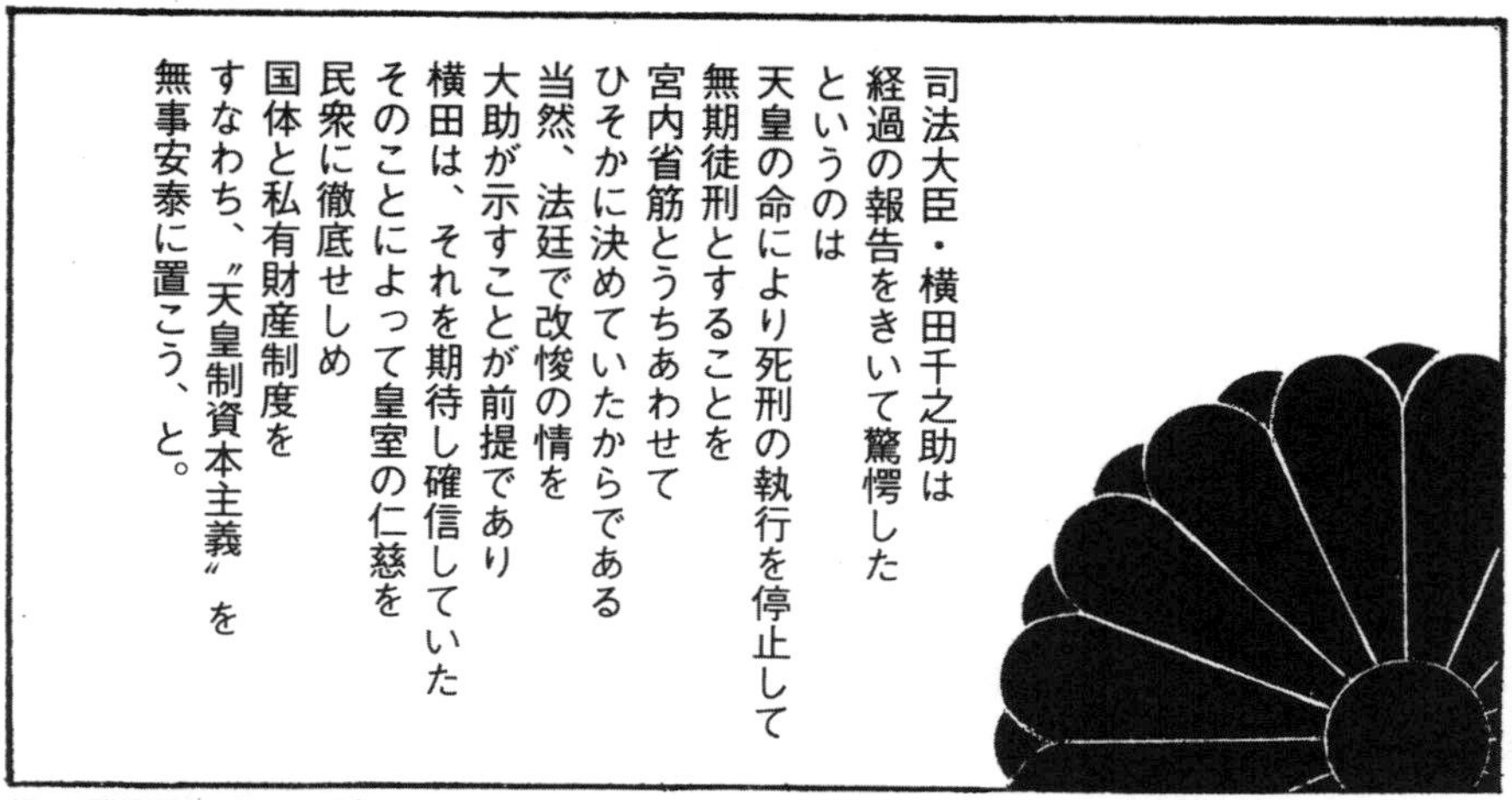
司法大臣・横田千之助は
経過の報告をきいて驚愕した
というのは
天皇の命により死刑の執行を停止して
無期徒刑とすることを
宮内省筋とうちあわせて
ひそかに決めていたからである
当然、法廷で改悛の情を
大助が示すことが前提であり
横田は、それを期待し確信していた
そのことによって皇室の仁慈を
民衆に徹底せしめ
国体と私有財産制度を
すなわち、〃天皇制資本主義〃を
無事安泰に置こう、と。

横田はただちに
牧野伸顕宮内大臣をたずねて
善後の措置を相談し
さらに、東宮御所に車を走らせて
摂政宮に事の次第を言上した

京太郎、総身のチエをふりしぼって、大真面目に取組んでおります。

　先達諸氏にかさねて非礼をいうが、「正史」無用といえども、いますこしキチンと〃史料〃をまとめる必要があるのじゃないでしょうか？

　大助の評伝にしても、ついさいきん図書出版社から刊行された、岩田礼著『天皇暗殺／虎ノ門事件と難波大助』を待つまで、一九七三年に国文社が上梓した、原敬吾著『難波大助の生と死』一冊しか、まとまった書物はなかった。

　この二人の作家は、いわゆるアナキズム研究家でも、アナキストでもありません。ただ、大助の生きざま・死にざまに触発されて、それぞれに思いのこもった本を書いたのです。

　大団円にふさわしく、総括大論文をと考えましたが、これまで用いてきた文体を、完結まで踏襲します。ハイナおせんにキャラメル、おでんに茶飯、『水滸伝』には排骨麵（パイコーメン）。これにて今回読み切り、チョーン！

午後零時十五分
〃賢きあたり〃の思召しは
難波大助の命運に
いかなるサイを投げるか……

第五十一回

難波大助の弁護士たち

SYMPOSIUMとは

シンポジウム、——研究社『新英和大辞典』1836頁によれば、

1 饗宴（古代ギリシャで通常会食につづいて行われた、酒をくみかわしながら音楽をたのしみ議論に興じたというつどい）

2 （特に特定の論理について自由に意見を交換する）談話会・談論会・座談会。

……とある。また、日本語の辞典を引いてみても、

〔広辞苑〕1325頁

① 二人またはそれ以上の人が、同一問題の異った面をあらわすように、講演し、各々意見を述べ、聴衆または司会者が質問し、講演者がこれに答える、討論の一形式。

② プラトン『対話篇』の一、シンポ

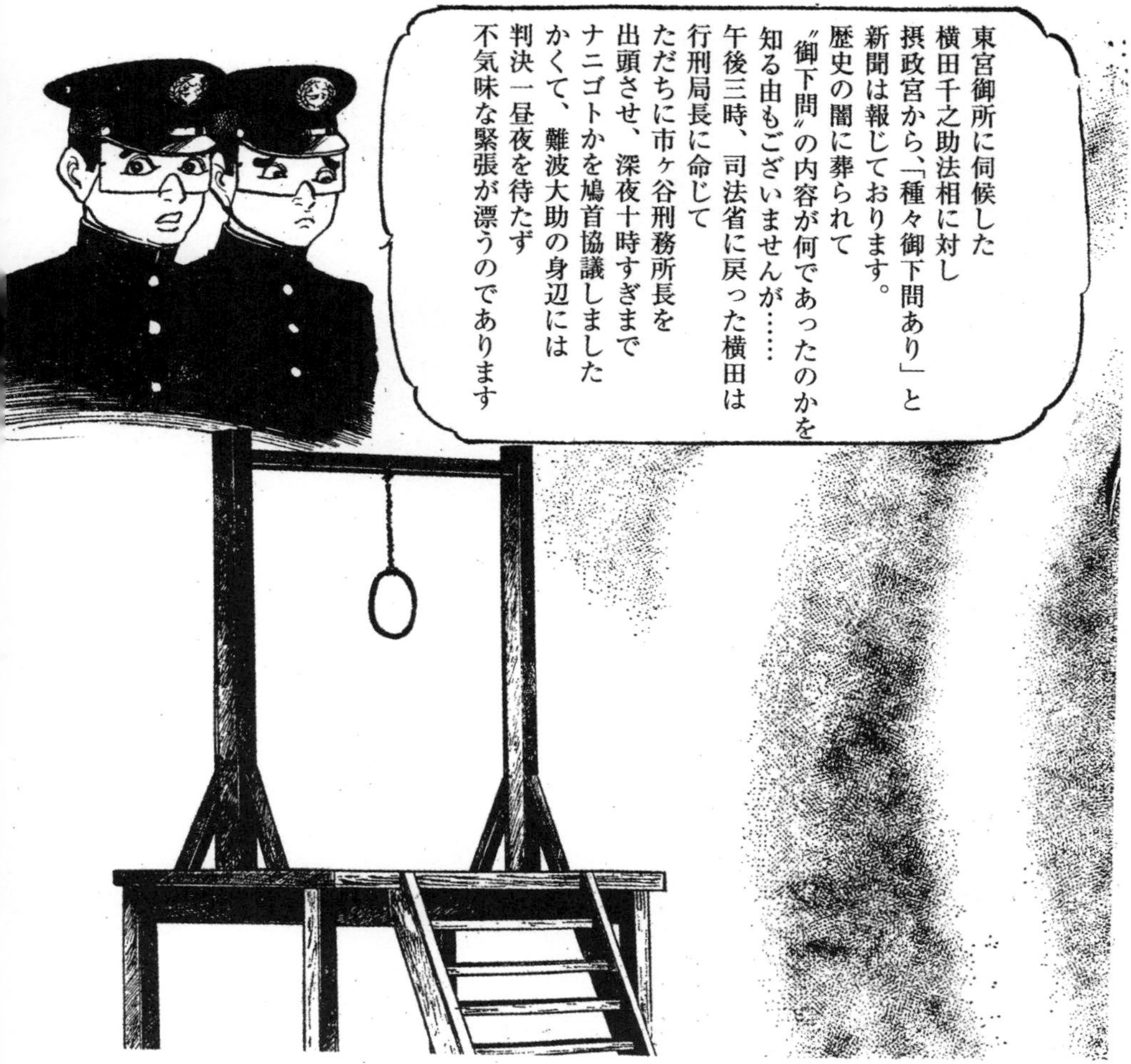
東宮御所に伺候した
横田千之助法相に対し
摂政宮から、「種々御下問あり」と
新聞は報じております。
歴史の闇に葬られて
〝御下問〟の内容が何であったのかを
知る由もございませんが……
午後三時、司法省に戻った横田は
行刑局長に命じて
ただちに市ヶ谷刑務所長を
出頭させ、深夜十時すぎまで
ナニゴトかを鳩首協議しました
かくて、難波大助の身辺には
判決一昼夜を待たず
不気味な緊張が漂うのであります

シオン。→きょうえん（饗宴）。

〔新潮国語辞典〕１０２０頁

シンポジウム「一緒に飲むこと」

「饗宴」（キョウエン）の意——

㊀討論の一形式、同じ題目について二人以上の講師が異る意見を述べ、聴衆または司会者が質問し、講師が答えるもの、——講壇討論。

㊁同じ問題に対する、諸家論文集。

……ちなみに、プラトン『対話篇』中のシンポシオンでは、悲劇詩人アガトンの祝宴で、参会者がエロス讃美の談論をおおいに風発して、最後にかのソ、ソ、ソクラテス大先生が「肉体の美から精神の美へ、ついには〝美のイデア〟への愛慕にまで昇華し、至福をもたらすもの……」すなわちエロスであると、吉田喜重風に総括する。

徒事（あだしごと）はさておき（と用いるのですぞ松田政男クン）、シンポジウム本来の姿は自由な談論にある。ところが——

去る三月八日、丸の内・東京会館でひらかれた、日本弁護士連合会第七回

明治四十四年、幸徳秋水らの
いわゆる大逆事件は
二十四名に死刑判決
うち十二名は三日後に特赦減刑、が
さらに三日のち、十二名が縊られた、
余りにも早い処刑であると
人びとは戦慄したが
難波大助の場合はいっそう過酷に
刑の執行が用意されたのである
すなわち、翌十四日
被告大助ノ死刑ハ十五日午前九時
コレヲ執行スベシ
という通達が、横田司法大臣から
小山松吉検事総長に下された
判決から僅かに一日置いての処刑は
前代未聞であり
天皇の法廷で革命万歳を絶叫した彼、
大助に対する、権力者たちの
憎しみの深さをもの語っていた
市ヶ谷刑務所長
大野萬枝に死刑執行
命令書が届いたのは
その日の夜更けだった

司法シンポジウム――『国民のための弁護士自治』は、参会者の質疑応答を許さず、大量動員された〝特定党派〟会員の司会者団への盲従的拍手とヤジ怒号で、少数派の発言要求を封殺する問答無用の運営を強行、弁護士自治の崩壊をみずから招きよせた。

それは、日弁連執行部の中枢＊実務を掌握するボルシェヴィキ官僚が、山根二郎弁護士懲戒処分に抗議する『公開質問状』（＊第四十九回よりを参照）に、彼らのいわゆる「国民の論理」＝多数決の暴力で対応し、葬り去ろうとしたことから、必然的にひきおこされた事態であった。

〝特定党派〟とは（いわずもがな）日共と、それに利用主義的に同伴するオポチュニスト集団を指す。

彼ら日弁連・現体制派は、なべての権力から独立不羈であるべき弁護士という職業人の倫理と志操を、みごとに欠落している。彼らはつまり、「法曹三者」――裁判官・検察官&弁護士が

司法関係筋の
あわただしい動きから
事態を察知した各新聞社は
〝夜討ち〟の取材に
記者を走らせ
刑務所周辺に張込ませた

おなじ晩餐の卓をかこんで、〝節度と良識〟ある紳士の会話を交すことを、シンポジウムであると言い立て、その特権を拒み侵すものを、国民あるいは民主主義の敵と呼ぶのである。

いわく、〔弁護士の資格は主権者である国民に付託されたもの〕であり、その活動は〔ひろく国民に支持されるものでなければならない〕（司法シンポジウム・レジュメより）

すなわち、「国民に支持されない」過激派裁判の弁護士・山根二郎は懲戒処分に付されて当然である、と。

……国民とは、まことにあいまいな概念である。いささかヤユしていう、弁護士たるの本分は「国民の支持」を第一義とする、ならばその最高の表現として国会がある。弁護士は、国会に（すなわち政治に）れい属する職業であるのか？

より具体的にいえば、かのハマコウ先生（＊浜田幸一）をふくめて、国会の多数をしめる自民党と、政府の統制

大助の官選弁護人
松谷与二郎も
新聞記者に同行して
！

に服することを、義務づけられているのか？

現実はまさにしかり、「弁護人抜き裁判法案」の恫喝に屈して、日弁連は〝過激派〟(国家権力とおなじ盃から臭い酒を呑むことをいさぎよしとせぬものの謂である)山根二郎弁護士を、スケープ・ゴートにした。同業を売りわたすことによって、法曹三者協議のテーブルについたのである。

党派にとって多数派工作は最重要の命題であるからして、日共がこのグロテスクな猿芝居の裏方を務めたのは、じつに当然のことであった。「国民の論理」を裏返せば、すなわちわが党が国家権力となることにほかならない。そして、こうした党派の論理、多数派工作のマキャベリズムが、真に自由な弁護活動——国家を頂点とする一切の権力に干渉されぬ弁護士自治——を、かえって危機におとしいれ、崩壊へとみちびくのだ。

国民・その名においていかに多くの

大審院の方ですね？
執行命令書を……
ご持参のようですな！

虚妄と残酷が、歴史を血で塗りこめてきたことか……

政治的デカダニズムを助長し

〔こんにち、国民が戦争を自分自身の戦争として、戦ひ抜くことが出来るかどうかといふことは、一にかかつて、政治が国民自身のうちに生きてゐるか否かによつて、決定されるのである。さて、日本の国家と国民がどのやうな関係におかれてゐるかについて、考察してみると、（略）

いふまでもなく、既に普通選挙法が実施されて、国民の大部分はいはゆる選挙権をもつて居る。然して、それによつて選出されたところの代議士は、それぞれの政党に属し、議会を通じて国民の総意を国の政治に繁栄させるといふ建前になってゐる。だが、今日の立憲政治、代議士・政党・議会はその役割を果たしてゐるであらうか。

政党は独自の主義・政策を実行する気概を失ひ、把握しなくてはならない

大助処刑決定の報せは
若いアナキストたちの
あいだにも流れて
早朝から市ヶ谷刑務所
に彼らはやってきた
自由労働者同盟
小池薫*
同志　難波大助の
遺体を我々に引渡して
もらいたい！

政権からは遠ざけられて、国民の前にいはば立憲政治の形骸を横たへて居る。政党は堕落し、議会は国民とまつたく遊離して、選挙権はその意義を失つて居る。国民の政治参与はただ、選挙といふ一場のお祭り騒ぎにとどまつてゐるのが、現今の状態といつても過言ではあるまい。

　さうだ、かくて国民は斉（ひと）しく政治的無関心に陥り、労働者も農民も、サラリーマンも学生も、「いくら苦慮してみても、政治はどうにもなるものではない」と考へるに至つた。国民のこのやうな傾向は、国家意識を分裂させ、国家と自己を乖離して考える、政治的デカダニズムを助長し、国運を賭するこの史上未曾有の聖戦遂行に当つて、「戦争は一体いつ終るのかナー」などといふ、非国民的傍観の態度すら取らしむるのである。

　このやうな悲しむべき現状は一刻の猶余もなく、断乎として打破されねばならぬ。戦争は国民全体が遂行をして

大正十三年
五月十五日、朝
平常通り
難波大助は起床した
コツ
コツ
コツ

ゐるのである、といふ確たる信念と、情熱とを国民の胸に喚起して、それを現実の政治・経済の中に実現していく時、その時こそ、国民精神の聖戦への総動員は立ちどころに成る。全国民は自ら起って一丸となり、聖戦の貫徹に火と燃え、かくて真実の意味における新時代の建設のために、大前進を行ひ得るのである。

　そしてそのためには、何よりも先ず国民に確乎たる政治的目標を与へて、戦争をして真に国民のものたらしめることである。

　即ち、国家の大目的と国民の精神を、唯一不可分のものたらしめ、統一的な国家意識を恢復しなくてはならない」

（国民運動研究会編『国民運動とは何か』、昭和13年12月10日発行）

　国民の字義を、『広辞苑』から再び引けば（権威にたよるのではなく単に便利だからである・為念）……

①　国家の統治権の下にある、人民。

五〇番、
友だちからの
差入れだ
!?
朝食には豪華すぎるご馳走を、大助は
黙々ときれいに平げた。そのとき処刑を
彼は覚ったのだろう。水のように平静な
態度をくずさず、誰が食事を差し入れて
くれたのかと尋ねた。
小池薫と聞いてうなずいたが、その時
まで彼は、「思想上の友人」については
いっさい緘黙していたのである。

② その国内の民、土民。

③ 国家に属する人間、国籍を保有する者。国権に服する地位では国民、国政にあずかる地位では公民または市民と呼ばれる。

……とある。国民を冠した成語には「国民皆兵」をはじめ、京太郎世代の哀歓こもごも去来する言葉が辞典には並んでいる。「国民学校」（小学校のこと、昭和十六年から敗戦まで）「国民精神」「国民徴用令」「国民服」えとせとら。

これもちなみに、「国民革命」とは前々回ご紹介した一九二三年のミュンヘン蜂起から三三年の独裁政権樹立に至るまでの間、ナチス党が国民統一を図るためのスローガン。（ナチス党の正式名称は、「国民社会主義・ドイツ労働党」である）

フランスでは、人民戦線に対抗する右翼諸派の統一組織を、「国民戦線（フロント・ナシオナール）」と称した。

すなわち、「国民」とは「国家」と不可分の概念である。人民（もしくは

六時二十分、異例の早朝の
面接であった……
弁護士は外地に旅をする途中
山口に立ち寄るが
父親や家族に伝言はないか
と大助に訊いた。
ありません、ただ達者で
いてくれと伝えてほしいと
彼は答えた

民衆）と対立し、さらには皇民とすら矛盾する。一言でいうならば、それは政治用語である、——支配する側から人々を指していう言葉である。

　日本共産党は、ミヤケン体制が確立してから、「人民」というそれまでの慣用語を廃して、「国民」を採用することとした。上にむかっての堕落は、「国民」政党を称したその時、まさに決定的となった。

　前に掲げた、『国民運動とは何か』の文中、戦争を革命に、立憲政治を民主主義に入れかえてご覧じろ、そっくり日共の運動方針ではアリマセンカ！　さよう、彼らのいう民主主義とは全体主義の同義語であり、冒頭に記述した司法シンポジウム〝多数決の暴力〟となってあらわれる。

　日弁連の危機は、「国民の支持」の美名のもと、弁護士自治を簒奪しようとする党派のマキャベリズムに、実にまぎれもなく胚胎する。法曹三者協議すなわち司法権力との饗宴に、日弁連

五〇番

執行部がうつつをぬかして、骨抜きにされていく過程を、そしてその終焉を待ち望んでいる者は誰か……

かの、治安維持法の下(もと)

京太郎、今回もまた山根処分問題に淹留(えんりゅう)、我ながら執念の深いことである。ついでに、いま少し拘わる、「国民に支持される犯罪」はあるだろうか？

……ある。鼠小僧、阿部定、三億円強奪、とこれは半分冗談。とうぜん、法廷において、犯罪が賞揚されることなどあり得べくもない。一切の犯罪は国家に敵対する、ゆえに国法によって被告とされ裁かれる。

犯罪者・被告には言いぶんがある。冤罪の場合はもちろん、有罪であろうとも。盗人にも三分の理クツである、その言いぶんを代弁するのが、弁護士という職業である。ごく簡単にいってしまえば、弁護士は盗人の側に立っている。ドロボー人殺しの味方であり、詐欺横領、痴漢の用心棒である。最初

かくて——
私は一個のテロリストとなった
国家権力は私に
死刑を宣告するであろう
だが、私はゆるぎない確信をもつて
絞首台に上ることができる
それはただ、この命一つ
「民衆」に私が与え得るもの
人、命惜しまねば
いかなる悪政も強権も、必らずや
よろめき倒れるであろう
さうして自由の太陽が
いつか、世界のすべての地平に昇り
輝く日々がくるであろう

から、「国民に支持されない」連中の同伴者(シンパ)なのである。

　この単純明快な論理に、諸君が立脚するとき、「国民から付託をされた」などというキレイゴト、田舎議員流のお題目がウソっぱちであること、烏(からす)は黒いというのと同然ではあるまいか。京太郎、弁護士という職業を悔蔑していうのではない、無頼な言葉づかいがお気に召さないのなら、戸坂潤ふうに展開しよう。

「究極、弁護士には、被告の意志しか拠るべき立場はないのだ。たとえその被告が誤まった考えをいだき、弁護士である君を信頼せず、裏切りを重ねたとしても、弁護をひきうけた以上は、彼のために闘い、彼の生命と利益とを守り、彼の意志を可能な限り果させることが君の義務であり、同時に歓びでなくてはならない……」

　弁護士という職業の倫理は、とどのつまり、被告の側に立つことでしか、貫徹されないのである（被告の意志と

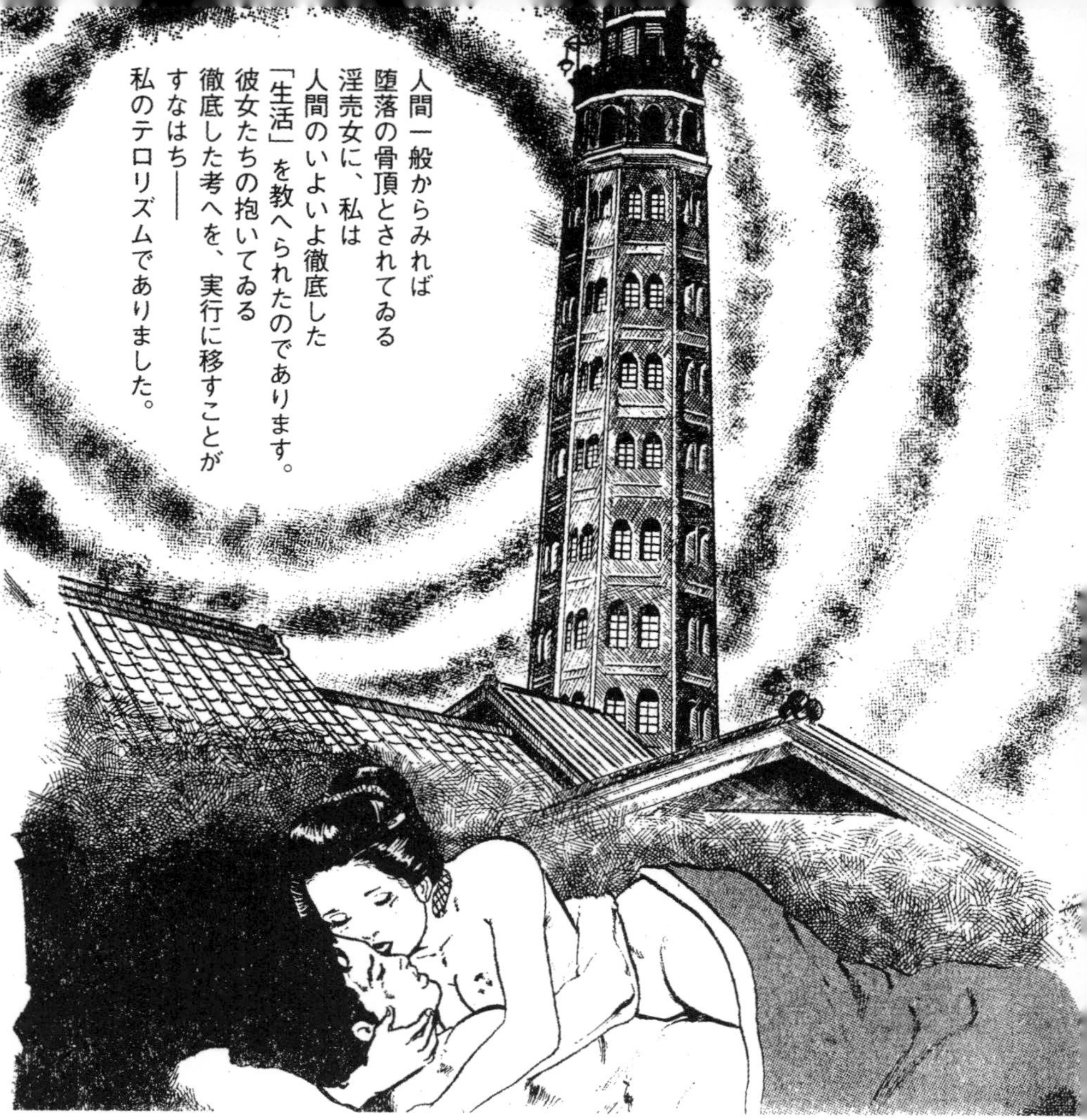
人間一般からみれば
堕落の骨頂とされてゐる
淫売女に、私は
人間のいよいよ徹底した
「生活」を教へられたのであります。
彼女たちの抱いてゐる
徹底した考へを、実行に移すことが
すなはち――
私のテロリズムでありました。

利益が矛盾するとき、いずれをとるかは別として）。

難波大助の弁護士たち、――という主題に入る前に、今回はもっぱら日共批判なので、時代を少々ずらして治安維持法下における、弁護士懲戒事件に触れておこう。

一九二八年（昭和3）三月十五日、〝三・一五事件〟大検挙により、日本共産党とその同調者約九百名が起訴された。十一月二十一日、九十八名の被告人に対する全国最初の大阪公判が開かれ、この公判で布施辰治弁護士は、事件の真相を明らかにし公平を期するため、共産党中央の被告が係属する、東京地方裁判所に管轄を移し、これと併合統一せよという被告人の要求を支持して、裁判官と争ったが却下された（山根弁護士らの東大裁判と、おなじケースである）。

布施弁護士は、即座に裁判長忌避の申立てを行ったのだが、これもまた、「審理を遅延させる目的でしたもの」

午前七時三十分
難波大助の死刑執行に
立ち会うために
検事・参事官・書記官が
刑務所に到着した。

つづいて、
教誨師

大野刑務所長……

と却下されて、検事の陳述に移った。この訴訟指揮をめぐり、布施弁護士は裁判長に抗議し、押問答のくり返しの挙句、ついに裁判の公開は禁止され、強引に審理がすすめられた。翌二九年四月十二日、東京控訴院の三木猪太郎検事長名により、布施弁護士の法廷における弁護活動は審理の進行を妨げ、「……弁護士の体面を汚したるもの」として懲戒請求が行われた。

一九三一年六月十日、控訴院・懲戒裁判は十回の公判を重ねたうえで、「除名」の判決をくだした。大審院（＊最高裁）に移ってさらに十二回の公判が開かれ、十三回目の三二年十一月十一日、最終弁論ぬきで除名が確定した。

その経過は、ほとんど山根弁護士の場合と酷似している。決定的に異なるのは、布施弁護士は国家権力によって資格をハク奪され、山根氏は日弁連という同業者組織から懲戒をうけた点である。戦前、〝弁護士自治〟はなく、司法は暗黒であったという。だが布施

教誨師は来世の解脱を説き
大助は、しごく冷静に礼を述べた。
父・兄・弟妹と
最後の朝食をさし入れてくれた
小池薫への短い遺書を
十五、六分でさらさらと書き上げ
従容と死刑場にむかった。
〝友人〟小池は、それまで一度も
大助の書き残した文章
供述にあらわれなかった人物だが
彼と等しく富川町のドヤ街に住んで
日稼ぎ労働者を組織し
「ギロチン社」の中浜哲と
同志の関係にあった
戦闘的アナキストである

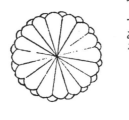

なぜか
カトリックの
宣教師も
摂政宮お付武官の
紹介で
死刑に立会った

弁護士の除名が確定するとただちに、同月十九日、彼の所属する東京弁護士会は臨時総会を開き「大審院は職権を冒用し、司法の危機を招来するものと認む。よって本会は、司法当局に対して、厳粛な監督権の発動を要望す」と決議している。

　その精神において、布施除名と山根処分と、どちらが暗黒であろうか？一九三三年九月十三日には、いわゆる日本労農弁護士団事件がおこり、梨木作次郎、上村進、神道寛次、蓬田武（よもぎだたけし）ら若手弁護士が一斉に逮捕されている。この事件は、被告人との公判のための打合せという通常の弁護活動までが、共産党の「目的遂行のため」のものであるとされ、有罪の判決が下された。かくて一九三八年春、国家総動員法が公布されて、「国民」総無権利状態を現出するのである。

　すくなくとも戦前、弁護士に倫理と志操はあった、それはまぎれもなく、「被告の意志」に依拠して、「国民の

午前九時五分前
末期の茶を一服
呑み干して
大助は立会いの
人々に
最後の別れを
告げた

支持」とはいささかも関係なかった。共産党の被告たちは、国賊と呼ばれていたのだから――

国賊中の国賊に……

難波大助の場合は、まさに国賊中の国賊というべき、摂政狙撃の大逆犯であった。今日でいうなら、連合赤軍・企業爆破より超過激、極悪のイメエジ、日弁連の論理をもってすれば、同情ノ余地ナシ、即刻死刑ニ処スベシとでも弁論（？）しなくては、到底「ひろく国民の支持」を得ることは困難であるといわねばならなかった。

今村力三郎（のち専修大学長）
岩田宙造（のち司法大臣）
花井卓蔵　――辞退――
松谷与二郎

……以上四名が、難波大助弁護人として選任された人たちである。次回にまたがって、彼らがどのような弁論を被告・大助のためにくりひろげたかをみていくことにしよう。

読経の中を死の
階段へ歩む
彼の足どりは
しっかりとして
乱れなかった
TRADE MARK
ヒタ
ヒタ

今村力三郎は、幸徳秋水らの〝大逆事件〟弁護人であった。岩田宙造は、大助の父・作之進と知友であり、警視総監の湯浅倉平とは山口高校の同窓という間柄だった。

やはり、〝大逆事件〟弁護人だった花井卓蔵をくわえて、三人に〝国賊〟難波大助の弁護を依頼したのは、だれあろう、大審院長の横田秀雄だった。とうぜん官選である、すべて弁護人を官選にして、手続きだけで決着つけてしまえという肚であった。

まさか、自分から大逆犯人の弁護をやりたいと名乗りでる、酔狂なヤツもあるまいと、裁判所・検察庁はタカをくくっていたのである。ところが！　それがあらわれた、「大助の友人から依頼をうけた」と称して、松谷与二郎という少壮弁護士が、検事総長の小山松吉のところへやってきた。

「官選弁護人として、ひきうけてくれたまえ」

小山は、命令口調でいった。

大逆の賊徒、
まさに縊られんとする
そのとき

松谷は逆らった、「いや、被告人の友人から頼まれた以上は私選、それが筋道でしょう」

　すると、小山は苦虫を嚙みつぶした表情になって、プイと横をむいた。

「ともかく本人と接見したい、弁護を望んでいるかどうか、被告人じしんの口から確かめたいのですが……」

「面接については、判事の沼義雄君に相談したまえ」

　それ以上、口をきかなくなった。

　判事のところへいくと、「ただいま予審中で接見を禁止しておる、予審の終結後なら面会を許す」

　……と剣もホロロ、余計な者がとびこんできたという態度であった。

　松谷は、「これは、刑事裁判の一大危機であると思った」（『世界犯罪双書』、昭6年・婦人社会／松谷与二郎「難波大助・大逆事件」）

　果せるかな予審終結から、わずかに三日後には、今村・岩田・花井が官選弁護人となったのである。

　大いに憤激した松谷は、大審院長に

日本無産階級
労働者
革命万歳！

抗議文を送り、事態を公開すると通告したので、裁判所側は頭をかかえた。「私選」を認めれば、「官選」を解任しなくてはならなくなる。といって、法的手つづきを踏んで弁護を申し出ている松谷に対して、選任を妨げる何の理由もない。

　横田大審院長は松谷を呼び、再三にわたり説得し、ようやく官選弁護人の一員として加わるということで、承諾させることができた。

　いささか無頼の気味のあるこの少壮弁護士に、裁判所側はまずお面一本をとられた形になった。

　難波大助・大逆事件公判は、松谷という異端のキャラクターが介入して、被告の意志と利益の矛盾（とりもなおさずそれが大逆の真の意味を明らかにするのだが）、どこまで被告の主張と心情に同調し得るかという弁護活動の限界等々を、シリアスにさし示すのであります。

静かに、静かに大助は揺れ
十二分後に絶命した……
満二十五年と八日、みじかくも
烈しく燃えた
テロリストの生涯は終った

大正十三年極月……
復興、ほとんど成った
大東京は
昔日にもまして
繁華をほこり
人々は震災の地獄絵を
一場の夢魔と

第五十二回

究極、その命は支配に対立して

大助、悔悟せざるのコト

難波大助処刑までの経過を、ここで括っておこう。

予審判事の沼義雄は、自暴自棄から出た犯行とするために、執拗な画策を講じる。大助の持病、脚気と腎臓炎が不治であると医者から宣告されたという、父・難波作之進、友人・岡陽造の証言（自分は二、三年のうちに死ぬるということを申しておりました云々）をまずとりあげて、そのことがテロリストとして立つ意志を決定したのではないかと訊問した。

大助「病気は癒っております。そういうことは全然アリマセヌ」

ならば、精神異常者に仕立て上げるよりほかないと、沼義雄は証拠集めにやっきとなる。祖母の前夫が精神病者であったことを発見するが、大助とは

忘れ去ったかのごとくでありました
若親分ご苦労さまで……
ウム

血縁関係になく、彼の狂気を〝遺伝学的に〟証明することは不可能だった。

そこで、本人の精神鑑定を東京帝大医学部教授・呉秀三に依頼した。予審判事の期待を裏切って、大助の精神に「なんら欠陥を」呉博士はみとめず、腎臓疾患も生命の危険はまったくないと鑑定した。

……七回の予審訊問で、ついに彼は落ちなかった、悔悟しなかった。

「やったことに対して、何らの後悔をしておりませぬ、あくまで私の行為は正当だったと思っております」（最終訊問調書より）

大正十三年二月十三日、父親への遺書を大助は書く。「私はかつて狂人でなかったと同様に、いまもなお狂人でありませぬ」「鉄鎖もよく人間を縛ることは、出来ないのです。暴圧に対するおそろしき反撥力の所有――、一個の人間の力に戦慄せよ！」

同月十九日、予審訊問を終る。

かくて、前章の弁護人選任となるの

小生夢坊舞

だが、大助に最も早く面会をしたのは今村力三郎である。

「自殺の惧れ」という理由で刑務所は彼に就寝中も両手錠をかけ、今村が面会したときもそのままの姿であった。

大助のさいしょの言葉は、「自殺は後悔した者がすること。私はけっして悪いことをしたと思っていないので、ゆえに後悔いたしません、したがって自殺もしません。こんなもの寝起きに邪魔でありますから、はずしてくれるよう先生から申して下さい」

その回想の中で今村は、〔実にヒヤリとした印象をあたえる人物であった〕〔教誨師も「いかなる極悪人もここへきて、私どもから温かい言葉をきくとホロリとなるものですが、大助は入獄以来、決してそのようなことがなく、こういう人物に会ったことは、かつてありませんでした」と話していた〕と書いている。（『難波大助事件』、文芸春秋・昭和25年4月号）

岩田宙造は同郷出身で、作之進とは長年の友人であった。法曹界の権威と

大正デモクラシーは
束の間に黄昏れて
わずかに、ここ浅草の一角に
〝美的浮浪者の群れ〟の残党たちが
アナキズムの余燼をほそぼそと
炎やしております
さよう、〝一時代〟はすぎゆき
テロリスト難波大助の絞死刑もはや
歴史の一場のエピソードと
忘却の渕にしずむなりゆき、
世は挙げてエロ・グロ・ナンセンス……
「昭和　獄篇」のプレリュードを
かなしくも甘く、
奏でるのであります
笑いの藝術

して知られ、敗戦直後に東久邇内閣の司法大臣をつとめている。この人は、もっぱら家族の窮状をうったえ、泣き落しで大助を悔悟させようとしたのであるが、反応を得られなかった。彼がたったいちどだけ涙をこぼしたのは、十八歳になったばかりの妹・川安喜子が面会にきたときだけだった。

　大助「手を変えて品を変えての軟化策、新羅の王よ尻をくらえよ」（今村力三郎への書簡）

　大助ほどの確信犯は、日本犯罪史上実にまれである。司法権力は彼を徹底悔悟させ、大日本帝国の忠良な臣民に立ちかえらせた上で、〝特赦〟という天皇の仁慈に浴させようとした。司法大臣・横田千之助は、そのことを最高唯一の方針として大審院長、ならびに検事総長に指示した。「頭脳明晰ならざる」若僧ごときが、と大臣はカタをくくっていたフシがある。

　まず動員をされたのは、坊主たちであった。刑務所の教誨師はもとより、

ストトン　ストトンと働いて
一月稼いだ金持って
ちょいと　ひと晩通ったら
キッス一つで消えちゃった……
（添田さつき＝知道）
〝演歌師の時代〟は終りを告げて
大衆娯楽のメッカも浅草から
「黒い眸にボップ・ヘヤー」の銀座
有楽町・丸の内へと
中心を移してまいります
美味滋養
赤玉ポートワイン

孫文来り、去り……
京劇の名優・梅蘭芳（メイランファン）も
あですがたを
帝国劇場の舞台に披露して

宗教界の錚々（そうそう）たる論客、たとえば松村介石、近角常観、真田増丸（仏教救世軍の創始者、辻説法の大雄弁で有名）などなど……

「現人神である天皇と釈迦と、二尊をあなた方は崇めている。〝絶対者〟はどちらなのか？」

と、逆に説破されて、折伏（しゃくぶく）は徒労に帰した。小山松吉検事総長は、コトのなりゆきに狼狽して、みずから再三、刑務所に足を運んで職権乱用の説得をこころみたが一笑に付され、公判廷で大助から手痛いシッペガエシを喰らうことになる。

〝酌量の余地〟のゆきたて

最後の手段は、弁護士にたよるしかなかった。横田秀雄大審院長は今村、岩田、松谷三弁護人に、罪一等を減じ死刑を免れさせることを条件にほのめかして、〝改悛工作〟を依頼した。弁護人としてはとうぜん、被告の命を救うことが第一義と考えたのであろう、

大審院長の申し出を承諾した。ここにおいて三者三様に、被告の意志と利益との矛盾に逢着をする。

就中、松谷与二郎の場合、この人が新進気鋭の若手であり、社会主義にも一定程度の理解を持っていただけに、矛盾は深刻であった。そもそも、松谷弁護士が官選をひきうけたのは予審が終了してから半年後、九月にはいってからであった。（その直後に花井卓蔵弁護士が辞任している）

最初の面会の印象を――、〔じっと私に向って目をすえている瞳が、鬱然と悽愴の気を帯びて、底知れぬ深淵を探るような鬼気がそくそくと身に迫るようだった〕（松谷与二郎『難波大助大逆事件』――以下同）

〔私は考えた、大助がその境遇と思想とから、左傾したことは肯定できる。が、国体を否認し、皇室にまで危害を及ぼそうとしたことは、わが国情からして何といっても錯誤であった。経済問題と統治権とは別問題だとの信念のもとに、改めて大助を説き悔悟させて

大正十四年、皇紀二千五百八十五年をむかえたのであります。

元旦（木）四方拝
　摂政、百宮の賀を受けさせ給う
二日（金）
　洩れ承わるところによれば東宮妃殿下には御妊娠、二月上旬には正式の御着帯式を行わされる由
　皇族方の御妊娠は五ヶ月目に仮御着帯九ヶ月目に正式の御着帯……御出産は三月上旬と拝察せらるる
三日（土）元始祭
　高松宮殿下、第二十一回御誕辰
　貴族院に列せらるる
四日（日）政事始（まつりごと）
　牧野宮相より、奉文をたてまつる
五日（月）宮中新年宴会
　議会開会、……伊豆熱海にて
　横田法相を中心に政界諸星往来しきり
六日（火）
　イタリー政変、ファシスタ党
　全閣僚を独占――
七日（水）
　横田法相、興津に元老西園寺公を訪う

みよう……」

「初めのうち大助は反駁した、しかし次第に私の説に耳を傾け、釈然として犯行の非を認めるにいたった」

と、松谷は確信した。だが、それは弁護人のひとり合点であったことを、やはり公判廷で思い知らさせる、難波大助はついに、絶対非妥協・非転向の意志をつらぬいたのである。

「社会主義者は、機会を無産者の手におさめんとの意図はありしも、帝制を否認するにはあらず」という観点から松谷は最終弁論を展開し、少なくとも死刑は相当ではない、無期懲役に減刑せよと主張した。

　いわく、「本件被告が光輝あるわが国の歴史に拭（ぬぐ）うべからざる一大汚点を印したることは、遺憾にたえざる所にして、恐らくは極刑を免れ得ずと被告本人も覚悟しおるならんも、家庭内の差別待遇等、動機原因を斟酌すれば、一掬同情の涙をそそぎてもしかるべきものと思う……」

八日（木）　摂政宮は代々木練兵場にて
本年初の観兵式を御親閲
この日、天気晴朗一点の雲もなく
馬上威風堂々の御姿に
将兵一同、皇国の基ますます固きを
確認したのである。

検事の死刑求刑にたいして、松谷は罪一等を減ぜよという、〝消極的な〟弁論をおこなった。というのは死刑の判決がとうぜん下され、そして特赦が発令されるという確実な読みを持っていたからである。

小山松吉検事総長の論告は、「大逆事件の幸徳秋水らも健康上の欠陥から過激にはしった」と、大助の腎臓病をまたも犯行原因であると前置きして、「被告人は今日まで数か月間、幾多の人々の懇切なる説諭を受けたるも頑として従わず、その条理を解せず人情を知らざること木石のごとし。被告人は実に非国民なり、ことに法廷において口にすべからざる不敬きわまる言辞を吐露し、大言壮語してはばからざるにいたりては、被告人は露国人に非ずやと疑わざるを得ず、その所為天人共に憤（いきどお）る所にして、天地に容れざる大罪人なり、毫（いささか）も酌量の余地なし！」というものであった。

これは苛酷そのものに見えて、実は

一月十日
降りしきる雪空の下
職を求める窮民の大群が
内務省正面玄関前に
押し寄せた！

復興、繁栄のかげに
置き去られ
忘れられた人々――

含みのある論告だった。ようするに、非国民の思想をあらためて、悔悟さえすれば、〝酌量の余地〟は生ずるのだということである。大助がもし、最終陳述で摂政に対する謝意を表すれば、少なくとも生命だけは救えると松谷は確信していた。

　今村もまた同じく、弁論によらずに意見書を退出し、「幸徳事件なくんば本件なかりしやも未だ知るべからず、よってその来る所を察せずいたずらに刑罰を以て能事（のうじ）とせば、循環して究極するところなし」と論じた。

　岩田は逆説をもちいて、「被告人としては、おそらく私から刑罰の軽減の恩典を願うことは期待しないだろう」と言い、彼が思想のあやまちを認め、悔悟しないかぎり、弁護の余地なしとやってのけた。検事とえらぶところがないと、後にこの岩田の弁論は非難をうけるのであるが、三者三様に特赦を予測しての弁論だったのである。

　弁護人の思惑どうり、大助は天下に

そして
孤独なテロリストの死

罪を謝した。「この機会において、私の行為のため直接間接に迷惑を被りたる天下一切の人々に、誠心誠意を以って謝罪の意を表する」
「そして、（同様に）私の行為のため迷惑をこうむられた皇太子に対して、衷心よりお気の毒の意を表する次第であります……」

吾、ついに勝てり！

してやったりと、裁判長・検察官は内心小躍りし、弁護人たちも肩の荷をおろしたにちがいない。だが、それは本心ではなかった。生家や鎌倉の兄の家にまで投石がおこなわれ、父親には自決を促す短刀まで送りつけられて、最愛の妹も表を出歩くことができぬという迫害が、「ああいえばいくぶんか緩和されると思ったからです」（公判終了後、今村に語ったことば）

——十月二日結審、彼は獄中で読書と執筆にふける。〔罫紙百枚以上に〕何事か書き残したと
（大正13年11月13日、東京日日新聞）

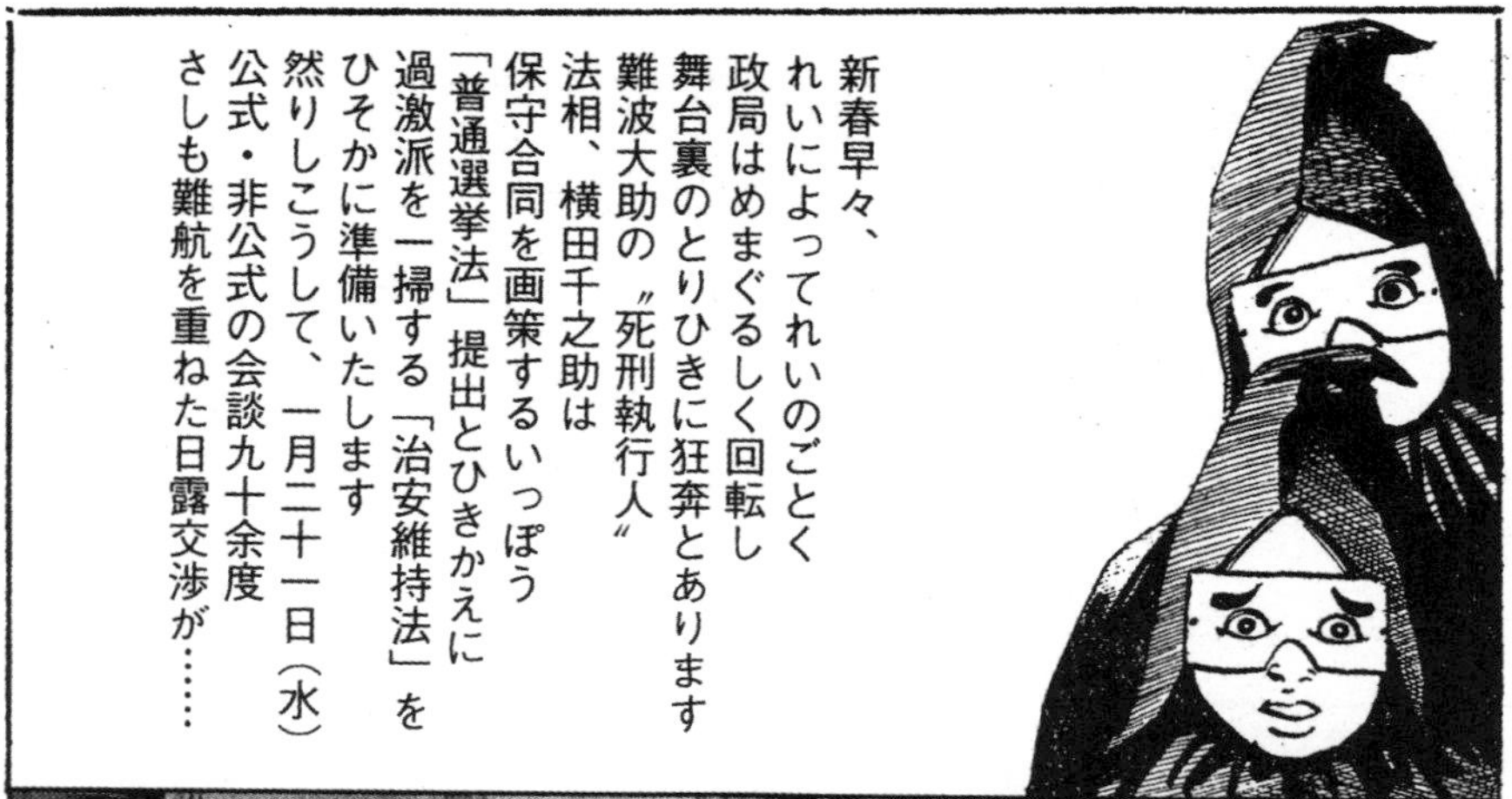
新春早々、
れいによってれいのごとく
政局はめまぐるしく回転し
舞台裏のとりひきに狂奔とあります
難波大助の〝死刑執行人〟
法相、横田千之助は
保守合同を画策するいっぽう
「普通選挙法」提出とひきかえに
過激派を一掃する「治安維持法」を
ひそかに準備いたします
然りしこうして、一月二十一日（水）
公式・非公式の会談九十余度
さしも難航を重ねた日露交渉が……

露国労農政府の
全権カラハンと
在北京の芳沢公使との間で
条約締結の運びと
あいなりました

あるが、その最後の文章は官憲の手で抹殺されてしまった。十一月四日から九日までのロシア革命週間中、大助は三食とも差入れ弁当、七日の記念日は六十銭なりの上等、その他は三十銭の下等で、ひとり革命を祝う。

〔取乱した様子もあろうかと、看守がのぞいてみると平素と少しも変らず、泰然として死を待つ光景。精神鑑定の結果、異常がなかっただけ彼の苦悩も多いわけであるが、既に死を覚悟しているようだ。獄中生活を知る人々は、アレだけのことをやる人間だけに憎々しいほど度胸が座っている、といっている……〕（同）

こうして十一月十三日、判決直後のあの叫びとなる。「無産者・労働者・革命万歳！」と大助が絶叫したとき、国家権力が演出をしようとした儀式は一挙にナンセンスとなり、積木の箱とくずれ去った。

——弁護人にとっても、それは苦い敗北だった。被告・難波大助の意志は

翌二十二日(木)
国会再会
加藤高明首相は
普選法案の提出を
言明——

悔悟とひきかえの生を欲せず、革命家（テロリスト）としての死を望んで、弁護人があらんかぎりの知恵と、努力とをかたむけた弁論を水泡に帰せしめたのである。

松谷は述懐している、〔……大助は絶望のあまり狂態を演じて××××万歳を叫んだ、私にいわせれば、この一語は大助が大助自身に与えた匕首（あいくち）であった。刑法七十三条（注・大逆）の罪は儼乎（げんこ）として犯すことはできない、この罪を犯す者は必ず死刑と定まっている。しかし、一旦死刑の判決下るといえども、かしこきあたりの思召しによって減刑の恩命（おんめい）なしとせぬ。当時の実際として、横田大審院長の口ウラ、その他を綜合してこの恩命あることを私はひそかに確信していた〕

〔……法はどこまでも法、恩典はあくまでも恩典、裁判の言い渡しとは別のものという知識が、彼にはなかった。死刑の宣告が下った刹那、万事休すと速断した。絶望は彼を狂態に導いて、あるまじき××××万歳を、大助に

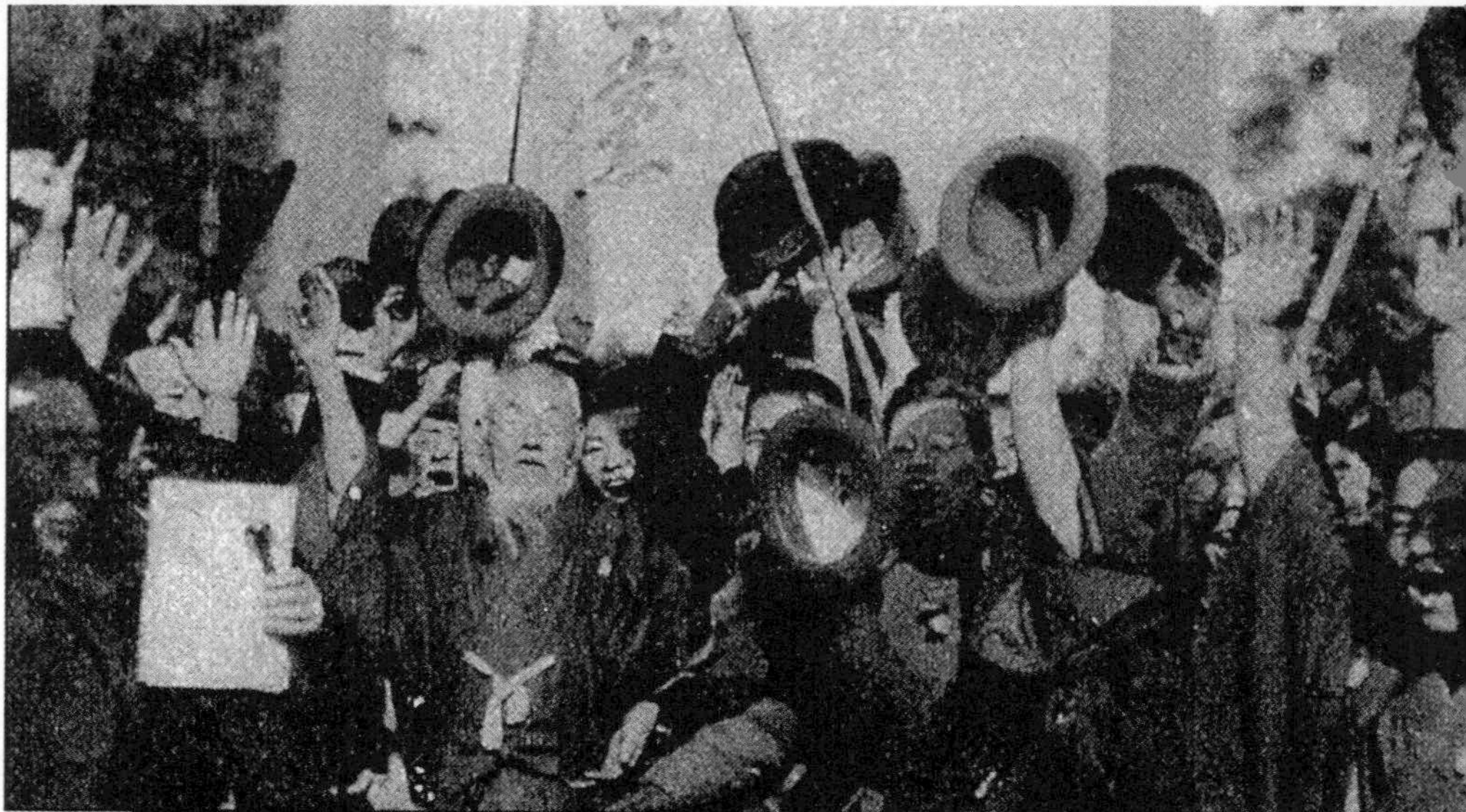

市ヶ谷刑務所の中で
一つの生命がまさに
燃えつきようとしていた

弁護士
布施達治

叫ばせるに至った」

　被告人の利益、すなわち罪の軽減を弁護士が第一義とする以上、「千仞の功を一簣にして欠いた」（今村）と、大助最後の叫びを否定するのは当然である。岩田も松谷と等しく、「極刑の宣告を受けた被告は大抵そうである、もうこれが娑婆と別れる最後だという被告心理とみるべきであろう」（新聞談話）と、絶望説をとっている。

　だが、法廷からつれ出された大助は両手を膝にそろえ、唇を結んで昂然としていた。〔これがいま死刑の宣告を受けたばかりの人間とは、どうしても思えないほどの落着きさ加減で、多少反感さえ抱かされる〕（東京日日）態度であった。およそ狂態というには程遠く、むしろ「吾、ついに勝てり！」と誇らしげに胸を張り、おのれの意志で死刑台への道を歩み去ったのである。

　かしこきあたりは、横田司法大臣の報告を聞いて、激怒し給うたとつたえられる。二・二六事件のさい*もそうで

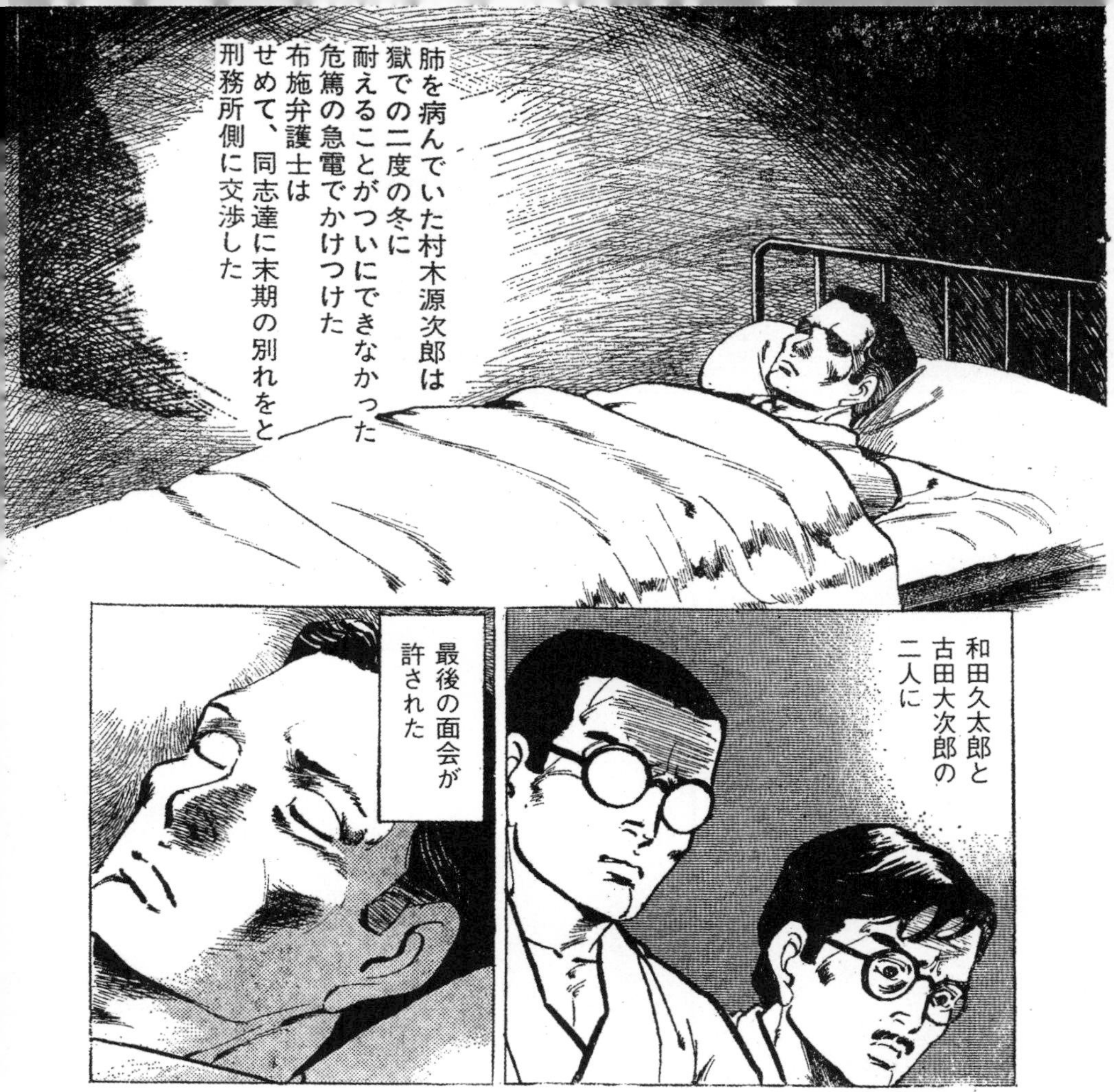
肺を病んでいた村木源次郎は
獄での二度の冬に
耐えることがついにできなかった
危篤の急電でかけつけた
布施弁護士は
せめて、同志達に末期の別れをと
刑務所側に交渉した
和田久太郎と
古田大次郎の
二人に
最後の面会が
許された

あったが、昭和天皇は飾りものの木偶人形ではなく、かなり感情のはげしい、意志的なひとなのである。大助の即時の死刑は、司法大臣の必要であり天皇自身の裁断であったと、京太郎は推測する。

そのような天皇の意志をひき出したことが、すなわち大逆犯人・難波大助末期の身の証しだった。言葉を換えるなら、みずからの思想と行為とを完結するために、〝情状を酌量〟されては断じてならなかったのである。

このような被告、死刑をおのれから望み、利益よりも意志を貫徹しようとする依頼人に、弁護士という職業は、いかなる倫理をもって対応しなくてはならないのか？

本篇の大団円を前にして、山根二郎弁護士の懲戒処分に京太郎かかわり、いささかならず逸脱をしておる。例によってことのついでに、アナキズムの〝原理〟に暴走してしまおう、国家とは何か？　法とは何か？

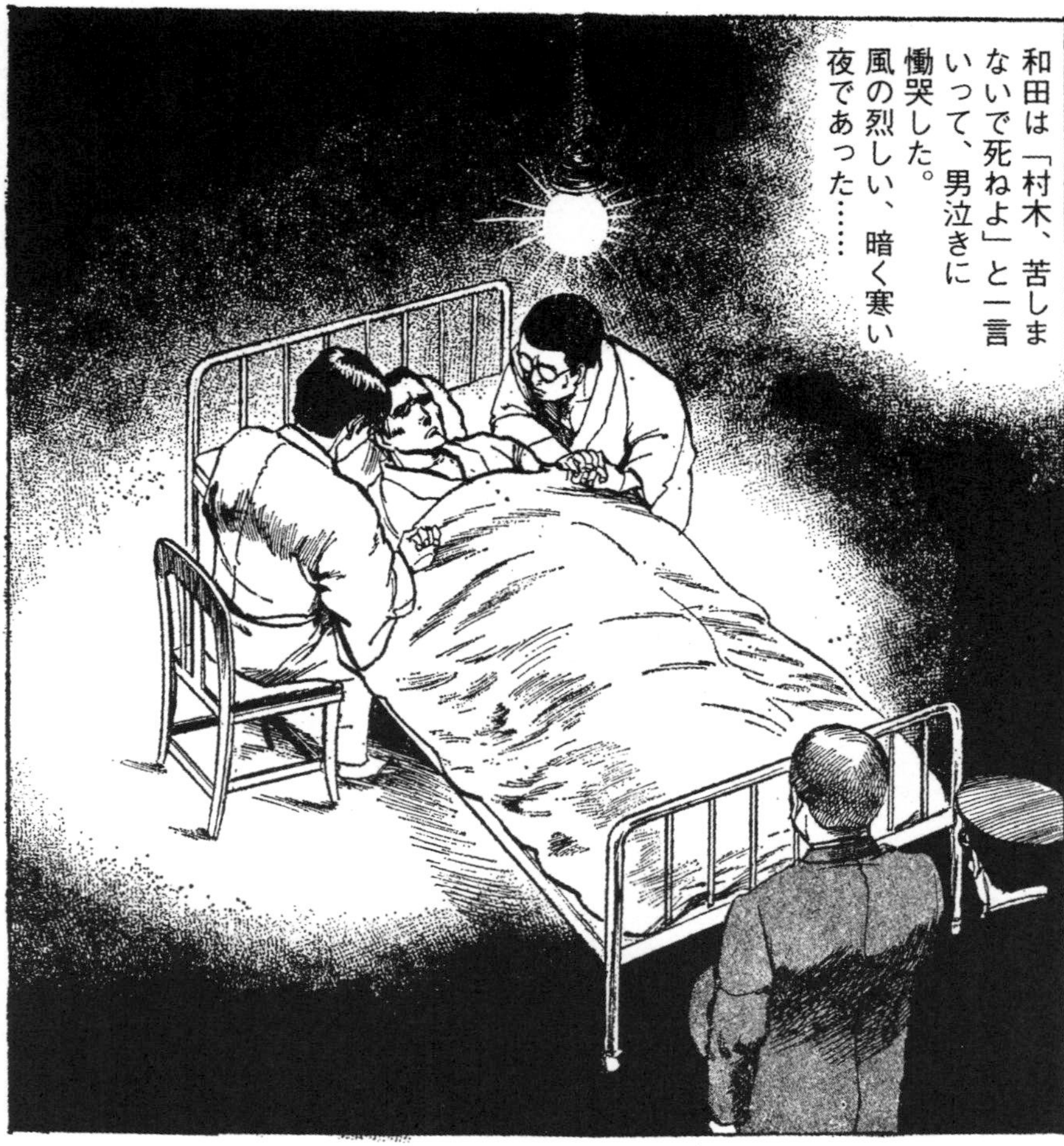
和田は「村木、苦しまないで死ねよ」と一言いって、男泣きに慟哭した。風の烈しい、暗く寒い夜であった……

個の権力は犯罪と称される

国家とは、どのような政体を持とうとも、ひとつの専制である。すなわち、支配者の意志が被支配者の意志と同義とみなされる、その矛盾に国家は立脚する。〝支配者の意志〟とは、つまり「法律」である。国家は個人の意志を規定する、国家にとっては誰一人みずからの法を持ってはならず、そうした意志を抱く者はただちに排除（拘禁・追放・死刑等々）される。もし万人が自己の意志を持てば、国家はとうぜん廃絶される。服従がやむとき、支配もまた終るのである――

個の意志は、国家の破壊をねがう。国家とは人々にとって、税金であり監獄であり戦争であることのほかに、何であり得るのか？　国家は専制体である、支配者が一人であろうと、多数だろうと変りはない。民主制についていえば、〝万人が主人である〟ことは

久さん、泣くな……
泣いたって、しょが（仕様が）あるか
というのが末期の言葉だった。
村木は昏睡して「労働運動社」に運ばれ
意識不明のまま、一月二四日（土）
幸徳秋水、菅野スガ、内山愚童らが
大逆事件で処刑されたその日、
三五歳の革命家の生涯をおわった——

各人が他者を制圧する、という意味に他ならない。

——たとえば、私がいかなる義務もみとめず、自己の意志を拘束せずまた拘束せしめぬことを望めば、かえってそのために、「法律」によって拘束をうけるにちがいない。だが何びとも、私の意志は拘束し得ず、反抗の意志はついに自由でありつづける。

諸国家はさまざまな方法で、「最高権力（暴力）」を分配する。つまり、ある個人がそれを所有すれば君主制と呼ばれ、万人が有すれば民主制であるといったふうに。ともかくも、最高の権力を、だ。それは誰に対しての権力か？ 個別人間の自己意志への、だ。国家は権力を行使するが、個々人には許されない。国家の権力（暴力）は、法律（正義）と称されるが、個々人の権力は犯罪と名づけられるのである。ゆえに、国家が個人の上にあるのではなく、個人が国家の上にあるという、見解ないし感覚を持つものは、犯罪に

よってのみ、国家権力（暴力）を破ることができる——。

ご存知、シュティルナー『唯一者とその所有』から、恣意的にぬき書きをしてみた。辻潤はこの書物を翻訳することによって、エゴイズムの極点まで奔走していったのである。〔思想は、本来それの生みの親である自己の頭脳をもこえて成長し、熱病の中の妄想のごとく、自己に去来し震撼させる一の戦慄すべき力、それじしんが現（うつ）し身の体をそなえたものとなり、神・皇帝・法王・祖国といった妖怪になる。そのライブハッティヒカイト（現身性）を打ちこわしてこそ、それら思想を私はみずからの内に奪還して、我こそただひとり現し身なりといいきれることになるのだ〕（傍点、京太郎）

〔かくしてこそ、私は世界を、それが私にとってあるがままのものとして、わがものとしてみずからの所有として受けとることになる、つまりすべてを

ゲンニイ、村木源次郎の歌える――
魔子よ、独りで泣くのはおよし
僕も一緒に泣かしておくれ
パパに、好く似た大きなお目に
露を宿して歔欷く時は
僕も一緒に泣かしておくれ
パパの、云ってた戯言に
俺が死んでもゲンニイ居れば
魔子は安心　大きくなる、と
パパと、ママと、が帰らぬことを
僕が寝床で話したおりも
魔子よ、お前は頷くばかり
涙見せずに頷くばかり
涙見せない可憐なさまに
僕はハラワタ断つ思い

私は私に、引きよせるのである」

大杉栄・伊藤野枝・橘宗一が憲兵に虐殺された関東大震災以降、いわゆる主義者たちが、「国家」に歩み寄り、「議会主義」に転向していった過程は前に述べた。

難波大助の摂政攻撃、和田久、村木源次郎、「ギロチン社」古田大次郎、中浜哲らの大杉殺し復讐計画等、大正アナキストのテロ行為は、いうならば革命運動の頽勢に身をもって歯止めをかけ、真の闘いに覚醒させようという動機を持っていた。

そして、一切の結社・党派・組織を否定した純粋な個人として、しかも、「国家」の頂点をねらい撃った極私の志において、難波大助はテロリズムの思想を、最もすぐれて体現している。

しかるにこれまで、大助は日本の左翼思想史から不当に差別され、ほとんど黙殺され、あまつさえ「治安維持法」成立のきっかけをつくったと、非難を浴びせかけられてきたのである。

二月一日　横田千之助
風邪を病む
四日急逝
享年、五十六歳
加藤高明
かくて
俄かに、かつ露骨に
「治安維持法」制定が
〝護憲三派〟の
政治プログラムに
載せられた——
高橋是清
犬養毅

〔……彼の行動は本人の主張や意図のいかんにかかわらず、やはり、無政府主義の立場に立つもので、共産主義となんら共通性がない。しかし、本人が判決にさいして、「共産党万歳！」と叫んだ事は、この事件以後当局に共産主義者にたいしても、テロ行為予想者としてのきびしい圧迫を加える口実となった〕（ねずまさし『大日本帝国の崩壊』上巻、以下同）

〔難波は、天皇崇拝の無産者を、覚醒させようとしてこの事件をおこした。が、意図は最初から裏切られて、彼は無産者もふくめて全国民の非難の的となった。そのうえこの事件はデモクラシー運動に冷水をぶっかけ、民主主義運動を妨害し、国民の解放を遅らせる挑発的役割りをはたしたということができよう〕

ボルシェヴィキの見解に、トドメをさして置かねばならないのだが、枚数尽きてしまった。では、来号の大団円にて——。（終るのかな？）

ああ、またしても！
喧嘩すぎての棒チギレ
悪法
治安維持法反対
治安維持

治安維持法
悪法反対
治安維持
悪法

第五十三回
大団円
わが闘病の記

京太郎・激痛をこらえて、最終回のペンを走らせている。一昨年の極月、箱根の山を降りたとたんに、しばらく鳴りを潜めていたもろもろの病いが、いっせいに蜂起した。まず、はじめに痔である。四六時中こんこんと、温泉わきこぼれていた山屋では、すっかり忘れていた三十代前期からの宿痾が、ホテル暮らしで突出し、爆裂したのであります。

（……表現いささかならずオーバーであるのは、せめても苦痛を笑殺せんがためとご理会を）

この病いには、〝特効薬〟がある。

痔とは、そも何ぞや？　肛門、及びその周辺の毛細血管の組織が渋滞し、壊滅して、惹起される炎症をいうのでアル。回復の手段は、人体の中で尻の

いよいよ、本篇も大団円
京太郎&かいじ、素面を曝しまする
さて、大正十四年春三月
「治安維持法」は圧倒的多数で
衆議院を通過いたしました
賛成、二百四十六票
反対、尾崎行雄(咢堂)・清瀬一郎
中野正剛・星島二郎・武藤山治など
僅かに十八票
貴族院では、徳川義親侯がただ一人
青票を投じたのみ……
〃日本の運命〃を暗黒へとみちびく
天下の悪法は
かくて、成立したのであります
維持法反対
悪法反対

穴とほぼ似た箇所をさがして、これと同じ治療をほどこせばよいのである。それはどこか？　鼻の穴である、鼻に効く薬は尻にも効くのダ、とりわけて肥厚性鼻炎は、痔とまったく同じ症状といってよいのでアル。

ここに、「プリビナ」という肥厚性鼻炎に卓効のある、安価な薬がある。どこの薬局でも売っておるから、その水溶液を需め、脱脂綿にふくませて、清浄をした患部に（風呂上がりが最もよろしい）、根気よく湿潤させるのである。京太郎のばあい、およそ二週間かかって、〃完治〃に近い効果をみることができた。

この療法は一九六九年、岡山大学の医共闘のバリ闘争にかかわったとき、知己となった某君（げんざい公務員であるので名を秘す）と、医学の革命について語りあう中で思いついた、奇想天来の発明である。が、誰に話しても信用しないので、〃成功例〃はもっか京太郎一人にとどまってオル。

こえて四月――
高橋是清政友会総裁は
突如、引退を表明
後任に田中義一陸軍大将を
すいせんしました

本篇・大団円、有終の美を飾らねばならんのに、痔の話とはナニゴトかとお怒りのむきもあろうが、この連載の総括と関連がある、いま少々ご辛抱をいただきたい。

箱根宮城野の山中に、「離騒庵」と屈原の賦をとって居をかまえたとき、『黒旗水滸伝』の構想は始まったのである。当初、三十六回の予定であった。第一部『大正地獄篇』、第二部『昭和煉獄篇』、第三部『戦後浄罪篇』と、それぞれ三十六回、一百八話に仕上げる心算だった。

人生は奇するがごときのみ、「出家遁世のガラでもないのに」と冷笑されながら、頭を丸め山にこもったのは、一つにはマスコミ文化人であることに倦んだためであり、いま一つは肉体の衰えを悟ったからであった。

辺境への取材行は、第二次汎アジア幻視行のさい、これが最後と思った。シナリオ・ライター山上伊太郎戦死の地を、一九七五年春にフィリピン北部

咲いた桜になぜ駒つなぐ
「治安維持法」のコブつきながら
待望の普選成立のとたんに
軍人宰相候補のご登場とあります
そのへんが昔も今も
〝政治〟の不可解なところ……
三百万円の持参金つきなどという
クサイ噂もあったりして
田中サンはやがて汚職で告発され
検事の怪死事件など
ニッポン低国百鬼夜行の態たらく
と、あいなるのでアリマス

お話しかわりまして
ここ、埼玉県は妻沼村の
片ほとり

山岳地帯にたずねたとき、その悲哀はますます深かった。帰国してから半年余り、右腕がまったく挙らなかった。いわゆる五十肩である。ある日、急にマナコかすんで、字引が読めないのであった。歯が脱け落ちた、「老い」はひしひしと迫ってきたのである、当然インポテンツも、だ。

　収入激減したせいもあって、街へは滅多にでかけず、捨猫とあそんだり、おのれの納得のいくものだけを、読み書きする日々であった。「離騒庵」に四季はめぐり、屋後の老桜が花吹雪を降らす春、庭いちめんにもみじ炎える秋と、価千金の眺めは人に会うことをいっそう億劫にさせた。

　山ごもりの足かけ七年、歯の治療を除いて、ただのいちども医者の厄介にならなかった。肉体は再び活性化し、エネルギーが全身に回復するきざしを覚えた。とはいえ、『黒旗水滸伝』と併行をして、キネマ旬報誌に連載した『日本映画縦断』が、理不尽に中断を

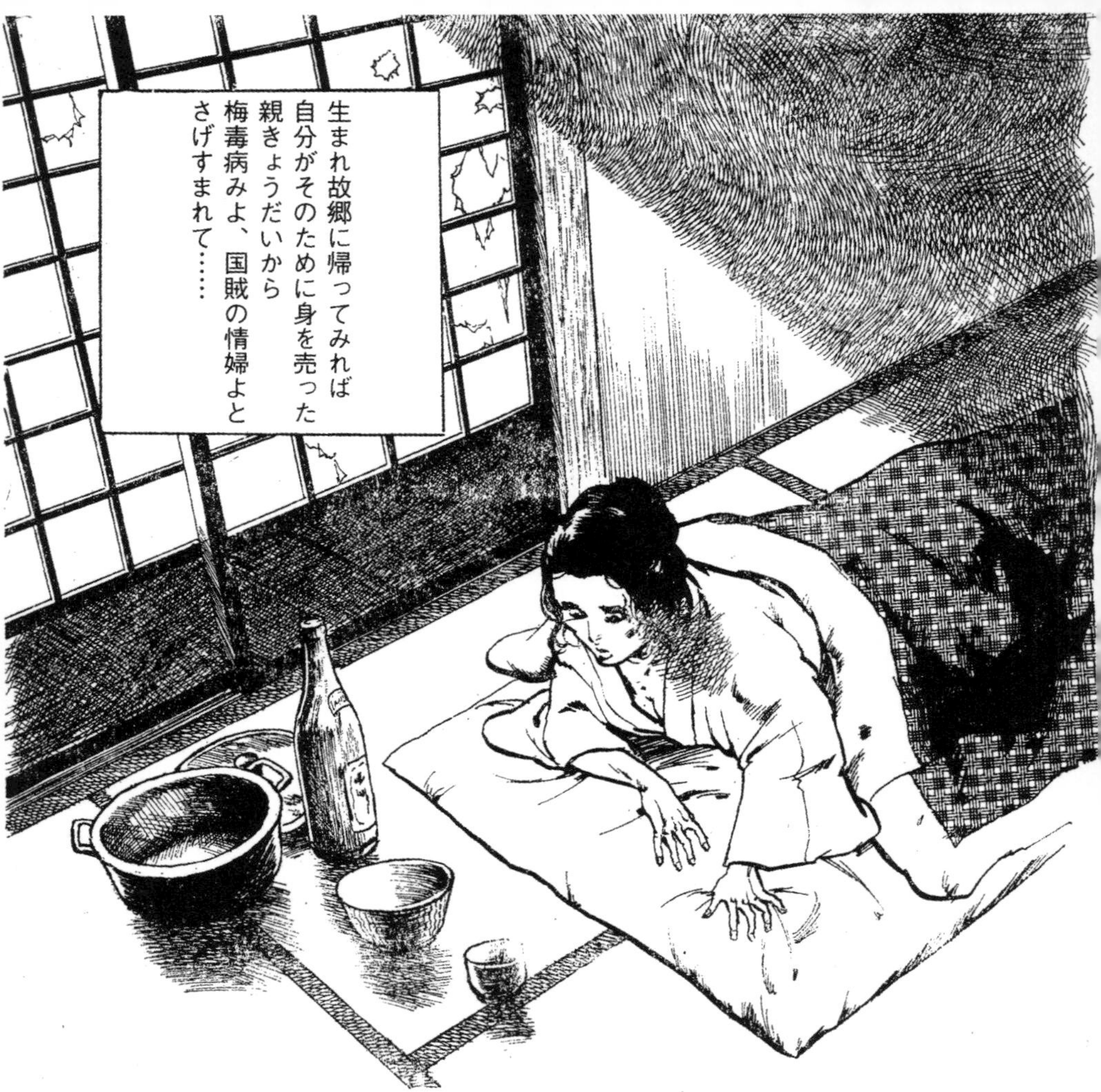
生まれ故郷に帰ってみれば
自分がそのために身を売った
親きょうだいから
梅毒病みよ、国賊の情婦よと
さげすまれて……

される事態がなかったら、山を降りる理由もまたなかったのである。

　ロッキード総会屋の上森子鉄（同誌発行人）と、その法定代理人の元日共代議士・増本一彦（こんどの選挙にも立候補しておる）を相手どって、連載再開の裁判闘争をはじめなくてはならなかった。山を降りる決意の、それが最大の理由であった。

　いうまでもなく、紅塵の巷に戦端を開くためには、陣容をととのえ兵站を確保しなくてはならない。夢幻工房と称する会社をおこし、『戒厳令の夜』（五木寛之原作）の映画化に、京太郎とりかかった。

　紆余曲折は省略して、スポンサーが製作途中で倒産するという不測のハプニング、悪戦苦闘一年六カ月の挙句、映画はようやく完成して、七月五日に東宝系で封切られる。

　この間、一日の休息もなかった。

　さいわいことしの冬は、「プリビナ」の霊験に浴さず、そのかわり座骨神経

たれ看とるものも、なく
ポロ
和田久太郎の愛人
堀口直江・満二十八歳
死亡年月日不詳

痛が出た。梅雨時を前にして、狂瀾怒涛の勢いで襲ってきた。わが神経痛のカルテは、敗戦の青春にさかのぼる。劣悪な装備での山登りを、京太郎は趣味としておった。岩場から落ちて右大腿部の筋肉を裂断したのである。その古傷が、四十をこしてから疼きだし、今日に及んでいる。

趺座することができない、座禅を健康法としていたのだが、脚が曲らないのである。頭を丸めた意味が、これでは半分ほど失われたことになってしまう、実にもどかしく情けない。

と、嘆いている間はよかった。五月十七日深夜、『山根処分に抗議する・逆シンポジウム』が終って、帰宅した数時間後、あけがたになって第一波が予告なしにやってきた。

その劇痛は、体験した者にしか理解できまい。脚の関節を手ぬぐいで縛りあげ、ビールの栓抜き（取手が木製でなければならない）で、ギリギリ締めあげるのダ、いまそうしている。トン

三月十二日、孫文死す
四月、中国各地に
反日ストひろがる
五月三十日、上海の労働者・学生
全市を埋めつくすデモに決起!
いわゆる五・三〇事件
〝政権〟にうきみをやつす
ニッポン諸党派の茶番劇をよそに
汎アジアはまさに燃え
革命のメールストロオムへと
突きすすむのであります

カチで腿をたたく、腿の肉は板のように硬くなってオル。

神経痛は不治の病いである。何一つ特効のある療法はない、しいていえば〝温泉浴〟。漢法「ウチダの浴剤」がよい、熱湯で風呂桶に煮出していちどぬるめて入り、ガマンの限界まで再び熱湯をそそいでいくのである。血圧の高いむきには到底すすめられないが、もっかのところこれしか、鎮痛の術はないのでありマス。

ただし、湯から出れば十分間もたたない、たちまちブリ返してくる。また入らねばならない、ただいま午前三時三〇分、近隣とうに寝しずまり、ユデダコのようになって坊主頭がうめいておる、鬼気迫る情景でアル。

かくて、本篇は了りぬ

『黒旗水滸伝』は、かくして完結をむかえる、何やら象徴的である、何が象徴的であるのか思いつかないほど、痛みに錯乱している。そう、山を降り

なければ、朝昼晩とホンモノの温泉に随時入浴できたのである。それを言いたもうな、誰がえらんだのでもない、カラスの勝手でしょ、おのれの意志でこうなったのではないか！

思うにこの冬、神経痛が小休止した理由は、南米のコロンビアに旅して、熱帯を歩いてきたからなのだ。とくにグヮヒラ半島、マリファナの供給源であり、ゲリラ「M19」の拠点である当地の気候は凄絶であった。

灼熱の太陽のもと、海水が結晶体に昇華している、すなわち天然の塩田である。波うちぎわに、塩が層をなしているのだ、そいつを小山のようにつみ上げた純白の巨大な堆積が、ギンギラギンと聳え立っている。

木賃宿もない小さな村で、雑魚寝をしてきた。若い衆が一緒だったので、口には出さなかったが、正直にいうとバテバテであった。都会にもどって、冷房のあるホテルに泊ったら、体調が完全に狂ってしまった、寒気がする、

天皇の病いはあつかった
五月十日、
「銀婚式」の祝典を
宮中豊明殿で行うと
発表されたが……

ビールをがぶ飲みして炎天下を帽子をぬいで歩いた。流汗りんり、たちまち気分爽快となった、ただしあくる日は口もきけぬほど疲れが出て、ひねもすベッドにはいっていた。

数年前まではこの逆療法で、元気を回復していたのである。東南アジアや沖縄で、もっぱら直射日光のめぐみに浴しておった、じつに頑健であった。しかるになんぞや！　軟弱にも太陽に中毒っちまった、予感していたごとくわが肉体に、限界の時がおとずれたのである。やんぬるかな……。

そして、この痛みは、おそらく潮の干満と関係があり、精神状態とも相関するのである。とりわけて、書きたくない文章を書くときに、痛み出すのであるから。

三月から五月にかけて、『戒厳令の夜』がいかに当初のイメージからかけはなれた、志の低い作品になってしまったかという文章をほうぼうの雑誌に書かなければならなかった。そのいら

旗の波のみむなしく
主なき祝典を
国民は寿がねば
ならなかった

大正の終りを告げる
花火かな

だちのさ中に、神経痛は激発したのである。この大団円をのぞいて、『黒旗水滸伝』の場合、いちども痛みを同伴したことはなかった。

……ということはつまり、終りたくないのである。前にも記述したように第一部を、三十六回で了る心算だった。構成としては、〝大杉栄をめぐるアナキスト群像〟であり、葉山日蔭茶屋の刃傷事件以後から語り出して、「ギロチン社」&和田久太郎・村木源次郎の復讐、その挫折で終止符を打つ予定であった。

第二部に主題をつなぐのは、〝大杉殺し〟の下手人と目される甘粕正彦であり、ドラマは「満映」を軸にして、五族協和・王道楽土の崩壊で終らねばならなかった。そこで、キネマ旬報の大河ルポルタージュ『日本映画縦断』〈満映篇〉、内田吐夢の生活と作品にこの連載はジョイントし、第三部へと継走していく。

そのコンテが狂ったのは、難波大助

そして、夏がやってきた
季節（とき）が流れる、墳墓（おはか）がみえる……
変らぬ魂（もの）など、何処にあろう

という、はじめは重要人物のひとりに予定していたキャラクターに、ある拘わりをいだいたからなのである。テーマは屈折して、大助を中心に展開した。その意味で第一部は構成的には成功をしていない。京太郎としては、できることなら三十六回に、稿を改めて凝縮しなおしたい心境である。

また、第一部の主人公は、たびたび背景としてあらわれた十二階であり、浅草という街であった。そこに、生活する人々、具体的にいえば〝香具師の羽左衛門〟山田春男と、和田久のいいひと・娼婦の堀口直江の生きかたを、もっと描きこみたかった。大正アナキストの光と影、とくにその影の部分をやくざ淫売とのふれあいに、レリーフしようと考えたのだが、「意あまって筆足りず」果せなかった。

では、また逢う日まで

それは、一度ゆっくりお話しを聞く約束をしながら、その機会を得られぬ

一つの歴史が終る
それは、女たちにとって
男がいなくなる
ということであった……

本編主人公のひとり・ですぺら先生
潤は、うわばみのお清さん
小島清と彼女の間に生まれた子供を
ポイと置き去りにして
さすらいの旅に出てしまいました。
添田　坊は世をすてて山にこもり
獏与太平こと古海卓二は
関西のアシヤ映画に舞いもどり
〝美的浮浪者〟の群れは
わくら葉の風に吹かれるがごとく
チリチリバラバラとあいなりまして

まま、添田知道（さつき）先生が亡くなられたからなのである。五月二日、浅草伝法院でひらかれた「添田知道を偲ぶ会」には、近藤真柄（＊堺利彦の娘、近藤憲二夫人）、小生夢坊、岡本文弥、佐々木孝丸といった本篇の〝同時代人〟が集まって、故人の思い出を語った。

京太郎も末席につらなり、甘い物が大好物だった先生への哀悼をこめて、仲見世の揚げまんじゅうを、事務所の若い衆に買って帰ってきたのでアル。前回、浅草六区を歩く山春・唖蟬坊と三人づれの青年が、若き日の知道先生なのだ。『ストトン節』を載せたのでお察しの方もあると思うが、京太郎のささやかな供養である、蛇足を承知で念のため……。

痔からはじまって、揚げまんじゅうなどと、ムダをならべている真意に、読者諸氏もご理会のことと思う。この胸の底のそこにある、〝もうひとつの文体〟を、京太郎おさえているのダ。五十四回の連載の間に、神山茂夫、神崎

ジャーン！　威勢のよいのは
この方たちぐらいなもの
既成文壇討たんとて
勇んで街へと出かけたり
文芸春秋打倒、菊池寛くたばれ
とスローガンをかかげ
銀座街頭を無届けでねり歩き
官憲に解散を命じられる
リーダー今東光　デモの途中で
公衆便所にいっておって
ウンよく検挙を免れました

清、今東光、添田知道と、かけがえのない人々を失った。

　ともあれ、『黒旗水滸伝』第一部は終った。大正アナキズム演習旅行と、かつて書いたように、作者にとってもそれは、新しい発見の旅であった。すくなくとも難波大助、この〝極私の志をつらぬいた〟若きテロリストに、作者は一つの照明をあたええたと自負している。

　また、部落解放運動の視点、天皇制資本主義と「右翼」、さらには〝大杉殺し甘粕ではない〟等々、その当否は別として、既成左翼史観に修正を迫るいくつかの問題提起も、読者の記憶に残ったのではあるまいか？

　……連載中、「事実とちがうのではないか」というご指摘を、度々ちょうだいした。それは、おおむねいわゆる〝文献〟に依拠したクレームで、あの書物にはこうある、この記録ではこうなっているというものだった。「ルポライターが嘘を書いてもよいのか」と

八月十七日、摂政宮は横須賀軍港より
御召艦・長門で樺太へ行啓
アイヌ・オロチョン等の少数民族に
親しくお言葉をたまわり
聖恩はあまねく、辺境最深部におよんだ

執拗に、なんども手紙をよこした人もある（なぜかいつも匿名で）。

事実・もしくは真実は、ルポルタージュの与件にすぎないということを、いくら説明しても、ある種の人びとはけっして理解しないのでアル。だが、たとえばこんなふうに、〈物自体〉は不可知であって、表現者はただセンシビリティ＝感性によって、対象に迫り得るのである。という言いまわしで、それらの人びとを、沈黙させることはできる。

もちろん、これは冗談でありマス。簡単にいってしまえば、文献や記録は死んだ文字だから、「劇画」で描いているのダ。つまりデータをふまえた、これは創作なのである、さよう作者の勝手でしょ。

画工・かわぐちかいじとは、『博徒ブーゲンビリア』（漫画アクション、一九七三年／全22回）からのつきあいである。『黒旗水滸伝』は彼にとっても最長の連載であり、一つの記念碑的な作品で

あろう。作者としては、かなり無理な注文をつけて、画工を泣かせてきたと思う。おたがい肩の重荷をおろして、とうぶんあんなやつとは絶対に組みたくないと、安酒をくらって悪酔いをするのがオチなのだが、たいして時もおかず、またぞろコンビということになるのでありマス。

であるからして、紋切型のお世辞はいわない、かいじは情緒に欠けるのである。女が描けない、とりわけラブ・シーンが稚拙で、すこしもエロチックではない。じつをいうと、堀口直江に焦点を絞りこめなかったのは、それが大きな原因なのだ。が、いちめんからいうと、現代の画工の中でそれは希少価値なのでアル。

かいじは、骨の硬い絵を描ける昨今まれな若い職人であり、この連載でもその才能はときに作者をこえている。(あくまでも、〝ときに〟と留保してであるが)

と、ここまで書いてきて、脚の痛み

人々は忘却していたが
獄舎の内にも季節は重く流れて
〝大逆〟の裁きは確実に進行していた
難波大助がまず縊られ
十四年三月二十五日、朴烈と金子文子に
死刑の判決がくだされた
九月、古田大次郎おなじく死刑判決
和田久太郎に無期懲役
さらに翌十五年三月、中浜哲にも死刑
朴烈・文子は朝鮮の王族衣裳で
法廷に立ち、死刑の判決を聞くや
「万歳(マンセイ)!」を叫んだ
彼らの中で、戦後まで生き残ったのは
罪一等を減じられた朴烈のみであった

耐えがたく、三十分ほど執筆を中断、隣の部屋では編集部の中居寛君が待機してオル。中居君はこの連載の最大の犠牲者であり、内心では京太郎を絞め殺してやりたいと、怒り狂っているに相違ない。だがこの人は、イヤな顔を一度もしたことがないのである。この原稿が入らないので、『現代の眼』の発行も遅れてしまうという瀬戸際で、彼は寛大なのである。脚だけではなく心も疼く、こころから申しわけナイ、苦労もきょうかぎりである。

　さて、末尾に死刑囚・中浜哲の詩を置くことにする、中浜についても作者としてはもっと多くのことを、真摯に語りたかったが、難波大助のようには拘わりきれなかった。

　きわめて長い詩である、枚数尽きるところまで——

『杉よ！　眼の男よ！』と
俺は今
骸骨の前に立って呼びかける

大正十四年十月十五日
古田大次郎絞首・享年二十五歳
同　十五年四月十五日
中浜哲絞首・享年二十九歳
同　七月二十三日
金子文子自殺・享年二十二歳
昭和三年二月二十日
和田久太郎自殺・享年三十五歳

文子と和田久はともに
刑務所監房内での縊死である
和田久辞世の句
もろもろの悩みも消ゆる　雪の風
大杉、野枝、宗一、村木、古田
そして、堀口直江を追っての
覚悟の自決であった

ながらくご愛読をいただきました
黒旗水滸伝第一部・大正地獄篇
これにて読み切り……
いずれまた、昭和　獄篇を引っさげて
お目もじつかまつります。
どなたさまにも、ごきげん宜しゅう
有難うございました。

彼は黙っている
俺を見て
ニヤリ、ニタリと苦笑している
大きな白眼の底いっぱいに
黒い執炎を漂わせて
海光のキラメキを放って
俺の顔を射る
（中略）
彼の肉体が最後の一線に臨んだ
刹那にも
彼は瞑らなかった
彼の死には、『瞑目』がない
太陽だもの
永劫に眠らない
逝く者は、あの通りだ――
そして
人間が人間を裁断する
それは、自然に反逆することだ
怖ろしい物凄いことだ
寂しい悲しい想いだ
そして、何が生まれるのか？
『杉よ！　眼の男よ！
　更生の霊よ！』
大地は黒く、汝のために香る

元憲兵大尉・甘粕正彦が
十年の刑を二年八ヶ月に軽減され
千葉刑務所を出獄してきたのは
一九二六年十月九日
すなわち、大正天皇が崩御する
昭和元年の七十七日前――
完・昭和煉獄篇へつづく

校註

劇画カット隅に＊印付与の写真は、出典が不分明のため刷り直しができず、今回新ためて登載したもの。タイトルの上の数字は本文の所載ページを示す。

35**橋本欣五郎**　「桜会」結成などの陸軍部内での国家改造運動先駆者。1890年福岡に生れ陸大を卒業、27年トルコの駐在武官時ケマル・バシャに私淑して新生革命国家を検分、30年参謀本部ロシア班、31年大川周明と共にクーデターを図るが、国軍上層部が日和って未遂におわる(三月事件)。九月満州事変、十月再び蜂起計画を立てる。無産政党各派・大本教信者四十万人・アナキスト残党による市街戦、造反軍人が閣僚を斬撃して一挙に政権奪取のプランは決起前に露見、青年将校の信頼を失う。これら一連の事件が軍部の発言力強化に繋がったというのは定説。しかし恐慌の巷にアナ・ボル総崩れ、体制転覆のエネルギーは錦旗革命にしか残されていなかったともいえる。

66**ジョルジア問題**　露語ではグルジア、トルコ・イランの支配を経てロシア帝国に併合後、百年に及ぶ抵抗が続いた。列強の干渉と各派の分裂のうち、ソ連の中央集権強化のもとで土着の運動者は粛正され、36年ついに一共和国へ編入。多言語・多宗教の錯綜する地域の人々の尊厳をいかにたもち得るかを、革命ロシアが問われたのであったが……。東西の要路・コーカサス山脈の南部が内争絶えないグルジア、北にはいま戦渦のチェチェン。

68**ベリヤ**　秘密警察長官。1899年、グルジア貧農の家で生れる。ロシア革命時すでに入党、初期より公安部門に勤務し、テロ・スパイ活動・強制労働の組織化にたける冷酷な陰謀家の悪名が高い。内務省・国家保安省・原爆製造委員会長として権力掌握、スターリンの死去後、彼を怖れた軍&党幹部に捕縛され、反逆罪で死刑。だがスターリン殺害犯人説、外国逃亡の噂は絶えなかった。99年公開された文書『ベリヤ五十三年』によれば、スターリン後の論争で最も改革的だったのは、実は彼。二五二万人もいた収容所から即座に半分を釈放、及び腰のフルシチョフがベリヤを処刑して、三年後にあのスターリン批判演説を行った。〝正史〟は幾度も書き換えられる。

136**宮本顕治のように人を殺す**　狭義では執筆当時、月刊誌の連載で派手にむしかえされた、スパイ査問事件を指すと思われる。33年、宮本・袴田里見らが共産党中枢部の二名を、官憲に繋がる人物と厳しく追及中一人が死亡、惨死体を床下に埋め逃亡するも、発覚・逮捕。「異常体質によるショック死」との否認は受け入れられず、不法監禁・傷害致死罪等で宮本に無期・袴田15年、他三名も懲役判決。事件前年との二年間だけで二八六〇〇人が検挙されて、スパイ跳梁跋扈、党が壊滅的状況の時期である。

非転向のまま、戦後の政治犯一斉釈放により出獄した宮本は、党分裂後の雌伏の間にモラリズムの刃を鋭ぎすまして中央指導部に復帰、高級幹部を次々追放して現在に到る「宮本体制」を確立する。規律違反を建前の理由としつつ、陰湿な手口をふるう除名、自殺・不信死をとげた人々の存在も伝えられていた。

141**マキノ光雄**　1909年、日本映画の父牧野省三次男として西陣に誕生。不良放蕩で同志社大退学処分、マキノプロで制作に携わるも家屋焼失・倒産。日活に入社して根岸寛一所長のもと、山上伊太郎・山中貞雄・田坂具隆・内田吐夢等々、時代心性をリリカルに描く名作をおくり出す。内田『人生劇場』は任侠映画の嚆矢。が、根岸は興業界のドン・横田永之助と対立、光雄も卒然と日活を去る。両名は左翼残党の梁山泊・満映へ。李香蘭を抜擢し、中国人スタッフの技能を磨き、九十余本の作品を制作する。

根岸の罹病により東京へ戻って、敗戦。東横撮影所長となり、市川歌右衛門・片岡千恵蔵を捲き込む。GHQ検閲官を祇園に接待、『きけわだつみの声』封切を果たす。東急グループ創設者・五島慶太を籠絡して東映設立、製作本部長就任、満映組続々と入社。レッドパージの今井正に『ひめゆりの塔』を撮らせ、大ヒット。『笛吹き童子』中村錦之助売り出す、美空ひばり&錦之助・大川橋蔵コンビでミュージカル時代劇路線。57年、〝営業〟を思想ととらえたプロデューサーの巨星マキノ光雄、清貧のうちに過労死・享年四十八歳。

149 **南部僑一郎** 〔1904年福岡県生れ、熊本五高から東大インド哲学科へ。在学中アナキズムの洗礼を受け、筑豊炭坑争議を支援して会社側暴力団に襲われ左眼失明、治安維持法違反で下獄。大学を除籍となり「メシの種に書いた」匿名記事が奇縁で、映画界とかかわる。27年、活動屋のメッカ京都へ、映画界の内幕を片端からナデ斬り、「王城の都にナンキョウあり」と勇名を馳せる。翌年の天皇裕仁即位礼にさいし当局から府内退去を命じられたが拒否、右翼の恫喝に映画小道具の日本刀で応酬をする。この間に内田吐夢・阪東妻三郎・岡田時彦・月形龍之介らと親交を結ぶ。

山本宣治の暗殺を契機に、ボルシェヴィキへ転向。戦況深まる中、日本帝国とところばらい、「満鉄赤化事件」に連累して朝鮮刑務所に未決拘留2年間、七回目の入獄。みずからをゴシップ・ジャーナリストと規定して、活動屋社会の俗塵の中に終生身を置く。75年没〕（竹中労『日本映画縦断』）

185 **栗栖統幕議長の「超法規発言」** 旧軍元帥に相当する総司令官が、防衛庁の記者クラブ会見で述べた軍備増強論にもとづくコメント。自衛隊は、「いざとなったら超法規的にやる以外にないと思う」。これを週刊誌がすっぱぬく、あわてた事務次官による辞任要請を、栗栖弘臣議長は断固拒否。金丸信防衛庁長官は「解任」を子飼い新聞記者にリーク、更迭を既成事実化して雑誌発売から十日たらずで、一件落着。〝専守防衛〟〝シビリアン・コントロール〟で言いくるめてきた、自衛隊合憲説をまさに防衛した78年夏のできごとである。

215 **立花隆「日共リンチ事件」をめぐる、デマゴギー** 76～77年文藝春秋誌に立花が連載した『日本共産党の研究』（宮本顕治の項参照）にはじまる日共たたき。共産党は全国各地で〝反・反共〟キャンペーンを張って対抗するが、面妖な言いわけ的内容。除名した袴田里見の、真相曝露告白連載が反共報道に利用される始末。

デマゴギーは、〔政治的効果をねらって意図的に流される虚偽の情報、流言蜚語〕（大辞林）の謂。したがって依頼者ないし仕掛け人が存在するが、かならずしもそれが日本人であるとは限らない。態様は以下のようなもの。常に同種の体制翼賛出版社の記事で火がつき、戦犯新聞社・各メディアが同調して大勢が芸能レポーターと化す。暴露内容の情報源が、警察や政治家とすぐわかるようなヘマはしない。精緻な取材を行ったかのように装い、読み手を幻惑する巧妙な手口がとられる。しかし、実は公安&内閣調査室の資料を駆使、御用知識人や教条的左翼の動員のもとに展開する。市民社会の偏見・嫉妬・好奇心に依拠し、ひたすら、〝気分〟と〝印象〟が増幅される。

当時の年表を掲ぐ――72、総選挙。共産躍進・自公民敗北／74・10、『田中角栄研究』連載開始。その金脈批判、自民党内・日帝自立派＝**田中角栄パッシング**は八年間続く。12、創価学会&共産党合意協定／75・8、三木首相靖国神社参拝／76・1、陸軍中野学校出身の隈部大蔵、**創価学会攻撃**始める。池田会長下ネタスキャンダル（竹中が批判論稿を発表する82年まで）。2、ロッキード汚職発覚。7、田中角栄逮捕／80・6、学会の顧問弁護士が宮本顕治邸を盗聴したと名乗り出る。／82・11、中曽根内閣成立／83・10、田中実刑判決……

293**江口渙**　1887年、東京生れの小説家。東大文学部を中退、夏目漱石に師事する。反軍小説を書いてデビュー、しだいに社会主義運動に参加、20年結成の日本社会主義同盟の中央執行委員となり、大杉栄やギロチン社と接触をもつ。震災時の恐怖体験でアナキズムより離れて、29年プロレタリア作家同盟に加入。戦時下を童話や古典研究で過ごし、戦後すぐ共産党に加盟してからは、一貫して党の立場に添った。58年『続わが文学半生記』で、中浜哲に「自分達が何をやろうとしたかを書き残してくれ」と言われていたと称し、惨死をとげたアナキストの思い出を綴る。それは褒めるふりをしてこき降ろす卑しい作品である。江口の処に一とき寄宿していた中浜・古田大次郎らの真摯な様子を讃え写実的に描きながら、摂政狙撃事件を知った古田の、「つまらぬことをされて自分たちの仕事の邪魔だ」という発言をもぐりこませ、和田久の自白により村木源次郎らの隠れ家が発覚したと、伝聞のかたちでさりげなく示す。かくて、〝粗雑で軽薄なアナキスト群像〟の印象はふりまかれ、テロリスト伝の資料となる。

この種の記述は江口のみ、よしんばそのようなことが昭和初年に、仲間のあいだで口にのぼっていたとしても、誰も書き残しはしなかった。江口作品ならびにその引用文を読む人は、執筆者の志を疑おう。68年江口渙は、古田大次郎『死の懺悔』を復刻する。原題『参考書』であるその獄中記は処刑翌年に出版、大ベストセラーとなった。布施辰治弁護士に宅下げされた古田の自筆原稿を、なぜ江口が保管していたのか大層あやしい。彼は新装版に長い序文を付加、古田の信念を『葉隠れ』――武士道精神に類推して論じ、前近代的と裁断した。

394**タンキハソンキ**　出典は不明、ただ月刊近文77年9月号掲載の友人・寺島珠雄『辻まことさんの歌について』に、岡本潤の文が引かれていて、辻潤がうたう情景を写している。詞は本書のものと全く同じ。寺島氏の小論は辻の息子・まことの追悼雑誌に寄せた宗左近の文章をめぐるもので、宗が書き留めていた、まことの歌詞の末尾は、次ぎのようなもの――イチョウノキ、サンショノキ／デンキニ、メッキニ、デンシンキ／タヌキハ、ノンキデ、ハチジョウジキ。

403**梅内恒夫**　47年青森に誕生、福島県立医大へ。共産主義者同盟赤軍派のリーダー、爆弾作りの名人といわれている。メンバー大量逮捕と国外脱出が続くなか、彼は全国指名手配・官憲の執拗なローラー作戦の網の目をくぐりぬけ逃亡を貫く。72年4月『共産同赤軍派より日帝打倒をめざす全ての人々へ』のメッセージを地下より発信し、世間は騒然となる。六万字におよぶ大論文で、連合赤軍幹部四人の除名・共産同路線の転換・マルクス思想の放棄、そして窮民革命論支持、ゲバリスタ（別項参照）への立候補を表明した。その後、竹中労とだけは交通をもち、連絡のサインは花札。あるとき杳として消息を絶った。

407『日本の反逆思想』 たしか79年の春、箱根の家屋が盗難にあい、かけがえのない文献やレコードなどが大量に消えた。秋山清『ニヒルとテロル』も失われた。ゆえに氏の旧作である当該書の方を、俎上にのせざるを得なかったのだと思われる。

420ジゴマ ヴィクトル・ジャッセ監督の無声映画。覆面姿で変装自在、神出鬼没の怪盗ジゴマが大活躍する。大逆事件処刑後の秋に浅草金竜館で封切られて世間を沸かし、明治天皇崩御・コレラ流行をはさんでロングラン……。花のパリーかロンドンか、月が鳴いたかほととぎす。夜な夜な荒す怪盗は題してジゴマの物語り(略)。弁士は呼子をとりだしてピリピリと吹く。場内暗転、楽士席から『天国と地獄』の中の勇ましいフレーズが響きだす。横文字のタイトル、画面がふたつになり左右に悪漢ジゴマと名探偵ニックカーターの変装が次々と映る。封切より十一ヶ月目、悪人を英雄化し治安を乱すと、内務省が上映中止命令。

434ゲバリスタ 71年、太田竜は『水滸伝』に学んで世界ソビエト社会主義共和国建設のための諸テーゼを提出し、チェ・ゲバラの志を受けつぐ世界革命浪人（ゲバリスタ）の盟約を呼びかけた。平岡正明が熱烈に賛同、竹中労は一、来るべき世界革命戦争が創出する人民の大移動・大交流の回路は、縦横に交叉し連鎖しながらトータルに地球を覆う。中国紅軍のような〝長征〟はもはや不要であり、それはオルガナイザー・太田自身のテーマ。二、テーゼに「音楽」を付け加えよ。三、太田が逆転させた共和国→軍隊→党の構図を評価するが、「共和国」評議会の設定に反対と、三点の異議を留保して支持を表す。

世にいう三バカ・ゲバリスタの関係は、竹中労の実践を太田竜が理論化し、平岡が突出した発想で両者の仕事を対象化させる方向で進んだ。ところが共働出版契約した『水滸伝』論執筆から太田が脱落、二人を「右翼民族主義者のイヌ」と呼びはじめてトリオは解体をとげる。理論的には沖縄を北弦に日帝包囲殲滅のネットワークをまずアジアに築くべきだと考える平岡&竹中と、「アイヌ共和国結集を優先せよ!」と叫ぶ太田との違いによるが、真相は太田竜パラノイア症の悪化というのが竹中診断。当時の平岡との対話で、太田竜との喧嘩別れはこれで六度目とも語っている。(『ルポライター事始』に関連事項)

434さらば若者たち 法廷闘争に先き立ち、浪人街通信三号77・4発行に寄せた文章のタイトル。本書十六回で触れているキネマ旬報事件における読者の抗議運動は、発端から矛盾を孕んでいた。ただ映画をおもしろく観られさえすればよい人々＝白井佳夫ファンと、批評—観客の営為は如何に創造に関わり得るかを追求する読者とが、同居していたのである。編集長解任に対し当人が抵抗せず、復帰も望まない事件でなにを到達点とするべきか、慎重な議論はけっきょく深められなかったようにみえる。

十六回を竹中労が書いた時点、上森子鉄は『日本映画縦断』を実際には読んでおらず、後刻、「あなたの連載には歴史性がある。多少誤解しておった、6月下旬号から再開という事で〝社告〟ふうの文章を載せたい。それで了解を」云々と連絡してきた。あくまでも〝事件〟経過報告を入れた連載原稿を渡しつづける竹中労、なりゆきは極めて微妙だった。77年2月、キネ旬ベストテン表彰式へ抗議におしかけた多数の読者たちは、ステージの上森と新任編集長・黒井和男を野次り倒す。そして、連載打ち切り通告の内容証明便が竹中に届いた。

〔これまでどのような闘いも、ただ一人の〝私闘〟においてつらぬいてきました……群れることによって何ごとかを行なおうとするのは、怯者の論理である。〝読者の叛乱〟を背景にして、私は闘うつもりはない――さらば若者たち、白井編集長解任を契機にして関わりをもった諸君に、浪人街通信第三号財政に最終的責任を持つことで、別れを告げようと思う。「若ものたちと心中する存念です」と第二号に書いた。誤解のないように付記しておく。連載の打切りを通告されたことで、私はまさに読者と心中したのだ。これより以降は、私の自由にまかせていただきたい〕

475**ガンジー夫人の奇蹟**　インド初代首相、ネルーの一人娘・インディラは、独立以来の与党国民会議派に属し、66年全ての国民生活向上をかかげて首相に就任。パキスタン戦争にも勝利し、内外に力を誇示したが、強権的手法を強めて77年の総選挙で大敗し下野。が、烏合の反対派政権は崩壊一路、インディラは80年選挙で圧勝復活した。

475**飛鳥田委員長〝全野党〟に固執**　共通の敵目標に一致し多様に闘う、という意味においてはよかった。ところが、非武装中立の党是をタナに上げると言った後ですぐさま否定したり、連合政権達成のあかつきには?と聞かれて、「汚職をなくす・インフレ阻止・軍国主義化チェックの三つ、とりあえずの政権というような……」党内紛糾も絡んでどうも頼りなげ、連合政権実現はならなかった。その頃の社会党は衆議院に百七議席もっていたのだ。

78年、日米安保協議委、ガイドラインを決定。沖縄県知事選・革保逆転、自民&民主党推薦候補当選／79年、イスラエル・エジプト平和条約調印。ソ連軍、アフガニスタンへ侵攻。高校教師、卒業式で『君が代』ジャズ演奏、免職／80年、社会・公明・民社、連合政権構想で合意。共産党、合意を批判。社会党書記長、共産へ反論開始。衆参両院選挙、自民党勝つ。富士通ワープロ発売。予備校生、金属バットで両親を撲殺。校内暴力・家庭内暴力急増。ふた昔以上前のことでありまするが。

475**政権を握っちゃいけません。**　どうせろくなことにならない。〔「戦争」の欺罔であると等しく「平和」もまた虚妄であるという認識から出立しなくては、〝世直し〟はできない。その条件として「連合の時代」のまぼろしが消え、自民党一党独裁がより鮮明にならなければ」（竹中労『民社党に注目！』80・6）〕

480**日弁連執行部の中枢**　シンポジウム・レポートより――　なお混乱がつづいて、ようやく発言許可。竹中「一分だけしゃべります、皆さんのお手元に配布した私たちの公開質問状に対して、多数の賛同署名が寄せられています。これは国民の声です。あなたがたはこの声にいま耳をふさごうとしている。それは弁護士という職業の自殺行為ではありませんか。ここに私が入手した文書がある。会長回答の原案です。その中に私たち、三人は国民を愚弄しているという箇所がある（読む、激しい野次）。暴露されては困るようなものをあなた方は作ったのだ。……虚構の上に成りたったシンポジウムは、どのように立派な結論を出してもついに虚構である。２月28日付けの会長通達は、どのような経過と論議を経たものか、この原案は渡辺脩弁護士が作成したものと聞き及ぶが（渡辺氏、壇上にかけあがってくる）、特定党派のイデオロギーによって」（マイク切られる）。ヤジ怒号高まって、司会者団「これにてすべての意見を打ちきらさせていただきます（大きな拍手）」

渡辺はオウム真理教裁判弁護団長、回答書原案をいま読むとオカシイ。〔被告人が誤っている場合には、それを是正することも、また、弁護人にとって独自の職責ではありませんか」。オウム事件の全貌が明らかになる前から教団の〝危険性〟に敏感に反応したのは日共系弁護士と、『赤旗』寄稿ライターだった。破防法適用！　藪をつついた彼らは、今度は防衛の側にまわった。弁護団をリードしているのは、新左翼事案をてがけて有名な、安田好弘弁護士である。なんとここでは、アナボル共闘が成立している？　ちなみに大正地獄篇登場人物の質問状への賛同署名は、荒畑寒村・岡本文弥小池夢坊・白井新平・八木保太郎の各氏。

484 **小池薫**（劇画）彼のその後についての記録は、逸見吉造『墓標のないアナキスト群像』とその弟・宮本三郎『水崎町の宿』（私家版、限定三十五部）にしか見当たらない。二人の父・逸見直造は明治末からの社会主義者。直造の勤務先・大阪新世界の映画館や家業の紙箱屋には、労働運動家、水平社活動家などが多勢出入りした。

　少し長くなるが、東映やくざ映画のシナリオライター笠原和夫の文章を引用する。後藤謙太郎『労働・放浪・監獄より』を私家版で復刻した、逸見吉三取材時の又聞き。

〔詩集奥付の番地をたよりに探してみたが、標札はどこにも見当らない。ようやくわかった路地の隅・一間まぐちの小屋、そこが逸見氏の仕事場であった。また簡素きわまる作り、すべてが素材剥き出しで、電灯は裸電球だし、十一月というのに暖房設備もない。逸見氏は七十一歳、小柄の屈託ない温容で、近くに夫人と娘さんの住居があるが、自分はここを本拠にしてたまに家族のもとに寄るだけとか。……四時間ほど経ち底冷えに膝頭が震え出したころ、ひとつの体験談を語ってくれた。（略）

　難波大助が逮捕されて三日目、小池薫はせめて弁当でも差し入れてやろうと警視庁を訪れ、それきり消息を絶ってしまった。一年ぐらいして、大阪に逼塞していた逸見氏のもとにハガキが届いた。「松沢病院（精神病院）に入れられている。おれは正気だ、助けてくれ」という内容が書かれてあった。逸見氏はさっそく山崎今朝弥弁護士に相談すると、「いま出て行ったら君も間違いなく松沢に送られる。可哀そうだが放っておくしかない」と言われて救出を断念するしかなかった。小池のハガキは悲鳴のように、半月ごとに届いたが、逸見氏は黙殺した。やがてあきらめたかのように来信は絶えた。

　難波が処刑され、逸見氏自身もギロチン社事件で一年の刑を受け、悪夢がようやく消えかけた昭和十年頃、ふたたび小池からハガキが舞いこんだ。やはり「助けてくれ」というものだった。逸見氏はそれでも動くことが出来ず、山崎弁護士がひそかに調べてみたが、松沢病院では、小池に該当する患者はいない、という返事だった。それが最後で、彼の生死はついに不明となった。小池の名は通称だったので、本名も出身地も分からずじまいで終ったという。

　わたしはなぜ逸見氏があのような厳しい独居に甘んじているのか、独断だが見当がついたように思えた。寒さには閉口したが、帰り道は心が躍った。たしかな人間存在をこの目で見届けた、という悦びだった〕（現幻冬社アウトロー文庫、『破滅の美学』）

510 **二・二六事件のさいの昭和天皇**「朕が股肱の老臣を殺戮す、このごとき凶暴の将校らその精神においてもなんの恕すべきものありや。真綿にて朕が首を締むるに等しき行為なり」「自殺するなら、勝手に為させ」「国体を如何に解しありや」「朕みずから近衛師団を率いて鎮定に当たらん」

　陛下は必ず決起をご承認下さる、という叛乱軍兵士の幻想はついえた。検挙された青年将校たちは、弁護人なし非公開の特設軍法会議で17名に極刑判決、翌月、首謀者とみなされた北一輝・西田税にも死刑。

アナキズムの復権
太田 竜 VS 竹中 労　対談より

竹中　まず、太田さんから展開を……

太田　たとえば大杉栄が虐殺された後、アナキズム運動が、何か背骨を叩き折られたような感じになり、そこへ一挙にコミンテルンの日本支部、日本共産党の結党のいろんな活動がはじまった。で、昭和初期にはマルクス主義が左翼インテリの中でも完全に支配的な地位を占めました。それ以降、約六十年間、反体制運動、日本でいうと特殊に天皇制ですね、天皇を頂点とする国家に対する反対運動、反権力運動、これは完全にマルクス主義のヘゲモニーの下に仕切られてきたということがある。

現代の日本の、とことんまで落ち込んだ革命運動、あるいは民衆の運動の状況は、そういう約六十年周期のマルクス主義の完全な破産ですね。理論的破産と、その実践的破産というもののひとつの表現、現象じゃないかとぼくは思うんです。だから、それを総体として乗り越えるような問題意識を、大正時代に立ち戻って、そこからテーマとか発想とかイメージとかスタイルとかを、今日的な形で甦えらせていく。こういう時期にきてるんじゃないかというのが、ぼくの認識なんですけどね。

それで、「現代史研究会」の大雑把なプログラムとしては、まず既成の社会主義ですね、これの破産を、ソ連・北朝鮮・中国ね、とくに現代的な問題としてカンボジアの一九七五年、ポルポトによる虐殺ですね、そういうところに焦点を当てて整理する。約一年間やったんですけど、大雑把な骨組みとしては、一応描ききったんじゃないかというふうに思っている。日本の問題に斬り込む最初の突破口は、やっぱりアナ・ボル論争をいま振り返ってみることではないか。大杉が虐殺されたので、一挙にボルシェヴィキのほうへ、はかりが傾いてしまいました。なにか要のところが、ね。

竹中 バラバラに……

太田 そう、バラバラにされちゃって、完全に分解されちゃった。それで、各個撃破された。こういうことだと思うんですね。ですがいま振り返ってみると、やっぱりアナ・ボル論争で正しかったのはアナキズムのほうじゃないか。ボルシェヴィキの正しさとその当時みえたものはすべて、まったく虚妄であった、錯覚であったと思うんですね。アナキズムを今日的に復権させるというね、論壇といいますか理論戦線といいますか、そういうものの重心をはっきり移してゆきたい、ということです。そういうプロセスで竹中さんとも、この一年半ぐらい、いろいろ協働してやってきた。そういうことですね。

竹中 現代史を六十年さかのぼると、「水平社」の結成があり、関東大震災があり、大杉の虐殺といくわけだけど、さらに六十年をさかのぼると、万延元年。安政の大獄から桜田門外の変というふうになっていくわけで、六十年周期というのは、明らかにあるのよ。このへんでちゃんと、なんというか区切りをつけとかないとね。太田さんからそういう問題提起があったが、ぼくにとって明治・大正・昭和三代の革命のテーマは、万延元年からはじまるわけで（笑）、ほんらい左翼とか右翼といったようなことではない。

百二十年前からはじまって、その間に、たとえていえば最近の沈滞状況みたいな、時代の閉塞を打ち破ろうとする、いろんな試みがなされてきたにもかかわらず、成功したのは明治維新だけだった。なべて六十年安保風の不徹底だったんだな、という考えを抱く。これがまずひとつだね。

それから、アナキズムの復権ということなんだけれども、大杉栄はアナ・ボル論争を止揚するべく「社会主義者同盟」みたいなものを考えたし、愛国者とも共同戦線を組んでいいんじゃないかと、左右を弁別せざる方向の中でまさにリアリズムに、日本の革命を考えていたわけだ。そのあたりがまだ完全に解明できていないと思うの、アナキズムが崩壊していく過程を、きちっとルポルタージュしておかなきゃいけないなとぼくは思っていた。アナキズムは、いまなぜ沈黙しているのか?

昭和軽薄体みたいなものがもてはやされているね、ぼくは椎名誠くんや嵐山光三郎くんは嫌いじゃないし、彼らのやってることはいいことだと思う。昭和軽薄体って、実は重い話なんだよ。平岡正明なんか、「昭和軽薄体を撃滅すべし!」なんていってるけど、撃滅しなきゃなんないほど重い(笑)。なぜ、あんなふうなものが出てきたか? いま、なるほど社会は沈滞している。とくに、革命運動は長い冬の時代だと思うんだけれども。ぼくはね、たとえば今度の風見鶏(*中曾根康弘)内閣、みんな田中角栄がつくったつくったって言ってる、だが内実は、田中が刑事被告人として、どうにもならない土壇場に追い込まれたあがきを利用して、首相から、自治大臣から、法務大臣から、官房長官まで警察官僚出身というね、そういうデモクラチック・ファシズムの内閣ができたわけで、むしろ田中角栄が利用されているのだ、と。要するに、田中というトカゲの尻尾ならぬ、アタマを斬る内閣。で、これからはじまる時代って何なんだろう?

いくら憲法を護れみたいなことといったって、言論の自由や信仰の自由をいったって、どうにもなんない。言論の自由なんて、少なくともぼく自身に則してみれば、ないでしょう。書いたって載せるところがなきゃ、言論の自由なんかありやしねぇんだから(笑)。〝自由な言論〟はあっても、言論の自由はないわけだ。ただ、人はどんな状況に置かれても、ひとつだけの自由を闘うことはできる。それは、「自由になりたいという自由」。これだけは主張すること、できるわけでしょ、どんな状況の中でも。そのやりかたをね、一拍ずらすと昭和軽薄体になるの。あれはね、ソクラテス風なんです。修辞でね、ごまかしておる。竹中労のような直接話法ではなく……。だけど、いずれやられますよこれも。

いま本当の意味での共同戦線、統一戦線をどこに求めるべきか? たとえば「経団連事件」の野村秋介君、来年八月に監獄を出てくる。右翼の中でまともにものを考える人との連帯、ただし天皇制をピシッと論議した上でのね。ぼくは国家神道反対、あくまでもこれは譲れない。つまり、神権・天皇制反対ということ。それを踏まえた上で、君と連帯できるかと、大杉のように彼にいってみたいわけ。大杉栄が『日本の運命』という論文の中で書いてること。それが〝多少不愉快な望むべき道ではないとしても〟、愛国者との連帯はありえないかという命題をやってみたい、右のほうに対しては。

それから「創価学会」。太田さんともさっき話し合ってきたんだけど、少なくとも「創価学会」というのは、天照大神ではなく、日蓮大聖人が中心の人たちだからね。信者たちは本来的には反国家・反権力なの。だから、この人たちに対するアプローチ、とりわけて戦中から戦後の厳しい時代を生きてきた老人たちは、日蓮大聖人に対する熱烈な信仰と、国家神道に反抗して獄中で殺された牧口常三郎という教祖をもっている。この宗教に、原点に還れと。そしたら、ぼくら連帯できるんじゃないかということで、学会へのアプローチみたいなことが、現在のもう一つのテーマになっています。

……とまあ、及ばずながら手をひろげて、広げすぎじゃないかという批判もあるけど（笑）。太田さんが提起した問題に返すと、社会主義って何だったんだ、社会主義体制ってなんだ、全部インチキじゃないか。ソ連も・中国も、とくに北朝鮮、まったくのインチキじゃないか。ぼくのホームグラウンドである〝芸能の論理〟からいうと、パンソリを歌えない国ってなんだということね。北朝鮮では炭坑へ行かされてしまったんですよ、民族芸術家・芸能人・芸能者たちが。結局、庶民の歌っていうものが、完全に滅びてしまってるわけでしょ。カンボジアの場合もね、あんな南のほうのインド式農法でなければならないところで、田んぼをキチーッと区分けして、それでかえって非生産的になって、たくさんの人間を殺さなきゃならなくなっちまった。もう、まったく革命が土着していないの。それでは、ベトナムのほうはというと、こっちも非道いものだ。ぼくが香港にたびたび取材に行ってると、ボート・ピープルが毎日のように流れついて、無惨な状態をいやでも目にするわけよ。

ところで、そういうことにちっとも関心を持たない日本という国は一体、何をやってるんだということね。東南アジア全域に、日本に対する敵意が広がっている。このような状況の中で、もうぼくも五十過ぎてちょっと足萎えて、北海道をずっと歩いて帰ってきたばっかりなんだけれども、ルポ・ライターとしての肉体的な自信がなくなってきてるの。五十五歳までに何とか、いまいちどアジア、ラテン・アメリカの辺境へと思っているけれど、厳冬の吹雪の中や烈日の下を歩けるのは、もうあと何年かしかないだろうね。

だが可能なかぎりは、歩いておきたい。それが「現代史研究会」のテーマと一致したわけです。悠久の革命ね、太田さんが提起したように、人類・万類が共存できる世界にむかって歩きつづけること。生命のなきものとされている雪も風も水も全部、実は生命なんだと。その万物が斉同である、斉同であってこそ万類は共存できる。そういう遠い、我々が死んでからも何千年も何万年もかかるであろう彼岸に向かって、ひとつの生命がね、歩みつづけることが革命なんじゃないか、と。

太田 斉同ではないわけだ。レッテル貼りだけなんですよ、一切が。たとえばレッテル貼りでいうと田中正造ね、左翼か右翼かわからない(笑)。そんなレッテルを貼ること自体がまったくの無意味ですよ、どっちでもないんだ。そういう分類にあてはまらない人ですよ、田中正造は。だから、この人が結局、もう年とって本当にもう、おいぼれて死ぬ間際まで、谷中村のことを思い続けてね、生きた人でね。それで、いわば現代の反公害運動やエコロジー運動の原点じゃなかったのかということが見直されているといいますけど、ぼくは現状ではまだね、不十分であると思う。

つまり、ヨーロッパ近代をもってくることね、ヨーロッパ近代の物差しで日本を計ることね、これが根本的なあやまりです。日本を変えていくこと、そのこと自体に対して、あの人は村が滅びるときは日本国が亡びるときだ、といったんですよね。

ところが、そういうふうな勢力に対しては、左翼のほうは、それは「ロマン的反動」であると、こういうレッテルを用意するんですよ(笑)。

竹中　右翼にしちゃうわけだ（笑）。そもそもがさ、荒畑寒村にしたって『谷中村滅亡史』、田中正造から出発してボルなんだな、あの人は。アナキストの場合も、大杉栄と伊藤野枝との恋は、谷中村の死灰の中から立ちあがった。大杉が書いているように、田中正造の抵抗の炎の中に野枝をみるわけでしょう。谷中村を媒介にしないとわからないわけ、アナもボルも。

さらにさかのぼっていえばね、小泉八雲の『神国日本』、八雲が松江中学に赴任したときに教育勅語が発布されている。いまの考え方だと、教育勅語というのは日本の反動イデオロギーが凝縮された、集中的な表現だということになっている。だけど、八雲の眼からみると、これは西欧近代化への宣言だっていうふうに受けとるわけなんだね。この違い、アナ・ボルも左右も戦後民主主義の欺罔にからめとらされて、わけがわかんなくなっている。

太田　だからね、ほら例の戦後デモクラシーの、天皇制についての古典的著作としてね、丸山真男『現代政治の思想と行動』、それから藤田省三の『天皇制支配の原理』、あれがあります。右翼＝ロマン的反動＝反近代＝自然に還れ派……という、そういう定義がどっさりつまってるのがあれなんです。つまり〝戦後デモクラシー〟、左翼とリベラル派のブロックの大前提なんだ、理論のね。そういう線でいくと、田中正造というのは消えてしまうんですよね。

竹中　そうそう。田中正造だけではなく、戦後デモクラシーによって消されたものがあまりにも多すぎる。中野好夫なんか戦後になって、小泉八雲のことを戦犯呼ばわりして……

太田　ところがいまやね、ヨーロッパ近代っていうのは何だと。結局、核戦争とね、その環境破壊による人類の絶滅に帰着するんじゃないか。戦後三十八年間そういうテーマがね、あったわけですけど、もう年がたつにつれて、だんだんそういうふうに凝縮してくるわけです。大杉のアナキズムには、田中正造と完全につながる情念があるんですよ、あの人にはね。そこが、ものすごく合ってます。だから今日的にね、大杉栄と伊藤野枝の情熱ですね、それがいま甦えらなくちゃならないし、甦えってもらいたいとぼくは思ってるわけ。そういうふうにみるとね、六十年前、関東大震災から、さらにその前の六十年ね、つまり明治維新のはじまろうとする幕末から、いったい、日本列島に生きる人民の運動と明治維新とは、どういう関係だったんだと。こういうことがね、テーマとして非常にはっきり浮き彫りになってくるんです。

究極は、明治維新の問い直しですよ。西欧近代と、その線上に出て来たマルクス主義の思想と実践には、**人類の出口がないんだということがね**、もうますます多くの人びとに明らかになりつつある、そういう段階でしょ。大杉にはね、その生命の哲学、それから自治とね、相互扶助と自由連合と、で、国家の解体。国家によってはけっして革命はできない、人民自身の直接行動以外にいかなる革命もない、こういうことがはっきりと提示されている。

竹中　アナキズムというのはね、あらゆる側面を持ちながら、いやその多様性のゆえに、いろんなアキレス腱があったわけだ。宗教の問題とも、深くかかわっていた。しかし、〈人の世に熱あれ！光あれ！〉の水平社宣言を書いた西光万吉が、いわゆる右翼転向をとげる。「水平社」の場合はドン松本治一郎自身、部落厚生皇民運動だからね。天業翼賛・君民一如・赤子平等というスローガンをかかげて、解散をとげていく、部落解放同盟の戦後指導者である朝田善之助にしたって、やっぱりそうだ。橋本欣五郎と組んで、「大日本青年党」という形になっていく。

……「水平社」がなぜ、総転向を遂げていったのか。これは一面、松本治一郎のリアリズムだったと思う。部落の人たちをね、軍国主義下に自分は抱いて護っていかなきゃいけないっていう、切実な必要もあったんだろう。それは、ある種の必然であった。

栗原幸夫が「現代史研究会」のときに、あの十五年戦争というのは、歴史の必然だったと発言したでしょう。なかなか言いきれないもんだけどね、栗原は圧倒的に正しいのよ。十五年戦争がよかったか悪かったかという論議はちょっと待ってくれ、日本はそこまで行かなきゃならないようになってたんだ、と。竹内好さんが亡くなる時にね、栗原にいったそうです。俺は何をやってきたんだろうなあ、と。好さんが生涯かけて、一所懸命にあれだけやっていながら、田中角栄が行ったらコロッと引っくり返って、自民党レベルの日中友好になってしまうみたいなものに対する万斛の嗟嘆を抱いて、亡くなっていったわけでしょ。好さんとぼくは、ちょっと個人的にも知己があったから、とくによく気持ちがわかるんだけれども。戦後民主主義のカラクリ、欺罔というのかな。歴史の偽造の目瞞しカラクリが、本当はもっと早くにいわれてなきゃいけなかった。大杉の死から六十年たったいまね、やっとこさっとここまでね、ぼくらはたどりついた。大杉栄著作集の復刻版が出たのは、安保後ですよ。

太田　一九六四年だったですかね、現代思潮社ね。

竹中　ええ。それから、映画でいえば『エロス＋虐殺』（吉田喜重監督）、文学では瀬戸内晴美さんの『美は乱調にあり』、みな六四年に暗合している。これ、どういうことだろうと思うね。安保闘争までにアナキズムというのは影も形もなかった。そういうと、アナキズムを一所懸命やってきた人は、カンカンになって怒るかもしれないけど。

太田　ぼくらは、日本のアナキズム、大杉栄以降のアナキズムの弱点として、やっぱり日本の土着的伝統に定着しきれなかった、ということもあると思っているんですね。その場合、もっとも民衆に土着してる精神的な要素の最たるものが宗教なんですよ。戦前の旧憲法下においては、天皇制の国家宗教と真正面からぶつかったのは、「大本教」を中心とする古神道系の宗教です。大正時代というのは、大正デモクラシーという全般的な流れのなかで、大杉を先頭とするアナキズム、それからもう一つは「大本教」なんです。ところが、二つの要素は全然、関係ないんだ。ここにね、非常な脆さがあったと思いますね。

　で、ぼくはこれからやっていこうとする場合ね、この二つを結びつける理論的思想的作業。やっぱりこれがないといけないと思うけどね。なんていっても、国家は人民を抑圧して成り立っている組織ですけど、暴力で年がら年中縛りつけとくわけにいかないんだ。こんなことはね、やってられないですよ。民衆の心を内部から支配して、それで飼いならすこと。自発的に服従させることね、これが絶対の条件。根幹は学校の教育ですけど、はねつけることもできますからね。しかし、宗教というのは民衆の内部の心をつかむものですからね、宗教を国家が統制支配できるかどうか、ここに決定的なポイントがあると思うんです。すべての国家について、そうだと思うけどね。とくに日本の天皇制ね、彼らが支配の要（かなめ）として意識的にもち出したのは、宗教統制とね、美的価値の独占ですよ。これ、いずれも、民衆の精神を内側からつかんだわけですよね。

　美的価値の独占が体制として表現されると、家元制度ですよ。芸術がみんな家元になっちゃうの、その家元の総本家が天皇なんですよね。だから、天皇は和歌でも何でも、みんな天皇家で全部収れんするようなシステムをつくる。美的価値を脅かすものに対しては、もう苛酷な弾圧を加えています。宗教についてもね、宗教統制をやる。で、その天皇の統制の枠の中に入る宗教は、まあこれを大事に育てる。しかし、天皇家の統制に従わない宗教はね、ものすごく容赦なく弾圧してる。日本の天皇制というのは、非常に穏やかな平和的なね、そういうおとなしいニコニコした支配体制で、外国の征服王朝みたいな荒々しいものじゃないんだというけど、それは……

竹中　ないよ。とんでもない話だ、まあ荒々しいもんだわ（笑）。天皇家が雅（みや）びて大人しくなると、将軍が出てきて残暴をきわめる。京町衆の法華一揆の場合は、文字通り皆殺しだ。日蓮宗に対するあのすさまじい弾圧ね、滅茶苦茶な弾圧を受けて。芸術も圧殺されるわけですよ、いまだに謎なのは、観世元清＝世阿弥がなんの罪で流されたかということ、何も残っていないわけ。おそらく将軍の意に逆らったからだろうみたいなことしか、みんな書いてないんだ。そうじゃない、ほんらい政治が統制できないものが芸能であり、宗教なんですよ。だから、芸能・宗教の受難史というのは、これも必然的なんだね。

太田　ぼくはそういうことをね、大杉だったら、大杉が長生きすればね、そういう核心にどんどん迫ってきただろうと思ってる。

竹中　宗教とは何かというと、一つの側面からいうと、死者との契約であるわけですよ。だから、いつでも死んだ人たちがそばにいるわけです。小泉八雲の場合でいうと、お化けがいつも一緒にいる。

太田　すごくぼくはおかしかったんだけど、吉本隆明という人はね、お化けって認めないんだよ。

竹中　そう、これはいくら言ってもダメ、自分がお化けのくせして（笑）。

太田　すごく納得したんですが、この人はもう骨の髄までの近代主義なんだなあってね。テンからそういうのをバカにするわけです。

竹中　いつでもお化けが一緒にいる、生者・死者が共存している社会というのが、八雲のいった〝蓬莱（ほうらい）の国〟なんですよ。この半透明のね、常寂光土。モヤに包まれた蓬莱の国では、いつでも死者がすぐそばにいて、生きとし生けるものを見まもっている。

太田　沖縄の人は文字どおり……

竹中　お化けが一緒にいるんだ（笑）、キジムナーとか赤毛のモーサーとかね。

太田　まさにそこのところで水俣のね、水俣病の患者の人たちの中の、自主交流派といいましたっけ、あの人たちはね、非常にわずかな数十所帯という数でありながら、やっぱり「日本チッソ」を追いつめられたんですよ。あれは唯物論で言えばね、公式的教条的マルクス主義で、旧左翼・新左翼の論理でいわせりゃありゃ何だと、何票になるのかと（笑）。で、水俣市民は何万人だと。それで、これをハカリにかけてね。社会党はもっとそれに輪をかけてる。だから、テンからそういうのは相手にしない。という論理になるけれども、しかし、水俣病の直接行動派といいますか自主交渉派の人たちは、自分たちだけじゃないいんだ。

死んじゃった人たち、それから水俣病で殺された猫だとか、そういう生き物と一緒に闘っているという気持ちがあるからね、「日本チッソ」がだんだん旗色が悪くなって追いつめられるわけですよ。

竹中　宗教は死者との契約だというのは、そこなんです。死んだ人間はね、生きた人間に裏切られても怒ることもできなければ、抗議することもできない。だから死者との約束は守んなきゃいけない、それが宗教の根本なんですよ。

太田　靖国神社というのはね、本当に近代の天皇制体制の大黒柱です。死んだ人を全部ね、国家の統制の下に完全に囲い込もうというんだからね、逃がさないというイメージですよ。死んだ人まで鎖つけて、縛っておこうというんだから。

竹中　ぼくは正面の敵は、いわゆる右翼ではない、国家神道だと思ってるわけですよ。民衆の真正面の敵はね。だから、国家神道の復活だけはどうしても許しちゃいけない。国家神道によってどれだけの人間が殺され投獄されたか、と。たとえば「創価学会」の信者は、初代会長の牧口常三郎が誰によって殺されたか考えてみるがよいのです。昭和十九年・戦争末期に、伊勢神宮の拝礼を拒否して、不敬罪に問われ獄中における死者を出したということは、ある意味で共産党以上のことだからね。

獄中で虐殺されたボルシェヴィキはいるけれども、国家によって死刑を申し渡された日本共産党員はいないんだ。天皇の法廷で死刑を申し渡されたのは、幸徳秋水以下二十四名、十二名に減刑になるけれども、縊り殺されたアナキストたち。それから摂政を狙撃した難波大助であり、「ギロチン社」の古田大次郎であり、中浜哲である。さらには、二・二六事件における北一輝たち、「右翼」と称される人々、青年将校たちである。ボルシェヴィキに対して、天皇制国家権力は死刑を宣告していない。**神権・天皇制にとって最大最悪の敵は、アナキストであり、国軍の異端であった。**

ところが、〝獄中十八年〟のみが戦後なぜか喧伝されて、戦争に反対したのは共産主義者だけだったという迷信が定着しちゃった。小泉八雲まで「戦争犯罪文学者」と、こうなる。現実に戦争に行ってサーベルさげてた人たちは、なんのことはない、簡単に占領軍にころんだわけです。いわゆる国家権力の走狗であった陸軍中野学校とか、もと憲兵・情報将校といった人たちもころんだ。

ころび戦争犯罪人・ころび国家神道、播かれた悪しき種はいまや大きな柳に成長してきてね。八雲、あるいは沖縄・水俣の人たちがいうお化けではない、いやーなお化けが出てきてるわけでしょ（笑）。中曽根以下のデモクラチック・ファッショお化けは退治しなきゃいけない、アメリカが蒔き育てた、柳の木は切り倒さなきゃいけない。だけどなかなかわかってもらえないね、〝悪〟といえば田中角栄なんだ、〝戦後デモクラシー！〟の敵役はね。それが真の極悪を免罪していることに、人々は気がつかないんですよ。

太田　われわれはわれわれだけで生きられないもんね、一瞬だって生きられないもの。万類共存の中ではじめて生きてるんです。まあ、生かされてるんですがね。そういうことはね、昔の人たちは直観的にわかったうえで、いろいろな制度をつくってるわけです。ところが、民主主義っていうのは、要するに、いま生きてる人間の票でね、票の数で決めるんですからね。これはどんどん、どんどん歪んできて、まあ自滅しかないですよね。自然環境破壊の結果、自滅しかないんです。だから、戦後の民主主義絶対というのはね、政治制度として根本的に間違ってるの。政治制度の中に人間がいま生きている環境のすべての要素が反映されているような制度でなくちゃならないんですよ。そうでなければ、ひとつの人間の社会制度として長く続くことできないんですけどね。ここに決定的な誤謬があります。戦後民主主義の、デモクラシーのね。

竹中　〝民主主義者〟っていったら、中曽根康弘じゃないの（笑）。話は変るけど、このあいだ渋民村（しぶたみむら）へ行ってきたんですよ。岩手山がいい顔みせてくれましてね。これまた不思議なことに、有島武郎の農場に行ったときにも、蝦夷富士の羊蹄山がきれいに晴れてくれた。そりゃ、いい旅だったんですが、宝徳寺というお寺があるんですよ。石川啄木が小僧やってた、その宝徳寺へ行きましたらね、

『アンアン』『ノンノ』もったルンルン娘たちがたくさんいるわけ。きれいなお墓がたくさん建ってる。ルンルン娘は観光案内書かかえて、お布施いくら払うのか知らないけれども、啄木の話を坊さんから聞いていてね、感動して帰ってくるんだ。

何か様子が違うんだな、前に来たときと。奥へ入ってみたの、そしたら、墓石がゴロゴロころがっているわけですよ。その墓石に刻まれた年代が明治三十五年・大正二年・昭和九年、飢饉の年なんですよね。『春と修羅』、宮沢賢治の世界になるわけだけど、飢饉で死んだ人たちは無縁になっちゃったわけです。一家離散しちゃったから、だれもお布施してくんないからね、ほうり出してある。まあ、坊主ってのはそんなもので、布施しなきゃなんない連中がオフセで喰っとることからして、もう堕落してんだけど（笑）。ちょっと非道すぎるよ、これらの死者は捨てられたわけね、クソ坊主に。

現在の日本の姿を、まさに象徴してる。有島記念館またしかり、有島武郎のやったこと、大正年代に農場を解放したこと、情死のスキャンダルもふくめて、ああいうふうに有島が生き死んだこと、啄木が生き死んだこと、〝大逆事件〟との関わり、さらには北海道の札幌農学校、新渡戸（にとべ）稲造・内村鑑三から「平民社」にいたるまで、いまやなべて風俗ですよ。商売になるのが啄木であり、賢治であり、有島であるわけでしょ。もう一回、大正をみつめ直してみよう。明治をみつめ直してみようといったってねえ（笑）。

太田　ぼくは最近ね、大杉のものをかなり読んでみて、伊藤野枝のものを読んでみて、彼と野枝の中に内包されていた可能性ね、潜在的なものが、非常に痛いほどわかるんですよね。だから、彼の無念さ、殺されたね、なにか非常に胸打たれるんですね。だからこそ、来年の九月は、本当に賑やかな盛大なお祭りをしてあげたいというふうに念願してるんです。伊藤野枝なんかとにかく、十六歳で叛逆がすでにはじまってんだ。二十八歳で死ぬまでの間に子供を七人生んでね、それで『伊藤野枝全集』

なんてのはね、こんな厚いのが二冊あるわけです。で、『青踏』の編集長を平塚雷鳥から引きついだ時には、二十歳ですからね。その時、すでに子供が二人ぐらいいたんだ。

竹中 そう。はたちにしてね、もう立派な闘士でありさ、しかも驚くべきことはね、片寄ってないんだよ。二十代といったら、そうとうすぐれた人間でも、かならず片寄るんだよ、ところが彼女は、かなりマルチなんだな、イメージが。

太田 そうなんだ。だから、本物はつねにいろんな要素をすべて凝縮してるというところがありますよ。

竹中 率直にいって、文章はヘタよ。大ヘタ（笑）、よくもこんな悪文をと思うくらいだけれども、しかしマルチなんだよ。片頗（へんぱ）じゃない、その根をね彼女は、大正という自由な時代の中で育てたんだろうね。

太田 自ら切り拓いたわけですね。そういう若い人がいま、出てきてほしいと思っているんですけどね。

竹中 次にくる時代は、大正なんですよ。そういうサイクルを、冒頭に戻していえば現代史はもっている、明治の附録・昭和の前座、今度は昭和の附録として、大正がくりかえすわけですよ。大正を点検すること、大正を総括しきること、これが実は現代史を総括することじゃないか。文芸の面からいえば、辻潤と〝美的浮浪者の群〟、宮嶋資夫にしてもそうだしさ。それはもう伊庭孝みたいな人が出てくるし、映画監督の獏与太平、内田吐夢、石井漠みたいな舞踏のアバンギャルド、演歌師添田啞蟬坊（あぜんぼう）、芸能者というものは反体制だったわけですよ、大正時代は。

昭和軽薄体をふくめて、来るべき大正的なる年代を前にして出てくると思う、確実にそういう時代が目の前にきてるんですよ。いま芸能の世界も宗教の世界も、みんな過激にならざるをえないところへ、追いこめられてきてる。

太田　客観情勢がそうなってんですよ。

竹中　うん。ところが、肝心の主体がないんだなあ！

太田　かろうじてね、ぼくらのような……

竹中　そうそう、ロートルがね、虚しきを知りつつ闘っておる。情けないな（笑）。老兵が、老兵がっていうとね、平岡正明が怒る（笑）。まだ勃つはずだ、いきなりキンタマ見せろってね。だけど、平岡のいやがる屈原的イントロをつけてやらないと、つまり俺はもう若くないのだといわねえと、若い人が奮起しないんでね。奮起してもらいたいし、そういう若きイデオローグに出てきてもらいたいと思うんだな。

リブがあんなにたくさんあったけど、リブから一人の伊藤野枝も生まれなかった。全共闘運動からも、一人の大杉栄も生まれなかったからね。せいぜい農本ダーっていって、北海道で羊を飼っている、日大全共闘の書記長をやってた田村正敏ぐらいなんだな。これが最前衛ですよ、それでは困るんだ。ここでもって声を大きくしていいたいけど、秋田明大いずくにありや？

太田　本当ね（笑）。

竹中　唐牛健太郎も年老いたかと。お前ら頑張れと。五十になってバカが二人で、いまのところ二バカだけど、頑張ってんだから（笑）。三バカ・トリオを復活したいと思ってるんです。そしてなんとか、ブリッジがしたいねえ、老・壮・青年パワーを。

——'83・2・9——

（『同時代批評』七号、一九八三年五月／『左右を斬る』所載）

＊唐牛氏は八四年、田村氏は九九年、ともに病いで亡くなった。

解説

井家上隆幸

ためらふな、恥ぢるな
まつすぐにゆけ
汝のガランスのチューブをとつて
汝のパレットに直角に突き出し
まつすぐにしぼれ
そのガランスをまつすぐに塗れ
生のみ活々と塗れ
一本のガランスをつくせよ
空もガランスに塗れ
木もガランスに描け
草もガランスにかけ
魔羅をもガランスにて描き奉れ
神をもガランスにて描き奉れ
ためらふな、恥ぢるな
まつすぐにゆけ
汝の貧乏を
一本のガランスにて塗りかくせ。

一九一九年二月二〇日、二十二歳で夭折した画家で詩人の村山槐太の「一片のガランス」と題した詩である。槐太は、どんな絵を描いてもガランスが使われていない絵はないくらいガランス（燃え上がるような真紅の絵具）を愛したという。ガランスは永遠の炎、赤く赤く燃え、天にまで駆けのぼる熱い焔。槐太は画布の上で爆発するガランスのように、みずからの生命が永遠の焔を燃えあがらせることを夢みたのだという。

竹中労も『黒旗水滸伝』で村山槐太にふれ〔アナキズムとは気質である。人間の根源の自由の謂である。槐太のデカダンス、〝破滅の意志〟こそ、その時代の青春が直進した、無政府の彼岸に通じる。村山槐太と難波大助、二人の間に共通する気質、ガランスで描かれた生涯……青春とは未完の人生ではない、生命と自由をひきかえにして、自己完結を成し遂げ得る意志をいうのである〕という。そして、竹中労自身の生涯もまた「ガランスで描かれた生涯」であったのだ。

〔「アナキズム大正史」の演習篇〕という本書『黒旗水滸伝』にとりくんだ竹中労の一九七〇年代、左翼が無限に後退するなかで、反権力の旗を掲げて状況の最前線に突出した十年の足跡、そのガランスの塗りこめようを年譜から摘記してみよう。

七〇年・居を世田谷区代沢「蝶恋花舎」に移す。発見の会「紅のアリス凶状旅」をプロデュース。全日本歌謡選手権沖縄最終予選で局スタッフとトラブル。週刊読売連載の「エライ人を斬る」を中断させた総理大臣夫人藤寛子と読売新聞を告訴。大杉栄研究会、水滸伝セミナー、アナキズム・セミナーを主宰。在韓被爆者取材に広島・韓国へ。ドキュメンタリ映画『倭奴へ／在韓被爆者無告の26年』製作のため韓国へ。

七一年・『倭奴へ』準備過程で韓国がビザ発給を拒否。TBSテレビ「ポルノ・ティーチイン」での発言をすべてカットされる。

七二年・沖縄、先島行。独り「沖縄独立」を主張して琉球独立党を支援。夢野京太郎名で週刊小説に「赤軍リンチ事件」執筆。エロチカで『琉球幻視行・蝶なて飛ばわ』連載開始。『夏の妹』沖縄ロケをめぐり大島渚と論争。噂で『艶本紳士録』連載開始。かわぐちかいじと協働で漫画アクションに『博徒ブーゲンビリア』連載開始。巷談舎（伊藤公一）「大演説会」出演。

七三年・汎アジア一〇八日幻視行。「ジェームス・ブラウン沖縄でうたう！」を沖縄コザ闘牛場で公演。「琉球情歌行／嘉手刈林昌独演会」主催。キネマ旬報で『日本映画縦断』連載開始。『水滸伝／窮民革命のための序説』（三一書房）『無頼と茨冠』（三笠書房）上梓。

七四年・巷談舎「巷談の会」（上野・本牧亭）出演、以後三年間レギュラー出演。新宗連の若者と「アジア懺悔行」に出立。全行程を終えた日、マニラで頭を丸め「花和尚雲居」を名乗る。箱根・宮城野に転居、屈原の賦からとって「離騒庵」と命名。羽仁五郎との対談『アジア燃ゆ』（現代評論社）上梓。「琉球フェスティバル'74」（出演・嘉手刈林昌・山里勇吉他27名）開催。『逆桃源行』（山と溪谷社）『日本映画縦断①傾向映画の時代』（東京白川書院）上梓。夢野京太郎名でかわぐちかいじと協働して現代の眼で『黒旗水滸伝』連載開始。マルレーネ・ディートリッヒ公演プロデュース。

七五年・「琉球フェスティバル'75春／嘉手刈林昌独演会」企画構成。記録映画『アジア懺悔行』完成。盲目の放浪芸人里国隆を訪ねた奄美で警官と乱闘。「悪意の報道」を載せた毎日新聞から謝罪文をとる。「琉球フェスティバル'75夏」開催。『琉歌幻視行』（田畑書店）『日本映画縦断②異端の映像』（東京白川書院）上梓。滝沢一・白井佳夫と〝ペン鬼〟三人、『浪人街』リメイク運動始める。巷談舎「大演説会／論争への招待」企画協力出演。沖縄島唄の集大成を企図し、企画構成解説からテープ編集まで独力で『嘉手刈林昌の世界』他LP34枚＋SP1枚に四百数十曲を収録。

七六年・山上伊太郎終焉の地フィリピンへ。『アジア懺悔行』上映のためシンガポール、マレーシア、タイへ。羅針盤主催「大殺陣大会」にアラカン・片岡知恵蔵・河津清三郎・ピラニア軍団とともに出演。マスコミ評論に『言論にとって自由とは』連載開始。夢野京太郎企画・構成・演出、シネ・ヴァラエティ『日本剣豪列伝／大殺陣』完成。五木寛之、マキノ雅弘より『戒厳令の夜』映画化の相談を受ける。竹中労＋嵐寛寿郎『鞍馬天狗のおじさんは／聞書アラカン一代』『日本映画縦断③山上伊太郎の世界』（東京白川書院）上梓。キネマ旬報社、白井佳夫編集長解任、「日本映画縦断」連載打ち切り。

七七年・前年暮の講演『日本の運命を論ず』（新右翼青年へのアピール）が愛国戦線に掲載される。「革新自由連合」の実現に奔走。キネマ旬報社告訴に備え八年にわたる「週刊読売筆禍裁判」和解。『自由への証言』（エフプロ出版）上梓。「伊太郎地蔵」彫刻開眼、戦没の地フィリピンで濯仏。シネマレクィエム「山上伊太郎ここに眠る」製作。「キネマ旬報裁判」始まる。参議院選で革自連候補俵萠子応援演説。伊太郎地蔵を洛北妙心寺に安置「山上伊太郎忌」始まる。「木馬亭巷談倶楽部」発足、「黒旗水滸伝の内・大杉栄と甘粕正彦」を口演して'78・7まで毎月出演。週刊文春に『芸能界深層レポート』連載開始するも、「編集上の都合」で原稿を寸断され契約破棄。

七八年・「あさくさ博覧会／田谷力三コンサート」企画構成。猫の手帳に『にゃんにゃん共和国』連載開始。若者とともに沖縄・奄美へセミナー・ツアー「琉球幻視行'78」週刊文春連載『タレント残酷物語』（エール出版）上梓。

七九年・最後の芸能界レポート『スキャンダル紅白歌合戦』（みき書房）上梓。箱根の山を下り『戒厳令の夜』映画化のため白夜プロダクションを設立、ゼネラル・プロデューサーとしてシノプシスおよびイメエジ・シナリオ執筆。竹中労・山を下りる会。コロンビアへ。マリンフーズ倒産。

八〇年・友人山根二郎を弁護士業務停止処分とした日弁連江尻平八郎への公開質問状約四千通を各界に郵送。近藤俊昭・大島渚・野坂昭如とともに山根弁護士処分反対運動を発意。日弁連シンポジウムに対抗して「逆シンポジウム」開催。香港での〝桃園の誓い〟を果し「打鬼花和尚魯智深」の刺青を全身に彫る（彫師・弁天太郎）。「戒厳令の夜」封切、ひと月足らずで打切り。香港での映画製作（企画・脚本夢野京太郎、監督内藤誠）「上海飆」をスポンサーの都合で断念。嵐寛寿郎死去。『法を裁く』（耕策社）上梓。

八一年・香港・マカオ・中国を取材。『ルポライター事始』（みき書房）『右翼との対話』（現代評論社）上梓。「現代研究会」結成。仕事場を横浜・小雀町に移す。極東三浦連合機関紙に『大圏仔と刺青』月刊プレイボーイに『越境者たち／17人の紅衛兵』執筆。マスコミ評論に『キネマ旬報裁判』連載開始。鶴田浩二・羽仁五郎他の呼びかけで「竹中労を鼓舞する会」終わって「肌絵・花和尚を観る会」。

　琉球島唄、映画製作、革新自由連合、裁判、刺青、アジア幻視行、アナキズム・大杉栄研究、それに取材と執筆……。琉球フェスティバルでは大赤字を背負いながら、それでもこれは運動、運動はみんなが損をするものと竹中労の四十歳から五十歳は、左右を弁別せざる運動、汎アジア窮民革命、無可有の理想郷を夢みて翔びに翔んだ十年であった。世間は〈無頼〉といい、本人もまたそう自認していたけれども、〈無頼〉とは〈硬派〉の謂、竹中労は「なにせうぞ、くすんで、一期は夢よ、ただ狂へ、くすむ人は見られぬゆめのゆめの夢の世を」と、ユトピアなど未来永劫にあるまいと観念しつつも、その桃源の夢を追って過程に奮迅したのである。

　なかでも、同時進行させていたふたつの大河連載、ひとつは七三年五月からキネマ旬報で開始した『日本映画縦断』であり、もうひとつは七四年十月から現代の眼ではじめた『黒旗水滸伝』は、竹中労にとってはいわばライフワークだった。当初の構想では、前者は「約二百四十回（キネマ旬報は月二回発行）十年間続く予定」で、少年のころ嵐寛寿郎の〝鞍馬天狗〟と出会った記憶を原点に、「はじめにアラカンありき、アラカン抜きで日本映画史が語れるか」と、映画は娯楽であるという認識をすっぽりと欠落させた日本映画史を否定して、「アラカン以外に神はなし」とした民衆の視線で昭和初年を見ようという壮大な営為だった。竹中労にとってこの営為は、広い意味でアナーキーな、脱体制・反権力のエネルギーが渦巻いていた時代として、大正末年から昭和初年をとらえることであった。後者もまた、第一部「大正地獄篇」第二部「昭和煉獄篇」第三部「戦後浄罪篇」と大正から昭和を縦貫するという壮大な構想だったのだ。

竹中労が「大正」という時代をどのように見ていたかは、『断影　大杉栄』に詳しいが、『黒旗水滸伝』や『日本映画縦断』で竹中労が企図したのは、史料を踏査して歴史をえがくというアカデミックな仕事ではけっしてなかった。竹中労は、既存の歴史学が荒唐無稽な話、歪曲と粉飾にまみれたお喋り、伝説と切り捨てているものに光をあて、時代のくらがりを照らしながら大杉栄や難波大助や村木源次郎や古田大次郎や辻潤らとともに歩いていくのである。その歩みは既知の「過去」を遡るというだけではなく、いくつもの可能性をもった「現在」としてそこを歩む大杉栄とおなじように歩くことなのである。そのように歴史を歩けば、いくつもの可能性のひとつが実現したものとしての「現在」がみえてくる。実現しなかった可能性の線を延ばせば、その先にありえたかもしれないもうひとつの「現在」がみえてくる。その時代を生きた人びとの希望や絶望、喜びや哀しみ、恨みや諦めのひだひだをわがこととして生きることができる。竹中労の〈幻視行〉とはそういうものであったし、それはとりもなおさず竹中労のルポルタージュの方法なのである。

一九八〇年七月、別冊・新評『ルポライターの世界』に寄稿した「マーク・ゲインと『籠の鳥』」(『ルポライター事始め』ちくま文庫所収)で、竹中労は書いている。〔なべて表現は作為の所産であって「虚実の皮膜」に成立する。事実もしくは真実は、構成されるべき与件でしかありません。そもそも、無限に連環する森羅万象を有限のフレームに切りとる営為は、すぐれて虚構でなければならない。活字にせよ映像にせよ、ルポルタージュとは主観であります。「実践」といいかえてもよい、ありのままなどという、没主体であってはならないのです……物自体は不可知であっても、センシビリティによってその意味に迫り得る。言葉を換えるなら、〈直観〉こそルポルタージュの最大の武器でなくてはならず、作為を恐れてはならぬのであります。憶測であれ推理であれ、〝仮説〟を立てて対象にいどむこと、予断から出発すること。ときには感性にまかせて、みずからの言葉の嵐のただ中に漂泊してしまうこと〕

これこそが、ルポライター竹中労の仕事を貫く太いバックボーンであり、『黒旗水滸伝』がその「実践」(もちろん『日本映画縦断』もだ)であることはいうまでもない。

したがって、といっておこう。竹中労の資料理解は恣意的だとか、事実関係にまちがいがあるといった批判をよく聞く。ことに『黒旗水滸伝』にはそういった批判が多いようだし、竹中労本人もまた作中でたとえば〔聞くならく、夢野京太郎のホラ話し、実以て信用が、できない、ありゃまともに評価すべきシロモノじゃなくって、小説・巷談のたぐいであるという悪口を、しばしば耳にいたします〕といったことを何度か書いている。だが〔小説・巷談でどこが悪い? あたくしまさに、〝稗史〟を書いているんで、既成の左翼文献なんぞにはハナもひっかけぬ心意気〕と、竹中労はあざやかな啖呵を切ってみせる。

これは強がりでもなんでもない。アカデミックな「正史」ではなく、時代を生きて呼吸した人びとの息づかいを想いに身をよせること、すなわち「稗史」をえがくことで、不当に差別されて「正史」に名をとどめぬ人びとの復権、それこそが竹中労がライフワークとしたものなのだ。

〔ぼくは精神が好きだ。しかし、その精神が理論化されると大がいはいやになる。理論化の行程の間に、多くは社会的現実との調和、事大的妥協があるからだ。まやかしがあるからだ。精神そのままの思想は稀だ。精神そのままの行為はなおさら稀だ。生まれたままの精神すら稀だ……ぼくがいちばん好きなのは人間の盲目的行為だ。精神そのままの爆発だ。思想に自由あれ、しかしまた行為に自由あれ、そしてさらにまた動機にも自由あれ〕という大杉栄の言葉を、竹中労はわがこととして受け継ぎ、自由な、したがって孤独な動機にもとづいて状況のなかへ突入し、過程に奮迅したのだ。状況とは、『黒旗水滸伝』における「大正」であり、『日本映画縦断』における「昭和」だ。

竹中労にとって「稗史」をえがくという行為は、とりもなおさず現実の状況に突入していくことであった。しかし、その動機が理解されないために、そのつど孤独にならざるをえなかった。竹中労の七〇年代は、いやその生涯はといってもいい、そういうものだったのだ。だから竹中労はつねに他者と同盟を結んでも同志として党派を形成することもなく、共闘しても完全な連帯関係になることはなかった。それをさして人は「竹中労はわがまま、自分勝手。自分の意見がいれられないとさっさと放り捨ててしまう」という。その最たるものは革新自由連合の結成のときであり、映画「戒厳令の夜」の製作過程だっただろう。

小生は、そのとき竹中労がいかに寂しげであったかをいくどとなく見てきた。そういうとき彼は、「横井小楠は、先生の意見は昨日と今日とではちがうというくりかえしだ、と批判した人に対して、思想とはそういうものだと答えた。オレもそうだ」といったものだ。たしかに竹中労の状況を見る眼、なにをなすべきかを構想する力は群を抜いて鋭く、その行動も先行しすぎていて、小生がやっと近づくと竹中労はちがうところにいるということがしばしばあった。その意味では竹中労という人は、永遠に〝はぐれ狼〟の宿命を背負っていたのだ。竹中労が大杉栄に傾倒したのは、大杉栄もまたその宿命を背負って過程に奮迅したからではないか。

そう考えれば、『日本映画縦断』で伊藤大輔やアラカンに出会い、『黒旗水滸伝』で大杉栄や難波大助、アナキストたちと出会った竹中労は幸福だったにちがいない。その幸福は、嘉手刈林昌をはじめとする沖縄の唄者との出会いでさらに増幅したといっていい。

しかし、『日本映画縦断』七六年十一月、キネマ旬報側が編集長解任、連載中断を強行したため、『日本映画縦断①傾向映画の時代』『②異端の映像』『③山上伊太郎の世界』それに『鞍馬天狗のおじさんは／聞書アラカン一代』『山上伊太郎のシナリオ』『浪人街／天明餓鬼草紙』と六冊の単行本（いずれも東京白川書院。『鞍馬天狗のおじさんは』はちくま文庫に収録）を残して中断、『黒旗水滸伝』もまた七九年二月の「現代の眼」の休刊で五十三回、第一部の終わったところ（正確には終わらせた）で中断してしまった。そのときの傷心ぶりは痛々しいものがあった。以後、竹中労も小生もいくつもの雑誌に二つの連載の継続をと打診したのだが、いずれも「企画はいいけれど、竹中さんは怖いから」と首をタテに振るところはなかった。『日本映画縦断』が三巻で未完のまま、〝幻の書〟となっているのは、そういう事情による。

ともあれ、竹中労が『黒旗水滸伝』にかけた想いに理会するには、ちくま文庫に収録された『断影大杉栄』を読まれればいい。それに、とても入手困難だが『日本映画縦断①傾向映画の時代』（白川書院）をあわせれば充分だろう。そしてこの『黒旗水滸伝』が若い人たちのキャンパス、ガランスを塗りつけるそれになれば、竹中労は、宙天の無可有のユトピアから「なにせうぞくすんで、一期は夢よ、ただ狂へ、くすむ人は見られぬゆめのゆめの夢の世を」とうたって莞爾と微笑むことだろう。

実務者あとがき

夢幻工房

一昨年の晩秋、神楽坂の料理店に招かれた。小部屋の襖を開くと井家上さんと寺島珠雄氏・座卓の角に初対面の皓星社々長、挨拶もそこそこに「黒旗水滸伝を出そうよ」といわれた。辞退するわけがない有りがたい提案だ。竹中労の仕事を埋もれさせてはならないと皆が考えていたし、時代の閉塞を穿つ方法を探るのは暗黙の共通事項だったから。確認はそれだけ、久々の顔合せで席はあらたに盛り上がった。本文の中に、連載は演習旅行にすぎぬと記されている。だからこの本は著者の意に背いて出版する最初の書物となる。かまわないよね、労さん?

あしかけ五年にわたり執筆された物語りをまとめるにのぞんで、単行本として体裁を整えるために行った作業は以下のとおり——。現代の眼のスタッフは四散し、かわぐち氏の原画は行方不明。当方に保管していた連載頁(数章はコピー)より絵を起こし、ふきだし少々を除いて文字部分は打直してもらった。どういう事情か当時の割り付けに一貫性がなくて、ナレーション・カットの余白の按配や黒バックの文字書体が回ごとに異なっていたりする。わずかに残っている画コンテと対照してみると、「大きく」「太く」などの指定が活かされずインパクトに欠ける、逆に情緒てんめんのはずのシーンがきつい印象を与えてしまっていたりetc。このままでは美しくない、困った。

届いた雑誌をみて竹中はよく怒っていた。仕方あるめえ誤植もなにもかも身から出たサビ、半分同情をしながら傍らで私たちは思ったものである。彼は猛烈に忙しい人だったため、画コンテとの原稿を渡せるのはいつもぎりぎり。あのように面倒な仕事に、かわぐちさんはよくぞ附きあってくださいました。

当時の印刷技術と時間のうつろいで出来たカスレや滲みなどを修正し、文字が枠内いっぱいになっているような個所のケイを変更して余白を設けたり、文章の方を移動した。原典の見つかった写真のカットは差し換えた。活版印刷の風合いを損ねずに、あざやかな劇画を実現するという矛盾を何とか乗り切れたのかどうか、刷り上がりを掌にするまで、気がかりは去らないでいる。

年号やら固有名詞等々の点検、誤植らしいことばについての思案は通常通り。本書の刊行に当ってかわぐちかいじ氏の若いファンをつよく意識した。章題が毎号変っているものと「娼妓解放戦争」ⅠⅡⅢⅣⅤのように連続のところ、同じ表現が重複していたり……、長期間に及ぶ連載で生じた瑕疵が内容の理解や趣きにかかわる件については手を加えた。全体を十篇に分け、本文や別の著作の中に用いられているフレーズと交換、元稿㊺〝総集編〟を筆削し三回分を二章に縮めた。校註を入れるのは竹中の書物で初めてだが、項目の選択や解説があまりに恣意的、いっこう役にたたないかも知れない。でも夢幻工房では事典売りません。

先に上梓した『断影／大杉栄』をこの本と併せてご覧戴ければうれしい。七百四十円！　時系列に沿って書かれているから、するする読めます。大杉殺しの下手人の名も出てくるよ。ただ、フォー・ビギナーズとうたいながら、密度が高い。一般では何頁も費やされている問題を、十数行で解明している。読み詰まった時には、学校の教科書を（お持ちなら）ヒントがわりに開いてみよう。

早くからご予約を下さった方々、ほんとうにお待たせいたしました。この世ならぬ人災事故が多発して、出版までずいぶん手間取りました。でも新しく描きおろしていただいた、かわぐち氏の挿絵と野村高志さんのデザインにつつまれて、見ごたえある本になったと信じます。黒川洋さんには親身なお心配りを賜りました。丁寧に調べものを手伝ってくれた大村茂くん、あなたはまことに頑丈な支柱でした。最終担当の能登恵美子さん・田中幸子さん、お世話になりました、美味いビールを飲みましょうね!!

（2000・7・31）

竹中 労（タケナカ ロウ）（著）

1930年、東京生まれ。東京外大露文科除籍後、肉体知的労働の底辺を転々、自由なもの書きとして舞台・映像・音盤とさまざまな分野に表現を試みる。著書、『琉球共和国』『水滸伝／窮民革命のための序説』『無頼と荊冠』『逆桃源行』朝日文庫『美空ひばり』ちくま文庫『断影大杉栄』『ルポライター事始』など多数。1991年死去。

かわぐち かいじ（カワグチ カイジ）（画）

1948年、広島県尾道市生まれ。本名は川口開治。明治大学で漫画研究会に在籍、在学中の1968年『ヤングコミック』掲載の「夜が明けたら」で漫画家デビュー。卒業後は本格的に劇画作品を執筆、竹中労とのコンビでは本作のほか、「博徒ブーゲンビリア」などを描く。『ハード&ルーズ』で人気を得、1987年『アクター』、1990年『沈黙の艦隊』、2002年『ジパング』で講談社漫画賞を3回受賞、2006年には『太陽の黙示録』で小学館漫画賞と文化庁メディア芸術祭マンガ部門大賞を受けるなど、五十年余にわたって第一線で活躍する。他の代表作に『イーグル』『僕はビートルズ』『空母いぶき』など。

黒旗水滸伝　大正地獄篇　下巻

2000年9月1日　初版　第1刷発行
2023年9月1日　第2版　第1刷発行

著　者　竹中 労
画　かわぐちかいじ
発行者　晴山生菜
発行所　株式会社皓星社
〒101-0051
東京都千代田区神田神保町3-10
TEL 03（6272）9330
FAX 03（6272）9921
e-mail : book-order@libro-koseisha.co.jp
http://www.libro-koseisha.co.jp/

装　幀　野村高志
印刷・製本　精文堂印刷株式会社

ISBN978-4-7744-0798-2 C0036